PAILLET

PLAIDOYERS ET DISCOURS

PUBLIÉS

PAR

JULES LE BERQUIER

AVOCAT A LA COUR D'APPEL

SECONDE PARTIE

PARIS

MARCHAL, BILLARD ET Cⁱᵉ, IMPRIMEURS-ÉDITEURS

LIBRAIRES DE LA COUR DE CASSATION

27, Place Dauphine, 27

1881

PAILLET

PLAIDOYERS ET DISCOURS

DEUXIÈME PARTIE

PAILLET

PLAIDOYERS ET DISCOURS

PUBLIÉS

PAR

JULES LE BERQUIER

AVOCAT A LA COUR D'APPEL

DEUXIÈME PARTIE

PARIS

MARCHAL, BILLARD ET Cⁱᵉ, IMPRIMEURS-ÉDITEURS

LIBRAIRES DE LA COUR DE CASSATION

27, Place Dauphine, 27

—

1881

Avril 1847.

CHAMBRE DES DÉPUTÉS

DISCOURS

SUR LA RÉFORME PARLEMENTAIRE

LES DÉPUTÉS FONCTIONNAIRES

Proposition DE RÉMUSAT

Deux propositions qui se liaient l'une à l'autre avaient été plusieurs fois soumises à la chambre des députés, l'une tendant à diminuer le nombre des fonctionnaires dans la chambre, l'autre à accroître le nombre des électeurs. Toutes deux furent écartées ; la réforme parlementaire avait été rejetée sept fois, la réforme électorale trois fois. La première de ces propositions fut renouvelée par M. de Rémusat qui la développa à la tribune, où elle fut combattue par M. Duchatel, ministre de l'Intérieur.

Vinrent ensuite MM. Saint-Marc Girardin, Desmousseaux de Givré, De Combarel de Leyval, Salveton, Marie, Mathon de Fogères. A la séance du 21 avril, M. Paillet appuya la proposition de M. de Rémusat et prit la parole en ces termes :

MESSIEURS,

J'arrive un peu tard dans la discussion : c'est un désavantage que je ne me dissimule pas. Puisse du moins votre attention bienveillante m'accorder quelque dédommagement.

J'avoue, du reste, que j'ai longtemps hésité avant de pren-

dre pour la première fois la parole devant vous dans un débat
de cette nature et de cette importance. Mais, en y réfléchis-
sant mieux, il m'a semblé que c'était surtout aux députés qui
formaient un élément nouveau dans cette enceinte, où ils
étaient arrivés libres de tout vote antérieur sur la question,
qu'il appartenait d'exprimer hautement leur pensée, à la
condition toutefois de la motiver brièvement.

J'avoue encore que j'ai été peu touché du reproche qu'on
a bien des fois adressé à la proposition, de n'être pas nouvelle, d'avoir eu à traverser déjà les épreuves parlementaires,
d'y avoir rencontré des échecs successifs, et de s'y être fait,
suivant l'expression consacrée, enterrer plusieurs fois.
Il m'a semblé, messieurs, que c'était une question neuve
toujours que celle qui nous occupe, que c'était une de ces
questions à qui il n'était pas donné de se faire accueillir tout
d'abord, une de ces questions destinées à frapper longtemps
peut-être à la porte de cette chambre avant que le principe
salutaire qu'elles renferment ait pu se faire jour et se natura-
liser, pour ainsi dire, dans notre législation publique. (Approbation à gauche.)

J'ai pensé enfin que, si la proposition des incompatibilités
avait été plusieurs fois enterrée, c'est qu'apparemment elle
avait été enterrée toute vivante, puisque nous l'avons vue
reparaître plusieurs fois, et comme rajeunie et fortifiée par
ses défaites mêmes. (Nouvelle approbation à gauche), et que
sans doute elle reparaîtra encore aussi longtemps qu'elle
n'aura pas triomphé des résistances qu'on lui oppose. (Très-
bien ! très-bien !)

On a adressé à cette proposition un autre reproche que je
dois repousser de tous mes efforts ; on l'a qualifiée d'*arme de
parti, de machine de guerre.*

Quant à moi, j'avais besoin de déclarer et d'affirmer à la
chambre que j'ai examiné la question indépendamment de
tout intérêt de parti, que je l'ai examinée en elle-même et
pour elle-même. Je tenais à déclarer bien hautement, et
une fois pour toutes, que jamais, en aucune occasion, je
ne consentirais à m'associer à une discussion qui, stérile

d'ailleurs, ne devrait avoir d'autres résultats que de susciter des embarras au Gouvernement de mon pays. (Trèsbien !)

Enfin on a adressé à la proposition un dernier reproche dont il faut la justifier encore. On a dit qu'elle était, par sa nature même, injurieuse pour une partie de cette chambre, pour plusieurs de nos honorables collègues. S'il en était ainsi, messieurs, je n'aurais pas l'honneur de parler en ce moment devant vous ; s'il en était ainsi, il faudrait, sans autre examen, repousser cette proposition, car je ne sache pas de besoin plus pressant et plus impérieux pour une grande assemblée que cette estime réciproque, que ce respect et ces égards communs, sans lesquels toute délibération est véritablement impossible. Il n'en est pas ainsi. La question de personnes est complètement étrangère au débat, les personnes sont en dehors de toute contradiction, il ne s'agit ici que d'une question de principe, de la question de savoir si des positions sociales, égales peut-être par leur importance, mais de natures différentes, destinées parfois à une sorte d'antagonisme, peuvent convenablement reposer sur la même tête. Voilà, messieurs, toute la question, question de principe, je le répète, de droit public, de droit politique, question qu'il faut maintenir avant tout sur son terrain véritable, sans permettre à qui que ce soit de la dénaturer ni de la déplacer. (Très-bien ! très-bien !)

Ces observations préliminaires entendues, j'arrive tout de suite à la question elle-même. Et tenez : il y a dans toute controverse une raison de décider principale, dominante, qu'il faut tâcher de saisir, de dégager de tout son entourage, alors surtout qu'une question a été longtemps débattue, que la discussion est avancée et que l'attention que l'orateur obtient est une véritable faveur qu'on lui accorde. Or, messieurs, pour moi la proposition de l'honorable M. de Rémusat me semble se justifier essentiellement par ce que j'appellerai l'un des principes les plus élémentaires, à mes yeux du moins, du régime constitutionnel : je m'explique.

S'il est un principe élémentaire en effet, c'est que le gouvernement constitutionnel est, par dessus tout, le gouvernement de l'opinion publique, et qu'il tire essentiellement sa force de l'autorité morale de la chambre des députés. (Très-bien !) Et avec ce merveilleux levier, voyez, messieurs, tout ce que vous pouvez faire : le pays en quelque sorte vous appartient ; ainsi les lois les plus onéreuses, les lois d'hommes et d'argent, celles qui peut-être sous un pouvoir absolu auraient soulevé des tempêtes, ces lois, quand elles émanent du parlement, sont acceptées sans murmure, subies avec résignation, exécutées sans résistance ; pourquoi cela ? C'est que le pays a foi dans les lumières et surtout dans *l'indépendance* de ses mandataires. (C'est vrai ! très-bien !)

C'est qu'il est convaincu que toute loi, avant d'être votée, a été de leur part l'objet d'un examen approfondi, d'une investigation libre, consciencieuse, dégagée de tout élément étranger, de toute préoccupation personnelle, sans qu'on ait déposé dans la balance d'autre poids que celui de l'intérêt public. C'est que le pays est convaincu que, si la loi est votée, la nécessité en a été préalablement et bien constatée ; que dans l'exécution, les ressources mises à la disposition du Gouvernement seront sévèrement surveillées dans leur emploi, et que les abus, s'il en existe, seront signalés ou réprimés sans faiblesse.

Voilà, si je ne me trompe, ce qui fait la force, le nerf, la vie du Gouvernement constitutionnel. Voilà ce qui rend son action irrésistible, même dans les crises les plus violentes ; et s'il arrivait, ce qu'à Dieu ne plaise ! s'il arrivait un évènement que nous éloignons de tous nos vœux, de toutes nos espérances, mais qu'enfin la prudence législative a dû prévoir dans la loi de régence, qui ne comprend ce que le Gouvernement pourrait avoir alors à emprunter à la popularité, à l'influence morale du parlement, (Très-bien !) pour triompher de ces difficultés, qu'il ne faut pas s'exagérer sans doute, mais de ces difficultés nécessairement inséparables d'une situation transitoire. Voilà, messieurs, pourquoi il faut à tout prix conserver, assurer, accroître *l'autorité morale* de la chambre, cette puissance en dehors de laquelle il n'y a pas de salut, à mes yeux, pour le Gouvernement représentatif, (Assentiment à gauche.)

Et pour cela, messieurs, il faut savoir consulter l'opinion publique, qui est la base essentielle de ce gouvernement même ; il faut savoir l'interroger, il faut savoir lui sacrifier dans l'occasion ; il faut savoir satisfaire à ses exigences, et, si vous le voulez, à ses préjugés mêmes ; car après tout, les préjugés d'une nation font partie des mœurs nationales, et bien imprudent serait le législateur qui ne saurait pas compter, dans l'occasion, avec les préjugés nationaux !

Or, messieurs, la question, pour moi, se réduit désormais aux termes les plus simples ; ce sera, si vous le voulez, je le désire par-dessus tout, une pure question de bonne foi, rien de plus ; et alors je demanderai à tous ceux qui m'entendent, je demanderai de préférence à ceux de nos honorables collègues qui, par leur position particulière, sembleraient être plus directement menacés par la proposition, je leur demanderai s'il est vrai que l'opinion publique soit désintéressée, qu'elle soit froide, qu'elle soit indifférente en présence de la question des incompatibilités ? Quant à moi, à cette demande ainsi formulée, je n'hésite pas à répondre, en mon âme et conscience, que l'opinion publique est loin d'avoir cette indifférence, et j'ajoute qu'il faudrait être volontairement sourd et aveugle pour se faire illusion à cet égard. (Très-bien !) C'est qu'en effet la question des incompatibilités est l'une de celles que la raison publique, que le bon sens général maintiennent, dans la presse, en dehors de la presse, partout, constamment, à l'ordre du jour (C'est vrai !)

Voilà, messieurs, où en est la question ; voilà où en est l'opinion publique. Et véritablement sommes-nous bien en désaccord, les uns et les autres, sur la véritable situation ? Je ne saurais le croire, et je le croirais moins que jamais après avoir entendu le discours de M. le ministre de l'intérieur. Si j'avais été dans l'incertitude jusque-là, j'avoue que toutes mes hésitations se seraient désormais évanouies. M. le ministre de l'intérieur, organe du Gouvernement, est venu nous apporter un calcul de chiffres que je n'examine pas, que je ne contrôle pas, dont il résultait seulement que le nombre des fonctionnaires de la chambre allait toujours croissant dans une proportion plus ou moins considérable ; c'est la question des chiffres ; mais lorsque ensuite il vous disait : « Il y a assez de fonctionnaires publics comme cela dans la chambre, la mesure est comble, c'est assez comme cela ! » je disais, messieurs, que la proposition était justifiée et qu'il n'était pas possible de lui faire une concession plus énergique et plus significative. (Approbation à gauche.)

Et, en effet, où est donc la question désormais ? On la qualifiait hier de *question de limites ;* on a eu raison. Il y a donc une limite à poser. Qui la posera ? Sera-ce vous, par hasard, organes du Gouvernement ? Vous n'en avez pas le droit. La loi seule peut poser cette limite, la loi seule peut dire à ce flot qui avance toujours, à cette marée toujours montante : « Tu n'iras pas plus loin ! « (Approbation à gauche.)

Quelles sont donc les objections par lesquelles on essayerait de reprendre cette concession décisive, au moins pour la prise en considération ? L'objection tirée du respect dû au corps électoral ? Je crois que personne, et par de bonnes raisons, ne serait tenté, dans cette enceinte, de porter une atteinte au corps électoral qui pourrait avoir bientôt une occasion de venger ses injures. Mais est-ce donc chose nouvelle que le principe des incompatibilités ? Est-ce qu'il n'est pas tout vivant dans la loi même qui nous régit ? Est-ce que nous n'y rencontrons pas déjà et des incompatibilités absolues et des incompatibilités relatives ?

Et ces conditions de l'âge, du cens, du domicile, ces conditions exigées de l'éligible, qu'est-ce que tout cela, sinon autant d'entraves apportées au choix de l'électeur ? Et savez-vous où nous conduirait ce système qui ne voudrait pas reconnaître d'entraves apportées au choix de l'électeur? Cela nous conduirait, si je ne me trompe, très-directement au suffrage universel qui, celui-là du moins, a l'avantage d'être affranchi de toute espèce d'entraves. (Mouvement.)

Messieurs, l'objection n'est pas sérieuse : tout le monde le comprend, il faut un frein pour défendre l'électeur lui-même contre certains entraînements, contre certaines influences ; et plût à Dieu que nos mœurs publiques et que nos lois politiques pussent atteindre bientôt un degré de maturité et de perfection tel qu'on ne vit point, par exemple, se renouveler ces déplorables scandales qui ont affligé naguère une partie du corps électoral, et dont les débris, pour ainsi dire, s'agitaient hier encore à cette tribune même. (Très-bien.)

Laissons donc de côté cette objection qui n'en est pas une, qui ne tient pas devant le moindre examen.

Il en est une autre qui embrasserait la proposition tout entière, et qui consiste à dire : les griefs ne sont pas sérieux ! imagination que tout cela !

Voyons donc et voyons bien rapidement, je vous le promets et je tiendrai parole. On vous a cité l'exemple de l'Angleterre : je ne suis pas plus qu'un autre anglomane, si vous me permettez l'expression ; cependant il y a des analogies, il y a des expériences toutes faites qu'il est bon de ne pas négliger. Or tout le monde sait que, dans le siècle dernier, trois fois le parlement d'Angleterre s'est occupé de cette question avec ce résultat remarquable que chaque fois le parlement a fait un progrès de plus dans la voie des incompatibilités. C'est un exemple, c'est un enseignement. Voyons pour notre pays.

Les griefs sont frivoles, on s'exagère le mal, on le suppose pour proposer ensuite un remède qui serait impuissant et inefficace ?

Tenez, messieurs, je ne connais pas pour moi de plus grande autorité que le bon sens ; et en cette matière, j'en ai vu un exemple fort remarquable que j'emprunte tout simplement aux souvenirs de l'élection à laquelle j'ai dû le périlleux honneur de parler aujourd'hui devant vous. (Ecoutez ! écoutez !)

Je causais avec un électeur des choses électorales ; la conversation était tout naturellement amenée sur ce sujet. Ce n'était pas même un des électeurs de la ville, de ceux qui peuvent se nourrir plus habituellement de la lecture des journaux, et qui trouvent là une érudition politique toute faite. Non, c'était un brave électeur de campagne, ne connaissant guère la politique que par ouï-dire, ou plutôt par son inspiration personnelle, plein de bon sens, et alors voici ce qu'il me disait, précisément sur la question des incompatibilités, dans un style que je ne garantis pas comme parlementaire (On rit), dans un style un peu cru, mais significatif dans sa naïveté. Ainsi il me disait : « Monsieur, quant à moi, je pense qu'on ne sert pas bien deux maîtres à la fois. » (Rires à gauche.) Et puis il développait sa proposition, lui aussi (On rit). Et pour moi, je déclare que je la prenais en sérieuse considération (On rit plus fort) ; il la développait à sa façon et elle se résumait, mon Dieu, dans cette vérité, qu'il n'est pas bon que le député se trouve ainsi placé entre le devoir hiérarchique, qui est tout simplement l'obéissance envers le supérieur, et puis le devoir du député proprement dit, qui consiste essentiellement à examiner, à discuter, à contrôler, même à combattre les actes et les tendances de la haute administration.

Voilà ce que me faisait comprendre mon électeur de campagne. (Nouveaux rires.)

Une voix. C'est très-parlementaire, tout cela !

M. PAILLET. Il n'avait pas fini, messieurs, et, pour cette raison-là, je n'ai pas fini tout à fait non plus. (Parlez ! parlez !)

Il procédait ensuite par interpellation, supposant, que j'en savais plus que lui, et il me disait : « Mais, monsieur, comment se fait-il donc que tous ces hommes qui ont de grandes

places, surtout dans les départements, puissent les abandonner comme cela? on dit que cela dure parfois six mois de
suite. Eh bien là, en conscience, c'est qu'ils ne sont pas bien
nécessaires chez eux, n'est-ce pas? (Rires d'approbation
prolongés à gauche.)

J'avoue, messieurs, que, pour l'honneur des grandes places, j'aurais voulu pouvoir le rassurer complètement ; cela
ne m'était pas tout à fait possible, parce qu'en réalité, et
dans le fond du cœur, je trouvais, comme mon électeur le
trouvait par son instinct naturel, qu'il y avait là quelque
chose qui n'était pas selon la règle, ou en d'autres termes,
qu'il y avait là ce que nos voisins que nous citons tous les
jours, et quelquefois avec raison, appellent de *l'absentéisme*,
et un absentéisme d'autant plus regrettable que, d'une part,
les fonctions sont plus importantes, plus graves, plus difficiles, plus délicates, souvent plus éloignées de l'administration centrale, et que, d'un autre côté, les fonctionnaires,
auxquels il faut rendre hommage, sont plus capables de les
bien remplir.

Il y en a, Messieurs, qui sont un peu plus matériels dans
leurs critiques, et qui demandent, par exemple, pourquoi les
traitements continuent en l'absence des titulaires qui ne
font pas leur office : ceux-là prétendent que c'est établir une
certaine inégalité entre les députés, puisque ceux qui sont
fonctionnaires, sans remplir leurs fonctions, ne perdent
rien, tandis que ceux qui n'ont pas l'avantage d'être fonctionnaires ne viennent ici qu'au détriment de leurs affaires
privées. C'est encore une réflexion que j'ai entendue. (Rires
d'approbation aux extrémités.)

Il y en a, Messieurs, une dernière ; je sais bien que ce que
je dis n'a pas le mérite de la nouveauté, mais je crois que je
dis au moins des choses vraies, et qui vont à la conscience
publique. Il arrive... on a dit rarement ; eh, Messieurs, ce
ne serait qu'une fois, que ce serait encore trop qu'un pareil exemple en pareille matière...

Un membre. Surtout quand il vient de haut !

M. Paillet. On a dit qu'il arrivait souvent, je ne préjuge rien, que dans la carrière des fonctions publiques, lorsqu'elles sont unies à la députation, l'avancement se trouvait précisément en sens inverse de l'exercice réel de la fonction, en sorte qu'on est amené tout naturellement à en conclure que c'est le député qui se trouve récompensé dans la personne du fonctionnaire, ou, en d'autres termes, que c'est le député qui a gagné les éperons du fonctionnaire.

A gauche. C'est cela ! très-bien !

M. Paillet. Si après cela, et par une sorte de réaction ou de compensation, il arrive tout à coup l'une de ces disgrâces inattendues, n'y en eût-il qu'une aussi, exceptionnelle mais exemplaire, s'il arrive une de ces destitutions que rien ne justifie dans l'ordre administratif, une destitution qui vient frapper un fonctionnaire, à la moralité et aux lumières duquel tout le monde rend hommage, même ses adversaires politiques, un fonctionnaire complétement irréprochable dans l'ordre de ses fonctions publiques, et si cette disgrâce inattendue et injustifiable au point de vue administratif, vient le frapper le lendemain d'un vote consciencieux qu'il aurait donné dans un sens contraire aux vues ministérielles, oh ! alors voyez-vous ouverte la carrière des interprétations déplorables ? (*A gauche.* Très-bien ! très-bien !) Entendez-vous les commentaires fâcheux ; et mon électeur ne me dirait-il pas, dans une conversation subséquente..... (Rire général.) Ne suis-je pas exposé, si la conversation se renoue d'aventure avec lui, à lui entendre dire dans son langage pittoresque, et qu'encore une fois je ne garantis pas comme un langage parlementaire : « que cette fois ce sera le député, par réciprocité, qui aura été frappé sur le dos du fonctionnaire. » (Nouvelle approbation à gauche.)

Et alors, Messieurs, alors je vous le demande à tous, que devient dans ce déplorable conflit cette autorité morale, nécessaire, de la chambre des députés, livrée à de pareilles investigations, abandonnée comme une proie à de telles critiques !

Convenons-en, ce n'est pas là qu'est le problème. Le mal, tout le monde le reconnaît ; le mal, tout le monde le proclame, le ministère lui-même, quand il fait de la question des incompatibilités une simple question de limites. Mais il en fait aussi une question d'inopportunité, et c'est par l'examen de cette objection dernière que je vous demande la permission de terminer les observations que j'avais à vous soumettre.

Messieurs, est-il vrai que, dans l'état des esprits, dans la situation des choses publiques, au berceau de la législature actuelle, l'objection d'inopportunité puisse se poser sérieusement ?

Je le sais, les affaires publiques ne se dirigent pas par des principes absolus ; il leur faut leur temps, il faut l'occasion favorable. J'admets cela.

Mais ce que tout le monde admettra aussi avec moi, c'est que, lorsqu'une chose est reconnue bonne en soi, nécessaire en soi, pour l'écarter par l'objection de l'inopportunité, il faudrait des circonstances bien décisives, des considérations bien exceptionnelles. Cela existe-t-il ?

Messieurs, j'ai voulu, puisque j'étais nouveau parmi vous, m'instruire au moins par la lecture attentive des débats précédents qui pouvaient éclairer mon inexpérience personnelle, et notamment en ce qui concerne la proposition des incompatibilités. J'ai eu la curiosité de recourir à des débats bien récents, à ceux de l'année dernière. Ils avaient le même objet que le débat actuel, mais quant à l'opportunité, ils différaient essentiellement par l'époque : car tandis que la question des incompatibilités est soulevée cette fois au début de la législature, au contraire elle était soulevée à la fin de la législature précédente ; et alors j'imaginais dans ma candeur et dans ma simplicité... (Hilarité.)

Une voix. Dans votre jeunesse !

M. Paillet. Je n'ai pas dit : dans ma jeunesse. C'est une simplicité relative ; j'imaginais que tout le monde du moins avait été d'accord cette fois, l'année dernière j'entends, sur l'opportunité de la proposition ; que seulement on avait différé sur le fond, ce que je comprenais ; mais que, puisque la proposition était faite à une législature qui allait en quelque sorte finir, dont l'agonie légale semblait être arrivée, elle n'avait rien de mieux à faire que de préparer le logement à la législature suivante, en élargissant le cercle des incompatibilités, si d'ailleurs la mesure était reconnue bonne et utile en soi.

Quelle a été, Messieurs, ma surprise, lorsque, dans le discours le plus officiel de l'année dernière, j'ai rencontré précisément cette objection, tirée de l'inopportunité de la proposition ; et dans la crainte que ma mémoire ne me fît défaut ou ne me reproduisît pas fidèlement les impressions que j'avais puisées dans la lecture, j'ai voulu obvier à cet inconvénient en copiant de ma main certains passages que je vous demanderai la permission de mettre littéralement sous vos yeux.

Ainsi, M. le Ministre de l'intérieur, que nous avons eu l'avantage d'entendre à l'avant-dernière séance, a pris aussi la parole le 17 mars 1846, pour combattre également la proposition des incompatibilités. Or, voici, au chef de l'inopportunité, les paroles qu'il a prononcées dans cette circonstance : « Que veut-on maintenant ? Que la chambre, adoptant les termes et les motifs de la proposition, à une époque qu'on croit plus ou moins rapprochée du terme de sa carrière, qui ne peut pas durer au-delà de cinq années, prononce sur elle-même un véritable arrêt de condamnation. On demande à la chambre de déclarer qu'elle a manqué, à un certain degré, de moralité et d'indépendance. »

La fidélité du procès-verbal est poussée à ce point, que là je suis arrêté par une parenthèse, qui renferme ces deux mots : *Très-bien !* (Rires d'approbation à gauche.) Ce qui annonce que les paroles de M. le Ministre étaient selon la pensée de ceux qui, en très-grand nombre, criaient *très-bien !*

Alors le ministre, reprenant de plus belle, continuait

ainsi : « Une chambre qui viendrait déclarer, *au terme de sa carrière* (Nouveaux rires à gauche), qu'un certain nombre de ses membres manquaient d'indépendance et de moralité, que les majorités obtenues pour soutenir la politique du Gouvernement n'ont été acquises et maintenues que par le vice, le vice radical auquel on s'empresserait de porter remède, une semblable chambre prononcerait son propre suicide : c'est sa propre politique qu'elle atteindrait. »

Et l'argument tiré de l'inopportunité à la fin de la législature, paraissait tellement péremptoire, victorieux, que le lendemain, le 18 mars 1846, l'honorable rapporteur, car cette fois, la proposition avait été prise en considération, l'honorable M. Hébert, rapporteur de la commission, s'emparait à son tour de l'argument de l'inopportunité, et lui donnait le relief que tous les arguments trouvent toujours dans sa bouche ou sous sa plume. (On rit.) Et il disait : « M. le ministre a signalé hier... » Ainsi, vous voyez que cela se rattachait à la séance précédente... « M. le Ministre a signalé hier, au nom du Gouvernement, le vrai caractère et l'objet véritable de la proposition. Il vous a dit qu'elle avait pour objet d'amener la majorité *à désavouer la politique qu'elle avait suivie depuis 1840*, la politique du Gouvernement qu'elle avait appuyée. J'ajouterai qu'elle aurait un autre effet... ce serait de discuter et de discréditer, à l'avance, les candidatures d'une grande partie des membres de cette chambre. (Vive hilarité à gauche.) Quand on aura dit et répété, contre un certain nombre de fonctionnaires, en se taisant comme par grâce à l'égard des autres, qu'ils sont dans un état de dépendance et de servilité, on espère que, devant les collèges électoraux, l'opposition aidant, ces candidatures viendront à succomber. »

Ah ! je le répète, ma surprise a été grande, et alors j'ai été tenté, en personnifiant la proposition des incompatibilités, et en lui adressant la parole, de lui dire : — Retirez-vous une fois pour toutes, car jamais votre moment ne viendra. (Bruyante hilarité.) Si vous avez la prétention, lui aurais-je dit, de vous présenter à la fin de la législature, à l'instant on crie à la chambre : Prenez-y garde ! ce qu'on vous demande c'est une sorte de confession à la veille de la mort, une sorte de *mea culpa* testamentaire. (Rires approbatifs à gauche.) C'est le désaveu de votre politique : vous allez compromettre votre œuvre de quatre années ; vous allez lui appliquer cette espèce d'empreinte de servilité, dont vous vous serez reconnus coupables en adoptant la proposition ; voilà ce qu'on dit à la fin de la législature.

Arrive la situation tout-à-fait inverse; nous sommes au commencement d'une législature nouvelle ; et alors autre langage pour arriver au même but : il était trop tard l'année dernière ; eh bien, il est trop tôt cette année. (Nouveaux rires approbatifs à gauche.) Il faut en finir une fois pour toutes avec l'argument de l'inopportunité, car un argument aussi complaisant que celui-là, qui s'applique avec un égal bonheur à deux situations diamétralement contraires, est un argument jugé et qui ne vaut rien ni pour l'une ni pour l'autre situation. (Très-bien.) Et alors, je le dis en toute sincérité, l'argument de l'inopportunité me paraît être, je pourrais me venger par l'expression et dire une *machine de guerre*, je ne le dirai pas (Rires), mais tout simplement un prétexte, commode à la vérité, mais enfin un prétexte offert à la majorité pour se débarrasser d'une question grave, mais gênante ; et, pour traduire l'argument de l'inopportunité comme je le comprends, cela veut dire tout simplement à mots moins couverts : « Messieurs, nous sommes forts, nous sommes même très-forts ; eh bien, contentons-nous d'être forts, vivons comme cela (hilarité), et laissons à d'autres de tels soucis : réservons-les pour les législatures à venir, et comme le poëte,

« Quittons le long espoir et les vastes pensées. »

Messieurs, je comprends autrement et j'envisage d'un point de vue tout différent les devoirs et, j'oserai dire, les intérêts véritables de la majorité. Et si mes paroles pouvaient avoir quelque crédit dans ses rangs, j'oserais lui dire : — Songez que vous n'êtes pas ici pour assurer le succès ou la durée

de telle ou telle combinaison ministérielle, mais pour veiller au dépôt sacré des libertés publiques, au salut des institutions qui vous sont confiées, pour les consolider en les améliorant et pour les améliorer en assurant leur développement progressif, régulier et pacifique. — Je dirais surtout à la majorité : — Précisément, parce que vous êtes forte et très-forte, parce que vous pouvez constitutionnellement tout ce que vous voulez, songez-y ! vous assumez une responsabilité égale à la puissance même dont vous disposez, et vous serez comptable au pays de tout le bien que vous auriez pu faire et que vous n'aurez pas fait. — (Vive adhésion à gauche.)

Et, m'adressant ensuite à ceux de nos honorables collègues qu'on a voulu constituer en quelque sorte parties dans la question, je ne craindrais pas de leur dire : — Vous avez ici un beau et noble rôle à remplir.... (Rires et exclamations diverses.)

Messieurs, cette manifestation incidente semblerait annoncer que le rôle n'est pas encore suffisamment compris (Non ! non !), il s'agit de le comprendre.

Je dirais donc à nos honorables collègues : — Dépouillez-vous de toute préoccupation de position et d'intérêt personnel ; placez-vous au niveau de cette grande question de philosophie et de pratique constitutionnelles, et demandez-vous, la main sur la conscience, s'il n'est pas vrai qu'il y ait ici un mal qui appelle un remède ; demandez-vous, la main sur la conscience, s'il n'est pas vrai qu'il y ait ici un grand principe engagé, un grand principe à proclamer, non pas comme démenti de la charte, mais comme complément de la charte ; demandez-vous s'il n'y a point un progrès notable et mûr à réaliser ; demandez-vous, s'il n'y a pas une satisfaction à donner aux exigences, si vous voulez aux susceptibilités de l'esprit public : — et si après vous être sérieusement interrogés, vous êtes obligés de reconnaître que tout cela est vrai ; si votre conviction est conforme à la mienne, alors je vous dirai encore : — Ayez du courage jusqu'au bout (A gauche Très-bien !) ; donnez un grand exemple de patriotisme et de dévouement (Rires ironiques au centre), exemple qui vous honorera et qui vous grandira plus que dix années passées dans cette enceinte avec un mandat moralement contestable. — (Réclamations au centre. — Approbation à gauche).

M. Durand de Romorantin. Continuez, ce sont d'honorables murmures.

M. Paillet. Messieurs, je le dis en finissant, et comme expression d'une opinion qui peut être erronée, mais qui du moins a le mérite d'être consciencieuse et personnelle : si la proposition est prise en considération, si elle devient loi après avoir été élaborée par les grands pouvoirs de l'Etat, tout le monde y gagnera. La chambre des députés y gagnera en voyant s'accroître, se fortifier son influence morale dans le pays ; l'administration y gagnera en reprenant sur le parlement des fonctionnaires distingués, éminents, dont elle a besoin, qui lui font faute chaque jour ; le ministère y gagnera lui-même, car il sera plus libre et plus indépendant dans ses allures ; et il n'aura pas la douleur de s'entendre reprocher si souvent, avec plus de vraisemblance que de vérité, je le veux, mais avec grande vraisemblance du moins, ce qu'il a appelé modestement, ce que je consens à appeler, avec lui et après lui, *l'abus des influences !*

Voilà, Messieurs, les raisons qui me décident à voter la prise en considération, me réservant, bien entendu, l'examen et la discussion de chacun des articles qui la constituent, lorsque le moment sera venu. (Vive approbation aux extrémités.)

(L'orateur, en descendant de la tribune, reçoit les félicitations d'un grand nombre de députés. — La séance demeure suspendue pendant quelques minutes.)

Après avoir entendu MM. Larnac, Billault, Hébert, garde des sceaux, de Castellanne, Guizot, ministre des affaires étrangères, la chambre passa au vote, et se prononça contre la proposition à la majorité de 219 voix contre 170.

(Voir le *Moniteur universel* des 20, 21 et 22 avril 1847.)

Février 1848.

CHAMBRE DES DÉPUTÉS

DISCOURS

SUR LA QUESTION DES BANQUETS

DISCUSSION

DU PROJET D'ADRESSE

Diverses questions, au nombre desquelles étaient la réforme parlementaire et la réforme électorale, plusieurs fois agitées au sein de la chambre des députés, avaient passionné l'opinion publique. Des banquets avaient eu lieu dans plusieurs villes populeuses, d'abord à Paris au Château-Rouge, puis à Colmar, Strasbourg, Lille, Montpellier, Rouen, ailleurs encore, et là, non seulement on avait abordé ces questions, mais la conduite et les actes du gouvernement étaient devenus l'objet de vives attaques. Le discours du Trône avait fait allusion à ce mouvement dans les termes suivants : « Au milieu de l'agitation que fomentent des passions ennemies ou aveugles, une conviction m'anime et me soutient : c'est que nous possédons dans la monarchie constitutionnelle, dans l'union des grands pouvoirs de l'Etat, les moyens assurés de surmonter tous ces obstacles et de satisfaire à tous les intérêts moraux et matériels de notre chère patrie. » Dans la discussion de l'adresse, l'opposition soutenait que le droit de réunion était un droit essentiel, primordial, supérieur à toute mesure de police; que l'abus pouvait en être puni comme l'abus de tout autre droit, mais qu'il n'appartenait point au gouvernement d'agir par la voie préventive. Elle repoussait donc le dernier paragraphe de l'adresse proposée par la commission de la chambre des députés, en réponse au discours du Trône et qui contenait cette phrase : « Les agitations que soulèvent des passions ennemies ou des entraînements aveugles tomberont devant la raison publique éclairée par nos libres discussions, et par la manifestation de toutes les opinions légitimes. Dans une monarchie constitutionnelle, l'union des grands pouvoirs de l'Etat surmonte tous les obstacles, et permet de satisfaire à tous les intérêts moraux et matériels du pays. » M. Sallandrouze avait déposé un amendement tendant à atténuer le paragraphe proposé par la commission. Vers la fin du débat, M. Paillet monta à la tribune et prononça le discours suivant :

MESSIEURS,

Les mêmes raisons qui me porteront à voter contre le paragraphe, dans sa rédaction actuelle, me déterminent à plus forte raison à me rallier, en principe, au système général des amendements qui ont au moins l'avantage d'atténuer ou de corriger à mes yeux le mauvais effet du paragraphe lui-même. Ce sont, Messieurs, ces raisons que je vous demande la permission de vous exposer simplement et sommairement.

Je commence par déclarer que je n'ai assisté à aucun banquet, et je dis cela non pour m'en vanter, ni pour m'en excuser ; je le dis simplement afin de constater le fait, et afin qu'il soit bien entendu que ce n'est pas ma cause propre que je viens défendre ici, et que mes paroles ne seront influencées par aucune préoccupation de ma situation personnelle.

Messieurs, le blâme proposé par la commission contre les banquets, et ceux qui y ont pris part, se fonde sur deux griefs : l'illégalité des réunions et leur caractère hostile à nos institutions.

La question de légalité a été traitée ; a-t-elle été épuisée ? (Non ! non !) Peut-être est-il permis d'en douter, du moins quand on a comme moi la conviction profonde de l'importance de la question même, et si ce n'est trop abuser de votre patience fatiguée, vous me permettrez, j'espère, de revenir brièvement, je vous le promets, sur ce grave sujet. (Parlez ! parlez !)

Je m'expliquerai ensuite sur le paragraphe en lui-même, et sur les considérations principales qui devraient déterminer la chambre à le supprimer dans l'adresse qu'elle se propose de présenter à la couronne.

Sur la question de légalité, j'ai été frappé tout d'abord, je l'avoue, de ce que j'ai considéré comme une grave contradiction et une grande inconséquence dans les actes du pouvoir. A cette tribune, les organes du Gouvernement nous ont dit et répété que, dans leur pensée, après avoir mûrement étudié la question, ils étaient demeurés convaincus de l'illégalité de semblables réunions, et que, pour le fait particulier, leur indignation s'était en quelque sorte soulevée au souvenir des discours subversifs prononcés dans les banquets. Alors, je me suis demandé avec la raison publique et le simple bon sens, comment, si le pouvoir était armé du droit qu'il revendique si hautement aujourd'hui, comment, en matière si grave, il ne s'en est pas souvenu plus tôt (Mouvement) ! comment il ne s'en est pas servi en temps opportun ! comment il lui a fallu l'expérience des soixante banquets successifs pour reconnaître que de telles réunions renfermaient des germes de division sociale !

Une autre réflexion a augmenté ma surprise. Je me disais : Comment, si le gouvernement avait le droit d'empêcher, a-t-il gardé le silence, est-il resté dans l'inaction, et comment surtout avons-nous vu ses organes les plus accrédités tirer de leur obscurité, de leur oubli les discours même les plus violents ; ceux dont on venait à cette tribune argumenter pour signaler le danger de réunions semblables ? Je ne crains pas de le dire après le préopinant, il y a là ou une étrange négligence de la part des dépositaires de l'action publique, ou bien une imprudence que je ne puis m'expliquer.

Au surplus, est-il vrai que cette légalité qui s'est si tardivement manifestée soit aujourd'hui aussi incontestable qu'on le prétendait aux séances précédentes ; ou bien n'est-il pas vrai de dire que, dans l'état actuel de notre législation, loyalement envisagée, ces réunions sont parfaitement licites ?

Messieurs, une singulière doctrine a été professée à cette tribune dans la séance d'hier. On vous a dit qu'aucune loi formelle n'accordait aux citoyens le droit de réunion, et que, par conséquent, ce droit n'existait pas. J'en demande pardon à M. le garde des sceaux, et je le supplie de ne pas considérer comme une intention épigrammatique qui ne serait digne ni de lui, ni de moi, ni du lieu, ni de la circonstance, les paroles que je vais dire (Ecoutez ! écoutez !) ; il me semblait qu'on nous avait à l'un et à l'autre enseigné précisément la doctrine contraire sur les bancs de l'école. (Très-bien ! très-bien !) J'en étais sorti, quant à moi, avec cette conviction faite sur la légalité, que tout ce qui n'est pas défendu par un texte formel de la loi est permis, je ne dis pas en morale, mais en légalité. (Vif assentiment à gauche.)

Et comment donc vient-on nous dire : — Où ce droit est-il écrit ? Et, si vous ne montrez pas un texte formel, ce droit n'existe pas, c'est une usurpation ? — D'abord, si la question était là où on l'a posée, l'honorable M. Ledru-Rollin l'aurait décidée hier par la citation qu'il a faite d'un texte de loi bien formel et constitutionnel. Le droit de réunion est expressément écrit dans la constitution de 1791. (Interruption. — Parlez ! parlez !)

Je sais qu'on a répondu à cet argument que la constitution de 1791 avait fait son temps, et son existence, hélas ! n'a pas été longue, je le reconnais. Mais faut-il en conclure que tous les principes qu'elle avait, je ne dis pas créés, mais proclamés, aient péri avec elle ? Voilà ce que je ne saurais admettre, et ce que vous ne pouvez pas admettre vous-mêmes. La charte a-t-elle absorbé toutes les constitutions précédentes ? Mais, si cela est, je vous demanderai dans quel article de la charte..... (Nouvelle interruption) ; je vous demanderai dans quel article de la charte qui nous régit aujourd'hui vous trouvez ce grand pouvoir qui ne permet pas de poursuivre les fonctionnaires publics sans l'agrément préalable du Conseil d'Etat. Est-ce que par hasard c'est écrit dans la charte de 1814 ou dans celle de 1830? En aucune façon ; cela est écrit dans une constitution, dans l'article 75 de la constitution de l'an VIII.

Voilà pour le pouvoir.

Voici maintenant pour les citoyens :

Où est écrit, je le demande, dans la charte de 1830, le droit d'inviolabilité du domicile du citoyen ? Nulle part. Est-ce que par hasard ce droit est en question aujourd'hui? Non ! Il est écrit quelque part, et c'est encore dans cette constitution, dans l'article contigu à celui que je citais, l'article 76 de la constitution de l'an VIII.

Voyez donc quelle était la fragilité de cet argument qui consistait à dire, s'agissant surtout d'un droit que je crois par sa nature éminemment constitutionnel, du droit de réunion, qui peut donner lieu à des abus, nous le reconnaissons...... (Interruption.)

Voix nombreuses à gauche. Attendez le silence !

Voix au centre. Parlez de l'amendement !

M. LE PRÉSIDENT. L'orateur a le droit de traiter la question dans la généralité, parce qu'elle a été traitée dans l'ensemble du paragraphe, et elle n'a été traitée dans l'ensemble du paragraphe que parce qu'elle se référait à cette portion même du paragraphe. L'orateur est donc dans son droit. (Assentiment.)

M. PAILLET. Je disais que ce n'était pas un argument sérieux que celui qui consiste à dire : tous les droits des citoyens sont inscrits dans la charte de 1830.

Oui ! pour l'organisation générale du pouvoir; oui ! pour le système général du Gouvernement, mais pour les droits des citoyens, pour certains droits de l'autorité, non ! elle a laissé les choses dans l'état où elle les a trouvées, elle les a consacrées, témoins les deux exemples que j'ai cités. (Approbation à gauche.)

Il est vrai qu'on ajoute : à supposer que le droit existe, ou par lui-même, ou par une disposition de loi quelconque, ce droit n'est pas absolu, ce droit est subordonné à l'appréciation de l'autorité administrative ; et c'est alors, messieurs, qu'on fait intervenir dans le débat cette loi du mois d'août 1790 sur laquelle je ne m'arrêterai pas longtemps.

Et en effet cette loi, comme toutes les autres, peut être examinée dans son texte et dans son esprit.

Quant à son texte, je ne veux pas le relire. Je supplie seulement ceux de mes honorables collègues qui pourraient être touchés de la loi de 1790 en ce qui concerne les dispositions qu'elle renferme, le texte de ses dispositions, je les supplie de la relire avec attention, mais sans préoccupation, avec l'impartialité d'un juge, et la question, au moins la question de texte, n'en sera plus une à leurs yeux. — Quant à l'esprit de la loi du mois d'août 1790, quoi ! c'est à cette époque, à cette législation que l'on a demandé le droit pour l'autorité de défendre d'une manière absolue les réunions politiques ! que l'on a demandé la défense contre les citoyens de s'assembler, à moins que l'autorité publique veuille bien y consentir !

Ah ! messieurs, j'ai promis de ne pas vous retenir plus longtemps sur cette question de légalité. (Parlez ! parlez !) Aussi je concentrerai toute ma pensée dans un seul mot : c'est là un *blasphème* contre l'assemblée constituante. (Adhésion prolongée à gauche.) Oui, c'est un blasphème contre cette illustre assemblée, cette mère féconde de toutes nos libertés modernes. (Très-bien ! très-bien !) L'assemblée constituante ! mais elle se réveillerait à vos paroles et s'indignerait, toute poussière qu'elle est, contre une telle interprétation des maximes politiques qu'elle nous a léguées ! (Très-bien ! très-bien !)

Messieurs, des autorités vous ont été présentées, permettez-moi une seule citation, une seule, parce qu'elle n'a pas encore été faite. (Parlez ! parlez !) Et c'est à l'assemblée constituante elle-même que je la demanderai.

En feuilletant les pages les plus voisines de celle où se trouve la loi du 24 août 1790, le hasard m'a fait tomber sur un décret bien remarquable par sa nature et par sa spécialité. Une des municipalités du midi, interprétant peut-être la loi, toute récente alors, du 24 août 1790, avait cru apparemment y trouver le droit, que si longtemps après on y cherche encore, d'intervenir dans ces sortes de réunions, d'y imposer son *veto*, et de s'emparer des archives qui pouvaient déjà leur appartenir. Là se trouvaient tout à la fois engagés et le droit de réunion et le droit bien autrement considérable d'association proprement dite. Ce fait est dénoncé à l'assemblée constituante ; elle le trouve grave, précisément parce qu'il impliquait l'une des libertés publiques nées à peine dans notre pays. Elle l'évoque, elle l'attire à elle, et savez-vous comment elle le juge et à quelle date ? à une date bien voisine, je vous le répète, de la loi du 24 août 1790, à la date du 12 novembre 1790, et voici le texte de son décret. (Ecoutez ! écoutez !)

« L'assemblée nationale,

« Après avoir entendu son comité des rapports,

« Déclare que les citoyens ont le droit de s'assembler paisiblement et de former entre eux des sociétés libres, à la charge d'observer les lois qui régissent tous les citoyens ;

« Qu'en conséquence (voilà le cas particulier, messieurs), la municipalité de Dax n'a pu troubler la société formée dans cette ville sous le nom de *société des amis de la constitution* ; que ladite société a le droit de continuer ses séances, et que ses papiers lui doivent être rendus. » (Bruit et mouvements divers.)

Je crois donc que désormais, si l'autorité entend appuyer son droit de prohibition sur une loi quelconque, ce n'est pas à l'assemblée constituante qu'elle devra la demander, et lorsque nous avons traversé les temps de l'empire, lorsqu'on aurait pu puiser dans cet arsenal si riche de dispositions sévères, prohibitives, antilibérales, apparemment il a fallu que cet arsenal lui-même fût impuissant, puisqu'on a rétrogradé jusqu'à l'assemblée constituante et qu'on a faussé à ce point un de ses décrets en lui donnant un sens si diamétralement contraire à celui qu'elle lui a donné elle-même à une époque

voisine du jour où ce décret avait été promulgué. (Très-
bien !)

On a parlé de la loi de 1834. Je ne veux pas m'y arrêter,
je ne veux vous faire qu'une citation pour compléter celles
qui ont été faites ; seulement, dans cette grave question,
plus grave peut-être que nous ne le croyons encore, il est d'un
immense intérêt de lire les discussions qui ont précédé la
loi de 1834, de voir avec quel soin on s'est attaché, dans les
deux chambres, dans toutes les parties des deux chambres,
à distinguer deux choses qui, effectivement, ne pouvaient
pas être confondues : la réunion, l'association ; et si la loi de
1834 a été votée contre le principe des associations en les su-
bordonnant au bon plaisir de l'administration, ce n'a été, j'en
adjure tous les souvenirs, qu'à la condition que l'on recon-
naîtrait solennellement que le droit d'association, régi par
cette loi, laissait complétement en dehors de ses dispositions
le droit de simple réunion. On ne discutait pas alors sur la
question de savoir si le droit de réunion était un droit exis-
tant nécessairement et par lui-même ; tout le monde le re-
connaissait (C'est vrai ! c'est vrai !) ; la loi de 1790, personne
n'y songeait.

M. ODILON BARROT. Pas un qui ose contester cela !

M. PAILLET. Et c'était précisément sur la distinction fondamentale entre ces deux droits que les partisans de la loi nouvelle s'appuyaient pour dire : Le droit de réunion est respecté, il est entier, il est inviolable. Le droit d'association,
c'est différent : il est trop grave, il est trop dangereux ; il
offre dans son exercice trop de permanence et de continuité ;
il faut le régir, il faut le régler, et tous les orateurs de l'opposition, du ministère, les ministres eux-mêmes, le rapporteur de la commission dans la chambre des députés, ont été
d'accord sur cette distinction fondamentale. (Très-bien ! très-
bien !)

A la chambre des pairs qui, je crois, n'est pas suspecte de
sacrifier légèrement les droits de l'autorité publique aux

exigences populaires, à la chambre des pairs, les mêmes principes se sont reproduits, ils y ont été maintenus peut-être avec plus de rigueur encore, et c'est à l'aide de ce double passe-port que la loi de 1834 a pris place dans notre législation.

Je demande maintenant ce que devient cette distinction ? Elle disparaît, elle s'efface complétement, et désormais tout ce qui concerne les associations s'applique de droit aux réunions, car les réunions n'étant possibles qu'à la condition de la tolérance et du bon vouloir de l'autorité, c'est absolument comme s'il s'agissait d'une association proprement dite ; car les associations ne sont pas défendues, elles sont possibles, elles sont licites, seulement avec la permission de l'autorité ; et, à cet égard, vous aurez fait, en 1848, ce qu'on n'a pas fait en 1834. A cette époque de crise, de troubles publics, on s'est attaché à cette distinction qu'il s'agit de maintenir. (Très-bien ! très-bien !)

Me dira-t-on : Vous désarmez l'autorité ! Je vous déclare que cette considération, si elle était vraie, me désarmerait moi-même. Je ne sache rien de pire qu'une autorité impuissante ; et précisément parce que j'aime la liberté, je déteste la licence de toute la puissance de mon âme. L'autorité est-elle désarmée dans le système de la légalité des réunions indépendantes des associations proprement dites ? Non, vraiment. La loi existe ; seulement il faut s'en servir dans ce pays de légalité, et de deux choses, l'une : — ou les réunions seront publiques, et la question de publicité appartient aux tribunaux, et l'autorité a le droit de s'y faire représenter ; elle y est partie en quelque sorte de droit ; elle peut les surveiller, y intervenir, et réprimer à l'instant même tous les désordres quelconques qui s'y manifesteraient. Tel est son droit, quand la réunion est publique. — Ou bien au contraire, la réunion n'aura pas ce caractère de publicité, et voici ce qui arrivera, car, c'est le droit commun qui parle : Si les discours coupables, à un titre ou à un autre, sont restés dans l'enceinte privée, ils ne sont pas justiciables des tribunaux.

Mais du moment qu'ils sortent de cette enceinte, du moment où ils tombent dans le domaine public par la voie de la publicité, ils ont le droit d'éveiller toutes les susceptibilités de l'autorité publique. Non-seulement l'autorité publique a le droit de les examiner, mais encore c'est son devoir. Et, dans le cas particulier, je reviens à cette pensée, qui m'a frappé tout d'abord, et que j'ai déjà exprimée ; comment ! pendant six mois, nous avons vu surgir de toutes parts des banquets, et aucune poursuite n'a eu lieu ! Ce n'est pas une dénonciation que je viens faire à cette tribune, on ne se méprendra pas sur le sens de mes paroles ; mais je me place au point de vue des doctrines qui ont été professées au nom du Gouvernement, je dis : les discours qui sont devenus publics par les journaux étaient-ils coupables ? — alors pourquoi l'action publique dormait-elle dans vos mains ? Et si ces discours, dont quelques-uns pouvaient blesser vos sentiments, peut-être les miens, si ces discours n'étaient pas légalement punissables, pourquoi faire tant de bruit, pourquoi, après avoir souffert les soixante banquets, venir aujourd'hui nous crier en quelque sorte : La patrie est en danger ! Vous ne sortirez pas de ce dilemme, vous n'échapperez point à cette alternative.

Messieurs, on a répété : La question est judiciaire ; M. le garde des sceaux l'a dit hier, M. le ministre de l'intérieur l'avait dit avant-hier. Oui, c'est une question judiciaire. Je m'en félicite, car personne n'est mieux placé que moi, et depuis longtemps, pour juger de l'indépendance et de l'impartialité de nos tribunaux ; et c'est un immense bonheur, dans un pays où tant de choses s'affaiblissent, où le discrédit semble s'attacher à tant d'institutions importantes, c'est un immense bonheur que de croire au moins à la justice, et de voir que son autel n'a pas été profané.

Oui, la question est judiciaire ; je vous dirai même que déjà la question qui nous occupe à l'occasion des banquets, a été touchée par la justice dans une circonstance grave et devant la plus haute juridiction du royaume. C'est une seconde citation, vous me la permettrez, elle n'est pas longue, elle est nouvelle, et je crois qu'elle est digne de votre attention. Un juge suppléant de province avait été appelé à un banquet, et dans une lettre écrite à propos de son refus, il s'était exprimé d'une manière qui avait paru offensante pour la majesté royale. Il a été cité disciplinairement devant la Cour de cassation qui a compétence, tout le monde le sait, dans ces matières, et l'organe du ministère public, son organe le plus élevé, a porté la parole dans cette conjoncture grave et qui était bien digne de son intervention. Voici, Messieurs, ce que, à l'endroit des banquets et de la question de légalité, disait hautement, au sein de la Cour suprême, M. le procureur général Dupin ; c'est le *Moniteur* lui-même qui nous l'apprend ; c'était le résumé de son opinion plus longuement développée :

« Il est parfaitement permis de critiquer les lois, d'en signaler les vices, d'en demander l'amélioration ; il est permis à chacun d'être et de se dire réformiste, de demander la réforme électorale et parlementaire ; il est permis de se réunir même dans des banquets fraternels... »

Vous entendez ? (Agitation.) Il est vrai qu'à cette époque la loi du 24 août 1790 n'était pas encore inventée. (On rit.)

« ... Aucune loi, ajoutait-il, n'oblige à y porter la santé du Roi ; on peut s'en abstenir, surtout si l'on est républicain. Mais ce qui cesse d'être permis, c'est d'exprimer son refus en termes insultants pour le Roi !!..... » — Il y eut une réplique de la part de M. le procureur général ; il revint à la charge, et jamais la question de la légalité des banquets n'en fut une pour son esprit éclairé. (Mouvement prolongé.)

Messieurs, j'ai fini sur la question de légalité, et vous me pardonnerez, je l'espère maintenant, d'y avoir retenu quelques instants votre attention ; vous voyez que je n'en ai pas abusé. (Adhésion à gauche.)

Permettez-moi maintenant quelques mots sur ce que l'on

a appelé justement la question de compétence et de haute convenance parlementaire. Je veux parler du paragraphe en lui-même, ce qui implique nécessairement les amendements qui tendent à en corriger l'effet dans une proportion plus ou moins prononcée.

Je suis de ceux, je l'avoue, qui ont été douloureusement affectés quand ils ont vu qu'on avait fait tomber, de ces hauteurs inaccessibles où nos respects aiment à maintenir la majesté royale, une censure touchant une notable portion de cette chambre. Je ne me suis consolé que par ce qu'on appelait dans les séances précédentes la fiction constitutionnelle, et je me suis dit : Après tout, les éditeurs responsables du discours de la couronne, ce sont MM. les ministres ; ils ne déclinent pas d'ailleurs cette responsabilité, et je leur dois cette justice, qu'ils l'ont eux-mêmes revendiquée à cette tribune.

Donc, constitutionnellement parlant, le blâme que nous rencontrons dans le discours de la couronne, c'est le blâme que MM. les ministres adressent soit à la réunion des banquets, soit à ceux qui y ont assisté. Dans ces termes, et sans que mon regret disparût, je le sentais s'affaiblir beaucoup, car enfin si c'est le cabinet à l'état collectif qui, par une autre bouche, a exprimé son opinion sur les banquets qui doivent, je le reconnais, lui inspirer certains ressentiments, certaines rancunes, il faut reconnaître aussi qu'il aura jusqu'à un certain point usé du droit de représailles ; cela n'aura pas d'autres conséquences ; cela veut dire que les ministres blâment les banquets, qu'ils blâment ceux qui ont pris part aux banquets ; cela ne veut pas dire autre chose, toujours constitutionnellement parlant. Mais ce qu'on vous propose, Messieurs, est autrement grave aujourd'hui : ce qu'on vous propose, c'est de décimer la chambre. (Réclamations au centre.)

Eh bien, si vous l'aimez mieux, ce qu'on vous propose, c'est de vous emparer du blâme qui se trouve dans le discours de la couronne pour l'appliquer vous-mêmes à une partie de vos collègues. Je vous le déclare, je vois là un

fâcheux précédent qui veut s'établir ou se renouveler, je
vois là un danger qu'il faut éviter à tout prix dans les assemblées délibérantes ; oui, messieurs, vous le croirez comme
moi quand vous y aurez sérieusement réfléchi, et je vous en
adjure.

Je disais : renouveler un précédent ; effectivement, il y
en a un. On l'a invoqué à cette tribune ; je n'en dirai qu'un
mot, très-rapidement, parce qu'on parle rapidement toujours
de ce qui laisse dans l'esprit une impression douloureuse.
En 1844 un blâme aussi a été formulé : il atteignait quelques membres de la chambre ; pour le justifier, on disait
alors qu'il se rattachait à un acte, à une manifestation inconciliable avec les devoirs qu'imposait le serment de député ;
c'est la thèse qu'on soutenait, à l'aide de laquelle le blâme a
été formulé au nom de la chambre. Ici, quoi de semblable,
je vous le demande ? Il y a eu des réunions : elles n'ont pas
été mystérieuses, on ne s'est pas caché ; on a agi dans ce que
je crois être la légalité ; on devait le croire d'autant mieux
qu'aucun acte de l'autorité n'est intervenu pour s'y opposer.
Qu'y a-t-il de commun, je vous le demande, entre cette manifestation et celle que l'on interprétait, comme je viens de
le rappeler, en 1844, et qui aurait motivé une mesure que,
pour ma part, je regrette vivement : et quel en a été le résultat ? Car, dans les grandes questions politiques, l'utilité finale
est grandement à considérer ; puisqu'il y a un précédent, il
faut le voir tout entier et avec les conséquences qu'il a produites. Qu'en est-il résulté ? Un premier fait, qui déjà s'est
reproduit malheureusement dans nos débats actuels, une
profonde irritation ; et puis ensuite les députés atteints par
ce blâme ont cru devoir recourir à une mesure énergique et
en appeler du parlement aux électeurs ; et ainsi, par la force
des choses, la question s'est posée entre les électeurs et le
parlement. Et quel a été le résultat de ce déplorable antagonisme ? Ce résultat a été de voir reparaître, avec le bénéfice
d'une élection nouvelle, dans cette chambre, les députés que
la mesure disciplinaire, en quelque sorte, avait obligés d'en
sortir.

Je sais qu'on a dit contre les banquets : Mais à quoi bon toute cette agitation? Pourquoi, quel motif, quel grief, quel prétexte sérieux? L'honorable préopinant vous a rappelé ce qui a été l'occasion des banquets. Permettez-moi d'y revenir, pour une minute seulement, et de vous en parler aussi..... (Parlez! parlez!)

Je l'avoue à mon tour, lorsque les élections de 1846 m'ont fait naître à la vie politique, je me demandai, dans mon inexpérience, si le rôle de l'opposition n'était pas près de finir. Et voici comment je justifiais à mes yeux cette question même. Je me disais : Jusqu'à présent les ministres ont vécu, pour ainsi dire, au jour le jour, défendant leur terrain pied à pied, avec une majorité parfois impondérable.... (Rires et chuchottements.) Eh bien, continuais-je, il faut être juste, même envers les ministres, et je conçois que, lorsqu'on est absorbé chaque jour par les besoins et les nécessités d'une légitime défense, on ait peu de temps à donner aux idées de progrès. Mais je croyais qu'une fois les ministres raffermis sur leurs siéges, retrempés dans cette fontaine de Jouvence des élections (Interruption), je croyais que MM. les ministres allaient tout à coup désarmer l'opposition de ces sentiments généreux et de ces idées de progrès sur lesquels elle avait elle-même vécu jusque-là.

Ce qui s'est passé, vous le savez, et je ne veux pas le retracer. Il était plus convenable de laisser ce soin à l'honorable préopinant; et la situation était plus piquante, de voir un ancien membre de la majorité reprocher aux ministres, qu'il a longtemps soutenus, leur inaction systématique, et de le voir rappeler aussi que les banquets, après tout, sont sortis d'un défi qui était parti lui-même de cette tribune.

A gauche. C'est vrai! c'est vrai!

M. Paillet. Voilà quelle a été, au dire d'un membre de la majorité même, l'origine première des banquets. Au surplus, la question n'est véritablement pas là. La question est de savoir si vous vous trouvez dans de telles circonstances que ce soit un besoin et une nécessité impérieuse pour vous d'inscrire dans l'adresse au Roi le blâme qu'on vous propose.

Je le comprendrais, messieurs, si le contre-coup des banquets avait été de compromettre, d'altérer nos institutions. En a-t-il été ainsi ? Mais M. le président du conseil lui-même, et je suis heureux de rappeler ses paroles en m'y ralliant, a protesté contre une pareille supposition.

Où est donc maintenant le besoin du blâme ? (Interruption.)

Messieurs, quelques mots seulement. (Aux voix ! aux voix !) J'aurais fini si vous aviez eu la bonté de m'écouter.

Je disais, messieurs, que, quant à moi, en mon âme et conscience, désintéressé comme je le suis dans la question, je n'aperçois aucun motif sérieux qui vous conseille, qui vous commande ces mesures extrêmes, qui vous en impose l'irrésistible besoin ; et je dirai maintenant qu'il est un autre besoin impérieux, urgent, et j'espère que je serai d'accord au moins avec vous sur ce point, un intérêt urgent, manifeste, actuel surtout, c'est celui de ramener le calme et avec le calme la dignité dans nos délibérations. (Approbation sur plusieurs bancs.)

Un membre au centre. Demandez-le à vos amis.

M. PAILLET. Et n'est-ce donc point assez, messieurs, que cette animation que j'appellerai normale, naturelle, parce qu'elle est inséparable de la vie politique et des débats politiques ? Faut-il encore de toute nécessité y ajouter ces questions de personnes, les plus irritantes de toutes et les plus passionnées ! (Agitation.)

Et tenez, messieurs ; on a parlé des ennemis de nos institutions ; eh bien, soyez-en sûrs, croyez-moi, c'est à eux, et à eux seuls, que profitent nos dissensions intestines (C'est vrai !), nos fâcheuses discordes, les déplorables spectacles que nous donnons parfois dans cette chambre. Ce sont leurs affaires, songez-y bien encore, que vous aurez faites le jour où vous aurez partagé le parlement en deux parts, si j'osais, je dirais en deux tronçons, qui ne pourront plus se rejoindre, en deux camps irréconciliables entre lesquels il n'y aura plus rien de commun que leur mutuelle irritation. (Assentiment.)

Voilà pourquoi je vote, dans toute la conviction de mon âme et de mon patriotisme, contre la phrase du projet d'adresse, dans son texte actuel, et je me rallie à tous les amendements qui ont pour but de l'effacer ou de l'atténuer. (Marques d'adhésion à gauche.)

L'amendement de M. Sallandrouze fut rejeté par 222 voix contre 189, et l'adresse fut votée telle que l'avait proposée la commission.

C'est après ce vote qu'à l'occasion du nouveau banquet organisé à Paris furent prises les résolutions et s'accomplirent les faits qui ont amené la révolution du 24 février.

(Voir le *Moniteur universel* des 11, 12 et 13 février 1848.)

Février 1849.

COUR D'APPEL DE PARIS

(PREMIÈRE ET TROISIÈME CHAMBRES RÉUNIES.)

PLAIDOYER

POUR

M. LE COMTE MORTIER

PAIR DE FRANCE.

DEMANDE D'INTERDICTION.

Audiences des 8, 15, 22, 29 Janvier, 5, 12, 19 et 27 Février 1849;

PRÉSIDENCE DE M. LE PREMIER PRÉSIDENT TROPLONG.

Affaire MORTIER

Le 9 novembre 1847, on lisait dans le *Journal des Débats :*

« M. le comte Mortier, ambassadeur de France à Turin, a été frappé d'aliénation mentale, et dans la journée d'hier dimanche, on a dû le conduire dans une maison de santé.

« Depuis quelque temps déjà, M. Mortier laissait apercevoir des symptômes inquiétants de cette terrible maladie, et se livrait, sans aucun motif, à des actes de la plus grande violence. Hier, dans la matinée, après s'être enfermé avec ses deux enfants dans une chambre de l'appartement qu'il occupait à l'hôtel Chatham, il écrivit à sa femme et à un de ses amis une lettre à peu près conçue dans les mêmes termes, où il disait que dans quelques instants, lui et

ses deux enfants auraient cessé de vivre. M. le préfet de police fut
aussitôt informé; il accourut à l'hôtel Chatham, où M. le chancelier
ne tarda pas à le joindre, car M. Mortier est membre de la Chambre des Pairs. M. Mortier était toujours dans sa chambre, où il
s'était solidement barricadé. Armé d'un rasoir qu'il brandissait
sur ses enfants ou qu'il menaçait de diriger contre lui-même, il
proférait dans son délire les plus effrayants discours. Il fallait bien
se décider à quelque parti. On l'interpelle d'une voix amie, il répond par des propos incohérents de mort et de sang; puis, s'a-
dressant à son fils qu'il tenait courbé sur ses genoux, il lui dit
qu'il faut qu'il meure. Le malheureux enfant, qui est âgé de onze
ans, s'écrie qu'il ne veut pas mourir, et pleure en se débattant.
S'adressant ensuite à sa fille, une enfant de huit ans, il lui demande
si elle veut le suivre et mourir avec lui. La pauvre petite répond
de sa voix enfantine qu'elle veut bien mourir avec son père, et on
dirait qu'il s'apprête, en effet, à accomplir cet horrible dessein. Les
personnes qui entendaient à travers la porte ces paroles étaient
glacées de terreur; un mot, un mouvement pouvait précipiter le
bras que la folie agitait et retenait en même temps. Cette scène a
duré près de trois heures. A cette porte, se tenaient dans une épou-
vante inexprimable Mme la comtesse Mortier, M. le chancelier
Pasquier, et M. Delessert.

« Enfin, après ces longues et cruelles heures de pourparlers,
d'attente, de silence, de négociations, on est parvenu à s'introduire
dans la chambre par une porte condamnée qu'on a ouverte sans
bruit. M. le chancelier et M. le préfet de police y sont entrés, et
ils ont été assez heureux pour arracher ces pauvres enfants de
cette chambre et pour les rendre à leur mère.

« Mais M. Mortier tenait toujours son rasoir à la main, et rien
ne pouvait le décider à le quitter. Il faisait de temps en temps le
geste de se couper la gorge; cette scène a encore duré trois quarts
d'heure. Il s'est plaint alors violemment des persécutions dont,
disait-il, il était l'objet, accusant le préfet de police de violer son
domicile, le chancelier d'attenter à sa liberté, et déclarant qu'il s'en
plaindrait au garde des sceaux. M. Delessert l'a engagé à écrire
au garde des sceaux une lettre qu'il se chargeait de faire parvenir;
c'était une tentative pour lui faire quitter son rasoir qu'il eût été
dangereux de vouloir lui enlever de force. Il a consenti à écrire
cette lettre, mais à condition que le préfet de police se tiendrait à
l'écart, à l'extrémité de la chambre. Le garde des sceaux, qui avait
été prévenu, a répondu sur le champ à M. Mortier qu'il le priait
de venir causer avec lui des faits dont il avait à se plaindre. Celui-
ci s'est enfin décidé à sortir; dans l'escalier, il a fermé son rasoir,
qu'il a mis dans sa poche, et dans la cour de l'hôtel on s'est rendu

maître de sa personne en présence de M. le chancelier, et il a été conduit immédiatement dans une maison de santé. »

Cette note émanant d'une feuille importante et fort accréditée auprès du Gouvernement, causa dans Paris la plus profonde émotion. On ne pouvait guère douter de l'exactitude des faits. Le nom de M. le comte Mortier, sa haute situation dans la diplomatie appelaient une rectification qui ne vint point, et bientôt en effet il demeura constant que la scène racontée avec une certaine précision de détails avait eu lieu à l'hôtel Chatham.

C'est dans ces circonstances que fut provoquée l'interdiction de M. Mortier. Le 10 novembre 1847, à la requête de Madame la comtesse Mortier, le tribunal ordonna l'interrogatoire de M. Mortier, son mari, et la convocation du conseil de famille.

Mais le conseil de famille décida qu'il n'y avait pas lieu à l'interdiction de M. le comte Mortier.

Le 24 novembre, par une nouvelle requête, Mme Mortier demandait qu'il fût procédé à l'interrogatoire de son mari. Le 26, M. Mortier comparut donc dans la chambre du Conseil; son interrogatoire ne dura pas moins de cinq heures.

Ce fut alors que M. Mortier, à son tour, forma contre Mme Mortier une demande tendant à ce qu'il fût décidé, contradictoirement avec elle, qu'il ne devait point être l'objet de mesures provisoires, et qu'il y avait lieu d'ordonner sa mise en liberté.

Le 1er décembre 1847, Mme Mortier protestait elle-même contre toute demande en interdiction, se bornant à conclure au maintien des mesures provisoires.

Mais le 15 décembre, sur les conclusions d'office du ministère public se portant partie principale, aux termes de l'article 491 du Code civil, le tribunal se déclarait régulièrement saisi de la demande en interdiction formée par Mme Mortier contre son mari, et de la demande contraire de M. Mortier.

En même temps, le jugement ordonnait une enquête sur certains faits qui s'étaient passés à Turin, à Berne, à Lucerne, à Dieppe, à Ostende, à Bruges, et qui pouvaient être le résultat de l'aliénation mentale.

Le même jugement commettait les docteurs Falret, Leuret et Foville, à l'effet de constater l'état moral de M. Mortier.

L'affaire s'étant engagée dans ces conditions, M. Mortier demanda l'autorisation de présenter lui-même sa défense. Mais le tribunal refusa de l'entendre, et le 21 juillet 1848, statuant par défaut, il prononça l'interdiction.

M. Mortier forma opposition à ce jugement ; à la date du 16 août 1848, le tribunal après avoir entendu M⁰ Baroche dans son intérêt, et M⁰ Chaix-d'Est-Ange pour Mme Mortier, maintint sa décision.

L'appel de M. Mortier fut porté devant les 1re et 3e chambres de la Cour réunies en audience solennelle.

M⁰ Paillet, choisi à la place de M⁰ Baroche, défendait M. le comte Mortier. M⁰ Chaix-d'Est-Ange se présentait pour Mme la comtesse Mortier.

Le siège du ministère public était occupé par M. l'avocat général Meynard de Franc, assisté de M. Flandin, substitut.

A l'audience du 8 janvier 1849, M⁰ Paillet, au milieu d'un profond silence, s'exprima en ces termes :

MESSIEURS,

Les demandes d'interdiction ont toujours paru dignes de l'attention la plus sérieuse. La loi romaine recommandait expressément au préteur de ne prononcer l'interdiction que pour des causes très-graves et après un examen très-approfondi. Notre loi française ne la permet qu'à l'égard des personnes qui se trouvent dans un état habituel d'imbécillité, de démence ou de fureur. Et elle a voulu — cette audience le prouve — que la solennité des formes répondît à la gravité de la question. De quoi s'agit-il en effet ? Il s'agit de déclarer qu'un homme a perdu la raison, c'est-à-dire le privilège venu d'en haut, et qui seul fait de l'homme un être à part dans la création, de le dépouiller de sa capacité civile, de ses droits comme membre de la société et de la famille ; de le priver même de l'administration de sa personne, en un mot, d'en faire un objet de pitié ou de dédain pour les autres ; telle est l'interdiction !

Mais combien la question devient plus grave encore lorsqu'on songe que l'interdiction, à peine d'être un non-sens, implique ici l'idée d'une captivité perpétuelle, et que celui à qui il faudrait appliquer cette mesure est un homme dans la force de l'âge, d'une éducation distinguée, d'un nom glorieux dans nos annales, qui, pendant plus de trente ans, a rendu à son pays des services signalés dans les positions les plus élevées et dans les fonctions les plus délicates.

Vous avez donc à juger, messieurs, s'il y a lieu d'interdire celui que la procédure, à son début, et comme pour rendre le contraste plus frappant, désignait ainsi : M. le comte Mortier, pair de France, ambassadeur de S. M. le roi des Français près S. M. le roi de Sardaigne, grand officier de l'ordre royal de la Légion d'honneur, grand-cordon de l'ordre du Christ du Portugal, grand-cordon de l'ordre d'Isabelle-la-Catholique d'Espagne, commandeur de l'ordre de Léopold de Belgique, commandeur de l'ordre de Charles III.

De 1815 à 1847, M. Mortier a parcouru tous les degrés de la diplomatie, depuis le poste de surnuméraire jusqu'à celui d'ambassadeur; son existence est une des plus actives, des plus laborieuses, des plus dévouées, des plus utiles de la diplomatie européenne : partout, c'est d'une notoriété incontestable, il s'est fait remarquer par son intelligence, par son caractère honorable, par une grande vivacité aussi, mais rachetée par les meilleures qualités de l'esprit et du cœur. On peut demander compte de ses antécédents aux archives du ministère des affaires étrangères, elles attestent les plus magnifiques états de service.

En 1836, M. Mortier épousa Mlle Cordier, fille du directeur de l'administration du timbre; deux enfants sont nés de cette union, un garçon et une fille. La meilleure harmonie a régné d'abord dans le ménage, puis sont survenus des troubles : à qui en appartient la responsabilité? C'est une question réservée, une question de séparation de corps, déjà soulevée dans une instance formée collatéralement à celle en interdiction. En 1847, M. Mortier, ambassadeur à Turin, obtient un congé; il se rend avec sa femme et ses enfants en Belgique, à Ostende, pour y passer la saison des bains; là il est atteint d'une maladie d'oreille fort douloureuse, que la faculté appelle otite, et qui figurera dans les considérations que j'aurai à présenter sur l'état mental de M. Mortier.

Les enfants se rendirent à Bruges près de leur grand-mère et les époux Mortier vinrent les y retrouver. Cependant, Mme Mortier, durant ce séjour, sembla préparer une séparation amiable ou judiciaire. Le 8 octobre 1847, tout à coup, elle quitte la maison de sa belle-mère, laissant un billet adressé à son mari et dont il est utile de donner lecture : — « Ne pouvant vous être d'aucune utilité, puisque mon intention formelle est de ne pas rentrer dans cette chambre, je pars, et la force seule pourra me rappeler auprès de vous. Je laisse ici mes pauvres enfants. Dieu veuille les bénir et vous pardonner les injustes et odieux traitements dont vous m'avez accablée. » — C'était là un grand événement ; de tels adieux annonçaient une guerre prochaine ; cependant M. Mortier resta encore trois semaines à Bruges.

Ici se placent des faits d'une assez grande importance.

M. le général de Rumigny avait été envoyé à M. Mortier par sa femme avec un projet de séparation amiable qui ne fut pas accueilli par M. Mortier. Mon honorable confrère, à qui rien ne coûte lorsqu'il s'agit de l'intérêt de ses clients, consentit à renouveler cette démarche ; et, à cette occasion, il disait en première instance, avec son esprit d'à propos qui est son apanage, qu'il portait dans les plis de sa robe la paix ou la guerre.

On prétend qu'à cette époque et depuis longtemps, M. Mortier était atteint d'aliénation mentale. Or, un journal de Bruges ayant annoncé que M. de Bacourt était appelé à remplacer M. Mortier comme ambassadeur à Turin, M. Mortier écrivit à cette occasion deux lettres que je dois lire à la Cour pour faire connaître la véritable situation ; donnons aussi connaissance de celles que des personnages éminents lui ont adressées ; on verra quelle était leur opinion. Voici cette correspondance :

20 octobre 1847. — Lettre de M. Mortier à M. Guizot,
ministre des affaires étrangères.

« Monsieur,

« M. Désages, auquel j'ai écrit il y a quelques jours, vous aura
vraisemblablement parlé de mon intention d'arriver prochainement
à Paris, de n'y passer qu'une semaine ou deux, et de retourner
ensuite à mon poste; je n'ai rien changé à ce projet; mais depuis
quarante-huit heures, je me trouve dans un assez grand embarras,
dont je viens vous prier de me tirer en voulant bien me donner
quelques éclaircissements sur ce qu'il y a de vrai dans ce qu'affir-
ment les journaux belges, à savoir que M. de Bacourt ayant refusé
l'ambassade d'Espagne, va me remplacer à Turin en qualité de
ministre.

« J'ai quitté mon poste en vertu d'un congé que vous m'avez fait
obtenir. En arrivant à Paris, vous m'avez répété verbalement, ce
que vous m'aviez déjà dit à Turin, que vous approuviez ma conduite et mon langage. Le roi a daigné m'accorder la même approbation. Je ne puis donc me rendre compte des motifs qui pourraient
m'attirer une disgrâce, me faire donner soit un remplaçant, soit
un suppléant avec le titre de ministre. Si c'est la nécessité de satisfaire M. de Bacourt, sans déprécier en aucune façon ses mérites,
je crois que je puis lui opposer avec avantage mes anciens services
et ceux surtout que j'ai rendus à mon pays depuis dix-sept ans.

« Quoi qu'il en soit, dans le doute qui semble régner sur ma situation, j'attends avec confiance de votre bienveillance des renseignements propres à me guider dans les déterminations que j'aurai
à prendre ultérieurement. Je vous serais donc très-obligé, en ce qui
me concerne personnellement , de vouloir bien me faire adresser
votre réponse ici. »

Est-ce là le style d'un homme dont l'intelligence est dans
un état suspect? Voyons ce qu'en pensait M. Guizot. Voici sa
réponse :

« Paris, le 23 octobre 1847.

« Mon cher comte,

« Si j'étais susceptible, je serais blessé de votre lettre. Ai-je
jamais communiqué avec vous par les journaux? Si jamais je
croyais devoir proposer au roi de vous donner un successeur,
personne ne le saurait avant vous. M. de Bacourt n'a jamais refusé l'ambassade d'Espagne. Il n'a pas été une seule fois question
de lui pour celle de Turin — (M. le président du conseil, ajoute

M⁰ Paillet s'interrompant, M. le président du conseil le dit, et personne n'en peut douter.)

« Revenez à Paris, et de là à votre poste, comme si tous ces commérages n'avaient jamais été imprimés dans les journaux, et n'y croyez plus légèrement.

« Mille amitiés,
« GUIZOT. »

En même temps que M. Mortier s'adressait à son chef immédiat, il écrivait à une autre personne plus haut placée, Mme Adélaïde, qui lui avait constamment témoigné une grande bienveillance. Dans cette lettre, il touchait quelques mots de sa santé :

« Madame,

« V. A. R. aura vraisemblablement appris que j'étais très-souffrant à Ostende d'une névralgie rhumatismale qui a déterminé à l'oreille droite une *otite* (expression du médecin). Pendant un mois j'ai éprouvé les plus vives et les plus cuisantes douleurs. Elles ont beaucoup diminué depuis que je suis ici; j'espérais même partir sous peu de jours pour Paris, y passer une semaine ou deux et retourner ensuite à mon poste. Mais voilà que depuis quarante-huit heures, la presse belge, dont j'ai l'honneur d'envoyer un échantillon ci-joint à V. A. R., affirme que M. de Bacourt, ayant refusé l'ambassade d'Espagne, va me remplacer à Turin en qualité de ministre. M. Guizot veut-il renouveler à mon égard ce qu'il a fait il y a quatre ans, à Constantinople, vis-à-vis de MM. Pontois et Bourquenay? Je ne suis pas disposé à me prêter à jouer ce rôle. Si j'ai démérité, si j'ai mal servi, qu'on me punisse, qu'on me destitue, rien de plus juste; mais le roi, lorsque je suis revenu de Turin, il y a bientôt trois mois, a daigné m'accorder sa complète approbation de mes travaux. M. Guizot aussi m'a tenu le même langage. Faut-il, après cela, que je cède la place à M. de Bacourt? Sans déprécier en aucune façon ses mérites, j'ai la conviction que mes services peuvent être opposés avec succès aux siens, depuis trente-trois ans que je suis dans la carrière, et surtout depuis dix-sept ans.

« V. A. R. a toujours été si bonne et si bienveillante pour moi, que je ne crois pas me montrer trop indiscret, dans le trouble et l'inquiétude où je suis, de venir solliciter de son extrême bonté de m'éclairer, si elle le peut, sur le sort qui m'attend, en daignant me faire écrire deux mots à ce sujet. »

Voici maintenant la réponse de cette regrettable princesse, morte deux mois après, comme pour ne pas voir tomber du trône un frère auquel elle avait voué un si tendre attachement :

« Saint-Cloud, lundi, 25 octobre 1847.

« J'ai été bien fâchée, mon cher comte, d'apprendre par notre bonne Célestine que vous étiez si souffrant lors de son passage à Ostende ; depuis, on m'avait dit que vous alliez mieux, et je vois avec regret que vous n'êtes pas encore en état de venir à Paris, et c'est avec d'autant plus d'empressement que je viens vous rassurer sur les radotages de la presse belge que j'apprends par vous et dont je n'ai pas entendu dire un mot, je crois pouvoir vous assurer qu'il n'est pas question de cela ici ; ne vous tourmentez donc pas, et surtout ne prenez pas d'humeur de ce commérage de gazette, ce qui vous mettrait dans une disposition injuste qui vous ferait plus de mal que de bien. Si vous croyez devoir parler de ces bruits de journaux belges à M. Guizot, il me semble que vous ne devez le faire que comme n'y ajoutant aucune foi. Calmez-vous, mon cher comte, et soignez-vous de manière à pouvoir bientôt retourner à votre poste où votre présence peut être utile dans ce moment.

« Nous avons été bien peinés et agités par la mort du pauvre petit Guise. Sa mère a été admirable de courage et de résignation. Son père, de qui nous venons de recevoir des nouvelles, est de même, et grâce à Dieu, leurs santés sont bonnes. Celle de notre bien-aimé roi est excellente, ainsi que toutes celles de la famille ici. La duchesse d'Aumale part d'ici le 3 novembre avec son enfant, qui est charmant, pour aller rejoindre son mari à Alger.

« Je vous prie de faire tous mes compliments à Mme Mortier, et de lui dire combien j'ai été sensible à sa bonne lettre ; j'espère que sa santé est bonne, ainsi que celle de vos jolis enfants. Vous avez bien raison, mon cher comte, de compter sur tout mon constant intérêt ; c'est de tout mon cœur que je vous en renouvelle l'expression, ainsi que celle de tous mes sentiments.

Adélaïde L. D'ORLÉANS.

Qu'on juge désormais de la situation de M. Mortier, de l'ensemble moral de sa situation.

Mme Mortier restait à Paris ; M. Mortier quitta Bruges avec ses enfants le 2 novembre 1847 ; arrivé à Paris le 3 novembre, il s'empressa d'écrire à sa mère ; sa lettre, du même jour, indique quelle était la disposition de son esprit :

« Ma chère bonne mère,

« Je ne me suis pas arrêté, malgré les instances très-amicales d'Hippolyte. J'ai fait manger un morceau aux enfants dans un hôtel à côté du chemin de fer, et, à six heures et demie, nous sommes montés dans un compartiment où nous avons eu le bonheur de passer la nuit seuls. Les enfants ont parfaitement dormi et se portent à merveille. Nous sommes arrivés ici à six heures et demie ; à sept heures, nous étions rendus à l'hôtel Chatham, rue Neuve-Saint-Augustin, où je logeais, avant mon *malheureux mariage*, avec mon pauvre père. J'occupe le même appartement, où nous sommes chaudement et agréablement casés. Une partie de nos fenêtres donnent sur le jardin du timbre ; et en été, avec les fenêtres ouvertes, nous pourrions correspondre par des signes. Dès mon arrivée, je me suis empressé de renvoyer son argenterie à M... (Ici, dit M⁰ Paillet, se trouve un sobriquet donné à M. Cordier.) C'est lui, à ce que m'a confié Hippolyte, qui pousse sa fille ; elle pourra le lui reprocher un jour. Il paraît qu'elle n'aurait pas songé à procéder si, en quelque sorte, son père ne l'y avait pas poussée. A trois heures et demie, je sortirai pour aller demander à un conseiller à la Cour de cassation de mes amis de me recommander à un bon avocat ; dès que je l'aurai consulté, je t'écrirai. J'ai laissé croire à Hippolyte que je commencerais le premier. Si ce que Hector et toi croyez possible pouvait se réaliser, je ne dis pas que je serais heureux, mais au moins je prendrais mon malheur en patience, consolé par mes deux anges.

« Je te remercie du fond du cœur, ma bonne mère, de ce que tu as fait pour eux et pour moi. Soigne ta santé, je t'en supplie ; peut-être verrons-nous de moins mauvais jours.

« Adieu, je t'aime et t'embrasse de tout cœur ainsi que Hector.

« Ton fils,
« Comte MORTIER. »

A la suite de cette lettre, on lit ces mots écrits par les deux enfants de M. le comte Mortier :

« J'embrasse ma bonne grand-mère de tout cœur, ainsi que mes bons cousins.   « HECTOR. »

« J'embrasse ma bonne grand-mère de tout cœur, ainsi que mes bons cousins.

« LÉONIE. »

Vous voyez dans cette lettre les traces d'une mélancolie profonde, de la douleur qu'éprouvait M. Mortier des procédés de sa femme, des préparatifs notoires qu'elle faisait pour demander sa séparation. Avançons d'un jour encore, et voyons quelles étaient les dispositions de M. Mortier envers sa femme.

Le 4 novembre, il lui adresse le billet suivant (la correspondance était facile, il n'y avait que la rue à traverser) :

« Si vous m'aviez témoigné, hier, le désir de voir les enfants, je vous les aurais envoyés. Je n'ai pas eu la volonté de vous priver de les embrasser. Aujourd'hui je vous le prouve. Ils seront chez vous après leur déjeuner. Vous n'avez pas voulu prendre l'engagement par écrit de me renvoyer Léonie. Vous vous êtes bornée à me faire donner votre parole qu'elle et son frère seraient chez moi lorsque je le désirerais. Soit, j'accepte cette parole, que Mlle Schmitt (la gouvernante des enfants) m'a apportée de votre part.

« Vous prétendez aimer vos enfants, et vous êtes au moment de les couvrir de honte et de déshonneur, de perdre leur avenir par un scandaleux procès que vous m'intentez, dit-on. Que votre volonté s'accomplisse. Si c'est moi que vous voulez atteindre, votre but sera manqué. Ici-bas, rien ne peut plus me faire. Tout est dit et fini pour moi.

« Comte MORTIER. »

« P. S. Veuillez me dire s'il vous convient d'avoir les enfants depuis midi un quart jusqu'à une heure un quart. Si cette heure ne vous convenait pas, choisissez-en une autre et dites-le-moi. »

Voilà sans doute quelques paroles pleines d'amertume ; mais il est impossible d'y voir les traces d'une aliénation mentale.

Messieurs, Mme Mortier persistait dans ses projets de séparation ; c'était chose avérée ; elle s'en ouvrait à tout le monde ; c'est dans cette position que nous arrivons au 7 novembre, jour de douloureuse mémoire, où vont s'accomplir des faits graves dont je vous dois le récit.

Dès le matin de ce jour même, le premier soin de M. Mortier avait été d'écrire à sa mère, à Bruges. Vous allez voir dans cette lettre importante quelle était la situation de celui qui l'écrivait :

« Ma chère bonne mère,

« Pour ce qui concerne ma position et mes droits, je ne suis pas plus avancé qu'au moment de mon départ de Bruges. Je n'ai encore consulté personne, à cause de la difficulté du choix et de la honte de parler de certaines choses. Seulement, on me dit de différents côtés que je perdrai ma fille... Ce serait le coup de la mort pour moi.

« Cette horrible femme passe sa vie chez les avocats, et à rédiger des mémoires pour eux. Plains-moi, je suis bien malheureux, et mes pauvres enfants aussi !...

« Adieu, ma bonne et excellente mère, soigne-toi bien.

« Adieu, je t'aime et t'embrasse de tout cœur,

« Ton fils,

« Comte MORTIER. »

Le matin même du 7 novembre, M. Mortier avait fait proposer à sa femme de lui envoyer les enfants de midi à une heure. Mme Mortier ne répond pas elle-même, elle fait répondre par la gouvernante qu'elle ne sera pas libre avant trois heures et demie, ayant une conférence pour affaires. C'est alors que M. Mortier se place à son bureau, à midi et demi, pour écrire la lettre fatale qui a eu un si grand retentissement et qu'il est indispensable de faire connaître :

7 novembre 1847.

« Lorsque ces lignes vous parviendront, votre fils, votre fille et moi n'existerons plus ; notre fin prématurée devant être le résultat inévitable de vos machinations et de votre infâme conduite vis-à-vis de moi, depuis la naissance de ma fille. Vous m'avez chassé de votre lit, infligé les humiliations les plus dures et les plus poignantes pour un homme d'honneur. J'ai tout supporté pour l'amour et l'honneur de mes enfants. Je ne vous aimais pas, je vous idolâtrais... Vos exigences pour être à Paris, vos moindres caprices et désirs, ont été remplis avec autant d'empressement que de bonheur. Rien n'a pu satisfaire votre caractère intraitable. Lorsqu'il y a trois ans, vous étiez à Paris et moi à Turin, convaincu, par une triste expérience de quatre ans, que je vous étais à charge, que vous m'aviez pris en aversion, je vous ai offert une liberté *honnête*; mais ce n'était point celle qui vous convenait. Je vous disais alors dans mes lettres de chaque jour :

« Si, comme je le crois, vous avez une aversion morale ou physique pour moi, soyez assez franche pour me l'avouer. Je ne vous demande pas d'entrer à cet égard dans des explications : répondez par oui ou par non. Si votre réponse est affirmative, je vous offre de nous séparer à l'amiable, car l'existence que nous menons n'est convenable ni pour vous ni pour moi ; elle n'est honorable ni pour l'un ni pour l'autre. Vous me refusez de coucher avec moi, vous me refusez d'avoir des enfants ; pourquoi donc m'avez-vous épousé ? Je vous engageais de vous retirer chez monsieur votre père, et je vous promettais de vous laisser mes enfants; c'était assurément le plus grand sacrifice que je pusse m'imposer. Je vous proposais aussi de vous rendre votre fortune et de vous faire, pour l'éducation, la nourriture et l'entretien de mes enfants (car je ne voulais pas qu'ils fussent à la charge de monsieur votre père), une pension de 20,000 francs aussi longtemps que je resterais au service. Vous avez persisté à garder le silence, et lorsque je suis venu à Paris, que j'ai provoqué une explication, vous m'avez répondu :

« Quand vous me *chasserez* de chez vous, il sera temps pour moi de demander un asile à mon père. » Ce n'est donc point une liberté honnête que vous vouliez. Il vous fallait du scandale ; vous cherchiez à attirer sur vous l'attention et la pitié publiques ! Je n'ai pas voulu vous l'accorder. Quand vous êtes revenue à Turin avec moi, vous avez été dame et maîtresse dans ma maison, ce qui ne vous a pas empêchée de continuer à m'humilier comme mari, comme homme, devant le public. Vous couriez les rues seule, contrairement à mes représentations et aux usages du pays où j'étais revêtu d'un caractère officiel. Que vous importait ! C'était une humiliation de plus pour votre mari ; vous vouliez l'exaspérer, vous faire chasser de chez lui !

« Lorsqu'il y a trois mois, contrairement à mes désirs, à mes devoirs peut-être, j'ai été forcé de demander un congé pour vous accompagner ici, j'avais le pressentiment de ce qui m'arriverait. A Ostende, vous n'avez pas été dure pour moi..... vous avez été cruelle et barbare. Vous m'avez refusé le nécessaire. Je ne mourais pas assez vite pour vous. L'impatience et l'ennui d'être obligée, par bienséance, de me soigner, étaient peints sur votre visage. Vous avez apporté ces dispositions chez ma pauvre mère, que vous avez accablée d'humiliations de tous genres. Pour éviter de la voir mourir d'une attaque d'apoplexie, j'ai dû vous forcer à partir de chez elle. Je remplissais en cela vos désirs, car une lettre évidemment écrite quatre heures avant votre départ, et trouvée dans votre lit, m'annonçait votre fuite et l'abandon de vos enfants. Ce papier seul aurait suffi devant un Tribunal pour vous faire condamner à tout ce que j'aurais voulu. Mais je hais l'éclat et le scandale vers lesquels votre destinée et les conseils que vous avez reçus semblent vous pousser. Vous êtes triomphante aujourd'hui, vous m'avez réduit au désespoir !!! Vous avez votre liberté entière, aucune entrave ne vous gêne. Mari et enfants sont anéantis ; c'est ce que vous cherchiez depuis longtemps avec les dehors d'une hypocrite humilité et le masque de la religion. Aujourd'hui, vous êtes maîtresse de votre fortune et de votre temps ; vous vous amuserez et aurez les moyens de satisfaire vos amants, parce que vous les prenez dans cette classe de la société qui se fait payer les services qu'elle rend.

« Vous avez parlé dans ma famille, depuis longtemps, à ce qu'on m'assure, de la scène de Berne. — Vous m'obligez par là à divulguer un secret que je m'étais promis, devant Dieu, de renfermer dans mon cœur. Dans nos mauvais jours, je n'ai même pas voulu y faire allusion. »

(Ici, dit Mᵉ Paillet, se trouvent des détails d'une intimité telle qu'il a été entendu entre mon adversaire et moi que la pudeur de l'audience ne serait point outragée par la lecture de ces passages.)

Mᵉ Paillet continue la lecture de la lettre :

« Dans cette douloureuse position, je n'avais que deux partis à prendre : vous déshonorer, déshonorer mes enfants, afficher mon malheur ou me taire ; faire disparaître, ce que j'ai fait moi-même, la preuve de votre crime. Je me suis résigné, j'ai enfermé ma honte en moi-même, je vous ai pardonné. Quelle a été la récompense de ma générosité ? Vous m'avez fait subir une vie qui me faisait envier celle d'un galérien : combien de fois ne vous l'ai-je pas dit !

« Si j'ai associé mes chers et malheureux enfants à mon triste sort, c'est que je voulais soustraire ma fille à la honte et à l'ignominie que vous lui réservez. Elle deviendrait la proie et la victime d'un de vos amants. Vous la mettriez dans son lit ; votre cœur et votre imagination sont assez corrompus pour cela. Quant à votre fils, le pauvre enfant a une intelligence si précoce qu'il a deviné la triste position de ses parents. Il comprend toute la honte que vous allez faire rejaillir sur lui ; il s'en afflige, et me prodigue les soins les plus tendres. Je préfère *voir au ciel ces deux anges que j'ai créés* que de les voir entre vos mains infâmes. Votre fils ne tarderait pas à vous accabler de ses mépris, et vous demanderait sans cesse compte de la mort prématurée de son père et de la honte dont vous l'avez couvert.

« Je vous préviens que j'adresse à plusieurs personnes une copie de cette lettre. Je veux vous arracher du visage le masque de l'hypocrisie dont vous l'avez revêtu. Je veux, en un mot, que vous ne puissiez plus montrer votre figure au grand jour, sans que mon sang et celui de vos enfants n'y apparaissent. Je veux vous imprimer le sceau de l'ignominie. Ce sera vous rendre ce que vous avez voulu me donner ainsi qu'à mes enfants. Ma dernière pensée sera pour vous exécrer et vous maudire, ainsi que votre misérable père.

Comte MORTIER. »

« Dimanche matin, 7 novembre 1847.

« *P. S.* Quelques mots encore avant de mourir. Si vous n'aviez pas un caractère impitoyable, hautain et orgueilleux, j'aurais demandé à vous voir une dernière fois. Je vous aurais peut-être donné ma main et pardonné ma honte, celle de nos enfants. Mais non, la femme qui ne craint pas de déshonorer mari et enfants, de les traîner devant les Tribunaux, de couvrir eux *et elle-même de boue*, cette femme n'est plus accessible à aucun sentiment d'honneur et de délicatesse. J'ai donc dû renoncer à mon projet, étouffer cet instinct du cœur qui voulait me rapprocher *une dernière fois* de vous. Je n'ai plus la force de rien ajouter. Adieu.

Cette lettre contient un second *post-scriptum* que voici :

« Midi et demi.

« Réjouissez-vous, mon agonie dure depuis cinq heures du matin. Je tremble devant mes pauvres enfants, dont je dois trancher l'existence, pour soustraire ma fille à vos mains infâmes. Non, vous ne l'aurez JAMAIS ! malgré *vos avocats, les conseils ignomineux de votre exécrable père*, que vous maudirez un jour, malgré les mémoires que vous avez rédigés pour me couvrir d'infamie avec nos enfants. Notre sang sera imprimé sur votre visage, et là où votre effronterie et votre assurance vous conduiront, vous ferez horreur et serez repoussée. »

M. Mortier envoya copie de cette lettre à Mme de Boignes, qui lui avait toujours manifesté un vif intérêt. Vous comprenez quel effet produisit cet envoi ; par suite, toutes les personnes qui en furent informées accoururent à l'hôtel

Chatham ; des interventions successives se produisirent. Au lieu de vous donner moi-même tous ces détails, je vous lirai le procès-verbal qui en contient le récit, et qui fut immédiatement dressé par le commissaire de police.

Voici le texte de ce procès-verbal :

« L'an 1847, le 7 novembre, deux heures et demie de relevée, nous Charles-Eléonore Loyeux, commissaire de police de la ville de Paris, et spécialement du quartier de la place Vendôme, officier de police judiciaire, auxiliaire de M. le procureur du roi.

« Informé par le nommé Louis Marat et l'abbé Berlèze, venant de la part de Mme la comtesse de Boignes, que M. le comte Mortier, pair de France et ambassadeur à Turin, demeurant à Paris, hôtel Chatham, rue Neuve-Saint-Augustin, 57, avait témoigné, par une lettre qui nous est parvenue, l'intention de se suicider, et qu'il refusait de laisser pénétrer dans son appartement, où il était enfermé avec ses deux enfants depuis ce matin ;

« Donnons immédiatement avis à M. le pair de France préfet de police, et nous nous transportons à l'hôtel Chatham avec les employés de notre commissariat. Nous y trouvons M. le comte de Ludre, demeurant dans la même maison, et ami de M. le comte Mortier, qui s'offre, pour éviter les conséquences d'une intervention officielle, à faire des démarches pour pénétrer auprès de ce dernier. M. le comte Mortier ayant refusé, en parlant a travers la porte, d'entrer en communication avec M. de Ludre, et surtout de laisser pénétrer qui que ce soit dans son appartement, nous faisons, pour être préparés à tout événement, appeler un serrurier.

« Sur ces entrefaites arrive M. le chancelier de France, prévenu par la famille. M. le chancelier, que nous accompagnons, fait lui-même de nombreuses tentatives pour se faire admettre, mais éprouve des refus constants de la part de M. Mortier.

« Des tentatives infructueuses sont également faites par la gouvernante des enfants pour rentrer dans l'appartement d'où elle est sortie dans la matinée. Le valet de chambre reste lui-même à la porte, ne pouvant pas obtenir son admission. M. le chancelier s'absente pour aller chercher les personnes qu'il pense avoir le plus d'influence sur les déterminations de M. Mortier. Il nous engage à nous abstenir de toutes démonstrations ou tentatives d'introduction pouvant amener une surexcitation dans l'esprit du malade et hâter ainsi une catastrophe.

« En l'absence de M. le chancelier intervient M. le pair de France, préfet de police, et un peu après Mme la comtesse Mortier est amenée par M. le chancelier, accompagnée de son père, M. Cordier, directeur du Timbre.

« Communication nous est donnée d'une lettre écrite par M. le comte Mortier annonçant son intention formelle d'attenter à ses jours et à ceux de ses enfants.

« M. le préfet, pensant qu'en présence de cette lettre et de la persistance de M. le comte Mortier à ne pas laisser pénétrer chez lui, il y a urgence d'intervenir dans le double intérêt de sa conservation et de celle de ses enfants, donne des ordres en conséquence.

« Cependant, avant d'employer aucun moyen violent, il est convenu qu'une dernière tentative sera faite.

« M. le chancelier conduit M\u207f\u1d49 la comtesse Mortier auprès de la porte principale du logement et fait conjointement avec elle de nouvelles instances pour être admis.

« M\u207f\u1d49 la comtesse insiste ensuite seule et à plusieurs reprises, demandant à voir ses enfants.

« M. le comte Mortier, qui d'abord avait obstinément refusé, répond qu'il ouvrira, mais seulement par la petite porte à droite de la précédente, et à condition que M\u207f\u1d49 la comtesse entrera seule ; que si l'on tente d'entrer avec elle, il arrivera un grand malheur.

« On entend le bruit du dérangement de quelques meubles à l'intérieur, et enfin M. le comte entr'ouvre la porte de droite sus indiquée, pour s'assurer si sa femme est seule.

« A l'instant, nous appuyant fortement sur cette porte, contre laquelle nous nous étions à l'avance placé, nous l'ouvrons, faisant par cet effort reculer M. le comte Mortier, et prenant les deux enfants qui sont à côté de lui, les remettons à M. le pair de France, préfet de police, qui nous suivait et qui les remet lui-même à leur mère et à M. le chancelier qui s'éloignent.

« Pendant ce court intervalle que demande la remise des enfants, M. le comte Mortier, qui n'est qu'en partie vêtu, couvert d'une robe de chambre, et a le col nu, se sauve un rasoir à la main, criant à la trahison et menaçant de se frapper si on l'approche.

« Nous pénétrons plus avant, et M. le comte Mortier, faisant retraite devant nous, se réfugie de pièce en pièce jusqu'à la dernière.

« Là, il nous tient à distance en continuant ses menaces de se frapper avec le rasoir, qu'il tient constamment près de son col, à la première tentative faite pour le saisir.

« Des explications ont eu lieu ; M. le préfet de police, et nous même, employons tous les raisonnements possibles pour l'amener à quitter son rasoir, mais il ne veut rien entendre. Chacune de ses réponses le ramène à l'idée fixe qui le domine qu'il a le droit de se tuer s'il le veut ; que personne n'a celui de l'en empêcher ; que notre intervention, pour arriver à ce résultat, est une énormité ; qu'il veut conserver les moyens de se tuer si nous approchons de lui, que dans ce cas il emploiera ces moyens ; que dès lors, il ne veut pas abandonner son rasoir, ni même l'éloigner de son col, tant que nous ne nous serons pas retirés. Cès pourparlers ont duré près d'une demi-heure, lorsque M. Mortier, paraissant disposé à faire quelques concessions à M. le préfet de police, veut s'entretenir avec lui. Ce dernier nous fait et nous réitère l'invitation formelle de nous éloigner.

« Nous cédons à cette invitation avec peine et le laissons dès lors seul avec M. le préfet, mais nous nous tenons personnellement près de la porte prêt à rentrer au moindre bruit.

« Après trois quarts d'heure d'anxiété de notre part, M. le préfet sort de la chambre suivi à distance de M. Mortier, toujours le rasoir à la main.

« Nous quittons l'appartement avec M. le préfet et sur son ordre.

« M. le préfet nous apprend que tous ses raisonnements n'ont pas eu plus de succès que ceux précédemment faits ; qu'il n'a pu rien obtenir, et que, dans l'état d'exaltation mentale de M. le comte Mortier, une plus longue résistance ou une démonstration quelconque aurait des conséquences funestes.

« Des dispositions extérieures sont alors ordonnées. Plusieurs inspecteurs de la Préfecture de police, arrivés sous les ordres de MM. Allard et Roussel, officiers de paix, sont placés inostensiblement aux abords de l'appartement, dans l'escalier, dans la cour, etc.

« Un mandat délivré conformément aux dispositions de l'article 10 du Code d'instruction criminelle et de la loi du 6 juillet 1838, ordonnant d'appréhender au corps M. le comte Mortier et de le conduire dans une maison de santé nous est remis par M. le préfet, qui nous remet également l'ordre nécessaire pour faire recevoir le malade dans la maison de santé du docteur Mitivié, à Ivry.

« M. le chancelier étant revenu, communication lui est donnée par M. le préfet de tout ce qui a été fait.

« Enfin, vers six heures du soir, M. Mortier qui a reçu la réponse d'une lettre par lui écrite à M. le garde des sceaux, sort de son appartement, et descend l'escalier.

« A son arrivée dans la cour, il est entouré avec promptitude et précaution par plusieurs agents qui s'emparent de sa personne en lui saisissant les mains de manière à prévenir toute résistance ou tout attentat sur sa personne.

« Mis immédiatement dans un fiacre avec trois agents qui veillent à sa sûreté, il est conduit à Ivry sous notre direction dans la maison de santé du docteur Mitivié.

« En descendant de voiture, il est fouillé par les agents. Ceux-ci trouvent dans ses poches deux rasoirs et un couteau fermant que nous saisissons et plaçons sous scellés.

« Au moment de sa remise à M. Mitivié, M. le comte Mortier proteste contre son arrestation, demande que nous lui donnions acte de sa protestation et nous menace de ses poursuites en raison de l'illégalité de notre intervention, mais il convient que les agents qui l'ont accompagné dans la voiture se sont très-convenablement conduits à son égard, et il les en remercie.

« De retour à Paris à onze heures du soir, nous nous transportons de nouveau à l'hôtel Chatham, et plaçons nos scellés sur les deux portes de l'appartement de M. le comte Mortier.

« Nous mentionnons que lorsque nous étions dans l'appartement de M. le comte Mortier, nous avons remarqué qu'il avait barricadé la porte principale en plaçant à l'intérieur et en travers une table et une banquette renversées.

« Et de tout, nous avons fait et rédigé le présent procès-verbal clos, le 8 novembre, à une heure du matin, en notre cabinet à Paris.

« Le commissaire de police, Loyeux. »

Voilà le récit du commissaire de police.

Le 10 décembre, à la levée des scellés, on trouva un paquet adressé « *à M. le baron Hector le Bailly d'Inghuem, chez Mme la baronne Mortier, à Bruges.* » Ce paquet renfermait deux lettres, l'une pour M. le Bailly d'Inghuem, l'autre pour Mme veuve Mortier. Voici la première de ces lettres :

« Mon cher Hector,

« Prépare ma bonne mère à une catastrophe malheureuse, rendue inévitable. Je vais mourir avec tes pauvres cousins. Je veux les soustraire ainsi que moi à la honte et à l'ignominie, dont mon indigne femme veut nous couvrir.

« Adieu, je t'aime et t'embrasse de cœur, ainsi que Renom.

« Dimanche, 7 novembre, une heure et demie, »

Ecoutez maintenant la lettre à sa mère :

« Ma bonne mère, pardonne-moi le chagrin que je vais te faire,

I.   28 mais mon existence n'est plus possible. La vie m'est à charge et odieuse...

(Eh bien ! tuez-vous si la vie vous est odieuse, dit M⁰ Chaix-d'Est-Ange en interrompant cette lecture ; sachez bien que ce sera toujours un crime, mais n'entraînez pas dans votre perte vos innocents et malheureux enfants.)

« Si tu savais ce que je souffre depuis la naissance de ma fille, et surtout depuis Ostende !

« Je t'écris ces tristes lignes avant de mourir avec mes malheureux enfants que je ne veux pas laisser aux mains de leur indigne mère. Le parti que je prends est violent..., mais il est le seul qui me reste pour me soustraire au déshonneur, ainsi que mes malheureux enfants. Adieu, ma mère bien aimée, prends courage.... nous nous retrouverons dans un meilleur monde avec mon bon père et mes excellents frères.

« Adieu, ma mère bien aimée, adieu.

Ce paquet n'avait pas été mis à la poste.

Vous vous rappelez l'effet que produisit dans Paris la publicité de l'événement du 7 novembre. Un journal surtout donnait des détails de nature à surexciter l'émotion générale. Le *Journal des Débats* parlait de l'aliénation mentale depuis longtemps connue de M. Mortier ; puis, donnant au fait une couleur exagérée, on racontait les discours tenus à travers les portes, les menaces de mort ; on représentait M. Mortier tenant ses enfants sur ses genoux, et promenant des rasoirs ouverts sur leur cou ; c'est ainsi qu'on avait amplifié la vérité historique.

C'est alors qu'a été formée la demande en interdiction ; et ici je dois à la Cour des détails utiles sur la procédure qu'il importe de suivre pas à pas, car de cet examen naissent des questions graves pour le procès.

Le 10 novembre 1847, M⁰⁰ Mortier présente, non une demande en interdiction, mais une requête à M. le président, où elle articule les faits à la charge de M. Mortier ; elle demande l'interrogatoire de M. Mortier et la convocation du conseil de famille, toutes mesures préparatoires. Le même jour, jugement conforme qui ordonne l'interrogatoire et la convocation du conseil de famille.

Mme Mortier, dès le 12 novembre, adresse aux membres de ce conseil une sorte de circulaire dans laquelle, ainsi qu'on le verra, elle semble protester elle-même contre la pensée d'une demande en interdiction à sa requête.

« Paris, 12 novembre 1847.

« Monsieur,

« Par suite des scènes qui ont donné lieu dimanche dernier, 7 novembre, à la translation de M. le comte Mortier dans une maison de santé, M. le préfet de police et M. le chancelier ont voulu qu'une demande en interdiction fût faite sans retard, pour la sécurité de mes enfants, la mienne et celle de M. Mortier même.

« Un jugement du tribunal vient d'ordonner la réunion d'un conseil de famille pour donner son avis sur la demande en interdiction.

« M. le juge de paix du 1ᵉʳ arrondissement a indiqué pour cette réunion, qui est indispensable et urgente, demain samedi 13 novembre, à 10 heures et demie très-précises du matin. On se réunira à l'hôtel de la justice de paix, rue d'Anjou Saint-Honoré, 9.

« Vous êtes appelé à faire partie de ce conseil, et M. le juge de paix vous prie de vous y rendre exactement. Les autres membres du conseil sont prévenus.

« Veuillez recevoir, Monsieur, l'assurance de tous mes sentiments.

« Comtesse MORTIER. »

Ainsi, c'était en quelque sorte pour obéir au vœu de M. le chancelier et de M. le préfet de police que la procédure se suivait. Le conseil se réunit le 20 novembre 1847. Il était composé ainsi qu'il suit : du côté paternel, 1° M. Napoléon Mortier, duc de Trévise, pair de France, chevalier d'honneur de Mme la duchesse d'Orléans ; 2° M. Frignet Despréaux, chef de bureau au ministère des finances ; 3° M. Lacourte, lieutenant-colonel en retraite ; — du côté maternel : 1° Mme la baronne Mortier, mère de M. le comte Mortier, demeurant à Bruges (Belgique) ; 2° M. Henri-Napoléon-Joseph Mortier, frère de M. le comte Mortier, propriétaire, demeurant à Bruges; 3° M. le Bailly d'Inghuem, propriétaire à Aire (Pas-de-Calais).

Voici comment le conseil de famille a motivé son avis :

« Considérant que M. le comte Mortier n'est pas et n'a jamais été, malgré la gravité des faits articulés, dans un état habituel d'imbécillité, de démence ou de fureur, ainsi qu'il est prévu par l'article 489 du code civil;

« Ont été unanimement d'avis que M. Mortier ne se trouve pas en état d'aliénation mentale, et qu'il n'y a pas lieu de l'interdire. »

Quant au juge de paix qui présidait le conseil de famille, il s'est exprimé ainsi :

« Prenant en considération les pièces à nous produites et entre autres le procès-verbal de la scène qui a eu lieu le 7 novembre à l'hôtel Chatham, la lettre écrite par M. le comte Mortier à sa femme, ledit jour 7 novembre, et l'enquête qui a eu lieu sur l'état mental de M. le comte Mortier;

« Après avoir entendu les observations des membres du conseil de famille, et après avoir cherché inutilement à leur faire comprendre les motifs qui paraissaient devoir nécessiter l'interdiction de M. le comte Mortier;

« Nous sommes d'avis que les accès de fureur auxquels il s'est plusieurs fois livré sont de nature à compromettre la sûreté des personnes qui l'approchent, et qu'il y a lieu en conséquence de poursuivre son interdiction;

« Délibérant ensuite sur l'application à M. le comte Mortier de l'article 32 de la loi du 30 juin 1838, le conseil de famille, considérant que l'opinion bien formelle des six membres qui le composent, est que jamais M. le comte Mortier n'a été dans un état d'aliénation mentale qui puisse motiver son entrée dans une maison de santé, qu'en conséquence il n'y a aucune mesure à prendre;

« A été d'avis unanime qu'il n'y a pas lieu d'appliquer à M. le comte Mortier les dispositions de l'article 32 de la loi précitée.

Mᵐᵉ Mortier surséant encore, M. Mortier prit l'initiative et présenta le 24 novembre une requête pour qu'il fût procédé a son interrogatoire. Sur cette requête, M. le président ordonna « que M. Mortier serait extrait de la maison

« de santé de **M**. Mitivié, et amené en la chambre du
« conseil par un huissier-audiencier avec l'assistance
« de deux gardiens de la maison de santé désignés par le
« directeur de cette maison et de deux gardes municipaux,
« et réintégré après l'interrogatoire en la même surveil-
« lance. »

Le 26 novembre, **M**. Mortier comparut dans la chambre du
conseil, en présence de tout le Tribunal ; son interrogatoire
dura cinq heures, et certes c'était une épreuve bien prolongée, surtout pour un homme qui faisait son début en pareille
matière.

Voici cette pièce importante, qui mérite toute l'attention
de la Cour :

D. Nous avons demandé à M. le comte Mortier si, soit à Bade,
soit à Turin, il n'a pas eu avec les personnes de sa maison et
celles avec lesquelles il était en relation d'affaires des difficultés
suivies de violences, et de vouloir bien en indiquer les causes ? —
R. Je conteste cela positivement, je m'appuie surtout sur ces considérations de menaces. Je n'ai fait de menaces à personne. Il y a
deux ordres de menaces : celles d'homme à homme, je les nie complètement. Quant à des reproches qu'un chef de service peut faire
dans l'intérêt de ses fonctions, c'est possible, et j'en ai eu malheureusement l'occasion.

D. N'avez-vous pas souvent, et sans causes suffisantes, menacé
des gens à votre service ? — R. Non, Monsieur.

D. N'avez-vous pas exercé des voies de fait sur quelques-uns de
vos domestiques ? — R. Jamais.

D. N'avez-vous pas menacé une ou plusieurs personnes de différents grades, attachées à votre ambassade? — R. Menacé, non ;
averti, oui.

D. N'avez-vous pas, sans cause suffisante, menacé votre femme,
ou exercé sur elle quelques actes de violences ? — R. Jamais.

D. Dans la nuit du 6 au 7 octobre dernier, à Bruges, n'avez-vous
pas injurié, frappé votre femme, et appelé, par des violences de
paroles ou d'actes, l'attention de toutes les personnes de l'hôtel ? —
R. Non, je déclare l'accusation complètement fausse ; je dirai plus,
imaginaire. J'avais été très-souffrant à Ostende, et obligé de garder
la diète six semaines ; je suis arrivé avec peine à l'hôtel de ma
mère, à Bruges ; mais, après quelques jours, étant obligé d'observer la diète, je me suis réveillé la bouche épaisse et du tartre aux

dents, et j'ai voulu prendre un verre d'eau sucrée, que je croyais préparé et déposé sur ma table de nuit. Ne l'ayant pas trouvé, je me suis levé, pensant trouver de l'eau et du sucre sur ma commode : il n'y en avait pas. J'ai ouvert alors le tiroir de ma commode où se trouvaient mes effets de barbe, j'ai pris un cure-dent pour satisfaire le besoin que j'éprouvais, et je me suis recouché presque immédiatement. J'ai entendu que Mme Mortier se levait ; elle couchait près de moi, dans un lit placé dans la même alcôve. Lui ayant demandé ce qu'elle faisait, elle m'a répondu : Je ne suis pas en sûreté ici ; vous avez un rasoir à la main ; vous êtes un assassin. Je lui fis observer que je n'avais rien entre les mains, car il y avait une lampe de nuit dans la chambre, et je l'engageai à regarder dans mon lit ; elle a continué à s'habiller, et lorsque sa robe de chambre a été passée et quand elle a été levée, elle a manifesté l'intention de sortir de sa chambre ; je suis sorti de mon lit et je lui ai dit que pour lui prouver que je n'étais pas un assassin, j'allais lui ouvrir moi-même la porte de la chambre, ce que je fis effectivement. Je dois ajouter qu'il existe dans notre chambre à coucher deux portes en bois de sapin mince, l'une communiquant dans la chambre où couchait ma mère avec la femme de chambre, et l'autre porte communiquant dans la chambre où couchait la femme de chambre de ma femme. Peut-on admettre que, dans de pareilles circonstances, quelqu'un battu, et sachant que d'autres personnes se trouvaient à sa portée, n'ait point crié au secours ?

D. D'où pouvait venir à Mme Mortier cette crainte d'assassinat et de rasoir ? — R. Il y a des femmes qui désirent être le sujet d'un roman, et passer pour victimes, dans le genre de Mme de Praslin, moins la chose. Cela s'expliquera plus tard, s'il y a lieu.

D. Les domestiques de la maison n'ont-ils pas entendu des paroles menaçantes pour Mme Mortier, et ne l'avez-vous pas mise à la porte ? — R. Non, Monsieur le président.

D. Madame votre mère n'est-elle pas intervenue pour vous modérer ? — R. La scène dont vous parlez se passait au milieu de la nuit. Le lendemain, vers midi, j'envoyai mon fils dans la chambre où ma femme s'était retirée (c'était la chambre de mes enfants) pour lui demander s'il y avait assez d'argent pour rentrer tous à Paris, ou s'il n'y en avait que pour moi seul ; l'enfant est venu me dire quelques instants après qu'il y en avait pour le retour de tout le monde. Désirant partir seul pour Paris, et voulant, avant le départ, avoir une dernière explication, j'entrai dans cette chambre où ma femme était encore couchée, et je lui dis en riant : « Vous devez être bien étonnée de vous trouver en présence d'un assassin ! » Et, sur ce mot, j'ai été invectivé par ma femme de toutes les façons ; je lui ai répondu de la même manière ; c'est alors que ma mère est entrée dans la chambre, et que Mme Mortier, lui ayant déclaré qu'elle ne voulait plus coucher dans la chambre commune, a ajouté qu'elle coucherait dans la chambre des enfants ; ma mère lui a offert sa propre chambre ou celle que sa femme de chambre occupe, qui est une chambre de maître, pour être auprès d'elle ; Mme Mortier a persisté à rester dans la chambre de ses enfants, et c'est alors que j'ai dit que l'un ou l'autre quitterait la maison, voulant mettre fin à la position de ma mère, car je pouvais craindre une attaque d'apoplexie.

Ici, dit Me Paillet, interrompant la lecture, j'ai une triste observation à faire, c'est que ce malheur que craignait M. le comte Mortier est arrivé ; sa mère, à la suite des chagrins que ces déplorables scènes lui ont causés, a subi une attaque ; une légère amélioration lui permet de retourner à Bruges, où les soins qu'elle ne peut trouver dans un hôtel garni lui seront prodigués. Ainsi son malheureux fils, qui semble l'objet de toutes les fatalités, est aujourd'hui privé des visites et des consolations de sa mère. Je continue la lecture de l'interrogatoire :

Sur ces mots, Mme Mortier s'est levée, nous sommes sortis de la chambre et, arrivés sur le palier, Mme Mortier a fait tous ses efforts pour se faire pousser et jeter en bas de l'escalier ; je ne l'ai pas·touchée. Je suis rentré dans ma chambre, pensant bien que ma femme s'était retirée dans une autre pièce de la maison. C'est dans la soirée, et pour la première fois, que j'ai fait part à ma mère et à deux neveux de la situation dans laquelle je me trouvais envers ma femme depuis la naissance de ma fille.

D. Comment expliquez-vous les faits qui se sont passés à Paris, le 7 novembre, à l'hôtel Chatham, entre vous et vos enfants ? — R. Monsieur le président, si vous voulez me préciser les faits par des questions, j'y répondrai.

D. Ne vous êtes-vous pas enfermé dans une chambre avec vos deux enfants, en barricadant principalement la porte d'entrée ? — R. Non, Monsieur, ils avaient la liberté de circuler dans les cinq ou six chambres de mon appartement.

D. N'étiez-vous pas barricadé avec eux dans votre appartement ? — R. Je me suis barricadé lorsque je me suis aperçu que tout le monde voulait entrer dans mon appartement pour me faire des visites que je ne voulais pas recevoir, parce que personne n'a le droit d'entrer dans mon appartement malgré moi. M. l'ambassa deur de Naples était venu et avait demandé : « M. le comte Mortier est-il chez lui? » Je lui ai répondu, en déguisant ma voix qu'il connaît bien : « Il est sorti. »

D. Vos deux portes étaient-elles barricadées lors de cette visite? — R. Non, Monsieur, ce n'est que lorsque j'ai vu les allées et les venues de beaucoup de personnes dans la cour et des serruriers, que j'ai barricadé mes portes.

D. Pour quel motif avez-vous refusé la visite de M. l'ambassadeur de Naples? — R. Je n'étais pas en disposition de le recevoir, ni d'autres personnes en ce moment.

D. Pourquoi, dans cette matinée, avez-vous refusé toute visite? — R. Parce que j'étais sous la préoccupation de ma situation, de la lettre que j'avais écrite à ma femme, et je n'étais pas naturellement disposé à m'occuper de choses frivoles.

D. Cette lettre et cette situation devaient expliquer les rassemblements et les mouvements dont vous parliez dans une précédente réponse, et vous deviez éprouver le besoin de les faire cesser, en considération de votre personne et de votre position sociale? — R. Ma lettre n'a eu pour but que d'amener Mme Mortier chez moi, et, en lui présentant et rendant ses enfants, de la conjurer d'abandonner le projet dont on m'avait fait menacer, d'une séparation qui devait donner lieu à des détails scandaleux, et de nature à porter atteinte à mon honneur, perdre l'avenir de mes enfants et celui de Mme Mortier elle-même.

D. Pourquoi avez-vous refusé la visite de M. de Ludre? — R. Parce que, bien qu'il ait été mon secrétaire de légation, et que je n'aie jamais eu qu'à me louer de lui, nous n'étions pas assez intimes pour entrer avec lui dans de pareilles confidences.

D. Ces motifs de refus ne peuvent pas s'appliquer à M. Pasquier, chancelier de France; pourquoi ne l'avez-vous pas reçu? — R. Pourquoi? parce que je n'avais mis personne dans les secrets du toit conjugal, pas même ma mère, comme je vous l'ai dit plus haut.

D. Cependant sa position lui permettait d'amener l'arrangement avec Mme Mortier que vous sembliez désirer? — R. Je ne doute pas de ses bonnes intentions; mais il ne s'y est pas pris de manière à me faire croire qu'il vînt comme conciliateur; il ne s'est pas annoncé comme tel. Il a frappé à ma porte en annonçant M. Pasquier, le chancelier; je lui répondis avec beaucoup de regrets que je ne pouvais lui ouvrir. Il a ajouté : « Ouvrez-moi, j'ai à vous entretenir d'une affaire de la Chambre des pairs. » Je lui ai répondu que la Chambre n'était pas ouverte. M. le chancelier m'a ajouté : « Mais si je venais avec Mme Mortier, ouvririez-vous? » Je lui ai répondu : « Non, Monsieur le chancelier, elle ne viendra pas, ne vous donnez pas cette peine, j'en suis sûr. » En effet, Mme Mortier avait laissé

écouler près de trois heures après la connaissance du fait relatif à
ses enfants, qui devait la déterminer à venir sur-le-champ. M. le
chancelier me dit : « Mais si je vous l'amène, ouvrirez-vous votre
porte? » J'ai répondu affirmativement. En effet, quand elle vint,
j'ouvris de suite.

D. Pourquoi avez-vous refusé votre porte à M. le préfet de police?
— R. C'est pour la première fois que j'entends parler que M. Delessert se soit présenté chez moi; je ne l'ai su qu'au moment de l'irruption dans mon appartement. C'est la personne avec laquelle j'aurais
été plus disposé à m'expliquer, et je n'aurais pas refusé d'ouvrir
ma porte à M. le préfet de police.

D. A l'arrivée de Mme Mortier avec M. le chancelier, n'avez-vous
pas hésité à la recevoir? — R. Je n'ai pas positivement refusé de
voir Mme Mortier, je conteste le fait, mais M. le chancelier étant
revenu et m'ayant demandé d'ouvrir, je lui ai répondu : « Etes-
vous seul? » Il m'a dit : « Mme Mortier est avec moi. » Et en effet.
Mme Mortier dit : « Je suis ici. » Je lui demandai ce qu'elle voulait,
Elle me répondit : « Je viens voir mes enfants. » Je lui ai répondu :
« Vous n'étiez pas bien empressée de les voir, puisque vous avez
refusé de les recevoir dans la matinée, en me faisant dire que vous
étiez occupée avec vos hommes d'affaires. » La porte de l'entrée
principale étant barricadée par un canapé d'antichambre que j'avais
fait entrer de force entre les deux murailles, j'ai été obligé de traverser le salon et la salle à manger pour ouvrir cette seconde porte
qui était barricadée par une malle vide.

D. N'avez-vous pas dit que Mme Mortier entrerait seule, sinon
qu'il y aurait un grand malheur? — R. Non, Monsieur.

D. Cette double barricade, établie avec force, prouverait qu'il y
avait préméditation? — R. C'est, tout le contraire; j'ai pris tout ce
que j'avais sous la main, ce qui exclut la préméditation.

D. Il suffisait de tenir votre porte fermée; on n'aurait rien tenté
avec effort pour l'ouvrir, et ces deux barricades demandaient du
temps pour les établir? — R. La porte pouvait céder facilement;
elle ne suffisait pas pour me protéger, et les pas, les voix, les démarches que j'entendais dans l'hôtel me faisaient craindre une in-
vasion de force à laquelle je voulais m'opposer.

D. Que faisiez-vous avec vos enfants dans l'intérieur de votre
appartement, pendant que vous êtes resté seul avec eux? — R. Je
les avais, la plupart du temps, sur mes genoux, selon mon habitude, et je les caressais, et plus particulièrement ma petite fille,
qui s'attachait à moi et ne m'a pas quitté; ils ont aussi joué dans
leur chambre, selon leur habitude; ils ne sont pas restés constamment avec moi.

D. Ne vous êtes-vous pas porté sur leur personne à des actes de nature à les effrayer? — R. Non, Monsieur, cela est faux.

D. Par suite des menaces contenues dans la lettre à Mme Mortier, n'avez-vous pas pris un rasoir, et ne l'avez-vous pas fait paraître à leurs yeux? — R. Je nie le fait. Sous la préoccupation de la honte et du déshonneur que les projets de Mme Mortier me réservaient, je me suis dit : Mille fois plutôt mourir que de supporter une pareille ignominie, et c'est alors que, me promenant dans mon appartement, et voyant mon tiroir de toilette ouvert, j'y ai pris un rasoir. Ma petite fille qui, à mon insu, se trouvait à côté de moi, et avait entendu les paroles que je venais de prononcer, m'a dit : « Papa, je veux mourir avec toi! » J'ai rassuré l'enfant en lui disant qu'il n'était pas question de mourir, et je l'ai engagée à aller jouer dans une autre chambre où se trouvait son frère.

D. Ce sentiment d'honneur pour vous, d'avenir pour vos enfants, ne s'accorde guère avec une pensée de suicide, et vous deviez, en leur présence, sentir plus que jamais le besoin de vous conserver pour vous et pour eux? — R. Monsieur le président, je ne partage pas complètement votre opinion. Les suites de cette affaire peuvent amener un scandale, et craignant l'ignominie pour ma famille, j'aimerais mieux que Dieu m'appelât à lui que de supporter un semblable malheur.

D. Avez-vous posé votre rasoir sur le cou d'un de vos enfants, soit par la lame, soit par le dos? — R. Je leur aurais fait mal; je conteste positivement ce fait.

D. A quelle heure vous êtes-vous barricadé? — R. Peu d'instants avant l'arrivée de M. le chancelier; je n'étais pas barricadé lorsque M. l'ambassadeur de Naples et M. de Ludre se sont présentés chez moi.

D. Le commissaire de police ne s'est-il pas présenté, et n'avez-vous pas refusé de le recevoir? — R. Je conteste qu'il se soit annoncé.

D. N'avez-vous pas adressé plusieurs copies de la lettre à votre femme à plusieurs personnes? — R. Je voulais l'adresser à plusieurs personnes de ma famille et de mes amis; mais comme cette lettre est très-longue et contient cinq feuilles doubles de petit papier à lettre, je n'ai eu que le temps d'en écrire une, que j'ai adressée à Mme la comtesse de Boignes. Mon intention était de prendre copie de ces lettres; mais Mme Mortier ayant refusé de recevoir ses enfants à l'heure que je lui avais fait proposer, je me suis décidé à envoyer la lettre.

D. N'avez-vous pas écrit une autre lettre originale à une autre personne, dans laquelle vous annonciez votre mort et sa cause? — R. J'ai écrit à M. d'Inghuem, mon neveu, à Bruges, pour lui annoncer ma mort, sans détail sur la cause qu'il connaissait d'ailleurs; la lettre de Mme de Boignes m'ayant été renvoyée sous enveloppe et remise sous la porte d'entrée, je l'ai placée sous enveloppe avec l'adresse de Mme de Boignes : elle est restée chez moi avec la lettre adressée à mon neveu.

D. Vous désiriez prévenir un scandale et arriver par une menace bien puissante à un arrangement avec Mme Mortier. Comment se fait-il qu'au même instant vous révéliez tous ces faits et annonciez à Mme de Boignes le malheur qui allait arriver, et que vous ayez en outre préparé une lettre à M. votre neveu? — R. Mme de Boignes est depuis longtemps une de mes plus intimes amies; depuis mon retour à Paris, je l'ai entretenue de mes chagrins domestiques, je lui ai dit que j'étais menacé d'une demande en séparation, et que ma volonté, tant que cela dépendrait de moi, était d'intervenir dans l'éducation de ma fille. Comme elle m'engageait à prendre des conseils, je lui ai dit : « Dans quarante-huit heures, vous saurez probablement à quoi vous en tenir. »

D. Mme Mortier n'arrivant pas, votre intention était-elle de consommer un suicide? — R. Non, Monsieur; la preuve, c'est la suite. Je suis resté de trois à cinq heures, environ, seul, après le départ de M. le préfet de police. Je n'avais donc pas l'intention de me suicider, puisque j'en avais le temps; et on n'en avait pas la crainte, puisqu'on m'a laissé seul, avec une douzaine de rasoirs chez moi; c'est en sortant, pour me rendre à l'invitation de M. le garde des sceaux, que j'ai été arrêté et conduit dans un fiacre à la maison de santé.

D. Pendant votre explication assez longue avec le préfet de police, n'aviez-vous pas deux rasoirs, soit dans vos mains, soit dans vos poches? — R. J'avais un rasoir à la main quand M. Delessert est entré; j'ai refusé, à la demande de M. Delessert, de le remettre entre ses mains, lui disant que j'aimerais mieux me couper le cou plutôt que de me laisser mettre la main sur le corps par un de ses agents.

D. Pourquoi, lors de l'arrivée de M. Delessert, teniez-vous encore un rasoir à la main? — R. Je répète que, voyant tant de monde dans l'hôtel et tant de mouvement, j'aurais préféré la mort que de souffrir une pareille humiliation.

D. J'insiste sur mon observation : l'explication du rasoir avec vos enfants ne devait durer que peu d'instants pour les calmer; vous avez attendu plusieurs heures l'effet de votre lettre sur Mme Mortier; M. le chancelier était venu et s'était retiré pour aller chercher Mme Mortier; au moment où vous entendiez Mme Mortier, on pénètre chez vous pour une explication avec elle, et vous êtes encore armé du rasoir.

Quant à ce tumulte et cet attroupement, vous deviez l'expliquer par vos lettres qui devaient faire craindre un crime ou un acte de désespoir, et cet attroupement n'était pas une infamie susceptible de provoquer un suicide. N'était-ce pas la continuation de la situation avec vos enfants? — R. Je vous prie de diviser la question qui est trop complexe.

D. Ce sont vos lettres qui devaient provoquer l'intervention de l'autorité. — R. Cela ne m'était pas même venu à la pensée.

D. Après tous ces précédents, Mme Mortier ne pouvait guère se présenter seule? — R. Mes intentions ni mon espérance n'avaient jamais été de la voir seule.

D. Vous avez été obligé de rouvrir, de débarricader deux portes et de traverser deux pièces; comment aviez-vous encore le rasoir à la main? — R. Je le conservais machinalement et sans intention.

D. En sortant pour aller chez le garde des sceaux, n'aviez-vous pas deux rasoirs dans vos poches? — R. Oui, Monsieur.

D. Pourquoi aviez-vous ces rasoirs? — R. En rentrant dans ma chambre, mon tiroir était ouvert, j'ai vu deux rasoirs et je les ai mis dans ma poche pour conserver la disposition de ma personne et empêcher les agents de porter la main sur moi. En effet, j'avais vu dans la cour les agents qui sont entrés dans ma chambre.

D. Pendant votre explication avec M. le préfet de police, vous avez constamment gardé votre rasoir ouvert, vous tenant à distance de M. le préfet, ayant la robe de chambre ouverte et le col renversé? — R. Mes chemises de nuit n'ont pas le grand col de chemise habillé ; j'étais resté en robe de chambre ; quant au rasoir, j'ai dit à M. Delessert que tant que ses gens seraient là, je ne le quitterais pas. Pendant ces explications, les agents ont ouvert plusieurs fois la porte, ce qui me faisait craindre une irruption dans ma chambre, quoique chaque fois M. Delessert leur ait ordonné de se retirer. Pour M. Delessert seul j'aurais fait ce qu'il m'aurait demandé.

D. Vous avez parlé plusieurs fois d'arrestation arbitraire. Adressez-vous ce reproche à M. le préfet de police, et quels motifs lui supposez-vous? — R. Je ne me plains de personne particulièrement. Je n'adresse aucun reproche de haine. Quant à M. Delessert, le préfet de police, je me suis expliqué assez favorablement à son égard pour qu'aucun blâme réel pût s'appliquer à lui.

Cet interrogatoire subi, et Mme Mortier conservant toujours la même inertie, M. Mortier présente au président du tribunal une requête à l'effet d'être autorisé à assigner Mme Mortier pour qu'en statuant sur les mesures provisoires, il soit déclaré qu'il n'y a lieu d'y donner suite, et ordonné qu'il sera mis en liberté. L'assignation est donnée, et cependant Mme Mortier ne forme pas encore de demande et ne poursuit pas.

Enfin, le 27 novembre 1847, dans une requête à M. le président, elle reproduit, à titre de griefs de séparation de corps, les mêmes faits sur lesquels elle avait basé son exposé relatif à l'interdiction ; les formalités ordinaires en matière de séparation sont accomplies, et M. le président autorise en conséquence Mme Mortier à poursuivre cette séparation. Mais elle ne suit pas sur cette demande, et je prie qu'on remarque l'incohérence de ce double système ; dans le premier, M. Mortier est un homme à plaindre et sans volonté, il faut l'interdire pour son intérêt propre ; dans le deuxième, on lui reproche des sévices, des excès, des actes de libre-arbitre ; il n'y a donc pas d'aliénation mentale.

Le 1er décembre 1847, Mme Mortier, protestant elle-même contre toute demande en interdiction, expose dans des conclusions posées à l'audience qu'elle n'a demandé que des mesures provisoires, qu'elle maintient cette demande seulement, qu'au tribunal appartient de prescrire ce qu'il croira utile ; en conséquence elle requiert que ses diligences soient déclarées régulières, et s'en rapporte sur ces mesures à la prudence du juge.

En cet état est intervenu le jugement du 15 décembre 1847. Mme Mortier a levé ce jugement ; ses conclusions y sont rapportées. On y mentionne aussi qu'à l'audience, M. le procureur du roi, par l'organe de son substitut, agissant en vertu de l'article 491 du Code civil, s'est porté en tant que de besoin partie principale, et d'office a conclu à ce que le tribunal se déclarât régulièrement saisi de la demande en interdiction formée par Mme Mortier, et de la demande contraire formée par M. Mortier tendante à faire déclarer cette demande nulle et mal fondée, et à faire ordonner sa mise en liberté.

Voici les dispositions du jugement du 15 décembre 1847, qui a statué sur cet état de choses :

« Attendu que la dame Mortier, en se conformant aux dispositions spéciales des articles 890 et suivants du Code de procédure civile, a provoqué l'interdiction de son mari et commencé des poursuites à cette fin : 1° en présentant une requête dans laquelle elle articule l'aliénation mentale de son mari; 2° en obtenant un jugement qui a ordonné la convocation du conseil de famille et l'interrogatoire; 3° en exécutant ce jugement par la convocation du conseil de famille;

« Attendu que faute par la dame Mortier d'avoir donné suite au jugement de la chambre du conseil, du 10 novembre 1847, Mortier a pu s'emparer de ce préparatoire et porter devant le tribunal la demande en interdiction pour la faire rejeter;

« Attendu que la forme indiquée par la loi du 30 juin 1838 s'applique au cas le plus fréquent, celui où le détenu pour cause d'aliénation mentale n'a point de contradicteur, et peut, par conséquent, procéder par voie de simple requête, mais que, dès qu'il existe un adversaire connu ou présumé, la demande doit être formée contre lui dans les termes du droit commun, et que sa mise en cause devrait être ordonnée même d'office;

« Qu'ainsi le Tribunal est régulièrement saisi :

« 1° D'une demande en rejet de la requête tendante à interdiction dans laquelle Mortier a pour adversaire la dame Mortier, qui est réputée contestée par cela seul qu'elle s'en rapporte à justice;

« 2° D'une demande, afin de mise en liberté, dans laquelle Mortier a pour adversaires, d'une part, la dame Mortier, et d'autre part le ministère public, agissant dans l'intérêt de la société;

« Attendu que pour statuer sur l'une et l'autre de ces demandes, il est indispensable d'apprécier l'état mental de Mortier;

« Attendu que les faits advenus à Paris à l'hôtel Chatham, le 7 novembre dernier, et constatés par le procès-verbal du commissaire de police du quartier de la place Vendôme, font présumer que ledit jour Mortier aurait été saisi, pendant plusieurs heures consécutives, d'un accès de démence furieuse et persistante;

« Que ces faits justifient pleinement l'intervention des dépositaires de l'autorité publique, et les mesures de sûreté par eux prescrites;

« Attendu que les réponses faites par Mortier dans son interrogatoire du 26 novembre dernier, sur les interpellations relatives aux faits matériels du 7 novembre, faits avoués et reconnus par lui-même, viennent corroborer les présomptions de cet acte de démence;

« Qu'en effet, il ne peut expliquer raisonnablement comment il aurait adressé à sa femme la lettre du 7 novembre dans le but de l'amener à une entrevue ;

« Comment il aurait consenti à lui rendre ses enfants au moment où il l'accusait des faits les plus odieux, et lorsqu'il avait eu la pensée de leur ôter la vie plutôt que de les laisser entre les mains de leur mère ;

« Comment la simple menace, non encore réalisée, d'une demande en séparation de corps aurait suffi pour le pousser au projet d'un suicide et d'un double meurtre ;

« Comment il aurait persisté à se tenir barricadé et armé de rasoirs pendant plusieurs heures, et à refuser une explication paisible et amiable, malgré l'insistance des fonctionnaires publics ;

. « Dans quel but enfin il aurait écrit la lettre envoyée à la dame de Boignes et celles adressées à la dame Mortier et au sieur d'Inghuem ;

« Attendu que l'état calme recouvré par Mortier depuis sa démission ne suffit pas pour prouver une guérison complète et durable ; qu'il importe de constater si la scène du 7 novembre dernier n'aurait été qu'un désordre momentané ou une pensée de crime dont Mortier aurait eu à répondre s'il l'eût manifestée par un commencement d'exécution ; et si cette scène ne serait pas la reproduction d'accès antérieurs qui pourraient se renouveler à l'avenir ; en résumé, si les faits imputés à Mortier doivent être considérés comme résultant d'une intention criminelle, de méchanceté ou d'insanité d'esprit ;

« Attendu que des documents de la cause et des défenses orales ressortent plusieurs faits concluants dont il importe d'apprécier le caractère pour savoir s'ils sont des effets de la volonté ou de l'aliénation mentale ;

« Qu'aux termes des articles 254 et 893 du Code de procédure civile, le Tribunal peut en ordonner la preuve ;

« Le Tribunal, avant faire droit, ordonne qu'il sera, tant par titres que par témoins, fait preuve des faits ci-après énoncés, la preuve contraire réservée ;

« En 1843, à Berne, Mortier aurait accusé la dame Mortier de s'être rendue coupable d'adultère avec un domestique et de s'être procuré un avortement ; il aurait menacé de la frapper avec un rasoir ; il aurait frappé le sieur Cordier accouru au secours de sa fille ;

« Postérieurement à ces accusations et à ces violences, il aurait, en présence des domestiques, fait des excuses à sa femme et à son beau-père, et aurait adressé à la dame Mortier, notamment en décembre 1845, des lettres où il la comblait d'éloges et de témoignages d'affection ;

« Pendant son séjour à Berne et à Lucerne, il aurait éprouvé des hallucinations, et se serait notamment persuadé, tantôt que le docteur Sichel aurait prédit sa mort pour une époque déterminée, tantôt qu'un moine était placé à côté de lui dans sa voiture ;

« A la même époque, sans motif plausible, il se serait élancé de son lit, et, une arme à la main, aurait poursuivi un domestique ;

« Au mois de septembre 1844, à Turin, il se serait emporté au sujet d'une pièce de bronze envoyée à Paris, se serait armé d'un rasoir et aurait manifesté l'intention de se tuer ;

« Pendant son séjour à Turin, et par suite de ses emportements continuels, M. d'André, secrétaire d'ambassade, aurait cru devoir se munir d'une arme défensive chaque fois qu'il descendait dans le cabinet de Mortier ;

« En juillet 1846, à Dieppe, il aurait frappé et maltraité son fils, par le motif que celui-ci, en jouant, s'était porté un coup à la tête ;

« La dame Mortier ayant éprouvé une indisposition, Mortier aurait encore pris un rasoir et aurait menacé de se couper la gorge sous les yeux de sa femme ;

« En août 1847, à Ostende, il se serait livré à des emportements qui auraient donné au docteur Johnson l'opinion d'un état de démence ;

« Il se serait roulé sur le parquet parce que son domestique ne lui apportait pas assez promptement sa robe de chambre ;

« Le 6 octobre 1847, à Bruges, il se serait roulé par terre, en poussant des cris, parce que des effets d'habillement ne lui auraient pas été livrés à l'heure convenue; il se serait armé d'un rasoir, qu'Hector d'Inghuem serait parvenu à lui faire lâcher ;

« Le 7 octobre, pendant la nuit, il aurait pris un rasoir et en aurait menacé la dame Mortier, qui aurait été obligée de se réfugier près de la gouvernante de ses enfants ;

« Le 8 octobre, il aurait encore saisi un rasoir ; la dame Mortier et sa femme de chambre auraient été obligées de se tenir cachées, la première, dans un garde-manger, et la deuxième sous un tas de foin, dans un grenier, pendant que Mortier la cherchait par toute la maison ; il aurait sauté par une fenêtre en voyant passer deux femmes qu'il prenait pour elles; M. d'Inghuem et les domestiques auraient passé la nuit pour ménager la fuite des deux femmes, et elles se seraient évadées à quatre heures du matin.

« Il se serait emporté contre sa mère qui voulait l'empêcher de frapper ses enfants ;

« Le 7 novembre 1847, pendant qu'il se trouvait enfermé à l'hôtel Chatham, il aurait approché un rasoir du cou d'un de ses enfants ;

il aurait gardé ce rasoir à la main pendant toute la durée de sa conférence avec M. le préfet de police ;

« Ordonne que la preuve sera faite à la diligence tant de la dame Mortier que de M. le procureur du roi ;

« Commet M. Casenave, juge, pour procéder à l'enquête à Paris ;

« Ordonne qu'en cas d'empêchement, il sera remplacé sur simple requête présentée au président du Tribunal ;

« Donne en tant que de besoin commission rogatoire aux autorités judiciaires de Berne, Lucerne, Turin, Ostende et Bruges pour faire entendre les témoins dont l'audition serait requise ;

« Ordonne que l'enquête sera commencée dans la quinzaine de la signification du présent jugement, et parachevée dans la quinzaine de l'audition des premiers témoins ;

« Commet les docteurs Falret, Leuret et Foville à l'effet de visiter Mortier ;

« Ordonne que dans la quinzaine de ce jour, au plus tard, ils donneront un premier avis sur la question de savoir si Mortier peut sans danger être transféré dans un établissement non consacré aux aliénés, et requérir, s'il y a lieu, sa translation ;

« Ordonne que les médecins sus-nommés donneront leur avis sur la question de savoir si Mortier peut être considéré comme atteint d'aliénation mentale ;

« Ordonne qu'en cas d'empêchement desdits médecins, il sera pourvu à leur remplacement sur simple requête présentée au président du Tribunal ;

« Dépens réservés. »

M. LE PREMIER PRÉSIDENT. — Avocat, les développements que vous avez à présenter sont-ils encore longs ?

Mᵉ PAILLET. — Monsieur le premier président, voici l'économie du récit que j'ai à faire : trois enquêtes, dans lesquelles ont été entendus soixante-dix témoins, et plusieurs rapports de médecins. Telle est hélas ! la distribution des procédures et des faits qui restent à expliquer.

M. LE PREMIER PRÉSIDENT. — La cause est continuée à lundi prochain.

A l'audience du 15 janvier, M° Paillet continue sa plaidoirie :

MESSIEURS,

J'ai dû vous faire connaître M. Mortier, sa vie publique, les discussions survenues dans son ménage, la résolution manifestée par Mme Mortier de demander sa séparation de corps, résolution contre laquelle son mari avait lutté sans succès, et où il voyait avec désespoir les conséquences les plus fatales pour lui, pour sa femme elle-même, et surtout pour l'avenir de leurs enfants. C'est ainsi que nous sommes arrivés à la déplorable journée du 7 novembre 1847, à l'événement de l'hôtel Chatham. J'ai mis sous vos yeux tous les documents qui s'y rattachaient.

Entrant alors dans le détail des procédures, je vous ai montré Mme Mortier provoquant d'abord les premières mesures judiciaires que la loi prescrit en matière d'interdiction ; puis s'arrêtant aussitôt après pour former une demande en séparation de corps, en protestant par des conclusions formelles contre la demande en interdiction qu'on lui attribuait ; enfin, le ministère public prenant tout à coup, avec plus d'empressement que de régularité, le rôle de partie principale. Là se sont placés aussi et l'avis unanime de la famille, et l'interrogatoire de M. Mortier, et le premier jugement qui a ordonné les enquêtes et les rapports des médecins.

Ce sont ces derniers documents que j'ai maintenant à faire passer sous vos yeux. Je vous les lirai sans commentaires, sans discussion, me bornant, quant à présent, à quelques observations préalables et très-sommaires.

Ainsi les médecins ont délibéré et les témoins ont déposé sous l'impression vive et récente alors qu'avaient produite dans le public les récits dramatiques de ce qui s'était passé à l'hôtel Chatham, sous l'influence de cette opinion habilement répandue que, dans l'intérêt de M. Mortier lui-même, il valait mieux accuser sa raison que son cœur et sa volonté. La partie d'ailleurs n'était pas égale. D'une part, c'était Mme Mortier, libre, appuyée de toutes les sympathies, entourée d'auxiliaires intelligents et dévoués, ayant préparé à loisir les éléments d'une séparation dont, en changeant de point de vue, on faisait des éléments d'interdiction. D'autre part, c'était M. Mortier, seul, captif, privé de tous ses papiers, réduit à des communications rares et nécessairement restreintes avec ses conseils.

Et, chose étrange, qui ne s'explique que par les longs préparatifs du procès de séparation, vous verrez figurer dans les enquêtes une collection de domestiques congédiés à toutes les époques, même pour vol avéré ; des mécontents de tous pays, dont M. Mortier avait dû, dans l'accomplissement de ses devoirs publics, repousser les prétentions illégitimes. Du reste, M. Mortier a été présent aux douze ou quinze séances de l'enquête de Paris, et là, en face de sa femme, et malgré tout le déplaisir que devaient lui causer certains témoignages, il ne lui est échappé ni un geste ni un mot qui s'écartât le moins du monde, soit de la bienséance, soit de la modération, soit du respect dû à la justice : on l'a vu retournant même paisiblement, le 23 février, à pied, à travers Paris en désordre, au lieu de sa captivité, sans autre compagnie cette fois que le doyen des huissiers, qui semblait confié à sa garde et qui trébuchait sous sa protection.

Aussi trouverez-vous au moins bien sévère la décision qui, à la fin de cette enquête de Paris, l'a exclu des quatre dernières dépositions, auxquelles la qualité même des témoins donnait un intérêt particulier. J'ajoute que sur les quarante-trois dépositions dont elle se compose, il en est quinze que je n'aurai point à vous lire, le Tribunal (sans statuer sur les reproches), ayant déclaré qu'il n'en avait pas tenu compte dans sa décision finale.

Quant à l'enquête de Berne, M. Mortier, dans l'impuissance où le réduisaient son éloignement et sa captivité, a dû laisser le champ tout-à-fait libre à ses adversaires ; il n'y a été ni présent ni représenté, et les mêmes raisons lui interdisaient toute pensée de contre-enquête. Et cependant, pour épargner vos moments, je ne succomberai pas même à la tentation de vous la lire, et je me contenterai de joindre aux pièces

une série de notes fort curieuses sur les faits et les témoins
de Berne, que j'ai reçues ce matin même de M. Mortier, avec
une lettre qui commence ainsi :

« Monsieur, un jeune médecin de la maison de Mme Lisle, qui a
toujours été rempli d'attention pour moi, a bien voulu me prêter sa
main. J'ai profité de son offre obligeante, et lui ai dicté les quatorze
pages de notes ci-jointes sur les personnes qui ont figuré dans l'enquête de Berne, et dont le nom m'est revenu en mémoire. Je vous
les envoie sans les avoir lues, pour ne pas perdre de temps, et dans
l'espoir qu'elle vous parviendront assez à temps pour que vous
puissiez encore en prendre lecture avant l'audience. »

Ces notes, sont fort étendues ; elles passeront sous vos yeux.
Pour moi, je vous demanderai, avant tout, pardon des lectures
que j'ai à vous faire ; il le faut : telle est la loi de ce procès.

Le premier document qu'il importe de vous faire connaître est le rapport médico-légal dressé le 31 janvier 1848
par MM. les docteurs Foville, Calmeil et Falret, commis par
le jugement du 15 décembre 1847 pour visiter M. le comte
Mortier. Ce rapport est fort détaillé ; il est chargé d'observations que j'appellerai un peu divinatoires. Il me suffira d'en
donner le résumé, c'est-à-dire ce qu'il y a de plus dangereux, pour mon client, la pensée finale des docteurs :

« De l'ensemble des observations consignées dans ce travail,
(disent les consultants), les soussignés, unanimes dans leur jugement, n'hésitent pas à conclure :

« 1º Que M. le comte Mortier est affecté d'une aliénation mentale
partielle ;

« 2º Que cette aliénation est surtout caractérisée par la croyance
qu'il est victime de haines violentes, implacables, de jour en jour,
plus nombreuses, combinées pour le perdre ;

« 3º Que, sous l'empire des illusions qui constituent son délire,
M. le comte Mortier a conçu les résolutions les plus fatales ;

« 4º Que, par conséquent, M. le comte Mortier doit être considéré
comme un aliéné dangereux. »

Sans autre préambule, j'arrive maintenant aux enquêtes,
et, d'abord, à celle de Paris, commencée le 24 janvier 1848.

M⁰ Paillet donne lecture de cette première enquête qui comprend quarante-trois dépositions ; il en excepte toutefois celles de quinze témoins reprochés. Nous donnerons seulement les passages importants de chaque déposition.

M. Henri Ternaux, ancien membre de la Chambre des députés : — J'étais, en 1831, secrétaire de légation à Munich, lorsque M. le comte Mortier est venu remplacer M. de Rumigny ; je suis resté avec lui six ou huit mois environ. Il était d'un caractère violent, mais je n'ai eu connaissance d'aucun fait dénotant la folie. Un jour, à propos d'une réception qui devait avoir lieu à la Cour de Bavière, M. Mortier dit qu'il ne comprenait pas pourquoi l'on n'irait pas à cette réception en pantalon, comme à celles des Tuileries ; comme le roi de Bavière paraissait attacher de l'importance à cette question, mon avis était de nous soumettre à ces exigences : cependant, d'après l'ordre de M. Mortier, j'y suis allé en pantalon. J'ai su depuis que M. Mortier avait été blâmé par le ministre des affaires étrangères. Je dois ajouter que, sauf ces accès de colère, je n'ai jamais eu qu'à me louer de mes rapports avec M. le comte Mortier.

M. Possoz, propriétaire à Passy. — M. le duc de Trévise, à côté duquel il siégeait au conseil général, et auquel il parlait de l'événement de l'hôtel Chatham du 7 novembre, lui a répondu de manière à lui laisser la profonde conviction que M. le duc attribuait cet événement à un acte d'aliénation mentale.

M. Berlèze, prêtre, rend compte de cet événement, et des pourparlers auxquels il a pris part pour déterminer M. Mortier à ouvrir sa porte aux personnes qui étaient accourues, sur la lettre par lui adressée à Mᵐᵉ de Boignes le 7 novembre. (Nous nous référons à cet égard au procès-verbal dressé par M. le commissaire de police, et dont le texte est entier dans notre numéro du 9 janvier.)

M. Gressus, banquier à Berne, dépose de scènes d'emportement de la part de M. Mortier en 1843 ; ce dernier aurait dit, dans une de ces scènes, à un attaché de l'ambassade de Russie, qui portait une décoration : « Cette croix ressemble à celles que la police de Paris met aux chiens. » Dans une autre circonstance, M. Mortier, en refusant à M. de Carnereiro, Espagnol, le transit de certaines malles par la France pour l'Espagne, aurait injurié M. de Carnereiro et lui aurait envoyé un cartel. Quant à une aliénation mentale de M. Mortier, le témoin n'en a entendu parler que vaguement.

M. Giraud, rentier, n'a su que par ouï-dire quelques actes d'irritation de M. Mortier. Il ajoute que M. le duc de Trévise aurait dit à M. d'André, à propos de l'assassinat de Mme de Praslin, qu'il aurait été moins surpris si son cousin (M. Mortier) avait fait la chose.

La femme Simandre, femme de chambre, le maître d'hôtel Agron, le maître d'hôtel Tenet, Bornand, homme de confiance, racontent quelques scènes de violences qu'ils imputent à M. Mortier; celui-ci aurait frappé son fils, mais il objecte, par une interpellation adressée au témoin, que l'enfant avait manqué de respect à sa mère, et qu'il avait été obligé d'insister pour que l'enfant demandât pardon à genoux. L'un de ces témoins aurait été renvoyé de Turin par M. Mortier, inopinément et avec brutalité, et avec cette circonstance, remarquée par le déposant, que ses frais de retour à Paris ne lui avaient pas été payés. « Tous les fournisseurs, dit un troisième, m'avaient prié d'aller ailleurs, parce qu'il était impossible de satisfaire M. le comte. Il avait exigé qu'un maître d'hôtel qu'il avait renvoyé sortît de chez lui à minuit. » Enfin, Bornand a vu, dans l'espace de quatre ans, passer chez M. Mortier quatre-vingt-treize domestiques des deux sexes.

Une domestique, ajoute le témoin, ayant laissé tomber un charbon dans le salon, M. Mortier demanda un fusil pour la tuer. Il demandait une autre fois son épée pour tuer deux souris dans la chambre de ses enfants. En 1841, scène violente à Pontarlier entre M. Mortier et le maître de poste, parce que celui-ci était en blouse. En 1843, à Lucerne, ayant éprouvé, à la suite d'un dîner, une grande faiblesse, on le transporta dans sa voiture; en descendant, il prétend qu'il y a un moine dans cette voiture et ordonne qu'on le fasse descendre; il s'emporte contre les médecins, et déraisonne à tel point que ceuxci lui disent : « Vous n'êtes pas ambassadeur aujourd'hui, vous le serez quand vous serez guéri. » Pendant trois nuits il est fort agité, veut aller visiter à deux heures du matin Mme de Bombelles, qui n'était pas à Lucerne alors, mais à Rome ; puis il parle de *jésuites* et d'une foule de choses que ne comprenait pas le témoin, qui est même menacé par lui d'être jeté par la fenêtre.

A Berne encore, une scène eut lieu dans la chambre à coucher de Mme Mortier; le témoin Bornand placé dans le salon a entendu l'enfant crier : « Papa, laisse maman ! » M. Cordier, appelé par Bornand, étant entré, vit, ainsi que ce dernier, Mme Mortier évanouie, et M. Mortier tenant un rasoir, qui saisit aussitôt M. Cordier et le repoussa dans le salon. Bornand courut chercher le mé-

decin, et à son retour, il trouva M. Mortier prodiguant ses soins à
Mme Mortier ; je l'ai même vu l'embrasser, ajoute le témoin. J'ajouterai, dit-il en terminant, que toutes les fois que M. le comte éprouvait quelques contrariétés, il se grattait la tête et la poitrine, et
regardait ensuite le dedans de ses ongles.

Viennent maintenant des témoignages émanés de plusieurs personnes attachées à la légion étrangère organisée en 1831 pour le
Portugal.

La suite, dit Me Paillet, apprendra ce qu'il faut penser de
ces dépositions. Nous avons à faire ici une sorte de revue
rétrospective de cette légion.

M. Garey de Monglave, qui avait alors près de don Pedro le
grade de lieutenant-colonel, est le premier de ces témoins. Il rapporte que Philibert, domestique de M. Mortier, alors chargé d'affaires à Lisbonne, aurait été poursuivi par lui, au milieu de la nuit,
M. Mortier ayant un rasoir à la main. Comme les rues de Lisbonne ne sont pas sûres la nuit, Philibert se serait réfugié chez
un Français, le sieur Brun, établi à Lisbonne comme orfèvre et que
l'on désignait sous le nom du père Lafayette, parce qu'il portait une
cocarde tricolore. Plus de mille personnes, dit M. Garey de Monglave, m'ont parlé de cela comme de choses de notoriété publique.
M. Garey de Monglave dépose encore des emportements de M. Mortier envers des sous-officiers de la légion étrangère qui demandaient
des passeports pour la France. Il termine en disant : « J'ai entendu
dire à la princesse Isabelle qu'elle ne comprenait pas comment la
France, qui renfermait tant d'hommes distingués, avait envoyé en
Portugal un pirate. Ce mot implique pour les Portugais une idée de
terreur et de désolation. »

Je resterai fidèle, dit Me Paillet, à l'engagement que j'ai
pris de n'intercaller aucune réflexion à ces lectures ; mais
on verra s'il est possible d'avoir la main plus malheureuse
dans le choix que l'on a fait des faits signalés par ces témoins.

M. de Ludre, ministre plénipotentiaire à Buénos-Ayres, a connu
M. Mortier en Portugal, en 1834, et lui a trouvé un caractère irrita-
ble ; il l'a vu, ayant près de lui un grand nombre de rasoirs, et
M. Mortier lui a dit que c'était une arme excellente, qu'il en avait

toujours beaucoup ; il lui était même resté de cela une idée vague qu'un jour M. Mortier pourrait bien se suicider à l'aide d'un rasoir, mais sans avoir conservé aucune impression d'un état de démence. En racontant la scène de l'hôtel Chatham, M. de Ludre rappelle que M. Mortier se plaignait avec une sorte de fureur concentrée de la violation de son domicile, de ce qu'il appelait un attentat. Ce n'est que depuis 1839 que M. de Ludre a entendu dire que la raison de M. Mortier paraissait affaiblie. M. de Ludre donne ensuite des renseignements peu favorables sur le sieur Brun ; il ajoute que M. Mortier ne devait pas délivrer les passeports que demandaient les sous-officiers de la légion étrangère, qu'il a toujours protégé les Français en Portugal ; c'est ainsi qu'il a rendu un grand service à MM. de Bourmont fils et à plusieurs autres ; quant au nom de *pirate*, attribué à la princesse Isabelle, ce mot, dit M. de Ludre, ne me paraît croyable ni de la princesse ni de tout autre.

M. Artaud de Montor, ancien chargé d'affaires de France dans plusieurs Cours étrangères, a toujours considéré M. Mortier comme un bon camarade, comme un homme de bonne compagnie ; il ignore la scène dans laquelle M. Mortier aurait, dit-on, à Rome, arraché une guirlande de la tête d'une dame. « J'étais, dit M. Artaud, chargé de la police de l'ambassade, et je n'ai rien appris concernant M. Mortier qui méritât mon attention ou celle de l'ambassadeur. »

En déclarant que M. Mortier avait la tête affaiblie, qu'il commettait des violences de paroles, qu'il avait même frappé un jour son enfant à Dieppe, qu'il refusait de manger d'une omelette accommodée au persil, disant que cela l'empoisonnerait, M. Forbach, professeur et répétiteur de l'enfant, déclare qu'il a été fort étonné, en apprenant l'événement de l'hôtel Chatham, d'apprendre que la folie de M. Mortier, si folie il y a, se fût manifestée contre les enfants, objet de la vive affection de leur père.

Après plusieurs dépositions de domestiques qui, en racontant des actes de colère de M. Mortier, expriment souvent que la cause de ces actes tenait à la sollicitude du père pour ses enfants, l'enquête parvient à la déposition de M. le duc de Trévise, cousin-germain de M. Mortier, qui ne se rappelle point s'il a exprimé une opinion sur l'état mental de ce dernier. Interpellé par M. Mortier, qui prend part personnellement à l'enquête, sur le point de savoir si M. Mitivié n'aurait pas dit à M. le duc de Trévise, quelques jours après l'évènement de l'hôtel Chatham, que l'on avait agi avec trop de précipitation, M. le duc répond affirmativement.

Ici, continue M⁰ Paillet, se place un épisode important ; il restait à entendre, à Paris, quatre témoins, savoir : M. le chancelier Pasquier, M. Delessert, préfet de police, Mme de Boignes, et M. le docteur Sichel, dont la position sociale rendait les dépositions importantes. Nos adversaires demandaient que ces personnes fussent entendues hors la présence de M. Mortier ; celui-ci, qui avait usé du droit d'assister à l'enquête pendant douze ou quinze séances, et qui n'avait manqué à aucune convenance, persistait à vouloir être présent ; ce fut l'objet d'un incident, sur lequel le Tribunal a statué par jugement du 16 février 1848.

Ce jugement est motivé sur le droit d'appréciation appartenant au Tribunal quant à l'utilité de la présence des parties à l'enquête. Il y aurait des inconvénients, dit le jugement, à ce que M. Mortier fût présent à l'audition du docteur Sichel, en raison des anciennes relations, et à l'audition des dignitaires dont la déposition devait être reçue dans des formes spéciales.

C'est en conséquence de ces raisons que le Tribunal a rejeté la demande de M. Mortier, le tout pour des bienséances particulières qu'il avait jusque-là su si sagement respecter. L'exécution provisoire de ce jugement était ordonnée ; elle a eu lieu en effet.

M⁰ Paillet donne ici lecture des dépositions faites nonobstant la protestation de M. Mortier. Elles se réfèrent essentiellement, surtout de la part de M. Pasquier, M. Delessert et Mme de Boignes, au récit du 7 novembre ; voici quelques extraits de ces dépositions :

M. Pasquier : Je n'ai pas connu M Mortier avant 1830. Je lui ai trouvé de l'esprit, des manières agréables ; je ne fus point étonné du chemin qu'il avait fait dans sa carrière. Lors de l'attentat Fieschi, et quand son oncle, le duc de Trévise, tomba à côté du roi sous les coups du misérable, le roi, comme cela était naturel, fut ému d'un grand intérêt pour toute la famille du maréchal ; il regretta que son fils ne fût point encore en âge d'être admis dans la chambre des pairs ; alors la pensée me vint que cette faveur pourrait être accordée à son neveu, M. le comte Mortier. Les paroles que je prononçai à cet égard ne furent pas inutiles...

Ici le témoin place le récit d'une grande colère de M. Mortier contre un huissier de la chambre, qui ne lui avait pas remis une lettre apportée pour lui, et de l'intervention de lui, témoin, qui trouva dans cette scène la preuve d'un détestable caractère chez M. Mortier.

......La fortune continuait à le favoriser, et cela n'est pas si étonnant qu'on pourrait le supposer, parce que sa conversation sur les affaires diplomatiques dont il était chargé était toujours fort satisfaisante ; j'aime à le reconnaître encore une fois.

Quelle était la cause de son aversion contre M. d'André, son premier secrétaire d'ambassade à Turin ?... Le croyait-il trop bien vu de sa femme ? Cela était inadmissible ; M. d'André venait de se marier avec une jeune femme, et il vivait avec elle dans la plus douce intimité.

Après le récit de la scène du 7 novembre à l'hôtel Chatham, M. Pasquier dit :

......Je n'ai jamais vu un aspect plus effrayant que celui qui s'offrit à mes yeux, lorsque, placés sur le seuil de la porte, nous le vîmes, sa robe de chambre et sa chemise ouvertes jusqu'à la ceinture, le cou nu, les yeux enflammés, et tel qu'il serait impossible de le peindre, et tenant à sa main droite un rasoir ouvert qu'il ne tarda pas à brandir au-devant de lui pour empêcher qu'on n'approchât.

Mme de Boignes : Je connais M. le comte Mortier depuis trente ans ; il a commencé sa carrière dans le cabinet de mon père, qui était ambassadeur à Londres. Je savais par le bruit public que son caractère était violent ; mais il a toujours témoigné vis-à-vis de nous de la douceur et de la déférence... M. Mortier me parlait sans cesse de sa femme avec une tendresse enthousiaste et comme d'un ange descendu du ciel pour son bonheur. Quand elle était malade, il avait l'air d'en perdre la tête, jamais Mme Mortier ne m'a dit un mot de plainte contre son mari.

(Suit le récit des visites successives et séparées de M. et de Mme Mortier à Mme de Boignes, avec articulation de leurs griefs réciproques).

Il se plaignait que sa femme lui eût fait faire de l'eau d'orge dans une casserole de fer, de ce qu'elle avait fait mettre à son lit une couverture trop courte, etc.

...Il ajoutait que sa femme livrerait sa fille à ses amants; que c'était pour cela qu'il ne voulait pas la lui laisser. Plusieurs fois il s'écria : « L'échafaud est là ; j'y monterai s'il le faut, mais elle

n'aura pas sa fille. » Alors son regard était sinistre et menaçant... Il
s'étonnait que sa femme, lors de sa dernière maladie, n'eût pas
appelé le prêtre le plus voisin, et que son confesseur, l'abbé Dupan-
loup, eût demandé à rester seul avec elle, ajoutant que dans cette
occasion il avait eu soin de laisser la porte ouverte. Il avouait que
sa femme l'avait bien soigné à Bruges, mais qu'elle avait voulu le
faire mourir ou se faire chasser, aussitôt que le Théâtre-Italien
s'était ouvert à Paris, où elle voulait venir entendre *son cher
Mario...*

...J'appris avec une grande consternation (après l'événement du
7 novembre), que la famille de ce pauvre Hector cherchait à lui
enlever l'excuse de la folie. Je ne puis la suivre dans cette voie,
car il serait à mes yeux le dernier des hommes, s'il n'en était le
plus insensé...

M. le docteur Sichel termine sa déposition en faisant remarquer
qu'un changement profond s'est manifesté dans les affections et
dans les sentiments de M. Mortier à l'égard de sa femme, pour
laquelle il avait toujours témoigné la plus grande tendresse.... Ses
sentiments, ajoute-t-il, sont aujourd'hui offusqués par son état mental, ainsi que le prouvent ses accusations contre sa femme et sa profonde indifférence pour moi, tant comme médecin que comme ami.
Ce que j'ai dit sur la maladie de M. Mortier explique suffisamment
le désir que j'ai exprimé de ne point déposer en sa présence, dans
la crainte d'aggraver son état. »

Je passe immédiatement, dit M⁰ Paillet, à la lecture de la
contre-enquête.

Les dépositions de plusieurs domestiques, notamment de quelques employés à l'Hôtel Royal à Dieppe, du répétiteur de l'enfant, de plusieurs fournisseurs, ont pour résultat d'établir que
M. Mortier était rempli d'affection et d'attention pour sa femme et
pour ses enfants, qu'il n'avait donné aucun signe de démence avant
l'événement du 7 novembre, qu'un témoin de l'enquête, la femme
de chambre, dont la déposition est contraire à M. Mortier, avait
été par lui chassée pour vol.

Les employés de l'hôtel Chatham ont vu, le 7 novembre au matin,
M. Mortier parfaitement calme, comme à l'ordinaire; il avait dé-
jeuné à l'heure d'usage; le tailleur Decoster a rendu le même
témoignage sur le calme de M. Mortier. « Lorsque j'ai appris l'é-

vénement, a-t-il dit depuis, il m'a semblé qu'il me tombait une tuile sur la tête, et, lorsqu'on a ajouté qu'il voulait tuer ses enfants, je me suis écrié que c'était impossible, qu'il les aimait trop pour cela. »

M. Michelet, banquier, a reçu chez lui M. Mortier, à l'occasion d'une conférence qui a eu lieu, au mois d'août 1849, pour les intérêts d'une société de mines de houille où M. Mortier était intéressé : Il a parlé longtemps, dit le témoin, avec beaucoup de lucidité et de raison, comme un homme d'affaires et d'expérience. »

M. le docteur Cloquet, qui connaissait le caractère nerveux et irritable de M. Mortier, n'en a jamais conclu que ce dernier fût atteint d'aliénation mentale ; il l'a vu rempli d'attention pour Mme Mortier, et n'a jamais ouï parler de violences de la part de M. Mortier.

M. le général Gourgaud : Je connais M. Mortier depuis 1830. Mon respect pour le maréchal, son oncle, l'intérêt que je portais à son frère, qui a servi sous mes ordres en qualité d'officier d'artillerie, avaient établi entre nous des relations amicales. M. Mortier m'a toujours paru un homme aimable, spirituel, dévoué à ses devoirs, ayant des sentiments élevés ; c'était l'opinion générale de nos collègues à la Chambre des pairs. Il était particulièrement aimé de la famille royale et de Mme Adélaïde. L'événement de l'hôtel Chatham m'a surpris au dernier point, car jamais je n'avais entendu attribuer à M. Mortier aucun acte de violence, ni aucun signe de dérangement d'esprit.

Même témoignage de M. Lemarrois sur la convenance et la dignité avec laquelle M. Mortier a toujours rempli ses fonctions ; M. Lemarrois n'a jamais entendu parler du dérangement d'esprit de M. Mortier.

L'enquête reçoit à cet égard des démentis des dépositions émanées de M. Billecoq, chef de bureau au ministère des affaires étrangères ; de M. Frignet Despréaux, chef de bureau aux finances, cousin-germain de M. Mortier ; de MM. Pontois, ex-ambassadeur ; Greffeuillhe, propriétaire ; Fulchiron, propriétaire ; Desmousseaux de Givré, ancien député ; Desguerrois de Mauroy, propriétaire ; Billecocq, agent et consul général ; Gallois de Naives, cousin-germain par alliance de M. Mortier.

Terminons par la citation de deux dépositions :

M. de Broglie (Léonce), a dit :

J'ai connu M. Mortier en 1832, au moment où je suis entré au ministère des affaires étrangères. Depuis cette époque, j'ai entretrenu avec lui de nombreuses et fréquentes relations. Je dois rendre justice au zèle et à l'intelligence avec lesquels il a toujours servi l'Etat. Dans mes relations personnelles avec lui, j'ai toujours eu lieu de m'en louer. A ma connaissance, il n'a jamais donné aucun symptôme d'aliénation mentale. Pendant mon séjour en Suisse, je n'ai jamais entendu dire qu'il ait donné aucun symptôme de trouble dans l'intelligence. Je me rappelle distinctement l'incident d'une lettre qui lui causa une assez vive irritation dans le sein de la Chambre des pairs ; je ne me souviens point qu'il m'ait communiqué une lettre qu'il avait dessein d'écrire à M. le duc Decazes à ce sujet...

D. N'est-ce pas à l'énergie particulière du caractère de M. Mortier qu'il faut attribuer la reconnaissance par le roi de Prusse du Gouvernement de 1830 ? — R. Je crois qu'il y a beaucoup contribué, et je sais qu'il s'est fort bien conduit en cette occasion.

M. Thiers a déposé en ces termes :

J'ai eu l'honneur de connaître M. Mortier en 1830. Il a été employé sous mes ordres en 1836 et 1840. Je l'ai toujours considéré comme un homme de mérite et de caractère ; il en a fait preuve dans plusieurs circonstances. Aucun de ses actes ne m'a jamais donné à penser qu'il n'eût pas la complète puissance de sa raison. En 1833 ou 1834, j'ai rencontré M. et Mme Mortier à Berne et à Lucerne, ils m'ont paru parfaitement unis ; l'un et l'autre étaient honorés de tout le monde en Suisse. Depuis les derniers événements de l'hôtel Chatham, j'ai entendu parler de différents bruits qui ont rempli les salons de Paris ; j'y ai donné peu d'attention, il me serait impossible de les préciser, et ils portaient sur des faits dont aucun n'était à ma connaissance personnelle. Si les journaux étrangers, notamment les journaux suisses, avaient rapporté des actes de folie de M. Mortier, il me semble difficile de croire que le gouvernement n'en aurait pas été instruit. J'ai été extrêmement frappé des reproches adressés à la conduite de Mme Mortier, car je l'avais vue constamment l'objet d'un véritable respect, et je n'ai jamais entendu dire sur elle un seul mot équivoque. Depuis mon voyage de Suisse, j'ai revu quelquefois M. Mortier à Paris ; dans ces visites, qui remontent à deux ans au moins, je n'ai rien remarqué chez lui qui fût de nature à modifier l'opinion que j'ai émise en commençant.

D. A la réquisition de M. Mortier : — A quelle nuance d'opinion politique M. Mortier appartenait-il? — R. Il est difficile de discerner une opinion politique chez les agents diplomatiques, auxquels leur situation impose nécessairement une grande réserve (Sourires dans l'auditoire). Cependant en Hollande et en Suisse, M. Mortier avait pris une attitude plus ferme que celle de beaucoup d'autres agents; il m'avait inspiré ainsi un véritable intérêt. Les faits qui m'ont été rapportés plus tard sur la conduite de la légation française à Turin contrastaient avec la conduite précédente de M. Mortier; je n'entends pas dire que ces bruits fussent fondés, et j'attribuais à des instructions positives la conduite qu'on prêtait à M. Mortier. Dans les conversations que nous avions eues ensemble, son opinion paraissait se rapprocher de celle que je professe moi-même.

A l'audience du 22 janvier, M⁰ Paillet termina ainsi ses précédentes explications :

MESSIEURS,

Il me tarde beaucoup d'aborder enfin la discussion de cette cause. C'est une impatience que sans doute vous partagez vous-mêmes, car déjà deux audiences presque tout entières ont été consacrées à des lectures qui auraient épuisé votre attention, si elle n'était soutenue par l'amour de la justice et le sentiment du devoir. Aujourd'hui cependant il faudrait recommencer : ce serait le tour de l'enquête de Berne. Je crois pouvoir vous épargner cette nouvelle fatigue ; non pas seulement parce qu'il s'agit d'une enquête d'un intérêt secondaire, qui d'ailleurs n'a été et n'a pu être ni surveillée ni contredite, mais surtout parce qu'en mon âme et conscience, je crois que tous les éléments essentiels du procès vous sont suffisamment connus.

En effet, l'enquête de Berne avait pour mission d'établir qu'en 1843, à la table du Nonce, M. Mortier avait été atteint d'une congestion cérébrale qui avait jeté quelque désordre temporaire dans sa santé, dans ses habitudes, dans ses idées. Or, déjà l'enquête de Paris nous a donné à cet égard des détails plus ou moins fidèles, plus ou moins exacts, que reproduirait, sans utilité véritable, celle de Berne, en y ajoutant seulement ses allures plus lentes et

la gravité tout helvétique de ses formes. C'est une audience
de moins qu'il vous en coûtera : autant de gagné pour tant
d'autres travaux qui se disputent vos précieux moments.

J'espère, d'ailleurs, que mon adversaire me pardonnera
d'en user un peu cavalièrement avec son enquête de Berne,
en se souvenant que j'ai déjà jeté à la mer une partie de mon
propre bagage, pour abréger la lecture de la contre-enquête
de Paris. Et, après tout, libre à lui de restituer ce document
au débat, s'il y attache une importance qui, à mes yeux, ne
serait nullement justifiée.

La Cour est saisie de deux appels que j'examinerai successivement. Voici d'abord ce qui concerne le premier de ces
appels.

Lorsque la cause, après les enquêtes, a été enrichie de
tous les documents qu'elle comportait, M. Mortier a dit :
« Je voudrais plaider ma cause moi-même. » La loi, la raison et ses conseils répondaient qu'il en avait le droit. C'est
un résultat inverse qui a été proclamé par le jugement du
16 juillet, en déclarant que M. Mortier ne serait pas entendu
en personne. Nous avons interjeté appel de ce jugement, et,
dans l'ordre logique et chronologique, cet appel est le premier objet de mes observations.

Les premiers juges se sont fondés sur le pouvoir discrétionnaire qui leur appartient, sur l'article 85 du Code de
procédure, suivant lequel la parole n'est accordée aux plai-
deurs que lorsqu'ils peuvent en user avec expérience suffisante et sans passion. Sans doute le pouvoir des juges est
discrétionnaire en cette matière ; mais ils doivent en user
avec circonspection, et seulement dans l'intérêt manifeste
du plaideur ; hors de là, il y a atteinte au droit de défense,
droit sacré dans son principe et dans le mode de son exercice ; or, dans le champ si vaste des contestations humaines,
il n'est pas de matière où la présence du plaideur ne soit
plus nécessaire que dans les demandes en interdiction.

« C'est ici mon premier procès, me disait M. Mortier, mais j'ai assez de cette raison que l'on me conteste pour me persuader que je suis la meilleure, sinon la seule pièce du dossier. »

Cela est vrai, en tout temps, en tout pays : sur ce point, je rappellerai, sans toutefois établir de parallèles, car M. Mortier n'eût pas fait l'*Œdipe à Colonne*, le procès intenté à Sophocle par ses enfants, qui voulaient aussi lui rendre le service de le faire interdire. Les docteurs athéniens furent-ils consultés? On sait seulement, et avec certitude, que Sophocle fut entendu, et qu'il fut maintenu en possession de sa liberté et de sa raison, et que ses enfants furent bafoués et sifflés au sortir de l'aréopage. Devant le Tribunal le dénoûment eût-il été le même? On devait au moins, par similitude de raisons, admettre la défense que voulait présenter personnellement M. Mortier.

Les premiers juges, après cette application malheureuse du pouvoir discrétionnaire, ont dit encore que le rapport des médecins constatait que l'état de M. Mortier ne permettait pas de l'admettre à cette défense orale, et ce rapport, daté du mois de janvier 1848, est séparé par sept longs mois de la date de cette décision. Qu'ont dit au surplus les médecins? A leurs yeux, il y avait chez M. Mortier aliénation mentale partielle, et c'eût été un avocat dangereux. Mais pouvait-on craindre que M. Mortier, amené par le cortège fort peu honorifique dont on l'avait entouré pour son interrogatoire, manquât aux convenances et se précipitât sur ses juges? Après avoir donné la mesure de sa patience dans quinze séances mortelles, en face de sa femme, de ses enfants et du ministère public, de témoins hostiles, pouvait-on penser que, s'étant montré constamment galant homme, il viendrait à oublier le respect dû à la justice, lui qui ne s'était jamais compromis par un geste, par un mot, par un regard?

C'est sous la protection de tels antécédents judiciaires que M. Mortier plaçait sa demande, afin d'être entendu en per-

sonne. On rejette cette demande aux termes d'un rapport
antérieur aux enquêtes, d'un rapport où les médecins font
à M. Mortier un reproche, tantôt de son exaltation, tantôt de
son calme; ces messieurs sont difficiles, il faut en convenir;
mais ils recevront plus tard pleine satisfaction dans une discussion spéciale.

Ce qui devait déterminer les premiers juges à saisir comme
une bonne fortune l'offre que faisait M. Mortier, c'est que
trois hommes très-compétents avaient établi qu'il était fort
en état de plaider sa cause lui-même. En effet, voici, à cet
égard, trois lettres parfaitement démonstratives :

1° Lettre de M. Foville à M° de Bénazé, avoué.

« Monsieur,

« Je n'ai jamais exprimé l'opinion que M. Mortier fût hors d'état
de parler devant la justice.

« Je n'ai pas remarqué dans l'état de M. Mortier de changement
qui puisse l'empêcher de se faire entendre devant le Tribunal pour
présenter sa défense. Je suis convaincu qu'en présence du Tribunal, M. Mortier ne serait pas moins capable d'exposer ses idées,
aujourd'hui, qu'il ne l'était lors de l'interrogatoire qu'il a subi, et
dans toutes les séances d'enquête auxquelles il a été convoqué.

« Telles sont, Monsieur, les réponses que je dois faire et que je
m'empresse de vous adresser, par rapport à l'objet mentionné dans
votre lettre du 11 courant.

« Veuillez agréer, etc.

                                        « Signé A. FOVILLE. »
Ce 12 août.

2° Lettre de M. Lisle, médecin de l'établissement
où était M. Mortier.

« Monsieur,

« Comme j'ai déjà eu l'honneur de vous le dire plusieurs fois, je
n'ai jamais rien remarqué dans l'état de M. Mortier, depuis son
entrée dans l'établissement de M. Delamarche, qui soit de nature
à l'empêcher, devant le Tribunal, de présenter lui-même sa défense.

« Comme mon honorable confrère, M. le docteur Foville, je suis
convaincu qu'en présence du Tribunal, M. Mortier ne serait pas

I   30

moins capable d'exposer ses idées, aujourd'hui, qu'il ne l'était lors de l'interrogatoire qu'il a subi, et de toutes les séances auxquelles il a été convoqué.

« Si vous pensez que cette déclaration puisse vous être de quelque utilité pour la défense de M. Mortier, je vous autorise à en faire tel usage qu'il vous conviendra.

« Je vous prie d'agréer, etc.

Signé E. LISLE.

« Paris, le 12 août. »

3° Lettre de M. Orfila à Mᵉ de Bénazé.

« Monsieur,

« Par votre lettre en date de ce jour, vous me faites l'honneur de me demander si je pense que M. le comte Mortier est en état de présenter sa défense devant le Tribunal. Ma réponse ne peut être qu'affirmative, parce que, depuis cinq mois, je me suis souvent entretenu avec le comte Mortier, et que je l'ai constamment trouvé fort apte à discuter ses affaires personnelles aussi bien que celles qui étaient étrangères à sa position actuelle.

« Recevez, etc.

« Signé ORFILA.

« Passy, ce 15 août 1848. »

Disons donc que ce premier jugement, qui est un enseignement dans la cause, est intervenu au milieu de cette prévention, que d'Aguesseau appelle le *crime de la vertu*. Notre appel est donc justifié ; le jugement doit être réformé.

Mais que ferais-je de ce triomphe ? Je dois examiner quelle en sera la conséquence. Ce serait notre renvoi devant le Tribunal, composé d'autres juges que ceux qui ont statué, c'est-à-dire un circuit qu'il importe d'éviter. Peut-être y aurait-il un tempérament, une composition possible. Le désir le plus vif de M. Mortier, son besoin le plus pressant, est de se trouver en contact personnel avec ses juges. Lui ferez-vous la grâce, lui concéderez-vous le droit de paraître, soit à votre barre, soit à votre chambre du conseil ? Ce serait éminemment équitable, et je ne saurais mieux faire que de m'en rapporter à ce qui vous paraît le plus convenable.

Je passe au deuxième appel.

Ici encore se placent des questions de procédure que je ne puis vous épargner. Des deux jugements qui font l'objet de cet appel, le premier, du 21 juillet 1848, est par défaut; il a prononcé l'interdiction ; le second, du 16 août 1848, a débouté M. Mortier de son opposition. Nous proposons à l'appui de notre appel trois griefs de nature différente.

D'abord, ces jugements sont radicalement nuls comme ayant été rendus au mépris du premier appel interjeté sur le grief relatif à la défense personnelle. Une autre nullité curieuse et vraiment nouvelle résulte de ce que l'interdiction prononcée n'avait été demandée ni par Mme Mortier, ni (du moins régulièrement) par le ministère public. En fait, nous disons que si les premiers juges avaient pu statuer en cet état sur la question d'interdiction, ils auraient dû la résoudre différemment.

Quant à la première nullité, j'ai à peine besoin de rappeler ici ce qu'on apprend dans la première année du cours de droit, que l'appel est suspensif en matière civile ; la juridiction des Cours d'appel et de la Cour de cassation est justement jalouse et ombrageuse à cet égard. Peu importe qu'on vienne dire qu'il existait des causes de nullité, des fins de non-recevoir, ou d'autres exceptions : l'appel est là, il est suspensif; tel est le principe. Dans l'espèce, y avait-il question plus préjudicielle que celle de savoir si M. Mortier serait admis à se défendre en personne ou par un avocat? C'est en présence de cette question que les premiers juges ont passé outre ; ils ont traité notre appel comme s'il n'existait pas. Il s'agit ici, Messieurs, encore plus de votre juridiction que de notre procès. Dépendait-il des premiers juges de dire : « Nous n'aurons pas égard à cet appel qui a la prétention de nous tenir en échec, et nous passons outre ? » J'ai le droit de dénoncer cette infraction au principe, et d'arguer de nullité radicale les jugements des 21 juillet et 16 août.

D'un autre côté, je dis que ces jugements ont prononcé sans qu'il y eût demande en interdiction. Deux parties pouvaient former cette demande : Mme Mortier et le ministère public. En fait, Mme Mortier était-elle demanderesse à fin d'interdiction ? Le 10 novembre 1847, elle se borne à demander par ses conclusions l'interrogatoire de M. Mortier et l'avis du conseil de famille : intervient un jugement conforme. L'avis du conseil de famille est unanime contre l'interdiction : Mme Mortier s'arrête. M. Mortier prend l'initiative et demande son interrogatoire : cette formalité s'accomplit.

Le 27 novembre 1847, Mme Mortier forme sa demande en séparation de corps, et présente comme faits justificatifs de cette demande ceux qu'elle avait déjà articulés dans ses premières conclusions. Il y avait si peu demande en interdiction de sa part que, le 25 décembre, le ministère public déclare qu'il prend l'affaire pour son compte, et conclut à l'interdiction. Mme Mortier s'en était bien défendue ; elle apercevait trop bien la contradiction qu'il y aurait à poser comme faits d'interdiction, c'est-à-dire comme faits de folie, des faits de séparation, c'est-à-dire des faits de sévices volontaires imputés à son mari. Ses conclusions du 1er décembre, les qualités du jugement du 15 décembre, font foi de son silence sur ce point. Les enquêtes ont lieu ; Mme Mortier conclut à de simples mesures provisoires : l'administration de sa fortune et de celle des enfants. Et, pour le dire en passant, cette administration lui a été si bien accordée que, depuis le 27 novembre 1847, M. Mortier a vécu comme il a pu d'une sorte de pension de 1,500 francs par mois que lui donnait sa bonne mère ; que sont devenus les revenus, lorsque tout était donné à l'un, et rien à l'autre ? Je ne puis le dire. Mais enfin, il n'y a jamais eu de demande en interdiction formée par Mme Mortier.

Que répond à cette objection le jugement du 16 août ? Que l'existence de la demande en interdiction a été suffisamment

constatée par le tribunal dans son jugement du 15 décembre,
jugement non attaqué par nous. Mais ce jugement du 15 décembre ne faisait qu'ordonner les enquêtes : après son exécution, les parties devaient prendre des conclusions nouvelles. M. Mortier a demandé, en effet, par des conclusions
formelles, sa mise en liberté ; Mme Mortier, elle, n'a pas plus
demandé alors l'interdiction qu'elle ne l'avait fait avant le
jugement du 15 décembre. Je ne ferai pas sur ces moyens
de procédure étalage d'érudition ; mais je dirai que Merlin,
que la jurisprudence de la Cour de cassation me viennent
en aide sur ces nécessités de procédure.

L'organe du ministère public l'a bien compris ainsi, car,
en l'absence d'une demande de Mme Mortier, il a déclaré qu'il
se constituait demandeur. Assurément je reconnais au ministère public le droit d'agir quand il s'agit d'une démence
furieuse ; cependant, lorsque, par suite de cette exception,
son droit ordinaire de réquisition est converti en droit d'action, il est tenu d'agir par voie de procédure ordinaire, d'assigner par ministère d'huissier, aussi bien que Paul quand
il assigne Jacques. Si le ministère public, ceci soit dit
exempli gratiâ, me fait l'honneur de me mettre en fureur
et de demander mon interdiction, je voudrai qu'il procède
comme un simple particulier.

Chose inouïe ! et qu'on n'aura vue que dans le seul procès
Mortier ! Ce dernier absent, et sur la demande faite à la
barre, par voie d'action orale, par le ministère public, sans
nulle signification préalable, on fait droit à cette demande
par le jugement du 21 juillet ! Et quand M. Mortier se présente par opposition à ce jugement, à qui a-t-il affaire ? A sa
femme ? non ; elle n'est pas demanderesse ; au ministère public ? Non encore, car nulle notification n'a été faite. Le Tribunal se borne à répondre qu'il est saisi par l'appréciation
qu'il a déjà faite dans le jugement du 15 décembre. Je ne
reviens pas à cet argument que j'ai déjà réfuté.

Cependant, ceci est fort grave, car si vous décidez qu'on
a pu, en l'absence de demande régulière, prononcer l'interdiction, il n'y a lieu ni à renvoi devant les premiers ju-

ges, ni à évocation ; afin de vous soumettre la cause complétement, nous avons demandé la permission d'assigner
devant la Cour M. le procureur général ; mais, par une de
ces vicissitudes que la politique amène de nos jours, nous
avons dû adresser notre signification au magistrat que nous
devions considérer comme notre contradicteur légal, et qui
est celui-là même qui nous avait, en première instance,
prêté l'appui de sa parole et de son talent.

Mais allons plus loin. Supposons que des demandes régulières vous soient soumises, voyons ! tâchons de démêler la
vérité au milieu des éléments multiples enfantés par la procédure, et voyons si M. Mortier est dans cet état mental qui
peut justifier une mesure irrémédiable à laquelle il devrait
la perte de tous ses droits.

L'interdiction serait fondée sur des faits antérieurs au
grand événement de l'hôtel Chatham du 7 novembre 1847, et
sur des faits ultérieurs ; je m'en prendrai successivement à
ces divers faits.

Je commence par écarter le document qu'on a appelé une
enquête administrative sur l'état de M. Mortier, enquête dont
je n'ai parlé que pour mémoire, et qui doit tomber en présence des enquêtes judiciaires.

Quant aux faits antérieurs au 7 novembre, il n'entre pas
dans ma pensée de prendre une à une les dispositions des
enquêtes, et de proclamer que tel fait est exagéré, qu'on nous
a surfait sur tel autre, discussion trop peu digne de la Cour ;
seulement, je dirai que les enquêtes ont eu lieu dans des
conditions défavorables pour M. Mortier. Sans parler de celles faites à Berne et à Lucerne, et auxquelles M. Mortier,
privé de sa liberté, n'a pu se présenter.

On était, lors des enquêtes de Paris, sous l'impression du
fait du 7 novembre, et beaucoup de témoins ont eu la candeur de croire qu'ils rendaient service à M. Mortier en le
faisant interdire et en accusant sa raison. Cette observation
s'applique aux enquêtes, aux rapports des médecins, et,

je le dirai avec tout le respect possible, aux jugements,
qui laissent apercevoir la prévention qui a envahi la conscience ordinairement inaccessible des magistrats. C'est
ainsi que M. Mortier n'a pas été autorisé à se défendre personnellement, et qu'il lui a été interdit d'assister aux quatre dépositions les plus importantes. Etait-ce pour le punir
de sa convenance et de sa déférence pendant douze ou
quinze séances consécutives ? Cette prévention était d'autant
plus simple qu'elle se cachait sous l'intérêt qu'inspirait
M. Mortier. Aujourd'hui je ne craindrais pas de faire appel
à ces témoins, et de leur demander le secret qui a inspiré
leurs dépositions.

Quant au personnel des enquêtes, vous y avez vu figurer
une collection de domestiques congédiés, et plusieurs personnes ayant fait partie de cette légion étrangère qui servait
en Portugal — fort étrangère en effet à la famille Mortier.

Qu'opposons nous aux faits articulés ? La contre-enquête
de Paris, de laquelle j'ai retranché bien des dépositions.
M. Mortier y est présenté sous des couleurs vraies : caractère
vif, impatient, mal maîtrisé par son éducation, caractère
d'enfant gâté, mais cœur excellent et intelligence sur l'intégrité de laquelle ne s'éleva jamais un doute.

Y aurait-il des documents judiciaires et non suspects à
l'appui de l'accusation portée contre sa raison ? Non ; nous
avons ici une félicité providentielle, et la voici : mon client,
pendant trente-trois ans, a vécu au grand jour ; depuis plusieurs années, il était ambassadeur de France ; ce sont ces
années qu'il s'agit d'explorer rétrospectivement. A cet égard,
qu'il nous soit permis d'interroger nos adversaires.

A les entendre, en 1847, la raison de M. Mortier était attaquée. Ils nous ont menacés d'enquêtes à Bruges, à Turin,
que sais-je ? d'enquêtes cosmopolites, qu'ils n'ont pas faites.
Chargé des fonctions les plus difficiles dans des circonstances délicates — et nous en avons traversé beaucoup depuis
trente ans, — M. Mortier établirait, avec la notoriété, avec les

archives du ministre des affaires étrangères, qu'il s'est tiré
à merveille des circonstances graves auxquelles il a été
mêlé. Voilà cependant un homme extravagant qui, à Berne,
s'est récrié sur ce qu'un moine était dans sa voiture, etc.
Je demande à mes adversaires, ceux à qui nul secours n'a
été refusé dans ce procès, si, dans les correspondances diplomatiques, dans les notes tenues au ministère, et à une
époque quelconque, avant novembre 1847, sa raison a été
tenue pour suspecte par qui que ce soit. Vous, Messieurs,
devant qui nulle porte ne se ferme, nulle serrure ne se refuse, vous pouvez demander, nous y consentons, quelles
traces sont restées sur les antécédents de M. Mortier dans
les correspondances de ses collègues ou de ses supérieurs :
vous apprendrez qu'il a toujours rencontré le succès et l'estime de tous.

A cet égard, permettez-moi de revenir sur une anecdote
dont le récit est d'autant plus excusable que je l'emprunte
aux témoignages de la légion étrangère dont je parlais tout à
l'heure. Un témoin, qui se pose avec le titre de colonel, vient
affirmer qu'il a entendu la reine de Portugal qualifier M. Mortier de *pirate*, et les colonels de ce genre doivent se connaître
en pirates et en pirateries. Qu'est-il arrivé cependant ? Lorsque M. Mortier a quitté le Portugal, où il était notre ambassadeur, ce fut, je le dis sans exagération, un véritable deuil
dans le pays ; la reine lui fit écrire par M. le marquis de
Loulé, ministre des affaires étrangères, une de ces lettres
comme on n'en écrit pas même à un ambassadeur, surtout
quand on l'a qualifié de pirate. Cette lettre portait témoignage de l'extrême modération, de l'habileté de M. Mortier
et des services éminents qu'il avait rendus à la reine. De
plus, en 1846, onze ans plus tard, la reine a fait remettre à
M. Mortier la croix de l'ordre du Christ, et avant lui, il n'y
avait eu en France que M. de Châteaubriand qui eût été
décoré de cet ordre, quand il était ministre des affaires étrangères.

Tout cela tient au procès, pour la moralité de l'enquête, et
afin de satisfaire à un intérêt immense pour M. Mortier, celui

d'être vu sous son vrai jour, et d'établir que, partout où il
a exercé des fonctions, il a passé pour un diplomate modèle
par sa conduite, par sa modération, par les services qu'il
rendait à notre pays et aux puissances près desquelles il
était appelé à résider.

Messieurs, je regrette vraiment ici que M. Mortier ne présente pas sa défense lui-même. Lorsqu'il s'explique par écrit
sur les faits antérieurs au 7 novembre, il dit : — Je ne crois
pas possible que la Cour d'appel déclare que j'étais fou avant
cette époque du 7 novembre ; autrement il y aurait un sous-
entendu dans l'arrêt, à savoir : que la Cour déclarerait que,
pendant plusieurs années, la France a été représentée à
l'étranger par un fou. Ce serait un fait contre lequel la partie adverse viendrait se heurter. Le fait n'est pas vrai. Il
faudrait mettre en cause le ministre des affaires étrangères,
pour avoir conservé dans les rangs de notre diplomatie
un homme qu'il aurait dû envoyer à Charenton !

Donc, en dehors des enquêtes, rien sur les faits antérieurs
au 7 novembre ; et, dans les enquêtes, tout proteste contre
l'accusation de démence.

Cependant, allons plus loin encore : Mme Mortier a le bonheur de posséder son père, M. Cordier, avec lequel elle n'a
pas manqué, dans sa correspondance, de se livrer aux confidences et aux épanchements les plus légitimes. Or, je dis
aux adversaires : c'était un fait bien grave, si M. Mortier était
fou dès avant le mois de novembre. A quelle époque et dans
quelles lettres Mme Mortier aurait-elle fait part à son père de
ce fâcheux état ? Cet appel, Messieurs, ne sera pas entendu,
ce défi ne sera pas relevé. Il n'y a rien dans cette correspondance qui accuse la raison de M. Mortier. Mais n'est-il pas
des actes qui parlent plus haut encore ?

Dans la première partie du récit des faits, je vous ai dit
qu'à la fin d'octobre 1849, Mme Mortier avait quitté son mari
à Bruges, en lui écrivant les adieux que vous savez, et que,
toute occupée de sa séparation, elle était venue à Paris sans

permission — je ne lui en fais pas un reproche, — et avait
fait choix de deux ambassadeurs, qu'on me passe le mot,
puisqu'il s'agit de diplomatie. Le général de Rumigny, ami
fort intime, s'était acquitté de la commission ; mais, comme
tous les ambassadeurs ne réussissent pas, il se brisa contre
un parti pris par M. Mortier, qui ne voulait entendre parler
de séparation ni amiable ni judiciaire. M. Rumigny était
même porteur d'un traité ainsi conçu : « Je m'engage d'honneur à laisser Mme Mortier habiter chez son père ; je conser-
verai l'éducation de mon fils, elle aura l'éducation de sa
fille ; nous serons l'un et l'autre libres de voir nos deux enfants ; je faciliterai à Mme Mortier de toucher ses revenus. »

Eh bien, M. de Rumigny remporta le traité que n'acceptait
pas M. Mortier. Voyons ! c'est ici un procès entre époux, mais
avant tout un procès de bonne foi ; or, vous reconnaissez.
bien que j'ai la plénitude de mon intelligence, quand vous
m'envoyez un représentant et un traité à signer ; ou, si vous
me jugez fou, vous devez me plaindre ; vous devez, sinon
rester près de moi, du moins veiller sur moi, car le mariage,
c'est ce que définit le droit romain *totius vitæ confortium*. On
se doit aussi aux maris qui ont perdu la raison. Il n'y a pas,
voyez-vous, d'habileté qui ne fasse défaut contre un tel argument.

Non-seulement M. de Rumigny a échoué, mais un autre
envoyé, bien choisi ; celui-ci par une sorte de *crescendo*, a
fait une nouvelle démarche, avec le zèle qui est dans son
habitude, mais il a échoué pareillement.

Ce n'est pas tout : vous connaissez la correspondance avec
M. Guizot, avec Mme Adélaïde, les lettres de M. Mortier sur les
points les plus délicats ; et voyez combien la vérité a de puissance ! Dans la requête du 10 novembre 1849, que lit-on ?
que M. Mortier vient d'être atteint d'une aliénation mentale ;
c'est bien dire que cette aliénation ne s'applique qu'au fait du
7 novembre, non aux faits antérieurs. Puis, se familiarisant
avec l'idée de l'interdiction, on s'est dit : — Le fait du 7 novembre serait insuffisant : habillons les faits antérieurs en
faits d'interdiction. — Je ne crains donc pas de dire, et en

m'appuyant surtout du témoignage de la partie adverse, de son silence dans sa correspondance avec son père, que jamais M. Mortier n'a été considéré par elle comme fou, à raison des faits antérieurs au 7 novembre.

Mais tout cela n'est pas le procès : ce n'est que la broderie, l'entourage, la préface d'un ouvrage qui paraîtrait trop nu sans cet entourage ; le procès est dans le fait du 7 novembre.

Je ne veux pas amoindrir ce fait ; je confesse tout ce qu'il a de pénible et de déplorable, mais voyons s'il y a là motif à interdiction, et cet examen je le ferai loyalement, car ici chacun a son fardeau. Si l'adversaire, par le prestige d'une parole à laquelle, je le sais, aucun tour de force n'est impossible, parvenait à faire interdire un homme en pleine possession de ses facultés, il en éprouverait des regrets éternels. Moi-même, si, bien que privé des mêmes avantages, j'obtenais que vous rendissiez à la société un homme dangereux, quels chagrins ne me serai-je pas ménagés ! Vous enfin, messieurs, vous êtes placés sous l'influence de cette double hypothèse. C'est donc un débat fort sérieux pour tout le monde, un débat qui réclame toute votre attention, avantage que vous réservez à toutes les causes et qui doit rester en dehors de la prévention.

Le 7 novembre, M. Mortier a écrit une lettre à jamais regrettable et suivie de circonstances qui ont aussi leur gravité. Dans son interrogatoire on lui a demandé le secret de cette lettre, et, avec tous les ménagements possibles, on lui disait : — Confessez que vous étiez fou, ou donnez-nous le motif de cette lettre où vous menaciez de mort vos enfants et vous-même. — M. Mortier s'est expliqué. — J'ai eu, a-t-il dit, une pensée malheureuse qui se justifie par les circonstances du moment. Les choses entre ma femme et moi en étaient à ce point que je voyais arriver le moment d'une rupture éclatante par une séparation. Depuis trois semaines, ma femme y travaillait avec ardeur ; je voulais la voir une dernière fois, l'amener près de moi à tout prix, j'ai frappé un coup violent ; j'ai voulu l'intimider pour parvenir ensuite à l'éclairer et à la convaincre, pour parvenir à son cœur. Sans doute, le moyen était mauvais, il était détestable, mais enfin, tel est le secret de ma lettre. — A mon tour je ne fais pas l'apologie de ce moyen ; mais il faut voir si la lettre ne peut être expliquée qu'au point de vue de la folie au moment où elle a été écrite, et si elle justifie l'interdiction. Oh ! qu'il y ait eu alors chez M. Mortier une exaltation fébrile, je l'accorde, mais ce n'est pas de la folie.

Je ne crains pas à cet égard de démonstration contraire, mais je redoute un dilemme fort dangereux pour M. Mortier. On dira : — Choisissez : ou vous étiez fou le 7 novembre, ou vous êtes un homme détestable qu'on doit mettre au ban des familles, car c'est ce qu'il faut dire d'un homme capable, coupable, pour mieux dire, d'imaginer une combinaison pareille qui menace la vie tout à la fois de vous-même et de vos enfants. — Il y a surtout une déposition de Mme de Boignes dont un passage fort caractéristique mérite d'être reproduit : « J'ai appris avec une grande consternation que la famille de ce pauvre Hector cherchait à lui enlever *l'excuse de sa folie...* Il serait à mes yeux le dernier des hommes s'il n'en était le plus insensé. »

Là, messieurs, est tout le secret des enquêtes ; c'est pour votre bien, dit-on à M. Mortier, que nous voulons votre interdiction ; il faut que votre raison paie les frais de la dispense qui vous est accordée d'un procès criminel. Voyons ! je suppose que M. Mortier ait agi le 7 novembre avec toute sa raison, sans excuse, sans provocation, il aura fait un acte que vous ne blâmerez pas plus sévèrement que moi. Les femmes surtout ne manqueront pas de dire : c'est un mari détestable ! (On rit, même sur bancs réservés occupés par les dames). Soit ! mais ce n'est pas là un élément d'accusation criminelle.

D'ailleurs, M. Mortier vous dit : — qu'on me fasse mon procès ! la justice ne saurait admettre de semblables compositions, en se dispensant de me poursuivre parce qu'elle me

trouve insensé, plutôt que de me juger comme vrai coupable ;
la Cour d'assises appréciera. Je repousse cette excuse prétendue de ma folie, je veux être puni si je suis coupable, mais
je sens bien dans mon cœur que je ne suis pas coupable. —
Voilà la juste explication des dépositions, de ce système
étrange qui va se glissant et serpentant dans la société, pour
aboutir ensuite à un déni de justice, et condamne en effet
M. Mortier à une captivité perpétuelle.

Mais, dit-on, il y a eu plusieurs copies de cette lettre du
7 novembre, l'une pour Mme de Boignes, l'autre pour la mère
de M. Mortier ; donc il y avait chez lui une pensée sérieuse,
pensée d'un fou ! — Sur cela M. Mortier a répondu simplement qu'il avait écrit deux lettres, pour le cas où l'une d'elles
viendrait à s'égarer. On a été plus loin : on a parlé de préméditation conçue dès la veille. Je ne vois pas quel bénéfice
les adversaires tireraient d'une démonstration à cet égard ;
en tout cas, cette préméditation est démentie par tous les
faits. Ainsi, dès le matin du 7 novembre, il commence par
écrire à sa mère et ne lui dit pas un mot qui trahisse des
projets sinistres : puis il écrit à Mme Mortier pour lui proposer
de lui envoyer les enfants vers une heure de l'après-midi ;
Mme Mortier répond qu'elle n'y sera pas à cette heure. M. Mortier s'indigne, et il écrit à Mme Mortier la lettre fatale.

Quant à la scène elle-même, dans l'intérieur de cet appartement fermé et converti en forteresse, y a-t-il là une preuve
de la folie qui s'est prise dans son propre piège ? Oh ! je
sais ce qu'il y a de pathétique dans les éléments de ce tableau
plein d'émotion, et je n'ai pas besoin de dire qu'en présence
du peintre qui m'est opposé, je ne ferai pas ce tableau. Je
n'avais pas le périlleux honneur de le combattre en première instance ; là il montrait ce père enfermé avec ses enfants, et ne se manifestant que par une lettre menaçante
contre lui-même et contre ses enfants ; puis ces enfants malheureux ramenés sur les genoux du père, qui promenait le
froid du rasoir sur leur cou... Tout cela n'est pas vrai ! Mais

enfin tout cela a été dit. Quant à moi qui comprends le danger d'émouvoir le cœur du juge aux dépens de la justice, j'examine froidement s'il y a là motif à interdiction, et si nous n'y trouvons pas la preuve du dire de M. Mortier, qu'il voulait amener sa femme près de lui, et que pour cela il a employé un moyen héroïque. Voyons ce qu'atteste le procès-verbal du 7 novembre.

D'abord le commissaire de police se présente..... — Bien, dit M. Mortier, vous repasserez. — Un de ses amis, ambassadeur, vient à son tour; il insiste : M. Mortier refuse d'ouvrir. Puis, M. Pasquier, chancelier, frappe, et se nomme..... — Oh ! M. le chancelier, la chambre n'est pas ouverte (la chambre des pairs, bien entendu), vous n'avez rien à démêler dans tout ceci..... — M. Pasquier est un homme de haute intelligence, personne ne me contredira; il insiste : — Si Mme Mortier venait. — Oh ! elle ne viendra pas. — Eh bien ! je vais la chercher. — Et M. Pasquier amène en effet Mme Mortier. — Ouvrez, dit-on à M. Mortier, Mme Mortier est là. — Non, elle n'y est pas. — Mme Mortier parle aussitôt. A cette voix, bien connue du prisonnier volontaire, la porte est ouverte à l'instant.

Ainsi, lorsque nous demandons si, le 7 novembre, en écrivant ses lettres M. Mortier était fou, ou s'il voulait seulement contraindre sa femme à venir à lui, pour faire appel à ses sentiments d'épouse et de mère, nous voyons que ce moyen, peu moral si on veut, n'a été employé par lui que dans ce dernier but, et tous vos témoins le confirment, ceux-là même qui ont été entendus en l'absence de M. Mortier, qu'on a privé de la consolation d'écouter ses accusateurs.

Mme Mortier n'avait-elle pas deviné cette pensée de M. Mortier ? Je ne veux pas porter une inquisition indiscrète sur sa situation ; mais si je dis qu'elle a considéré la menace contenue dans la lettre comme n'étant pas sérieuse, je ne fais que rendre hommage à ses sentiments les plus légitimes. En effet, à une heure, la lettre lui est remise, elle n'avait que la rue à traverser, elle est mère... elle serait arrivée à une heure deux secondes ; supposer le contraire, ce serait lui faire une mortelle injure ; elle savait bien que M. Mortier est le meilleur des pères, qu'il ne porterait pas un fer homicide sur la gorge de ses enfants. Aussi n'est-elle venue que deux heures après, amenée par M. le chancelier. Sa conduite donne donc le démenti le plus énergique à cette idée qu'elle aurait cru à la menace contenue dans la lettre du 7 novembre.

Qu'y a-t-il donc encore dans le procès ? un argument fort embarrassant, celui qui a eu le plus de cours dans le débat. M. Mortier, a-t-on dit, est fou, car il fait dans cette lettre du 7 novembre des reproches mal fondés à sa femme, et déjà à Berne il avait élevé ces reproches indignes. L'enquête prouve combien ils sont peu motivés ; il est donc fou puisqu'il calomnie une vertu reconnue par tout le monde.

Je ne veux pas affliger l'audience en répétant les propos auxquels on fait allusion, il y a des choses délicates à exprimer ; je n'ai, quant à moi, ni la pensée, ni la possibilité de rien dire d'attentatoire à la vertu de Mme Mortier ; si j'agissais autrement, on dirait, avec le poète, *non est hic locus*, et je n'ai d'ailleurs aucun mandat pour porter de semblables accusations. Mais, puisqu'on me presse avec cette objection, je dirai que s'il fallait interdire tout mari égaré qui accuse la vertu de sa femme, il vous faudrait nous consacrer des audiences multiples pour juger ces débats.

Je passe à l'avis des médecins, donné au mois de janvier 1848. Ces messieurs ont conclu qu'il y avait aliénation mentale partielle, que M. Mortier était un fou dangereux. D'abord, ce document est de date ancienne ; il y a aujourd'hui, entre cet acte et le moment où je parle, toute l'épaisseur d'une année. Ensuite j'y vois une sorte de parti pris de livrer un fou à la justice. L'opinion des docteurs s'est formée dans le milieu du bruit et de l'éclat qui a suivi la scène de l'hôtel Chatham. J'ai bien du respect pour les médecins, il faut toujours se mettre bien avec eux; mais, sans remonter à Molière, quand on les voit décider, sur le même fait, l'un ceci, l'autre cela, il est permis, sans manquer à la Faculté, de se méfier de ces oracles, surtout lorsque, s'associant à l'œuvre du Créateur, ils recherchent si la raison anime encore celui qu'ils sont chargés de juger, ou si cette raison est absente.

Le législateur a proposé ou plutôt imposé aux juges trois mesures en matière d'interdiction : l'interrogatoire d'abord, la présence de la personne elle-même, l'avis des parents ensuite, parce qu'ils peuvent révéler l'ensemble de l'existence et les altérations qui ont pu s'y montrer, enfin les enquêtes. Quant aux médecins, le législateur n'en dit rien ; c'est que le législateur s'y connaît, c'est qu'on peut dire des médecins ce qu'on disait des anciens augures : — ils auraient bien de la peine à se regarder sans rire.

Je demande la permission de disséquer leur rapport avec le calcul de la raison. J'ai dit qu'il fallait que M. Mortier sortît fou de leurs mains, et qu'ils livrassent un fou à la justice. Leur rapport est d'une naïveté charmante là-dessus, si toutefois il y a quelque chose de charmant dans une telle affaire. « D'après les écrits mis à leur disposition, — disent ces messieurs, — les soussignés ont cru qu'avant son installation dans la maison d'Ivry, M. le comte Mortier était frappé d'aliénation mentale. »

Ainsi, même avant de l'avoir vu, MM. les experts déclarent qu'il est fou. Maintenant passons aux arguments tirés *ex homine*. M. Mortier leur semble d'une indocilité incroyable; on discute avec lui, il persiste et termine en disant : — Je ne pense pas comme vous, chacun son opinion. — Est-on fou pour tenir ce langage? Mais tous les jours, nous autres avocats, nous nous disons pareille chose.

Et puis on rappelle l'injustice des accusations portées contre Mme Mortier; je me suis expliqué déjà pour mon compte à cet égard. Mais enfin, messieurs les docteurs, qu'en savez-vous? Mme Mortier, je le veux, est la plus vertueuse des femmes ; mais enfin c'est une chose bien hardie, même pour des docteurs, de déclarer fou le mari qui porte une telle accusation !

Autre argument : M. Mortier se plaint de la maison Mitivié et du régime de cette maison. D'abord il ne faudrait pas s'étonner qu'un homme tombé de si haut, dans une telle situation, dans une telle maison, ait dit : — Je voudrais bien m'en aller d'ici. — Mais, dans la contre-enquête de Paris, je vous ai lu un passage de la déposition de M. de Nayde, qui l'a vu plusieurs fois, et l'a trouvé logé dans une chambre fort étroite ; ordinairement les ambassadeurs ne sont pas logés ainsi. Mettez donc ses plaintes sur le compte de M. Mitivié, qui, suivant M. Mortier, l'a considéré comme un prisonnier d'Etat, comme une sorte de gibier de police, et l'a traité en conséquence. M. Mortier ne s'est pas plaint depuis qu'il est dans la maison de M. Delamarche.

On lui reproche ensuite sa mélancolie. M. Mortier disait à cet égard, d'un ton beaucoup moins plaisant qu'attristé : — Je voudrais bien les y voir ! Comment ne serais-je pas mélancolique lorsque, depuis quinze mois, je suis là, seul, enfermé, privé de voir mes enfants, mes chers enfants... Que diraient ces messieurs si j'étais gai !

Les docteurs nous parlent de l'immobilité de la partie gauche de la face, qui rompt la symétrie du visage, et des regards souvent sinistres et terribles de M. Mortier. Vous lirez ce rapport qui fait frémir..., mais vous ne frémirez pas, Messieurs. J'ai la prétention de m'y connaître aussi. Or, j'ai étudié la face de M. Mortier, et je n'ai pas trouvé cette immobilité de la partie gauche, laquelle a pétrifié les docteurs ; quant à ses regards, ils sont toujours l'expression de sa pensée, et s'il fallait, pour éviter l'interdiction, que le visage offrît toujours la même expression, il y aurait trop de gens dans ce cas. Les regards de M. Mortier, on le conçoit, sont vifs et pénétrants quand il songe à sa situation pénible. Aussi lorsque j'ai parlé à sa famille de ce signalement diabolique, on m'a de toutes parts répondu : — Nous n'avons jamais vu pareille chose.

A entendre les docteurs, le reste des membres de M. Mortier est livré à des contractions nerveuses. Eh bien! hier même, il m'a reconduit jusqu'à la porte de la maison qu'il habite, et comme il avait oublié un papier, il courut le chercher, assurément aussi vite que j'aurais pu le faire moi-même, dont on ne demande pas encore l'interdiction. Nous vous demandons aussi que vous, Messieurs, qui valez bien la Faculté, (ce qui n'est pas un compliment pour vous ni une injure pour elle), vous fassiez connaissance avec M. Mortier, et que vous appréciiez son état.

Finissons sur ce point : on fait encore un reproche à M. Mortier : il paraît plus âgé qu'il ne l'est en effet ; il a la mauvaise habitude de se gratter la tête ; et, en regardant ses ongles, il chasse sans pitié toutes les petites taches qui peuvent s'y rencontrer. Quant aux deux premiers griefs, je dis seulement que M. Mortier est homme de bonne tenue, de fort bonne façon, qu'il se tient droit, ferme sur son jarret ; il a quelques cheveux gris ; mais, si on les discutait, les trois docteurs sortiraient-ils heureusement d'une pareille épreuve ? D'ailleurs, peut-on s'en étonner après tant de chagrins et de travaux ? Les reproches relatifs aux ongles et à la tête ne sont pas sérieux. Mais tout cela se tient : et la scène de l'hôtel Chatham et l'enlèvement de M. Mortier pour la maison de santé, et l'influence et la prévention que ces faits ont exercés sur les témoins et sur les médecins eux-mêmes ! Je demande pardon de ces détails ; mais il y avait là une certaine auréole de science ; vu de près, ce n'est rien. Les experts en écritures ont souvent commis d'étranges bévues ; mais les experts en matière d'interdiction, oh ! ils passent la permission !

A côté de ce rapport, je présente l'avis de parents, unanime pour écarter, comme on l'a dit, de M. Mortier le calice de l'interdiction. Cet avis est émané des hommes les plus honorables et les plus compétents, que n'a point arrêtés la gravité du fait du 7 novembre. Il est ou coupable ou fou, a dit M. de Boignes ; mais la famille, aux risques et périls de M. Mortier, a dit qu'il n'était pas fou, et elle comprenait cependant quelle responsabilité elle assumait ainsi.

Vous avez entendu son interrogatoire qui a duré cinq heures ; il a répondu avec précision sur les points les plus délicats, et en particulier sur la scène du 7 novembre. J'ajoute que nous avons pour auxiliaire, dans cette partie de la cause, Mme Mortier elle-même. En effet, dès le mois d'octobre, ses griefs avaient atteint leur *maximum* ; depuis, toute occupée de sa demande en séparation, pour laquelle elle envoie une double ambassade, elle décline tout projet de demande en interdiction, n'attribuant dans sa circulaire ce projet qu'à M. le chancelier et à M. le préfet de police, et ne s'attachant qu'à sa demande en séparation.

Permettez-moi maintenant d'aller, par hypothèse, jusqu'à la limite dernière du possible ; je fais la partie belle à mon adversaire, tout en demandant pardon à mon client. Je suppose qu'à un jour donné, le 7 novembre, M. Mortier a perdu la tête, qu'il n'était plus *compos mentis*, qu'il a été fou depuis dix heures jusqu'à trois heures ; la loi permettra-t-elle de le dégrader du titre de citoyen, de père et d'époux ? Non ; la loi exige un état habituel d'imbécillité, de démence ou de *fureur*. J'appuie sur ce dernier mot, car, si l'on peut attendre pour le cas d'imbécillité ou de démence, il serait permis de dire qu'il en est autrement pour un fou furieux. Mais si M. Mortier n'a été fou furieux que le 7 novembre, ce n'était pas, on en convient, son état habituel. Et ce n'est pas légèrement que la loi demande cet état habituel. M. Emmery, conseiller d'Etat, dans l'exposé des motifs du Code, et M. Toullier, édition de Duvergier, démontrent combien le texte de la loi est sage sur ce point. (Me Paillet donne lecture des passages qu'il vient d'indiquer.)

En revenant sur la concession que j'ai faite, continue l'avocat, j'ajoute que c'est un acte isolé que celui du 7 novembre, et que cet acte, accompli il y a quinze mois, a son explication dans des causes physiques et morales ; physiques, c'est-à-dire des douleurs aiguës de la tête, provenant d'une *otite*, maladie de l'oreille, de même que les faits de Berne étaient contemporains d'un dérangement accidentel de la santé ; morales, c'est-à-dire le désespoir causé par la menace de séparation, par la crainte du scandale, de sa carrière brisée, de son avenir perdu. Puis, il faut comprendre qu'avec le caractère qu'on lui connaît, il ait conçu un violent dépit de voir que Mme Mortier mît sans cesse des hommes d'affaires entre elle et lui. Que Mme Mortier, en recevant la lettre écrite sous de telles impressions, ait été saisie d'effroi, je comprends trop bien ses douleurs pour les exprimer ; mais lui aussi, sous les menaces de séparation, frémissait à cette pensée affreuse pour lui, et c'est de ce milieu que s'est dégagé, comme la foudre du nuage, le fait du 7 novembre.

Aujourd'hui, tout est accompli ; après avoir été salué d'une demande en séparation et resalué d'une demande en interdiction, perdu comme homme politique, le scandale étant consommé, et l'atmosphère purifiée par l'orage même, M. Mortier, placé depuis quinze mois dans une situation qui rendrait fou l'homme le plus sensé, n'a vu, depuis cette époque, ni son beau-père, ni sa femme, ni ses enfants ; il n'y a pas de meilleur père au monde, et hier encore il me disait : — Mes enfants ont l'un neuf ans, l'autre douze ans ; ils sont pleins d'intelligence ; on ne me les a pas amenés une seule fois ; tous les jours cependant j'ai près de moi l'enfant de M. Foville, âgé de six ans, celui de Mme Delamarche, qui en a quatre, mais c'est une triste illusion. Deux fois le premier janvier s'est renouvelé depuis ma captivité, en 1848 et 1849. Je n'ai pas reçu un mot d'eux ; je ne les accuse pas, mais qu'on n'accuse pas ma mélancolie : ceux qui la dénoncent, s'ils avaient des enfants, que feraient-ils donc à ma place ! (Profonde émotion).

Il est vrai qu'on lui envoie des bulletins hebdomadaires, toujours fort laconiques ; c'est M. Cordier qui écrit : « Vous direz à M. Mortier que ses enfants (ou que mes petits-enfants) se portent bien. » Jamais d'autres détails ! Il faut avoir eu une raison bien solide pour résister à de telles épreuves. Je le dis hardiment, dans l'état du débat, l'interdiction, aujourd'hui surtout, ne serait pas l'exercice d'un droit légitime, mais une mesure tyrannique et arbitraire.

Y a-t-il quelque danger dans l'avenir ? Mais jamais sa

femme, jamais ses enfants n'ont été menacés par lui : pourquoi plus tard se rendrait-il plus redoutable ? Mon Dieu ! j'ai à cet égard un vieux compte à régler avec les médecins experts. Ils lui font un grief tantôt de son exaltation, tantôt de son calme ; l'un d'eux a été jusqu'à pronostiquer que, dans trois mois, M. Mortier sera complétement fou ou mort, et M. Mortier n'est pas fou et il se porte bien. Au surplus, laissons-le parler lui-même. Le 23 février, il était retourné, après son interrogatoire, dans sa maison de santé. Le 24, quand l'ordre social était en combustion, il écrit à sa femme pour l'inviter à recomposer la famille, à laisser de côté son débat : point de réponse ! Le 22 juin, il écrit dans les mêmes termes, pas de réponse ! Aujourd'hui il pense qu'on veut lui faire un grief de cette correspondance comme contenant l'aveu de torts envers sa femme, et voici ce qu'il m'écrit à ce sujet : « Ah ! certes, lorsque le canon grondait dans les rues de Paris, au mois de juin, je n'aurais pas été un fou, mais j'aurais été une affreuse brute si j'avais pu, dans ce moment cruel et solennel, oublier qu'il y avait, dans la cité, deux enfants qui m'appartenaient, une femme, leur mère, qui portait mon nom ; j'ai senti alors qu'il est des moments critiques et augustes dans la vie, en présence desquels bien des choses s'oublient et se pardonnent. » Il n'y a là qu'un bon mouvement, non un argument pour l'interdiction.

Voilà tout ce procès. Pourquoi n'en conviendrais-je pas ? Après l'événement de l'hôtel Chatham, et la couleur que la publicité lui avait donnée, j'ai compris que l'émotion générale gagnait les témoins et les juges eux-mêmes ; j'ai compris les dépositions hostiles des uns, les décisions précipitées et irrégulières des autres, car cette émotion, cette prévention, je les partageais avec eux. Mais aujourd'hui, que quinze mois se sont écoulés, que le calme s'est fait dans les esprits, que la réflexion a eu son tour, qu'enfin la question judiciaire a pu se poser dans un débat sérieux et contradictoire, il me paraît impossible que vous ne mettiez pas un terme à un état de choses qui ne serait plus qu'une odieuse persécution, et que vous ne rendiez pas à la liberté, à la vie sociale, un homme si digne de votre intérêt et de votre justice. C'est donc avec une entière sécurité que je dépose entre vos mains le sort de mon malheureux client.

M. LE PREMIER PRÉSIDENT : La cause est continuée à huitaine.

A l'audience du 29 janvier, Mᵉ Chaix-d'Est-Ange, avocat de Mᵐᵉ la comtesse Mortier, soutint le jugement attaqué, et demanda à la Cour de maintenir l'interdiction prononcée.

Sa plaidoirie occupa, comme celle de Mᵉ Paillet, trois longues audiences (29 janvier, 5 et 12 février.)

Ici se place un incident qui donna lieu à un arrêt spécial de la Cour. M. Mortier avait appelé du jugement par lequel le Tribunal avait refusé de l'entendre dans sa défense. Cet appel fut vidé le 12 février par un arrêt qui l'autorisait à se présenter à une audience ultérieure et qui était ainsi conçu :

« Considérant qu'aux termes de l'article 85 du Code de procédure civile, les parties assistées de leurs avoués peuvent se défendre elles-mêmes; que, cependant, le Tribunal a la faculté de leur interdire ce droit, s'il reconnaît que la passion ou l'inexpérience les empêchent de discuter leur cause avec la décence convenable ou la clarté nécessaire pour l'instruction des juges;

« Que des termes de cet article il résulte que les juges saisis de l'affaire ont, pour accorder ou interdire aux parties la faculté de présenter elles-mêmes leur défense, un pouvoir discrétionnaire découlant du droit de régler la police de l'audience et de diriger le cours du débat, et dépendant, dans son exercice, de circonstances accidentelles et passagères, dont le Tribunal seul peut être l'appréciateur légitime;

« Que les premiers juges, en interdisant à Mortier la faculté de présenter lui-même sa défense, n'ont fait qu'une appréciation des circonstances existantes au moment où le jugement a été rendu, appréciation remise par la loi à leur discrétion;

« Autorise Mortier à sortir, le lundi 19 courant, de la maison qu'il habite, pour présenter lui-même sa défense à la barre de la Cour, avec l'assistance de son avoué; ordonne qu'il paraîtra devant la Cour accompagné de deux employés de la maison de santé. Dépens réservés. »

Le 19 février, dès le matin, une affluence considérable assiégeait les portes de la salle d'audience, curieuse d'assister aux explications personnelles de M. le comte Mortier. Un grand nombre de dames occupaient les bancs réservés.

M. le comte Mortier avait été conduit au palais par le docteur Lisle, directeur de la maison Delamarche. M. le docteur Lisle avait préféré cette mesure à celle indiquée par l'arrêt suivant lequel M. Mortier devait paraître devant la Cour, accompagné de deux employés de cette maison.

M. Mortier est assis au banc du barreau entre M⁰ Paillet, son avocat, et M⁰ Tétart, son avoué. M. Lisle est sur le même banc. M Mortier est vêtu de noir. La pâleur de sa figure paraît moins l'effet de l'émotion naturelle qu'il doit éprouver que celui de son organisation. Il est presque entièrement chauve et paraît âgé de cinquante-cinq à soixante ans.

M. LE PREMIER PRÉSIDENT TROPLONG. — Mortier, vous avez la parole. Je n'ai pas besoin de vous dire que vous devez en user non-seulement avec modération, mais avec précision et brièveté. M⁰ Paillet, votre défenseur, a présenté votre cause d'une manière complète ; vous n'avez plus que quelques explications personnelles à donner.

M. Mortier se lève ; il s'exprime d'abord d'une voix faible et mélancolique ; mais peu à peu sa voix s'affermit et s'anime, sans jamais atteindre une grande élévation. Toutefois son organe prend une expression plus accentuée quand il parle de certaines dépositions, telles que celles de M. d'André, de M. de Rumigny et autres.

« Messieurs, dit-il, la Cour comprendra facilement les vives émotions qui m'agitent en paraissant devant elle, dans une circonstance critique, décisive pour moi, où il s'agit d'une chose encore plus précieuse que la vie, la liberté ! Elle comprendra surtout l'embarras que j'éprouve en me trouvant, après quinze mois de captivité, au milieu d'un auditoire nombreux et imposant. Appelé à élever la voix dans le sanctuaire de la justice, n'ayant jamais porté la parole en public, j'ai la conscience des dangers auxquels m'expose cette situation toute nouvelle pour moi. D'une part, je suis en présence d'un ministère public habile, habitué aux luttes judiciaires ; de l'autre, je suis en présence d'une des lumières du barreau de Paris, d'un de ses membres les plus éloquents. Malgré ces énormes désavantages, je suis heureux que le moment de l'épreuve solennelle que j'ai si souvent désirée, que j'ai si ardemment souhaitée soit enfin arrivé. Je demande à la Cour de vouloir bien agréer mes vifs sentiments de reconnaissance de m'avoir accordé ce qui ailleurs m'avait été si cruellement refusé. Il me tardait de venir m'expliquer devant la justice de mon pays, poussé que j'étais par ce besoin impérieux qu'éprouve tout homme sensé de revendiquer l'usage de sa raison et de ses facultés intellectuelles, qu'on voudrait lui contester; poussé que j'étais par ce besoin non moins impérieux de recouvrer, avec ma liberté, mes droits de père et de citoyen, qu'on voudrait me ravir à jamais.

« Avant d'aller plus loin, j'ai à demander à la Cour de vouloir bien m'accorder sa bienveillance. Etranger à ses formes et à ses usages, s'il m'arrivait, dans le discours, de m'en écarter, ce serait involontairement, et, pour ce cas, je sollicite à l'avance toute son indulgence. Je prie la Cour d'être bien convaincue qu'en paraissant dans cette enceinte, je n'y apporte aucun désir de blesser qui que ce soit, pas même mes adversaires.

« Je n'ai point la prétention, Messieurs, de venir faire ici un plaidoyer, de discuter les questions de droit auxquelles je suis complètement étranger. Tout ce qui pouvait être dit à cet égard vous a été signalé par mon défenseur avec cette parole à la fois si claire, si simple et si élevée qui est le cachet de la vérité et l'expression de la conviction, de la conscience de l'homme de bien.

« En demandant à la Cour de m'entendre, j'ai eu uniquement en vue de lui adresser quelques paroles sur ce qui me touche le plus directement. Je les prononcerai avec franchise et loyauté dans l'espoir qu'elles feront passer dans vos consciences la conviction de mes droits.

« J'aborde immédiatement les passages de ma lettre du 7 novembre à Mme Mortier, sur lesquels le gouvernement déchu s'est fondé pour me faire incarcérer. Ces passages sont ceux où je parle de la fin prochaine de mes enfants et de la mienne.

« Dans l'interrogatoire de cinq heures que j'ai subi en présence des membres du Tribunal de première instance, j'ai expliqué les raisons qui m'avaient engagé à adresser ces lignes à Mme Mortier : le désir de la faire venir chez moi, puisque je ne pouvais me présenter chez elle. Mes enfants m'avaient dit que j'étais consigné à la porte de leur grand-père. Je voulais donc me mettre en rapport avec Mme Mortier. A cet effet, le lendemain de mon arrivée à Paris, de retour de Belgique, je lui avais écrit en lui envoyant mes enfants. Elle ne jugea pas à propos de me répondre, assurément d'après les bons avis de ses habiles conseils. Je voulais, en la voyant, lui présenter mes enfants, la supplier, dans leur intérêt, d'étouffer tous germes de dissension entre nous, et lui demander, sur leur tête, avenir pour eux, paix et union pour nous.

« Maintenant j'arrive au fait de l'hôtel Chatham. Fort de ma conscience et de mes intentions, je n'en redoute ni l'examen ni la discussion. Pour vous le prouver, Messieurs, je l'aborde sous son point de vue le plus large, qui me serait le plus défavorable, celui, en un mot, qui me représenterait comme ayant eu la volonté de trancher l'existence de mes enfants et la mienne.

« Eh bien! je le demande à tous ceux ici présents, quel est celui d'entre vous qui pourrait affirmer qu'une pensée malheureuse, fatale, n'a jamais traversé son esprit, sans cependant que cette pensée soit arrivée jusqu'à son cœur?

« Je vais plus loin; je pousse ma proposition jusqu'à sa dernière limite. J'admets pour un moment ce qui n'a jamais été, mais j'admets que cette pensée ait été arrêtée; le fait qui en est résulté n'est-il pas, aux yeux de tous les hommes impartiaux, la preuve la plus évidente et la plus irréfragable que ma raison n'a pas un instant cessé de diriger, de dominer et de maîtriser ma volonté, puisque je n'ai point tenté de la mettre à exécution? N'est-ce pas là, je le répète, la preuve la plus manifeste que la raison seule exerçait un empire absolu sur mes résolutions, que Dieu ne m'avait point retiré la faculté de sentir et d'agir comme un être rationnel? En effet, depuis une heure moins un quart jusqu'à trois heures et quart, livré à mon libre arbitre, laissé seul avec mes enfants, ils n'ont point reçu une égratignure. Messieurs, les certificats de médecins, leurs avis et leurs consultations sur mon état mental ne parviendront jamais à dénaturer cette assertion que je crois sans réplique. L'éloquence du défenseur de Mme Mortier, son habileté incontestable à ramasser çà et là des charges calomnieuses et mensongères, à les grouper avec art pour en faire un tableau saisissant ne pourrait pas davantage altérer la vérité d'un fait dont je voudrais pouvoir embrasser ici les deux preuves vivantes, mes chers enfants.

« Non, la vie de nos enfants n'a pas été menacée.

« Ce qui le prouve d'une manière péremptoire, c'est que pendant deux heures on n'est pas venu à leur secours.

« Et cependant, Messieurs, pour venir le dire à la justice, pour venir lui prouver que dans cette fatale circonstance, comme dans aucune autre, jamais ni mon cœur ni ma raison ne m'avaient failli, j'ai dû supporter quinze mois de prison préventive, traverser les plus douloureuses épreuves. Pendant quinze mois, j'ai été privé de la vue et des caresses de mes enfants, privé de leurs nouvelles; car vous ne pouvez compter pour telles le bulletin laconique et imperturbablement le même que je reçois par un intermédiaire, et que je fais placer sous les yeux de la Cour. J'ai encore été privé du bonheur d'embrasser ma vieille et respectable mère que les chagrins et l'âge accablent, que sa santé précaire tient éloignée d'un fils qu'elle chérit tendrement.

« Ah ! croyez-moi, Messieurs, à ce régime, au régime des odieuses tortures morales que j'ai subies pendant trois mois à Ivry, et dont M. le procureur général actuel de cette Cour sait quelque chose, peu de têtes, même les meilleures, auraient résisté. Ce régime était le plus puissant moyen, la recette médicale la mieux calculée, pour me faire arriver à la folie. Mais Dieu, dont j'aperçois ici l'image, n'a pas permis qu'il en fût ainsi. Il m'a donné la force de supporter les rudes épreuves auxquelles il m'avait soumis. Aujourd'hui il viendra à mon secours. Il éclairera la conscience de mes juges, et ne permettra pas qu'un homme sain d'esprit, qui n'a jamais, quoi qu'on en dise, fait de mal à personne, soit plus longtemps retenu sous les verrous.

« Avant de terminer, je ne puis m'empêcher de m'arrêter un instant sur les conclusions des plaidoiries de l'avocat de Mᵐᵉ Mortier.

« D'abord, le défenseur de Mᵐᵉ Mortier, scrutant ma vie tout entière, en modifie les actes, afin d'arriver à les faire envisager comme une série de contradictions et de violences impliquant la folie.

« Aussi longtemps que j'ai cru à la possibilité de refaire un toit domestique, dans l'intérêt de mes enfants, et uniquement dans leur intérêt, j'ai tout tenté, même au prix des plus grands sacrifices. Mes juges trouveront là le secret des prétendues contradictions au moyen desquelles on a voulu m'enlever ma raison. Mes adversaires ne nieront point mes efforts à cet égard, puisqu'ils ont voulu s'en faire une arme contre moi. Aujourd'hui, tout est accompli. Quinze mois de captivité ont passé sur ma tête. Mᵐᵉ Mortier veut sa liberté, qu'elle en jouisse ; ce n'est pas moi qui, désormais, y mettrai obstacle ; mais je viens vous demander, Messieurs, que la mienne soit respectée.

« Il est un autre fait sur lequel je sens le besoin d'expliquer toute ma pensée avec une entière franchise. Le défenseur de Mᵐᵉ Mortier, pour impressionner vos consciences, vous a fait un tableau effrayant des dangers que sa cliente courrait, suivant lui, si on me rendait à la liberté.

« Que la Cour me permette de le proclamer hautement, ces craintes sont chimériques, fantastiques. Une vie honorable de trente-trois ans et demi de services, consacrée à mon pays, écoulée au grand jour des affaires publiques, dans presque toutes les capitales de l'Europe, donne un démenti formel aux sinistres prévisions qu'on est venu dérouler devant vous.

« Outre ce passé que je puis invoquer avec orgueil comme garantie de la sécurité de Mme Mortier, il est des considérations plus puissantes encore qui la protègent : l'intérêt de mes enfants, l'honneur du nom qu'ils portent, et qui maintenant sera peut-être le seul héritage qu'ils auront à recueillir de moi. Le défenseur de Mme Mortier croit-il donc que ces sentiments ne soient rien pour le cœur d'un homme d'honneur? On le penserait en le voyant venir me présenter comme un spadassin à Berne ; à Lisbonne et à Bruges comme une espèce d'assassin.

« A-t-il donc oublié qu'il n'y a pas d'assassin dans ma famille, mais qu'il y a eu des assassinés ? A-t-il oublié la mort de mon malheureux oncle dans les rues de Paris, celle de mon infortuné frère en Afrique à la tête de sa troupe? Ah! Messieurs, à ce tableau si effrayant, il ne manque qu'une chose, la plus essentielle... la vérité. »

M. le comte Mortier répond ensuite avec une précision remarquable aux différentes questions qui lui sont posées par M. le premier président. Puis, il s'étend assez longuement sur les différentes phases de sa carrière diplomatique.

M. LE PREMIER PRÉSIDENT. — Avez-vous encore quelque chose à ajouter? — R. Non, Monsieur le président. Mais permettez-moi de solliciter vos questions ; je prends l'engagement de ne rien laisser sans réponse, et aujourd'hui, demain, quand la Cour voudra, je serai toujours à sa disposition.

Me CHAIX-D'EST-ANGE a la parole :

« C'est pour moi un triste devoir que celui de placer sous le coup de ma parole, nécessairement amère, quels que soient les ménagements employés, un homme dont, pendant trente ans, la vie a été remplie de bons et loyaux services rendus à la France.

« Si l'on en croit M. le comte Mortier, il est et a toujours été sage, modéré. Les témoins qui disent le contraire sont ses ennemis personnels ; sans doute, dans une causerie piquante et spirituelle, il vous explique la diplomatie de l'Europe et les fils qui la font mouvoir; mais a-t-il répondu aux interpellations qui lui ont été faites? Je ne lui demande pas les secrets de la diplomatie, je lui demande le secret de sa conduite, l'explication de ses actes.

« Comment qualifier ces accusations si graves, portées contre sa

femme, ces accusations qui donnaient lieu à l'honorable avocat de
M. Mortier, aujourd'hui à la tête du parquet, de dire que ce dernier avait une conviction profonde, qu'il fallait bien éclairer?
Les témoins vous ont répondu, M. le chancelier, Mme de Boignes,
M. Thiers, dont M. Mortier se vante avec raison d'être l'ami, les
domestiques, ces détracteurs habituels de nos actions, tous ont dit
qu'il n'y avait pas au monde une personne plus honorable que
Mme Mortier. M. Mortier lui-même n'avait-il pas dit d'elle : « C'est
un ange descendu du ciel pour mon bonheur ! » Ainsi donc, rien, si
ce n'est l'hallucination; tout le reste, rêves d'une imagination malade. Les médecins reconnaissent deux sortes d'hallucinations, celle
qui affecte les sens, celle qui affecte la pensée. Vous avez entendu
M. Mortier réclamer le huis-clos pour accuser sa femme à loisir,
lui reprochant de méditer une séparation depuis huit ans, et tout
cela, il vous l'a dit, pour venir assister aux Italiens, voir son *cher
Mario*, etc. Comment! un homme comme M. Mortier vivra avec cette
pensée qu'il a eu la preuve de son déshonneur, et vous demandez
quelles conséquences pourraient en résulter? Ces conséquences,
est-ce que la loi ne les a pas prévues? est-ce qu'elle ne permet pas
au mari offensé de venger son honneur? Je n'ai pas besoin de
chercher ce qu'il fera, et si la lumière vous manque, jamais le
flambeau de la vérité n'éclairera les décisions de la justice. »

Dans une discussion entraînante et rapide, Me Chaix-d'Est-Ange
rentre dans l'examen des faits et dans l'analyse des documents de
l'enquête. Il termine ainsi :

« Voulez-vous, Messieurs, toucher du doigt le mot de cette
affaire ? Voulez-vous voir l'erreur de ceux qui disent que M. Mortier est guéri? Ceux-là prennent la cause pour l'effet, le résultat
pour le principe. La maladie consiste-t-elle dans les violences de
M. Mortier? Non, l'effet, c'est le meurtre; le mal est dans les hallucinations, dans les visions intellectuelles, dans les accusations véritablement infâmes qu'il dirige contre sa femme ; la tuer, voilà pour
lui la conséquence de ces hallucinations ! Supposez un homme qui
voit constamment devant lui un assassin qui le menace (c'est là
une hallucination que les docteurs appellent *sensoriale*); il tue celui
qui le menace; est-il fou parce qu'il a tué? Non; il est fou parce
qu'il est victime d'une vision qui lui fait supposer que celui qu'il a
tué dirigeait des armes contre lui.

« Messieurs, si vous aviez des doutes, je bénirais Dieu pour la
détermination que vous avez prise d'entendre M. Mortier, car, je
l'ai bien reconnu ici, vous êtes, M. Mortier, le même homme qu'à

La Villette, qu'à l'hôtel Chatham; vous n'avez rien oublié, rien appris; ce concert d'éloges sur votre femme n'a pu vous éclairer; comment douter maintenant de l'infirmité de votre nature, de la déchéance de votre intelligence! Eloigné de votre femme, de votre famille, courbé sous une autorité qui vous commande, vous n'avez pu vous commander à vous-même l'hypocrisie; vous n'avez pu cacher le levain de votre cœur et vos hallucinations trop réelles! Quels seraient, Messieurs, les effets d'une décision qui rendrait M. Mortier à la liberté? Je ne les crains pas, car votre sagesse ne lèvera pas la barrière qui nous défend des plus grands malheurs. »

(M. Mortier a écouté toute cette plaidoirie avec impassibilité, et s'est entretenu fréquemment avec M° Paillet.)

M. LE PREMIER PRÉSIDENT. — Si M. Mortier a quelques observations à présenter, je lui donnerai la parole.

M° PAILLET. — Je demanderai à répondre, pendant vingt minutes au plus, aux détails de la plaidoirie de mon adversaire relatifs aux questions de droit et à l'appréciation des rapports des médecins...

M. LE PREMIER PRÉSIDENT. — La cause a été suffisamment développée dans ses diverses parties; la Cour est éclairée sur le débat.

M. le premier président se lève et se dirige vers la chambre du conseil.

M. MORTIER. — Si la Cour veut me permettre encore quelques mots, je profiterai de l'offre qui m'était faite tout à l'heure par M. le premier président.

M. Mortier rentre alors dans les explications qu'il a données, et répond à la plaidoirie qu'il vient d'entendre.

La Cour continue au mardi 27 février, pour les conclusions de M. l'avocat général Meynard de Franc.

Dans l'intervalle des audiences, des notes furent échangées entre les défenseurs. On ne lira pas sans intérêt celle qui fut rédigée par M' Paillet sous ce titre : *Un dernier mot pour M. Mortier*. C'était l'ensemble du débat ramené à ses lignes saillantes sous la forme d'une réplique que les usages de la Cour de Paris n'admettent point à la barre. Voici cette note :

I.

La Cour a voulu entendre M. Mortier en personne. C'était
une épreuve suprême, décisive, que la raison et l'humanité
demandaient à sa justice. Elle l'a entendu. L'impression
qu'elle en a reçue est trop récente, trop vive, trop profonde
pour risquer de l'affaiblir par une froide analyse.

Et pourtant quelle situation nouvelle et pénible pour lui !
Quelle émotion plus naturelle que la sienne, dans sa
cause, et quelle cause ! Combien d'autres intelligences, sai-
nes d'ailleurs, en auraient été troublées et déconcertées !
Avouons-le, il lui fallait toute sa confiance dans ses juges,
dans leur impartialité, dans leurs lumières, dans cette indépendance contre laquelle viendront se briser tant de démarches et de sollicitations extérieures, pour qu'il pût leur
parler avec cette présence d'esprit, cette franchise, cette
simplicité ; pour n'opposer que le calme, la modération, la
dignité de la tenue et du langage, à ces attaques ardentes et
passionnées, qui semblaient solliciter des réprésailles dont
on n'aurait pas manqué d'abuser encore contre lui.

Et cependant, au lieu d'accepter une vérité qui éclatait à
tous les yeux, au lieu de s'en féliciter au nom de l'épouse
et de la mère de famille, on a essayé de lutter encore. Par
une étrange contradiction, on a reproché aux explications de
M. Mortier tantôt d'être trop habiles, trop ingénieuses, trop
spirituelles, tantôt d'être incomplètes et même *décousues*. Si
un murmure d'incrédulité a pu accueillir de telles critiques,
le public sans doute aurait dû s'en abstenir, mais apparemment sa surprise était de celles dont il n'est pas toujours
facile de maîtriser la manifestation.

II.

Toutefois, cette persévérance et cette injustice n'avaient
rien d'étonnant pour ceux qui étaient, comme nous, dans le

secret de la cause adverse. C'est qu'en effet, ce qu'on veut, ce qu'on demande, c'est uue *séparation de corps*, sous couleur d'interdiction : *mutato nomine*.

Aussi, que la Cour recueille et résume ses souvenirs; que trouvera-t-elle au fond des plaidoiries de l'adversaire et de ces mouvements pathétiques qui les animaient? Dans la pensée, dans la forme, une femme qui demande sa séparation de corps. Censure amère du mari, de ses actes, de ses paroles ; apologie brillante de la femme, de ses mérites, de ses vertus : rien n'y a manqué.

Et en cela le défenseur est demeuré l'interprète fidèle du vœu de sa cliente, si bien caractérisé dès l'origine. Témoin cette procédure alternative, à double face, que la Cour connaît ; cette procédure en deux parties, contemporaines, parallèles, dont l'une serait la négation de l'autre, si elles ne tendaient réellement au même but, la séparation demandée tantôt directement, tantôt par la voie de l'interdiction, et en vertu des mêmes griefs.

III.

L'adversaire s'est mis à l'aise avec la *question légale*.

Vainement la loi aura-t-elle dit que la mesure extrême de l'interdiction n'est permise qu'à l'égard de ceux qui sont « dans un *état habituel* d'imbécillité, de démence *ou de fu-* « *reur*. » (Code civil, 489.)

Vainement le législateur aura-t-il pris soin de nous initier lui-même à sa pensée intime : « Ce n'est pas sur quel- « ques actes isolés, qu'on s'avisera jamais de décider qu'un « homme a perdu le sens et la raison..... Mais lorsque la « raison n'est plus qu'un accident dans la vie de l'homme, « lorsqu'elle ne s'y laisse apercevoir que de loin en loin, « tandis que ses paroles et ses actions de tous les jours sont « les paroles et les actions d'un insensé, on peut dire qu'il « existe un *état habituel* de démence ; c'est alors le cas de « l'interdiction. »

Vainement les auteurs et les arrêts se sont-ils associés jusqu'ici à cette doctrine pleine de sagesse et d'humanité ; car la meilleure intelligence, la plus saine, la plus élevée, n'est pas à l'abri de quelques *éclipses* accidentelles, produites par une émotion violente de l'âme, la douleur, la surprise, l'indignation, la colère *(ira furor brevis)* etc.; ou même par une perturbation physique, un désordre de l'organisme, dans cette liaison étroite et mystérieuse tout à 'la fois de l'intelligence et de la matière...

Qu'importent à l'adversaire les principes, pourvu que Mme Mortier n'ait plus rien à démêler avec son mari ! Pour cela, il ne craint pas de transformer le pouvoir légal, mais irresponsable du juge, en je ne sais quel pouvoir discrétionnaire, de bon plaisir, présent funeste, que le magistrat se gardera bien d'accepter.

Mais, dit-on, si la raison d'un homme s'est une fois égarée jusqu'à la fureur, si, dans cet état, il a attaqué ou menacé la vie de son semblable, quelle garantie contre les rechutes ultérieures, si ce n'est l'interdiction et la captivité ?

C'est-à-dire qu'on refait la loi, ou plutôt on la viole ouvertement, car, au lieu de cet *état habituel* qu'elle exige, même quand il s'agit de *fureur*, il suffira désormais d'un *accès isolé*, dont on pourra toujours dire qu'on appréhende le retour.

Et combien cette doctrine paraît plus *sauvage* encore, si on veut l'appliquer à un homme qui, comme il le disait lui-même en termes si touchants, n'a jamais fait le moindre mal à qui que ce soit au monde, et qui, depuis seize mois bientôt, a donné tant de gages du calme de son esprit, de sa modération, de sa patience, au milieu de tant d'épreuves, de tant de douleurs capables de ruiner le cerveau le mieux organisé !

On a voulu effrayer la Cour par des *exemples*. C'est là une fantasmagorie trop facile. Que ne cite-t-on aussi ces milliers de malades rendus impunément à la liberté après un certain temps, malgré la folie furieuse dont eux du moins avaient été bien et dûment convaincus dans l'origine ? Pour peu que l'adversaire soit curieux en ce genre, nous lui recommandons, entre autres, l'histoire de *Mary Lamb*, racontée par la *Revue des deux Mondes*, dans sa livraison du 15 janvier 1849. Il y verra que cette femme qui avait, non pas menacé, mais tué sa mère et blessé son père, acquittée par le jury pour cause de folie, puis enfermée, puis redevenue libre, a repris et conservé, pendant plus de quarante années, le rang que lui assignaient, dans la société anglaise, son intelligence et son imagination, qui en faisaient la digne sœur de *Charles Lamb*, l'une des gloires littéraires de la Grande-Bretagne.

IV.

L'adversaire a voulu compenser, par son érudition médicale, ses témérités sur le terrain de la loi. Il a dit que la folie n'est pas toujours générale et continue; qu'il est des folies spéciales, locales, partielles, même raisonnantes. Il a comparé le cerveau humain à une sorte d'*échiquier*, où une seule *case* pouvait être altérée, etc.

Soit; mais alors il suffit de s'adresser à cette *case* pour y surprendre la maladie, car la folie procède d'une idée fausse, à laquelle le malade ne saurait renoncer sans revenir, par cela même, à la raison. Et c'est là ce qui prouve la haute sagesse de la loi, qui, sans recourir à l'art divinatoire des médecins, veut que le juge voie, entende, apprécie par lui-même, et pour cela lui recommande les interrogatoires, même successifs, en matière d'interdiction (C. civ. 496, 497, 500; Pr. civ. 893).

Or, dans la cause, quelle folie, spéciale ou partielle, impute-t-on à M. Mortier? Ses griefs imaginaires, ses reproches immérités, ses calomnies contre sa femme?

Mais d'abord il faudrait que tout cela se fût traduit en tentatives, ou au moins en menaces contre sa personne, ce qui n'a jamais eu lieu; et la Cour a pu voir à quel degré de résignation philosophique et de profonde indifférence M. Mortier en est arrivé, aujourd'hui que le mal est fait, comme il l'a dit, et que le scandale est consommé.

Mais savez-vous ensuite que c'est une grande hardiesse que vous demandez à la justice ! Quoi? interdire un mari et le priver à toujours de sa liberté, sous prétexte qu'il a injustement accusé sa femme ! Mais il a pu être lui-même la dupe de fausses apparences ; mais il peut n'avoir, en réalité, d'autre tort que de ne pouvoir prouver des faits dont pourtant il aurait la certitude personnelle ; et parfois il arrive d'étranges mésaventures à des femmes que la justice avait cru calomniées par leurs maris. Le palais en a vu tout récemment un notable exemple ; mais enfin, la seule vengeance qu'une femme puisse obtenir d'un mari qui l'a calomniée, ou accusée sans preuve, c'est la séparation de corps pour *injures graves*. Il en est de même pour celles qui auraient à se plaindre *d'excès* ou de *sévices*.

Là s'arrête la sévérité de la loi, et jusqu'à présent on n'avait pas imaginé d'interdire et d'emprisonner à perpétuité les maris pour de semblables causes.

M. Mortier l'a dit, d'ailleurs, avec beaucoup de justesse : il ne s'agit pas ici de ma femme, mais de moi ; il ne s'agit pas de sa conduite, mais de mon état mental, et pas même de l'état de mon esprit à une époque quelconque, mais de son état *actuel et habituel...*

V

On a fait beaucoup de bruit des enquêtes de Paris et de Berne. On a même voulu y joindre ce qu'on nomme *l'enquête administrative*.

Toutes ont eu lieu sous l'influence de l'événement, récent alors, de l'hôtel Chatham, d'une prévention générale, produite par une publicité perfide et par les commentaires les plus mensongers.

Dans la phalange des témoins, on a fait entrer ou des personnes qui avaient des rancunes à satisfaire, ou des domestiques congédiés même pour vol, ou des aventuriers indignes de toute confiance.

On a insinué très-habilement qu'il fallait que M. Mortier

fût un fou pour n'être pas un grand coupable. Et de là cette sorte d'émulation qui a enfanté ces anecdotes invraisemblables ou ridicules, qu'on en a pas moins groupées ensemble et mises, comme autant de charges sérieuses et incontestables, au compte de M. Mortier.

En répondant aux interpellations, M. Mortier a donné sur certains témoins des détails qui pourront ne pas le réconcilier avec eux, mais qui expliquent le choix de ces témoins et la valeur de leurs dépositions ; et quant aux faits allégués, il en est plusieurs *et des meilleurs* dont il a pu démontrer la fausseté matérielle, quand l'ironie et le ridicule ne suffisaient pas pour en faire justice.

Faut-il ajouter que M. Mortier n'a pas même pu songer à une contre-enquête sur les faits de Berne, à cause de son éloignement et de sa captivité ?

VI

Ces faits de Berne, au surplus, sont-ils imputables à la folie ?

Apparemment M. Cordier ne le pensait pas, lorsqu'on lui fait dire dans l'enquête : « Mortier est un infâme ! » ce qui signifiait : « Mortier accuse injustement sa femme, il la calomnie, » mais non pas : « Mortier a perdu la raison. »

Ce n'était pas non plus la pensée de Mme Mortier, lorsqu'à la suite de ces scènes conjugales, elle disait : « Tout est pardonné, tout est oublié, » car le pardon ou l'oubli, obtenu ou accordé, suppose des rapports d'intelligence et de volonté que la folie n'aurait plus permis.

Et lorsqu'en quittant la Suisse, les époux Mortier furent retenus pendant un mois à Provins par la maladie très-grave de leur fils, qui le soigna ? qui lui appliqua les sangsues ? qui lui administra, jour et nuit, ces potions de *laudanum* si périlleuses dans des mains inhabiles, et, à plus forte raison, dans celles d'un fou ? M. Mortier, toujours M. Mortier, sans que la mère s'en alarmât, sans même qu'elle songeât, une seule fois, à consulter, sur l'état de son mari, les savants docteurs MM. Guersant, J. Cloquet, Girod et Louis, si souvent appelés au lit du jeune malade.

Soit, dit-on, les faits de Berne n'étaient pas encore de la folie ; mais ses *prodrômes*, sa période d'*incubation*.

Il faut avouer que la maladie y aurait mis le temps : couvée en 1843, on ne devait la voir éclore qu'en 1847 !

C'est-à-dire qu'on interprète, après coup, dans le sens de la folie, et pour le besoin de la cause, des circonstances fort insignifiantes en elles-mêmes, oubliées depuis longtemps, et qui, si elles avaient indiqué quelque désordre dans les idées, auraient eu leur explication toute naturelle dans l'indisposition survenue après un refroidissement suivi d'un dîner officiel.

Et qui donc, dans les quatre années subséquentes, a seulement suspecté l'état mental de M. Mortier ?

Est-ce le gouvernement français, qui a continué de voir en lui un de ses agents les plus habiles dans les fonctions les plus élevées comme les plus délicates ?

Est-ce le gouvernement étranger auprès duquel il l'avait accrédité ?

Est-ce la Chambre des pairs, dont il a partagé les travaux politiques et les travaux judiciaires (en matière criminelle !) dans toute la session de 1843-1844 ?

Est-ce M. Guizot ou Mme Adélaïde, avec qui il entretenait cette correspondance si remarquable des 23 et 25 octobre 1847 ?

Est-ce Mme Mortier qui, le 8 du même mois, lui avait laissé, en quittant Bruges, ce billet d'adieu, manifeste de séparation qu'elle n'aurait point adressé sans doute à un insensé ?

Enfin, est-ce Mme Mortier qui, quinze jours plus tard, lui envoyait successivement, de Paris à Bruges, et le général de Rumigny, et son honorable défenseur, pour lui annoncer la guerre, ou lui proposer une capitulation à des conditions que la dignité du mari et du père de famille ne pouvait accepter ?

Concluons donc, en toute sûreté de conscience, que les

faits de Berne ont été ou controuvés, ou exagérés, ou dénaturés dans cette enquête lointaine, complaisante, où l'on savait bien que le mari, captif en France, n'interviendrait pas pour balancer les influences hostiles qui s'exerçaient impunément contre lui. Triste échafaudage, péniblement élevé, honteusement écroulé aujourd'hui.

VII

Le but était simple d'ailleurs : on ne voulait pas laisser dans son isolement le fait du 7 novembre 1847, celui qu'on appelle l'événement de l'hôtel Chatham.

Que ce fait, qui mettait encore en scène un membre de la pairie, ait ému le gouvernement d'alors ; qu'une malveillance semi-officielle l'ait encore exagéré, on doit peu s'en étonner.

Mais aujourd'hui qu'il est réduit à ses proportions vraies, impossible, de quelque manière qu'on l'envisage, d'y chercher la base d'une interdiction.

De deux choses l'une : ou la menace épistolaire de M. Mortier n'était pas sérieuse, ou elle l'était.

Dans le premier cas, ce sera une pensée malheureuse, inspirée par un bon motif, celui de prévenir un éclat où il croyait voir sa ruine, celle de sa femme, celle de leurs enfants.

Dans la seconde hypothèse, ce sera une pensée coupable, fille du désespoir, mais qui n'a pas reçu le moindre commencement d'exécution dans cette longue attente de plus de deux heures, tant la raison dominait encore chez lui la volonté ! une de ces mauvaises pensées qui, suivant son expression à l'audience, « peuvent traverser l'esprit, sans arriver jusqu'au cœur. »

Et il fallait bien que Mme Mortier ne le crût ni fou ni capable d'une telle action, puisqu'elle n'accourait point à l'hôtel Chatham, au secours de ses enfants, quand une rue seule les séparait de leur mère....

VIII

En résumé, l'interdiction ne se prononce pas *à titre pénal*, surtout contre un homme qui a déjà subi une si longue, si douloureuse expiation.

Elle ne se prononce pas *à titre préventif*, sous prétexte de craintes, qui n'auraient aucune limite possible dans l'avenir comme elles n'ont aucune cause sérieuse, soit dans la passé, soit dans le présent.

Non ! quelles que soient les influences conjurées contre M. Mortier, la Cour n'appliquera pas cette mesure illégale et meurtrière à un homme qui, encore une fois, et malgré la violence qu'on reproche à son caractère, n'a jamais fait de mal à personne ;

Qui, au grand jour de l'audience, devant ses juges et le public, a confondu l'accusation de folie, jusqu'à la rendre odieuse et absurde ;

Qui se présente à la justice, protégé par une vie toute d'honneur et de dévouement à son pays ; cautionné par sa famille tout entière, par ses amis que le malheur ne lui a pas enlevés ; par sa vieille mère dont l'âge n'a pas glacé le cœur et qui l'attend avec une si vive impatience, pour lui prodiguer ces soins, ces tendresses, ces consolations, seul remède possible, non à une maladie imaginaire, mais à des douleurs hélas ! trop réelles et trop profondes.

Voilà l'homme qu'il ne faut pas tuer par une interdiction, mais qu'il faut s'empresser, au contraire, de rendre au grand air, à la vie sociale, à la liberté.

Et du fond du cœur, Mme Mortier dira que la Cour a bien jugé en n'interdisant pas son mari qu'elle-même n'a jamais cru fou...., sauf à continuer désormais son instance de séparation !

PAILLET, avocat.

Le 27 février, M. l'avocat général Meynard de Franc, en termes
élevés, se prononça contre l'interdiction de M. le comte Mortier.

Le même jour, et après un délibéré dans la chambre du conseil,
la Cour, conformément aux conclusions du ministère public, infirma
le jugement par un arrêt dont voici le texte :

« La Cour,

« Considérant, en droit, que la folie et la fureur, dans le sens de
la loi, ne sauraient être un état accidentel ou fugace, quelque grave
qu'il soit dans ses atteintes ; mais que, pour rentrer dans les dispositions de l'article 489 du Code civil, ces infirmités morales doivent
être une altération habituelle de la raison, alors même qu'elles n'af-
fectent et ne subjuguent l'intelligence que d'une manière partielle
et sur certains points déterminés ;

« Considérant, en fait, qu'il résulte des enquêtes et autres documents de la cause que, si Mortier s'est livré à des violences exces-
sives et à des préventions injustes contre différentes personnes, il
n'est pas prouvé que ces faits et actes soient le résultat d'un dérangement maladif habituel de son esprit ;

« Que les emportements allégués auraient presque toujours coïn-
cidé, tantôt avec des souffrances physiques aiguës, tantôt avec de
vives contrariétés qui les expliquent, mais que rien n'est suffisant
pour attester qu'ils tiennent à une lésion persistante des facultés
mentales ;

« Que les hallucinations dont ont parlé quelques témoins ont été
la suite passagère de crises nerveuses et se sont évanouies radicalement quand ces crises ont disparu ;

« Qu'il est vrai que Mortier a conçu, sur le compte de sa
femme, des soupçons jaloux, qui peuvent avoir été portés jusqu'à l'égarement, mais que ces soupçons n'ont pas le caractère
d'une idée fixe ; qu'au contraire, ils ont été suivis de témoignages
de repentir, de tendresse et d'estime pour Mme Mortier ;

« Qu'à l'égard des scènes qui ont eu lieu à Berne, à La Villette
et à Bruges, le système de l'intimée qui les signale comme les ma-
nifestations d'une démence furieuse est contredit par les affirmations de l'appelant, qui les rattache à des résistances de l'épouse
dans les rapports les plus intimes, autorisés par le mariage ;

« Que l'incident de l'hôtel Chatham lui-même, où ont éclaté des
transports si fréquents et si désordonnés, trouvait une explication
logique dans l'exaspération que faisait éprouver à Mortier la crainte
d'une séparation de corps, portée avec scandale devant les tribunaux, et blessante, tout à la fois, pour ses idées d'autorité maritale
et pour son affection pour ses enfants, peut-être même aussi pour
son affection pour sa femme ;

« Que, quel que soit le tableau que des témoins véridiques ont fait de cette scène sinistre, on y voit cependant dominer, au milieu des excès de la passion, l'empire légitime de l'épouse, au nom de laquelle s'ouvre la porte de l'appartement, jusque-là fermée aux plus hautes autorités publiques, et la préoccupation du père pour ses enfants, auxquels il se plaint amèrement d'avoir été arraché par une surprise;

« Que si Mortier eût réellement arrêté dans son esprit les projets tragiques auxquels les apparences ont fait croire, on se demande pourquoi il ne les aurait pas réalisés pendant ce long temps où il a été seul avec ses enfants; qu'en admettant même que la pensée homicide annoncée dans ses lettres ait été un instant sérieuse, Mortier aurait donc conservé assez d'empire sur ses déterminations pour étouffer son dessein et ne pas l'exécuter lorsque rien ne l'en empêchait;

« Considérant, au surplus, qu'il est de principe que dans le doute, il faut se prononcer pour l'état de sagesse plutôt que pour l'état de démence, d'autant que dans l'espèce l'interdiction serait de nature à entraîner la perte de la liberté; que c'est le cas d'appliquer la règle de justice et d'humanité *pro libertate respondendum est;*

« Considérant enfin, que les interrogatoires subis devant les premiers juges, et surtout les explications orales présentées à l'audience de la Cour par Mortier, justifient que, dans l'état actuel, il n'existe aucun point sur lequel il ne porte le jugement réfléchi d'un homme en possession de ses facultés, et capable d'apprécier sainement la moralité de ses actes;

« A mis, et met l'appellation et le jugement dont est appel au néant;

« Emendant, décharge l'appelant des condamnations contre lui prononcées au principal;

« Ordonne qu'il sera mis sur-le-champ en liberté;

« Dit que le présent arrêt sera exécuté sur minute, et avant l'enregistrement et la signification;

« Ordonne la restitution de l'amende; et, attendu la qualité des parties, compense les dépens. »

(Voir la *Gazette des Tribunaux* des 9, 16, 23, 30 janvier, 6, 13, 20, 27 et 28 février 1849.)

Mars 1851.

COUR D'APPEL DE PARIS

(AUDIENCE SOLENNELLE)

PLAIDOYER

POUR

LA MINEURE ANTONIA

CONTRE

LES HÉRITIERS DE MAISONNEUVE

DEMANDE EN DÉSAVEU.

Affaire De MAISONNEUVE

M. Achille Simonnet de Maisonneuve, veuf, après trois ans de mariage, d'une première femme dont il n'avait pas eu d'enfants, s'était remarié et avait épousé en 1844 Mlle Gilles.

Au mois de février 1847, sa santé s'altérant gravement et lui donnant de sérieuses craintes, il appelait un notaire et faisait un testament dans lequel il déclarait léguer toute la quotité disponible de sa fortune à sa femme. Le 9 mars suivant, à bout de forces, il expirait emporté par une gastro-entérite aiguë.

Le 22 juillet de la même année, Mme veuve de Maisonneuve partait subitement pour Londres, en compagnie d'un jeune homme, M. Nolte, que M. de Maisonneuve avait souvent accueilli chez lui.

Le séjour de la jeune veuve se prolongea jusqu'au commencement de l'année 1848. A cette époque, et à peine de retour à Paris, elle fit prévenir sa belle-mère qu'elle avait l'intention de se remarier et d'épouser M. Nolte. En même temps elle convoquait un conseil de famille pour décider si la tutelle d'une fille mineure de M. Achille de Maisonneuve, nommée Antonia, devait lui être conservée.

Le 29 décembre 1847, à Londres, Mme veuve de Maisonneuve avait en effet *elle-même*, selon l'usage anglais, déclaré devant un magistrat du district d'Islington, la naissance d'une fille dont elle se disait accouchée le 18 novembre précédent.

A cette nouvelle, les héritiers de M. de Maisonneuve répondirent par un refus formel de reconnaître comme l'enfant légitime de M. Achille de Maisonneuve la fille née le 18 novembre en Angleterre et par une demande en justice tendant à la confirmation de leur désaveu.

L'affaire vint le 2 décembre 1849 devant la première chambre du tribunal de la Seine.

Me Chaix-d'Est-Ange avait pris en main les intérêts de la famille de Maisonneuve.

Me Dard plaidait pour Mme veuve de Maisonneuve, devenue Mme Nolte, et Me Paillet, pour l'enfant désavouée.

M. l'avocat de la République Berriat Saint-Prix occupait le siége du ministère public.

Après Me Dard et Me Chaix-d'Est-Ange, Me Paillet prit la parole en ces termes :

MESSIEURS,

Je suis de l'avis de mon contradicteur sur un point, sur le mérite de la plaidoirie que vous avez entendue à la dernière audience : l'avocat de Mme Nolte a détruit l'accusation d'adultère dirigée contre sa cliente, de telle sorte qu'il n'y a plus lieu de revenir sur ce sujet. Je place donc ma discussion sous le patronage de cette plaidoirie.

Avant de suivre mon adversaire sur le terrain qu'il a lui-même choisi, j'ai besoin de mettre sous les yeux du tribunal quelques faits et quelques dates préliminaires utiles à connaître. Le 18 novembre 1847, est née à Londres Antonia-Janes Simonnet, huit mois après la mort de son père. Le 27 décembre 1847, l'enfant a été présentée à l'état civil de

Londres par sa mère elle-même, remise des douleurs et des fatigues de l'accouchement. Le 20 janvier 1848, Antonia-Janes a reçu le baptême, ayant pour parrain et marraine les père et mère de Mme Nolte, qui, sans doute, leur ont donné les noms qu'elle porte. Il est au moins certain que la précieuse découverte dont vous a fait part notre adversaire, en finissant, est inexacte ; non, Mme veuve de Maisonneuve n'a pas donné à sa fille le prénom de M. Nolte. Il ne s'appelle ni *Antoine*, ni *Jean*, mais *Amandus*. Libre à vous de dire maintenant de belles choses sur la signification de ce mot ; votre première découverte n'en est pas moins une spirituelle erreur.

Ces dates étant bien connues, nous pouvons répondre aux observations de nos adversaires.

L'acte de naissance a été dressé le 27 décembre. C'est à cette date que vous reportez la naissance de l'enfant ; vous n'admettez pas qu'elle soit née six semaines auparavant. Sur ce premier point, fort important du reste, vous êtes mal informé ; vous avez tort, la loi anglaise accorde un délai plus long que notre Code civil pour faire enregistrer les naissances. Les statuts accordent quarante-deux jours, et cela doit être dans un pays où il est d'usage que la mère présente son enfant, et certifie elle-même la date de la naissance, avec serment et sous le coup, en cas de fraude, de la peine des travaux forcés.

L'acte de naissance étant régulier, il constate donc que la naissance remonte au 18 novembre, et tant que vous ne vous serez pas inscrit en faux contre cet acte, il ne peut pas ne pas avoir cette autorité. D'ailleurs, il est si vrai que l'enfant est née le 18 novembre, que tous les faits, tous les documents du procès constatent la même date ; quelques-uns même la fortifient d'une façon péremptoire. Il n'est pas seulement certain que l'enfant est née le 18 novembre ; nous apportons aussi la preuve qu'il est né à cette date, présentant toutes les apparences d'une *utero gestation* de neuf mois accomplis, de telle sorte que nous pouvons dire que la loi et la science s'accordent pour faire remonter sa conception à une époque où M. de Maisonneuve jouissait encore d'une excellente santé. Les docteurs Hainau et Cellaway, qui ont assisté à l'accouchement, nous ont adressé sous forme d'*affidavit* des consultations médico-légales, qui ne laissent aucun doute sur le temps de l'utéro-gestation. Ces certificats ne nous ont point suffi cependant, tout péremptoires qu'ils sont, et nous avons voulu que le savant le plus compétent en ces délicates matières, le docteur Moreau, donnât aussi son avis, et nous dît s'il attribuait la même signification que ses confrères de Londres aux phénomènes observés par eux. Le docteur Moreau a répondu à nos questions de la manière la plus satisfaisante.

Si nous ne nous abusons pas, ces documents légaux et scientifiques répondent péremptoirement à notre adversaire et détruisent les bases de sa discussion. A cette heure, que vient faire aux débats cette discussion sur l'impuissance accidentelle attribuée à M. de Maisonneuve par suite de la gastro-antérite aiguë à laquelle il a succombé ? S'il ne faut pas placer la naissance au 27 décembre, il n'est plus possible de faire coïncider la conception avec l'agonie du mari, et ainsi tombent tous les reproches que vous adressiez à la loi. A quoi bon, au reste, comparer M. de Maisonneuve avec un militaire qu'une balle aurait atteint d'une façon à ne laisser aucune espérance de paternité, à un ouvrier qui, tombant d'un toit, se sera brisé les quatre membres ? Quelle analogie entre ces cas où l'impuissance accidentelle est suffisamment établie, et une gastro-antérite aiguë qui, pendant un long mois, laisse au malade toutes ses forces ?

Je ne suis pas versé dans la science de la physiologie, et j'ai demandé qu'on voulût bien m'éclairer sur la nature de la maladie. Il m'a été répondu que la gastro-antérite aiguë, comme toutes celles qui se manifestent par une ardeur immodérée du sang, loin de placer le malade dans ce piteux état du maçon qui, les membres brisés, se trouve enchaîné dans des éclisses, lui inspire au contraire des désirs, et lui donne une puissance extraordinaire. On dirait que la nature invite le malade à jouir des derniers jours qu'elle lui a comptés.

Mᵉ **Paillet** s'explique sur le recel de la naissance. Ce point n'est pas plus établi que l'adultère. Qu'est-ce qui prouve que la naissance a été cachée? c'est l'acte de naissance lui-même. Or, vous en connaissez les énonciations. C'est encore accessoirement l'acte de baptême, et les indications qu'il contient sont identiques aux indications de l'acte de naissance. Il n'y a pas recel de la naissance. Nous pouvons même ajouter que non-seulement on n'a pas recélé la naissance, mais qu'on n'a pas caché la grossesse, et cela avec l'aide de nos adversaires qui, dans leurs écritures, disent eux-mêmes qu'ils ont été rendre visite à Londres à Mᵐᵉ Simonnet pendant le courant du mois de septembre. Ils ont donc connu par eux-mêmes la grossesse, dont on n'a jamais songé à faire un mystère.

Mais dans ce cas pourquoi, après le décès, la liquidation de la communauté s'est-elle faite sans que Mᵐᵉ Simonnet ait fait comprendre que son état de santé devait sous peu de temps en modifier toute l'économie? Deux dates répondent à cette objection. La liquidation a été terminée le 15 avril, et il faut bien reconnaître qu'à cette date la grossesse ne pouvait être pour Mᵐᵉ de Maisonneuve un fait clairement manifesté.

Il me reste à expliquer les prétendues révélations que l'on prête à M. Gilles, tuteur de l'enfant désavoué, et à Mᵐᵉ Simonnet elle-même. Comme on vous l'a dit à votre dernière audience, ce langage impossible que l'on prête à une jeune femme, lorsqu'au milieu des larmes et des sanglots, elle se plaint de la solitude que la mort de son mari va créer autour d'elle — ce langage respire un doux parfum d'école de médecine, de dictionnaire médical qui éclaire votre conscience

sur l'exactitude de cette allégation. Rétablissons les principes. Ecoutez Daguesseau traiter cette question des aveux
de la mère : « Que doit-on conclure de toutes ces recon-
naissances, si ce n'est que la mère a pu être dans l'erreur
touchant le commencement de sa grossesse, qu'elle a peut-
être appréhendé que son mari n'en portât le même jugement?
Mais ni sa passion ni son erreur ne peuvent faire aucun préjudice à l'état de son fils, et d'ailleurs le motif qui l'a déterminée à cacher sa grossesse est trop incertain pour décider, par cette circonstance, de la condition et de la fortune
de l'enfant. »

Et le 15 juin 1693, le Parlement de Paris adopta les principes que Daguesseau avait si nettement établis. Ces principes, Messieurs, réduisent également à néant les explications défavorables que l'on prête à M. Gilles. Il est étrange
qu'on vienne opposer à l'enfant les déclarations de son tuteur sur des faits que M. de Maisonneuve et sa femme pouvaient seuls connaître et apprécier. Pourriez-vous ordonner
que l'aïeul fût entendu contre son petit-fils, le tuteur contre
son pupille ?

En résumé, l'enfant a été certainement conçu pendant le
mariage, et les deux époux n'ont jamais été séparés ni de
cœur, ni de fait. Tous les faits, même ceux qu'articulent nos
adversaires, tendent à prouver la bonne intelligence et l'a-
mitié sincère qui les unissaient. En ces circonstances se présente un désaveu formé par des héritiers qui n'ont pu produire que des faits ou insuffisants ou complètement démentis
et réfutés.

Tel est ce procès, et nous espérons que vous partagerez
la satisfaction que nous éprouvons nous-mêmes en voyant
les faits et les principes d'accord avec les droits sacrés de
l'enfant.

M. Berriat Saint-Prix, avocat de la République, conclut au rejet
de la demande en désaveu.

Le tribunal, par un jugement rendu le 14 décembre 1849, déclare les héritiers de Maisonneuve mal fondés dans leur demande, attendu, en droit, que la naissance n'avait pas été cachée, et que l'acte de naissance fait foi de son contenu ; attendu, en outre, que les faits allégués n'étaient ni pertinents ni admissibles.

Appel fut interjeté par les héritiers de Maisonneuve, et le 22 avril 1850, l'affaire revint devant la 1re et la 2e chambres de la Cour réunies sous la présidence de M. le premier président Troplong.

Me Chaix-d'Est-Ange soutenait l'appel ; comme en première instance, Me Dard représentait Mme Nolte, Me Paillet l'enfant désavoué.

Le siége du ministère public était occupé par M. l'avocat général, Metzinger.

Me Paillet, avocat de M. Gilles, tuteur *ad hoc* de la jeune Antonia, s'exprima ainsi :

MESSIEURS,

Il était naturel et logique que la mère fût entendue avant tout ; elle avait à se disculper des plus graves inculpations. Cette tâche a été remplie par mon jeune et habile confrère de manière à ne rien laisser à désirer.

En parlant au nom du tuteur, examinons d'abord quel était l'état du ménage Maisonneuve. Etait-ce un de ces ménages trop communs où les légèretés de la femme sont en lutte avec les soupçons du mari ? Nos adversaires, si féconds en articulations téméraires, n'ont pas osé le dire. En effet, depuis trois ans cette union n'avait connu que les douceurs d'une harmonie constante et sans nuages ; tout le monde l'atteste. Les adversaires l'attestent par leur silence, par leurs aveux tacites ; les documents émanés du mari luimême achèvent la conviction. Jusque dans ses derniers moments, M. de Maisonneuve n'avait cessé de témoigner de son affection pour sa femme, affection qui est toute la teneur du testament rédigé de sa propre main. En général, lorsque des faits, pareils à ceux que les adversaires allèguent, sont mis en avant, ils sont accompagnés de la production des lettres de la femme à son complice, des plaintes du mari consignées dans ses papiers domestiques ; ici, rien de pareil ; on ne peut même rappeler entre le mari et la femme les controverses les plus légères.

De ces faits généraux, venons à l'examen de la question de désaveu.

Avant tout, fixons-nous sur la date de la naissance. Un acte régulier, du 29 décembre 1847, trente-sept jours après la naissance, constate que cette naissance a eu lieu le 18 novembre 1847. Sans doute s'il s'agissait d'une déclaration faite en France, elle eût dû avoir lieu dans les trois jours ; mais c'est en Angleterre que cette déclaration se produit, et la loi anglaise, afin de permettre à la mère de faire elle-même la déclaration, étend le délai à quarante-deux jours. D'ailleurs voulût-on, contre le principe de la foi due à l'acte, placer le fait de la naissance à la date de la déclaration même, on se trouverait encore dans les deux cent quarante-cinq jours, lorsque la loi en accorde 300 pour la légitimité incontestable. Et la loi romaine allait bien plus loin, comme le rappelle ce vers :

Matri longa decem tulerunt fastidia menses.

Au surplus, les adversaires assignent-ils une autre date que celle du 18 novembre 1847 ? Non, et cela serait bien impossible, en présence des *affidavit* de deux médecins et de la sage-femme qui constatent le fait, *affidavit* qui vont jusqu'à exposer que les observations faites sur la personne de l'enfant démontrent qu'il avait épuisé tous les délais de ce qu'on appelle l'*utero-gestation ;* et ces *affidavit* ont reçu la complète approbation de l'un de nos plus habiles docteurs, M. Moreau, qui y a reconnu la preuve que l'enfant était parfaitement à terme.

Aussi bien les adversaires n'ont pas beaucoup insisté à cet égard ; ils se sont bornés à demander comment une mère qui aurait été irréprochable se serait avisée de ces précautions, de ces certificats sur la véritable date de la

naissance de son enfant? La réponse est dans une articulation même faite par les adversaires : ils prétendent que, dès
le 20 décembre 1847, une entrevue avait eu lieu entre la
famille paternelle et Mme de Maisonneuve, et dans cette entrevue, on avait manifesté des dispositions hostiles ; nous
étions donc, au 5 et au 6 janvier suivant, date des certificats,
sur la défensive. Ainsi donc, qu'il reste bien établi que la
naissance date d'un délai de huit mois et neuf jours après la
mort du mari.

Maintenant, en principe, l'article 312 autorise le désaveu
en cas d'impossibilité physique de cohabitation dans le délai
qu'il détermine. Mais d'abord c'est là une exception à la règle *is pater est quem nuptiæ demonstrant*, et les exceptions ne
doivent pas être étendues. En second lieu, à quelle époque la
conception peut-elle remonter? D'après la loi, au trois-centième jour avant la naissance ; dans l'espèce, le trois-centième
jour avant le 18 novembre, c'est le 3 janvier 1849. Or, à cette
date, M. de Maisonneuve était-il atteint d'un de ces défauts
que prévoit l'article 312? Cet article parle de l'éloignement
des époux : les époux demeuraient sous le même toit ; d'un
accident, par exemple, comme l'a dit l'adversaire, d'un militaire blessé dans un combat, d'un maçon mutilé à la suite
d'une chute de toit, d'un paralytique : j'accepte le militaire,
le maçon, le paralytique, — mais M. de Maisonneuve n'était
dans aucune de ces hypothèses. Il pouvait être malade sans
qu'il fût arrivé d'accident. Tous, tant que nous sommes, nous
avons été malades, sans être frappés pour cela d'accidents
plus ou moins voisins de celui que suppose l'article 312. Il
est même certaines maladies qui confèrent une capacité
exceptionnelle : celle de M. de Maisonneuve était d'un caractère éminemment nerveux, et par conséquent du nombre de
ces maladies que mon confrère appelait privilégiées.

Au surplus, les preuves sur ce point abondent dans nos
mains. Je comprends les doléances de mon adversaire sur
les indiscrétions qui résultent quelquefois des articulations

des requêtes. L'une de ces articulations portait primitive-
ment que, le 20 janvier 1849, M. et Mme de Maisonneuve
avaient été ensemble au bal chez un M. Coche; le 20 janvier,
dix-sept jours après la date de la conception, — comme nous
l'avons établi — que devenait l'impossibilité physique? Il est
vrai qu'on ajoutait que M. de Maisonneuve avait été renvoyé
chez lui à minuit par sa femme qui, elle, s'était réservé de
passer la nuit comme elle l'avait entendu. Devant la Cour, le
fait a disparu : on y a vu un écueil.

Après tout, ce sont des héritiers qui recherchent la puissance physique de leur auteur. On comprendrait le mari venant dire : *Adsum qui non feci*. Mais les héritiers... je puis
leur dire : Qu'en savez-vous ?

A l'égard de l'article 313, il accorde au mari et aux héritiers l'action en désaveu pour cause d'impossibilité morale,
mais sous des conditions bien précisées. Même en cas d'a-
dultère prétendu, cet article exige, avec la preuve de cet
adultère, que la naissance ait été cachée; il exige aussi l'allégation des faits propres à prouver que le mari n'est pas le
père de l'enfant. Or, ici pas une de ces conditions n'existe.

Quant à l'adultère, en accordant aujourd'hui avec la jurisprudence qu'il n'a pas besoin d'être établi au préalable;
mais qu'il peut l'être dans l'instance même de désaveu, — en
concédant encore que l'adultère est un élément considérable à l'appui du désaveu, nous disons qu'il n'y a, dans
l'espèce, aucun indice, aucun document contre nous. Quels
faits rappelle-t-on ? Devant la Cour la plus grande partie du
bagage a été jeté à la mer et, en fin de cause, on les a rem-
placés par un fait nouveau. Ce fait consiste à prétendre que
pendant les six dernières semaines qui ont précédé la mort
de M. de Maisonneuve, sa femme se serait oubliée au point
de recevoir les visites assidues de M. Nolte, et que lorsqu'elle était troublée dans cet entretien par la servante qui
l'appelait au lit du malade, elle répondait à cette ambassa-
drice dans des termes d'une crudité qui a dû vous révolter.

Il ne suffit pas qu'un fait soit pertinent, il doit être admissible, c'est-à-dire n'être pas d'avance réfuté par son invraisemblance et par tous les éléments de la cause. Or, ce fait énorme, le seul qui puisse soutenir l'articulation générale, n'a été produit que devant la Cour; et pourquoi ce retard? La servante était seule témoin et elle est morte du choléra en 1849, plusieurs mois avant le jugement. D'ailleurs, qui pourra croire qu'une jeune femme bien élevée, mariée depuis trois ans, eût commis le crime qu'on lui impute, dans une chambre contiguë à celle où se trouvait son mari mourant? Qui pourra supposer cette impudeur inouïe?

Mon adversaire a dit qu'il est des causes qu'on cherche à enlever. Assurément, avec son talent, on peut toujours espérer de pareils succès; mais il est aussi des causes qu'on a besoin de sauver. Pour échapper au naufrage de l'interlocutoire, pour obtenir à tout prix l'enquête, on s'efforce de restaurer en appel l'articulation de première instance, articulation si malade, celle-là, qu'on a recours à un remède héroïque; mais les magistrats n'autorisent pas une enquête quand les faits sont inadmissibles et de mauvaise foi.

Il y a mieux, la contradiction la plus formelle existe dans les prétendus griefs des adversaires. Ainsi, après celui qui vient d'être énoncé immédiatement, on expose que huit jours avant la mort de son mari, Mme de Maisonneuve elle-même gémissait sur le dédain dont elle aurait été l'objet de la part de celui-ci, en disant qu'elle pourrait, en se remariant, porter le voile virginal; articulation qui n'est pas généreuse pour la mémoire de l'homme dont vous convoitez la succession, mais qui, en tous cas, dément celle qui se rapporte à de prétendues relations avec M. Nolte pendant les six dernières semaines de la vie du mari; autrement, qu'allait donc faire M. Nolte, suivant vous, auprès de Mme de Maisonneuve?

On dit encore : Mme de Maisonneuve s'est remariée le onzième mois de son veuvage; est-ce une circonstance dont on veuille conclure l'adultère ? Les deuxièmes noces cependant ne sont point interdites. Mon adversaire a placé ici une citation que nous avons tous été heureux d'entendre, car on n'entend jamais trop souvent Lafontaine ; il parlait de *la Matrone d'Ephèse* ; je serais bien tenté de fortifier ce qu'il a dit par un passage de la charmante fable de *la Jeune veuve :*

> La perte d'un mari ne va point sans soupirs ;
> On fait beaucoup de bruit, et puis on se console.
> Sur les ailes du temps la tristesse s'envole,
> Le temps ramène les plaisirs.
> Entre la veuve d'une année
> Et la veuve d'une journée
> La différence est grande ; on ne croirait jamais
> Que ce fût la même personne....

Mais là n'est pas le procès ; il est établi qu'il n'y a pas eu violation de la foi conjugale, pas la plus légère preuve de l'articulation, enfin que le fait d'adultère n'existe pas.

La naissance a-t-elle été cachée ? Y a-t-il eu dissimulation dans l'acte de naissance ? Non ! la déclaration, faite sur un registre qui contient six ou sept colonnes détaillées, comme il arrive pour tous les actes passés chez les Anglais, peuple si formaliste, constate les noms du père, de la mère qui a signé, de l'enfant et la date du 18 novembre 1847. De plus Mme de Maisonneuve a elle-même demandé, le 20 janvier 1848, une réunion du conseil de famille pour délibérer sur la nomination d'un subrogé-tuteur à son enfant ; est-ce là un recel ?

On veut, en principe, qu'il suffise du recel de la grossesse ; je suis tout prêt à me rallier à cette jurisprudence, qui est celle de la Cour devant laquelle nous plaidons et de la Cour de cassation (arrêt du 7 janvier 1850). Que la naissance dont parle l'art. 313 soit un fait complexe, commençant à la conception, et terminé par l'accouchement, je l'accorde, si on veut ; ces recherches d'érudition sont sans intérêt ici. La

grossesse n'a pas été cachée. Mme de Maisonneuve est allée
en Angleterre à la fin de juillet 1847, mais elle n'avait pas
besoin de votre permission pour cela, car elle était veuve
et libre. Quant aux motifs qui l'y ont conduite, on comprend bien cette curiosité de visiter un pays étranger, et
même l'envie de s'éloigner pour recevoir, bien qu'avec une
entière pureté, des hommages qui n'avaient rien de fâcheux. Tout cela n'est pas le recel de la grossesse. Et puis je
reviens à votre dernière articulation. Or, j'y trouve que M. et
Mme Cardou, son beau-frère et sa belle-sœur, ont fait à
Londres, à Mme de Maisonneuve, une visite lorsque celle-ci
était grosse de sept mois, c'est-à-dire deux mois avant la
naissance de l'enfant.

Faudra-t-il mettre à l'écart tout ce que nous venons de
dire? Veut-on que l'adultère et le recel existent? Eh bien !
il en résultera seulement que vous êtes admis à la preuve de
tous les autres faits propres à établir que M. de Maisonneuve n'est pas le père. Or, sur ce point, nulle articulation
de votre part. Cependant, vous dites que M. Gilles aurait,
dans le mois de janvier 1848, déclaré que l'enfant n'était pas
de M. de Maisonneuve, et qu'il tenait cette affirmation de sa
fille. Ainsi, on se servirait d'un aveu de la mère contre
l'enfant; on opposerait à M. Gilles, tuteur *ad hoc*, chargé
de soutenir la légitimité de l'enfant, un langage qui aurait
pour effet de détruire cette légitimité. Ce serait l'immoralité
même !

Voilà, messieurs, toute la cause. D'un côté, un enfant protégé par la loi, et né avec toutes les conditions de la légitimité ; d'autre part, des héritiers qui, en désespoir de cause,
proposent, à l'appui de leur action, des faits qui ne soutiennent pas l'examen. Vous accueillerez, je l'espère, leur prétention comme ont fait les premiers juges.

M. l'avocat général Metzinger conclut à la confirmation, mais en demandant à la Cour de modifier les motifs du jugement, qui refusait d'assimiler le recel de la grossesse au recel de la naissance.

Le 6 mai 1850, la Cour se prononça pour la pertinence et l'admissibilité des faits, et rendit l'arrêt suivant :

La Cour, faisant droit sur l'appel interjeté par les parties de Chaix-d'Est-Ange du jugement du Tribunal de première instance de Paris, du 14 décembre dernier, aucun moyen de nullité, ni fin de non-recevoir contre ledit appel n'ayant été plaidés ;

Au fond, — En ce qui touche l'application de l'article 312 du Code civil ; — Adoptant les motifs des premiers juges,

En ce qui touche l'application de l'article 313 ; — Considérant que le mari est autorisé à désavouer l'enfant, lorsqu'il y a à la fois adultère prouvé et recel de naissance ; — Considérant que les héritiers du mari ont le même droit d'après l'article 317 ; — Considérant que les parties de Chaix offrent de prouver la double circonstance de l'adultère de l'épouse et du recel de la naissance de l'enfant ; que les faits par eux allégués sont pertinents et admissibles ; — A mis et met l'appellation et ce dont est appel au néant, en ce que la preuve a été rejetée ; — Emendant quant à ce, avant faire droit au principal, admet les parties de Chaix-d'Est-Ange à prouver tant par titres que par témoins ;

1° Que de Maisonneuve est tombé malade à la fin de janvier 1847, atteint d'une gastro-entérite aiguë ; qu'il fut saigné dès le 1ᵉʳ février suivant ; que depuis cette époque jusqu'au 9 mars, jour de sa mort, il a constamment été alité avec prostration de forces et absorbement complet, physique et moral, au point qu'on n'osait ni le changer de linge, ni le retourner dans son lit, de crainte de le voir expirer ;

2° Pendant le même intervalle de temps, de la fin de janvier 1847 au 9 mars suivant, Nolte s'introduisait presque chaque nuit, vers les onze heures, dans les appartements des époux de Maisonneuve, passait la nuit avec la femme Achille de Maisonneuve dans une chambre voisine de celle du mari, et ne se retirait furtivement que vers six heures du matin. Pendant ce temps, la fille Pauline était auprès du malade ; si celui-ci, au milieu de ses souffrances, la priait d'appeler sa femme, elle allait la prévenir dans la chambre où la femme de Maisonneuve était couchée avec Nolte, mais le plus souvent elle n'obtenait pour toute réponse que ces mots : « Il m'embête ; dis-lui que je dors ! »

3° Huit jours avant la mort de Maisonneuve, Gilles, son beau-père, a dit devant Dubois et sa femme, que sa fille s'était, la veille, jetée dans les bras de sa mère, et lui avait avoué en sanglotant que son mari était impuissant, disant qu'elle était encore vierge et qu'elle pourrait en se remariant porter la couronne virginale. Le même langage a été tenu par Gilles, le lendemain du convoi d'Achille de Maisonneuve, dans le cabinet de Bellet, notaire, en présence de ce dernier et devant beaucoup d'autres personnes qui pourraient l'affirmer au besoin.

4° Aussitôt après la mort de son mari, la femme de Maisonneuve loua un appartement rue Coquenard, 26, dans lequel elle recevait fréquemment Nolte la nuit.

5° Le 27 avril 1847, la femme Achille de Maisonneuve s'est fait délivrer par-devant Bellet, notaire, le legs que lui avait fait son mari, et en a reçu le montant les 9 août et 9 septembre 1847, sans déclarer dans aucune de ces circonstances son état de grossesse, sachant bien cependant qu'en cas d'existence d'un enfant ce legs excédait de plus de moitié la quotité disponible.

6° Au moment de son départ pour l'Angleterre, le 22 juillet 1847, la femme Achille de Maisonneuve a dit à la fille Pauline que, dans l'état de santé où elle se trouvait en ce moment (état inconciliable avec sa grossesse), elle serait bien gênée pendant son voyage.

7° Aussitôt son arrivée en Angleterre, elle quitte le deuil, prend le nom de Nolte, avec lequel elle vit, et se fait présenter comme sa femme.

8° Vers le commencement de janvier, Dubois, allié de la famille de Maisonneuve, puis Cardou, ont été convoqués à plusieurs reprises chez Potier, notaire à Paris, et Gilles, en présence de tiers, a annoncé l'existence d'un enfant, mais en même temps il disait qu'il était chargé par sa fille de rassurer la famille et de déclarer que cet enfant était des œuvres de Nolte, à qui sa fille s'était livrée vers le 20 mars 1847 ; que cet enfant était né avant terme par suite d'une imprudence de sa fille, et qu'elle se mettait à la disposition de la famille, afin de prendre les mesures nécessaires pour que cet enfant ne fut pas considéré comme celui d'Achille de Maisonneuve ; que, du reste, lui, Gilles et sa femme, renouvelleraient ces déclarations sous la foi du serment, si besoin était ;

9° C'est le 13 septembre seulement que Gilles, apprenant que Cardou et sa femme vont faire un voyage en Angleterre, leur annonce qu'à l'expiration des premiers dix mois de son veuvage, sa fille a le projet d'épouser Nolte. Comme Cardou se récriait sur un pareil choix et sur ce qu'il l'avait conduite en Angleterre, il répondit que chez sa fille, le sang, la sève, la force de la vie, bouillonnaient de telle sorte, qu'il y aurait danger de la contrarier ; toutefois les époux Cardou insistaient pour avoir l'adresse de leur belle-sœur en Angleterre, en disant qu'il serait ridicule qu'ils ne la vissent point. Après huit jours d'hésitations et de sollicitations de la part d'Alphonse Gilles, oncle de la défenderesse, que Cardou avait prié de s'interposer, Gilles père se décida à donner à Cardou, non pas l'indication de la résidence de la femme de Maisonneuve, mais seulement l'adresse où Nolte recevait ses lettres. C'était ce dernier qui devait introduire les époux Cardou auprès de leur belle-sœur ; ces conversations ont été tenues devant diverses personnes ;

10° Le 26 septembre, les époux Cardou arrivèrent à Londres ; on leur répondit à l'adresse fournie par Gilles que leur belle-sœur n'y demeurait pas, et, le soir, ils reçurent une carte de Nolte qui les prévenait que le lendemain, il les conduirait chez la veuve de Maisonneuve. Effectivement, le lendemain, il les conduisit à Chadhveel, chez Vustchgoff, ami de Nolte, lequel avait prêté son appartement pour la circonstance, de façon à ce que dans la suite, il fût impossible de retrouver le domicile dans lequel elle ferait ses couches. La femme de Maisonneuve, pour dissimuler son état de grossesse, s'était serré la taille outre mesure, et comme si elle avait craint qu'on remarquât en elle de l'embonpoint, elle eut soin de glisser dans la conversation qu'elle suivait un régime très-substantiel, et qu'en France on serait effrayé de la quantité de viande qu'elle mangeait ; ils insistèrent en vain pour qu'elle vînt les voir, et huit jours plus tard, le 2 octobre, s'étant présentés dans la même maison pour la voir une seconde fois avant leur départ, c'est une bonne qui les reçoit en balbutiant ; elle répond à leurs questions qu'elle est partie pour quelques jours à la campagne, et cependant, le même jour, le soir en rentrant à leur hôtel, les époux Cardou reçoivent une lettre de la veuve Achille de Maisonneuve, datée de Londres, du 2 octobre, par laquelle elle leur souhaite un bon voyage et leur recommande quelques lettres pour la France. Les appelants ont appris depuis qu'elle n'habitait pas cette maison.

Commet M. le conseiller Jurien pour procéder à l'enquête, sauf la preuve contraire, dépens réservés.

Le 2 mai 1851, l'affaire revint, après les enquêtes, devant la 1re et la 2° Chambres de la cour réunies sous la présidence de M. le premier président Troplong.

Mᵉ Chaix-d'Est-Ange plaida de nouveau pour les héritiers de Maisonneuve, et Mᵉ Dard pour Mᵐᵉ Nolte.

A l'audience du 17 mai, Mᵉ Paillet, avocat de M. Gilles, tuteur *ad hoc* de la mineure Antonia, prit la parole en ces termes :

MESSIEURS,

Ma discussion, dans une certaine mesure, fera un double emploi avec la plaidoirie que vous venez d'entendre. Ce sera pour moi une raison de la renfermer dans de plus étroites limites. D'ailleurs, nous sommes accoutumés à trouver en vous une patience égale à la grandeur des intérêts dont vous avez à connaître.

L'état de la question a été fixé par votre premier arrêt.

Les adversaires avaient, en première instance, mêlé au débat l'article 312 du Code civil ; d'accord avec les premiers juges, vous avez rejeté cette prétention. C'est un fait acquis désormais que l'enfant désavoué est né le 18 novembre 1847, c'est-à-dire huit mois et neuf jours après la mort de M. de Maisonneuve, deux cent cinquante-trois jours après ce décès, lorsque la présomption de légitimité s'étend légalement à trois cents jours. Est-il possible, en cet état, de parler encore d'une conception postérieure à ce décès, d'un accouchement prématuré ? Non, car de deux choses l'une : ou toutes les données de la science sont fausses, ou l'enfant est le plus complet qui jamais ait été ; les médecins et la sage-femme se sont unis pour affirmer qu'il portait tous les signes les plus caractéristiques à cet égard ; tels sont les termes des certificats des docteurs anglais présents à l'accouchement, du docteur français Moreau et de la sage-femme.

Il faut donc désormais concentrer tout le procès dans l'article 313 du Code civil, dans l'examen de la question de l'impuissance accidentelle, contemporaine de la conception, et ce, sur le motif de l'adultère et du recel.

Je n'ai pas besoin de rappeler à cet égard que des présomptions ne sauraient vous suffire, qu'il vous faut les preuves les plus éclatantes, surtout quand le désaveu n'est pas formé par le mari, dont le fait personnel est en cause (et ici nous ne voyons, au contraire, que témoignages d'affection, d'estime, de reconnaissance sans bornes de la part du mari pour sa femme), mais par des héritiers, à qui sans doute nous ne contestons pas le droit de se plaindre, mais qui, enfin, dans un intérêt purement pécuniaire, demandent la vérification de ce fait personnel à l'homme qui n'est plus là pour l'affirmer ou pour le contester.

Les adversaires sont jusqu'à certain point embarrassés du triomphe qu'ils ont trouvé dans votre arrêt interlocutoire : c'est que l'enquête ne leur a pas été aussi favorable qu'ils l'espéraient. Ils avaient articulé un premier fait que je place textuellement sous vos yeux. Ce fait porte :

« Que de Maisonneuve est tombé malade à la fin de janvier 1847, atteint d'une gastro-entérite aiguë ; qu'il fut saigné dès le 1er février suivant ; que depuis cette époque jusqu'au 9 mars, jour de sa mort, il a été constamment alité avec prostration de forces et absorbement complet, physique et moral, au point qu'on n'osait ni le changer de linge, ni le retourner dans son lit, de crainte de le voir expirer. »

Eh bien ! je le demande, est-ce que le mari aura fait choix d'un pareil moment ? Aussi, non-seulement l'enquête ne justifie pas l'articulation, mais elle la dément. C'est ce qui explique qu'on ne vous l'ait lue que par portion. Nous, qui ne voulons que la vérité, nous avons tout imprimé, nos pièces et celles de nos adversaires. Vous lirez ces documents ; vous remarquerez cette déposition du docteur Laguerre, témoin appelé par les deux parties, témoin le plus *idoine* possible, qui s'exprime ainsi :

« Le 1er février 1847, M. de Maisonneuve, accompagné de sa femme, vint me consulter ; il me parut atteint d'une inflammation de ventre et de l'estomac : mais ce n'était pas grave, car il parlait d'aller le jour même en soirée. Je lui prescrivis une application de sangsues immédiate, ce qui eut lieu, ainsi que je m'en assurai le lendemain matin lorsque je le vis. Pendant les premiers jours, cette maladie ne me parut avoir qu'un caractère simple. Cependant, au bout de quinze jours, il y eut une consultation avec M. Marjolin : nous ne constatâmes encore rien de grave en ce moment ; mais le 17 ou 18 février, la maladie prit de la gravité. Pendant les derniers quinze jours, il y eut des vomissements très-opiniâtres que rien ne put maîtriser, et quelques symptômes cérébraux, une grande agitation nerveuse se manifesta, le malade était devenu très-exigeant et réclamait des soins continuels. A dater de ce moment-là, il lui fut impossible de quitter la position horizontale, sous peine de voir se renouveler à chaque instant les vomissements ; tant que dura cet état, il y eut chez le malade prostration de forces ; cependant il conserva sa présence d'esprit jusqu'au 9 mars, jour de son décès.

« *Demande* à la requête de M. Gilles : Savez-vous si le 1er mars 1847, M. de Maisonneuve a écrit une lettre à son beau-père et une à M. Bellet, notaire ?

Réponse. Je l'ai entendu dire, mais je ne le sais pas par moi-même. Pour avoir pu écrire les lettres, il faut que M. de Maisonneuve se soit trouvé pendant quelques instants dans une position qui lui permît de le faire ; ce qui paraît extraordinaire d'après l'état que je viens de décrire, mais ce qui s'explique dans beaucoup de maladies.

« *Demande* à la requête de Me Delacourtie : Mme de Maisonneuve n'a-t-elle pas, pendant tout le cours de la maladie, prodigué à son mari les soins les plus constants ?

« *Réponse.* Mme de Maisonneuve a, en effet, donné à son mari les soins les plus intelligents et les plus assidus. M. de Maisonneuve les recevait avec reconnaissance, et il semblait ne pas avoir auprès de lui d'autres personnes pour le soigner ; il me pria même d'intervenir pour défendre qu'on reçût toute personne qui se présenterait ; il supportait impatiemment la présence même de sa mère. Dans les premiers temps de la maladie, Mme de Maisonneuve partagea le lit de son mari. Je ne pourrais dire d'une manière précise jusqu'à quel jour il en fut ainsi ; mais je me rappelle que des personnes de la famille me prièrent d'interposer mon autorité pour que cela cessât. J'ai vu un matelas étendu par terre dans la chambre de M. de Maisonneuve, et sur lequel un jour, vers neuf heures du soir, j'ai vu Mme de Maisonneuve couchée et même endormie. Elle eut en se réveillant une attaque de nerfs qui dura environ deux heures. M. Cardou et plusieurs personnes se trouvaient là ; je ne pourrais pas dire si habituellement Mme de Maisonneuve couchait sur ce matelas ; mais j'ai présumé qu'il en était ainsi. »

La Cour remarquera que M. Laguerre parle d'une lettre écrite le 1er mars par M. de Maisonneuve. Un autre témoin, M. Bellet, notaire à Paris, cousin non reproché par nous, car nous n'avons reproché aucun parent, parle également de cette lettre à lui adressée, et du testament rédigé avec fermeté et netteté, par lequel le malade donnait tout à sa femme, et cela seulement neuf jours avant sa mort ! M. Desnoyers, autre témoin, a dit encore, à propos du point qui nous occupe :

« Ma femme m'a dit que dans une confidence à elle faite par Mme Achille de Maisonneuve, celle-ci lui avait dit que, malgré son état de maladie, le sieur de Maisonneuve la sollicitait souvent. »

C'est ce qui explique la séparation *à thoro* ; et, plus loin, le même témoin dit encore :

« Ma femme m'a dit plusieurs fois qu'elle avait su par Mme Achille de Maisonneuve que son mari n'aimait pas qu'elle prît des bains, parce qu'il avait toujours l'espérance d'une grossesse qui pouvait survenir. »

C'est dans l'enquête même que nous trouvons la preuve des rapports les plus capables de justifier la légitimité que l'on conteste ; et c'est pour nous un pas immense fait dans ce procès. Ajoutons que lors même qu'il serait établi que la femme a fait le sacrifice de son honneur, on n'en pourrait rien conclure contre cette légitimité.

Mais prouve-t-on l'adultère ? L'articulation dit ceci : « Pendant le même intervalle de temps, de la fin de janvier 1847 au 9 mars suivant, Nolte s'introduisait presque chaque nuit, vers les onze heures, dans les appartements des époux de Maisonneuve, passait la nuit avec la femme Achille de Maisonneuve dans une chambre voisine de celle du mari, et ne se retirait furtivement que vers six heures du matin.... »

Et ceci, remarquez-le, dans un moment où on dit que le mari était à peu près mort, sauf l'acte de décès. Je répète que, l'adultère même étant prouvé, comme l'exercice et l'usurpation des droits du mari sont contemporains, on n'en pourrait rien conclure : *quùm possit illa adultera esse, et impubes patrem defunctum habuisse.* Et qui donc nous accuse ? Pauline, dont mon confrère a dit spirituellement que les témoins entendus ne sont que l'écho ou la monnaie, et le portier Jumel, qui a vu, dit-il, une fois M. Nolte pénétrer le soir, et sortir le matin. C'est un fait unique, attesté par un témoin unique, et il y a loin de là à cet adultère effronté et de tous les moments dont on a fait tant de bruit. Les interprétations sont permises, mais elles peuvent varier ; qui donc a dit à Jumel, qui n'a pas suivi M. Nolte, que ce dernier bien reçu dans la maison n'était pas resté près du malade ? D'ailleurs, voyons sa propre déclaration.

Il n'a pas pu voir le matin si c'était M. Nolte, puisque ce dernier passait rapidement devant lui. Il s'est trompé sur le signalement ; il dépeint M. Nolte comme un gros garçon rougeaud et bouffi, afin de justifier peut-être le rôle qu'il lui assigne, et M. Nolte est un grand jeune homme à figure blême..... Puis il lui fait le cadeau d'une casquette, et on triomphe dans le camp adverse, parce qu'on a vérifié, chez M. Nolte, qu'il avait une casquette de voyage ; comme si, dans la situation donnée, pour le rendez-vous qu'on suppose, il est d'usage de prendre une casquette et non pas son chapeau, sans négliger encore un certain soin de sa toilette... En vérité, comment donc l'entend le portier Jumel ?

Voici d'ailleurs une circonstance très-propre à démontrer le mensonge ; c'est la planche sur laquelle le portier prend soin d'écrire, avec un charbon, la date du 23 février, comme pour fixer le jour de la visite de M. Nolte, *dies nigro notanda lapillo...* Oh ! monsieur le portier, vous êtes trop curieux et trop prévoyant... Comment donc ! mais vous avez pensé qu'un enfant naîtrait, et que la Cour voudrait savoir à quoi s'en tenir ! Vous ne ferez croire cela à personne ; et votre mensonge est par trop caractéristique. M. Jumel, au surplus, a une épouse, dont on dit beaucoup de bien, et qui paraît avoir des sentiments religieux ; pourquoi donc, puisqu'elle n'est ni morte, ni interdite, ne l'a-t-on pas fait entendre ?

Elle ne brille dans l'enquête que par son absence ; le mari seul a comparu... avec sa planche. Et c'est sur ce témoignage seul que l'on conteste l'état de l'enfant !

A côté de ceci, plaçons une considération bien grave. On parle des fréquentations habituelles de M. Nolte ; mais Mme de Maisonneuve est une jeune femme, d'excellents principes, d'une éducation distinguée, dont les mœurs, jusqu'à ce procès, n'ont jamais été l'objet de la critique ; son mari lui a laissé les plus grandes marques de son estime et de son affection ; et, malgré ce certificat de haute moralité, on vous dit que, chaque nuit, un étranger s'introduisait dans la maison conjugale... Que dis-je ? c'était déjà presque la maison mortuaire. Puis, sans autre séparation qu'un mur ou une simple cloison, Mme de Maisonneuve passant d'une chambre à une autre, du chevet de son mari mourant auprès de son complice, et les soupirs de l'adultère et ceux de la mort se confondant en quelque sorte... Voilà les monstruosités qu'on articule !

Avait-elle au moins le bénéfice de la solitude ? Non ; là se trouvait un tiers, une servante dont la complicité était indispensable, puisque tout cela se passait sous ses yeux... et cela pendant six semaines. Ah ! vous n'en croyez rien, vous n'en avez jamais rien cru, et la noblesse de vos sentiments et de votre cœur vous associera à notre incrédulité ! Le fait n'est pas vrai, et tous les portiers de Paris l'auraient vu que je leur répondrais : « Non, vous ne l'avez pas vu ; c'est impossible ! »

Venons au témoin Pauline. Elle était morte avant le commencement du procès ; on lui prêtait divers propos : c'était peu compromettant. Aussi n'a-t-on entendu que des témoins qui rapportent ces prétendus propos, des témoins *ex auditu* dont l'autorité est bien loin de celle qu'on accorde aux témoins *ex scientid*, suivant la doctrine de Pothier, de Toullier, de Merlin. En effet, il n'y a, à l'égard des témoins *ex auditu*, nulle garantie, nulle confrontation possible, nul contrôle, nulle discussion.

Maintenant, pour le besoin de la cause, je me permettrai de ressusciter Pauline, je supposerai qu'elle a déclaré ce qu'on met dans sa bouche, et je lui dirai : Vous êtes le témoin le plus indigne de foi qui jamais ait affligé les regards de la justice. En effet, qu'on relise ce procès-verbal rédigé par trois hommes honorables et consciencieux, qui ont entendu les conditions faites par Pauline à sa maîtresse pour garder le silence et qui ont confirmé dans l'enquête ce qu'ils avaient consigné dans ce procès-verbal.

Voulez-vous d'autres documents sur la confiance qu'elle mérite ? L'accord n'est pas moindre à cet égard dans les enquêtes que sur les autres points. Les adversaires ont cru devoir faire entendre Morel *unus ex multis*, l'un de ceux qui avaient part aux amitiés de Pauline, et qui fait avec cynisme l'aveu de ses relations. Morel rappelle que Pauline a été chassée ignominieusement par Mme de Maisonneuve, comme une fille débauchée et une voleuse convaincue. Mais si Pauline eût été complice de sa maîtresse, est-ce que celle-ci n'aurait pas été placée sous le plus dur servage à son égard ? A quelles réactions ne se serait-elle pas exposée ? La servante n'aurait-elle pas dit à sa maîtresse : « Vous parlez d'inconduite, mais je n'ai fait que vous imiter ! »

L'enquête nous apprend que Pauline nourrissait contre Mme de Maisonneuve des sentiments de vengeance. Jusqu'où ces sentiments l'ont-ils entraînée ? Elle est allée jusqu'à parler des breuvages préparés par Mme de Maisonneuve pour son mari, à plus fortes doses que ne l'avait prescrit le médecin. Pensez-vous que je laisserai cette déclaration sortir du procès ? Cela vous a paru trop fort ; vous avez refusé d'y croire.... Mais, moi, je retiens ces accusations, et je dis que si vous êtes incrédules sur ce fait si grave, vous ne devez pas ajouter, comme vous l'avez fait, que Pauline a été tuée par ses remords. Si vous retirez cette calomnie, que vous ne voulez pas faire vôtre, je la rappelle pour proclamer une dernière

fois que cette fille n'a dit vrai, ni sur les imputations odieuses
d'empoisonnement, ni sur les prétendus désordres de conduite. Il n'est pas possible de faire un partage, une sorte de
ventilation de son témoignage posthume, en en retranchant
cette sorte de cadeau si embarrassant pour vous.

Si donc la cause est dans l'accusation d'adultère, la preuve
n'est pas faite même pour les gens du monde les mieux disposés à la malignité : elle l'est moins encore pour de graves
magistrats qui ont à statuer sur l'avenir d'un enfant si digne
d'intérêt.

Me Paillet, s'expliquant sur les relations de M. Nolte avec
Mme de Maisonneuve, depuis le décès du premier mari, concède que les bienséances ont pu souffrir de ces relations,
mais il est impossible d'en induire l'adultère et l'illégitimité
de l'enfant né le 18 novembre 1847.

Quant aux propos attribués à M. Gilles, aïeul et tuteur *ad
hoc* de l'enfant, je voudrais, dit Me Paillet, que vous connus-
siez M. Gilles, le père le plus malheureux à cause de ce procès, et le plus honnête des hommes ; jamais il n'a cru à
l'adultère. D'abord il a blâmé des démarches qui n'avaient
pas la sanction de la bienséance ; il a craint d'introduire
dans la famille un enfant étranger. Mais, lorsqu'il a vu les
certificats qui attestaient tout ce qu'il y avait de normal dans
cette naissance, lorsque M. Nolte lui-même, dont les déclarations ne pouvaient être indifférentes, s'est défendu des
imputations dirigées contre lui ; lorsque sa fille a protesté à
son tour contre ces imputations, il a dû tenir un autre langage et une autre conduite. Il ne s'est pas cru libre à l'égard
de cet enfant, il a maintenu son état.

Je lis dans une note de sa main : « J'ai soixante-cinq ans
d'antécédents irréprochables, et j'aurais avec indignation
repoussé les fonctions de tuteur *ad hoc,* si je n'étais pas convaincu que l'accusation d'adultère est une calomnie ! »
Cependant nos adversaires s'efforcent de faire entendre, en
sa personne, le père contre la fille, l'aïeul contre la petite

fille, le tuteur contre la pupille ; on suppose qu'il a gémi près de la tombe de son gendre sur le sort de sa fille, qui se tirait de cette union dans une situation où elle pouvait encore ceindre la couronne virginale. C'est d'abord là une étrange injure au défunt, mari à trente-quatre ans d'une jeune et jolie personne. Mais, d'un autre côté, comment concilier ces discours avec l'accusation qu'on porte contre Mme de Maisonneuve d'avoir, dès le voyage au Tréport, cédé aux empressements de M. Nolte ?... Donc, ou la plainte n'a pas été faite, ou la contradiction domine dans vos articulations.

Reste maintenant à traiter un point qui demande moins de développement, la question du recel.

Me Paillet établit que l'acte de naissance est régulier, qu'il énonce la paternité de M. de Maisonneuve, que la même énonciation se trouve dans l'acte de baptême et dans l'acte de convocation de la famille. Si Mme de Maisonneuve n'a pas déclaré sa grossesse lors des actes qui se rapportaient à la liquidation de ses droits, la raison en est simple. Au mois d'avril 1847, époque où elle ignorait nécessairement qu'elle fût dans cet état, elle donnait sa procuration à son père pour procéder à ces actes, et, lors de leur consommation, en août et septembre 1847, elle ne figurait pas à ces actes, où elle était représentée par son père ; elle était en Angleterre, où, suivant nos adversaires, elle s'occupait de toute autre chose.

Quant à son séjour en Angleterre, ajoute l'avocat, pourquoi aurait-elle alors caché sa grossesse, lorsqu'elle ne voulait pas cacher, comme en effet elle n'a pas caché la naissance ? Dans une ville comme Londres, deux fois grande et peuplée comme Paris, elle pouvait bien éviter la visite de M. Cardou. Loin de là ; nous produisons un document important, un *affidavit*, où les déposants déclarent que, lors de cette visite, qui dura une heure, le salon était fort éclairé, et ils ajoutent que Mme de Maisonneuve était enceinte, ou, comme on dit en Angleterre, portait un enfant dans son sein (*sic*), et qu'elle a accompagné, pour les reconduire, M. et Mme Cardou. De plus, il est encore attesté par eux que Mme de Maisonneuve leur a rendu cette visite, sans prendre aucune précaution pour cacher son état. Il faut se rappeler à ce propos la mise en scène qui accompagnait l'articulation : Mme de Maisonneuve enveloppée d'un grand châle dans une bergère, placée au fond d'une chambre très-obscure..... Certes ce tableau était bien préparé. On croyait être dans cette chambre, près de cette bergère, en face de cette femme enveloppée mystérieusement ! Vous voyez ce qui reste de tout cela, et vous serez encore plus convaincus que la grossesse n'a pas été cachée le moins du monde, lorsque vous lirez les 8e, 12e, 14e et 16e dépositions de la contre-enquête.

En finissant, Messieurs, je replace la question sur son véritable terrain. Il ne s'agit pas ici de critiquer les relations d'une jeune femme après le décès de son mari ; mon adversaire, avec sa parole incisive, pourra blâmer ces relations : mais la Cour verra dans la cause la question plus élevée de savoir si l'enfant est ou n'est pas le fruit de l'adultère. Le doute suffirait dans ces mystères de la conception. Les adversaires sont donc tenus de prouver que c'est à l'adultère seul que cet enfant doit son origine. Tous les éléments du procès attestent que le contraire est établi, et la Cour ne sera pas réduite à déclarer son illégitimité ; ce douloureux sacrifice lui sera épargné. Désormais j'abandonne avec sécurité à votre haute appréciation le sort et l'avenir de cet enfant.

M. l'avocat général Metzinger conclut à ce que l'enfant inscrit sous le nom de Maisonneuve fut déclaré légitime.

La Cour admit le désaveu par un arrêt du 24 mars 1851, ainsi conçu :

« La Cour.

« Considérant qu'il résulte des enquêtes et des contre-enquêtes, que l'adultère est prouvé par des faits constants ;

« Considérant que la grossesse de la mère a été cachée aussi bien que la naissance de l'enfant ;

« Que le voyage en Angleterre, que les réticences de Mme de Maisonneuve, et que les précautions vis-à-vis de la famille du défunt n'ont eu lieu que dans un but de dissimulation ;

« Que l'état du mari, au moment présumé de la conception et les relations de la femme avec celui qu'elle a depuis épousé, justifient que ledit mari n'est pas le père de l'enfant ;

« Que dans ces circonstances, le désaveu de l'enfant est fondé aux termes de l'article 313 ;

« Déclare que l'enfant nommé Antonia Jane, inscrit le 30 janvier 1847 sur les registres de naissance du district d'Islington (Angleterre), comme fille d'Achille Simonnet de Maisonneuve et de Marie Justine Gilles, sa femme, n'est pas issu du mariage dudit Achille de Maisonneuve ;

« Déclare valable le désaveu de l'enfant, et fait défense à cet enfant de porter le nom de Simonnet de Maisonneuve ;

« Ordonne que le présent arrêt sera transcrit sur tous les registres de l'état civil où besoin sera, soit en France, soit en Angleterre ;

« Condamne les intimés en tous les dépens. »

(Voir la *Gazette des Tribunaux* des 4, 18 et 25 mars 1851).

TRIBUNAL CIVIL DE LA SEINE

DÉCRETS DU 22 JANVIER 1852

PLAIDOYER

POUR

LES PRINCES D'ORLÉANS

Audience du 23 Avril 1852.

PRÉSIDENCE DE M. DE BELLEYME.

AFFAIRE DES BIENS

DE LA

MAISON D'ORLÉANS

Dans la soirée du 22 janvier 1852, des crieurs parcourant les rues de Paris annonçaient la confiscation des biens de la famille d'Orléans. Ils offraient les journaux où se trouvait le texte des décrets de spoliation. Leur lecture produisit une sorte de stupeur. Avant de monter sur le trône, le duc d'Orléans avait fait le partage de ses biens entre ses enfants; ce partage, opéré dès le 7 août 1830, avait reçu l'approbation des deux Chambres dans la loi du 2 mars 1832 réglant la liste civile du nouveau souverain. Il y avait là un véritable pacte dont les conditions avaient été acceptées de part et d'autre et qui s'était exécuté pendant toute la durée d'un règne. Comment cette loi pouvait-elle être anéantie par la seule volonté d'un autre souverain, alors que, sur la foi de cette convention légale, les Princes, qui de leur côté avaient accepté la donation du 7 août,

y avaient trouvé les éléments de leur patrimoine ? On se demandait
en outre à quelle nécessité répondait une mesure aussi insolite,
bannie de nos mœurs et répudiée par notre histoire.

L'un de ces décrets, portant tous les deux la date du 22 janvier,
obligeait les princes et les princesses de la maison d'Orléans à
aliéner, dans le délai d'une année, tous les biens meubles et immeubles qu'ils possédaient en France. L'autre, et c'est celui-là qui devait soulever les plus énergiques protestations, déclarait réunis au
domaine de l'Etat les biens qui avaient fait l'objet de la donation
du 7 août 1830. Ce décret était précédé d'un préambule où le chef
de l'Etat cherchait à se justifier en exposant sa doctrine, qui était
celle-ci : par l'effet même de son avènement au trône, les biens
personnels du duc d'Orléans étaient dévolus à l'Etat, selon les
antiques traditions de la monarchie. Il n'avait donc pu, même
avant de monter sur le trône, les donner à ses enfants. La donation du 7 août constituait une fraude à des principes d'ordre public
et la loi qui l'avait sanctionnée, dictée dans un intérêt privé par les
entraînements d'une politique de circonstance, devait être considérée comme non avenue· On pouvait se rassurer d'ailleurs, « il
restait à la famille d'Orléans plus de cent millions, avec lesquels
elle était en mesure de soutenir son rang à l'étranger. »

Cette défense anticipée de la confiscation n'était guère de nature
à calmer l'émotion générale. A travers les textes rappelés, on sentait là une grave atteinte à la propriété, au patrimoine d'une
famille, quelle que fût sa condition, et l'on évoquait vainement le
passé pour y trouver pareil exemple. Les Princes s'efforcèrent
de protester, mais leur protestation fut saisie comme une publication illicite, et le mandataire, administrateur de leurs biens,
l'honorable M. Bocher, qui en avait répandu quelques exemplaires, fut poursuivi et condamné pour ce fait à un mois de prison. La presse demeura muette, car, en attendant la réunion des
grands corps de l'Etat, le chef du gouvernement s'était arrogé
le droit de rendre des décrets qui eussent force de loi (constitution du 14 janvier 1852, art. 58) et toutes les libertés publiques
avaient été supprimées. Les journaux ne purent parler que pour
approuver la confiscation ; seuls, ceux qui étaient à la solde du
gouvernement osèrent le défendre ! Parmi les libelles anonymes
lancés à profusion dans toutes les communes de France, il en fut
un qui répondit à la protestation des Princes, quoique cette protestation n'eût pas été distribuée. Ce libelle émanait du gouvernement
qui écrivait, qui attaquait impunément et faisait lui-même le colpor-
tage.

Cependant les Princes, par leurs représentants, conservaient la possession de leurs biens. Lorsqu'il s'agit de s'en emparer au nom de l'Etat, il y eut une certaine hésitation. Enfin, dans les premiers jours du mois d'avril 1852, des agents de l'administration furent chargés de tenter un essai sur les domaines de Neuilly et de Monceaux. Là ils·rencontrèrent les employés de la maison d'Orléans qui les repoussèrent en déclarant qu'il avaient reçu l'ordre de s'opposer à toute prise de possession des propriétés dont la garde leur était confiée. Les agents répondirent qu'ils n'avaient à tenir compte d'aucune résistance et qu'ils procéderaient au besoin par la force, ce qu'ils firent en effet : à Neuilly comme à Monceaux, les portes furent ouvertes par un.serrurier requis d'office.

Il ne restait aux princes qu'à renouveler leurs protestations devant la justice. Tel était l'objet de l'assignation qui fut aussitôt donnée en leur nom à l'administration des Domaines, assignation par laquelle ils demandaient « à être maintenus et gardés dans la possession et propriété des domaines de Neuilly et de Monceaux », dont leurs employés avaient été violemment expulsés.

La demande impliquait tout à la fois la question de la propriété des biens confisqués et celle de la légalité des décrets. Cette double question avait été examinée dans une consultation délibérée par MM. de Vatimesnil, Berryer, Odilon Barrot, Paillet et Dufaure. D'après ces éminents jurisconsultes, les biens qui avaient fait l'objet de la donation du 7 août 1830, et qui n'étaient d'origine ni apanagère, ni domaniale, étaient des biens absolument libres ; le roi les avait reçus ou acquis à titre privé, ils faisaient partie de son patrimoine, et il avait pu en disposer d'autant plus facilement que la monarchie de 1830 n'était fondée ni sur les traditions ni sur les principes de l'ancienne monarchie. Issue d'un vote populaire, elle n'était point soumise à la dévolution qui, depuis Henri IV, avait été la règle de la monarchie héréditaire. Allant plus loin, M. Jules Le Berquier, dans une étude jointe aux pièces du procès, établissait que la création toute moderne des listes civiles, au moyen d'un accord intervenu entre la nation et le souverain, avait complètement changé les principes en cette matière ; que depuis 1789, les souverains n'avaient plus été atteints *de droit* par la dévolution et que rien ne s'opposait à ce qu'en montant sur le trône ils restassent en possession de leur patrimoine. C'est ainsi que Napoléon estimait « qu'un souverain peut regretter pour lui ou pour sa famille le plaisir attaché à la possession, à la disposition d'une propriété privée, et qu'il ne convenait pas d'exposer le dépositaire du pouvoir suprême à satisfaire en secret un penchant qui peut se rattacher

aux plus légitimes, aux plus nobles, aux plus doux sentiments ; » —
c'est ainsi que ni Louis XVIII, ni Charles X, n'avaient été soumis
à la dévolution par la législation préexistante, qu'ils avaient sti-
pulé avec le pays, à leur avènement, et que de là seulement était
venu le règlement de leur fortune personnelle.

Ce sont ces considérations qui devaient trouver place dans les
plaidoiries de Mᵉˢ Paillet et Berryer, chargés de défendre devant
le tribunal les intérêts des princes d'Orléans.

Mais ce qui était le fond même du procès en devint pour ainsi
dire l'accessoire, par suite de l'évolution que subit tout-à-coup la
procédure. En effet, à l'audience du 16 avril, jour où venait l'affaire
devant la 1ʳᵉ chambre du tribunal civil de la Seine, composée de
MM. Debelleyme, président, D'Herbelot, vice-président, Picot,
Collette de Beaudicourt, Gallois, Sevestre et de Charnacé, juges,
Petit et Marjolin, juges suppléants, — M. le substitut Descoutures
déclara qu'il était chargé, au nom de M. le préfet de la Seine,
représentant les Domaines, de décliner la compétence du tribunal.
L'affaire ayant été remise à huitaine, M. le substitut, à l'appui du
déclinatoire, déposa des conclusions où il exposait qu'à la suite
des décrets du 22 janvier, le Ministre des Finances avait été
autorisé à aliéner les immeubles qui avaient été réunis, en vertu
de ces décrets, au domaine de l'Etat ; que les décrets étaient des
lois auxquelles obéissance était due, et qu'il n'appartenait pas aux
tribunaux civils « de connaître d'une action intentée contre la loi
elle-même pour ainsi dire et dans le but de contester un droit
expressément sanctionné par elle ; que décider le contraire, ce
serait admettre qu'ils peuvent s'immiscer dans l'exercice de la puissance législative, et empêcher ou suspendre l'exécution de ses
décrets. » M. le substitut ajoutait que, quant à présent, il se bornait à la simple lecture de ces conclusions.

Immédiatement après cette lecture, Mᵉ Denormandie, avoué des
Princes d'Orléans, rédigeait à la barre et déposait des conclusions
dans lesquelles il demandait au tribunal « attendu qu'il s'agit d'une
question de propriété débattue entre les demandeurs et l'administration des Domaines, laquelle est essentiellement de la compétence du tribunal, sans s'arrêter ni avoir égard au déclinatoire
proposé, ordonner qu'il soit plaidé au fond. »

M. LE PRÉSIDENT. Mᵉ Paillet, vous avez la parole.

Mᵉ Paillet, au milieu d'un profond silence, s'exprime en ces
termes :

Pour comprendre l'action qui vous est soumise, pour apprécier le déclinatoire qu'on nous oppose, pour caractériser également le décret qui en est la base, il est indispensable d'entrer dans quelques détails et de bien préciser la situation des choses au moment où le procès s'est engagé devant vous.

Quelle était l'origine de la fortune de Louis-Philippe, duc d'Orléans, à l'époque de la révolution de 1830 ? Il faut, Messieurs, bien déterminer les éléments de cette fortune, et puisque l'occasion s'en présente, répondre une fois pour toutes à des confusions, à des erreurs, volontaires ou non, qui dans ces derniers temps ont été commises sur la fortune de Louis-Philippe.

Elle se composait de deux éléments bien distincts : d'abord, l'apanage créé en 1661 par Louis XIV, au profit de son frère Philippe, pour prix de la renonciation que celui-ci avait faite à la succession de Louis XIII, leur père commun. Qu'est devenu cet apanage, que l'on a affecté de confondre avec les biens atteints et frappés par le décret du 22 janvier ? — L'apanage était venu se fixer sur la tête de Louis-Philippe, chef de la famille. L'apanage, au 9 août 1830, a pris fin irrévocablement. Par l'avènement de Louis-Philippe au trône, l'apanage a cessé et tous les biens sans exception qui le composaient, ont été réunis, ont fait retour immédiatement au Domaine de l'Etat.

Voilà le sort de l'apanage, commencé en 1661, terminé et clos le 9 août 1830.

Le second élément de la fortune de Louis-Philippe, c'était son *patrimoine*, non pas parce qu'il était prince, mais parce qu'il était Français comme un autre, citoyen, propriétaire ; il l'eût été, indépendamment de sa qualité d'Altesse Royale. Cette partie de sa fortune se composait de biens qu'il avait recueillis dans la succession maternelle ; de biens qu'il avait acquis à la barre des tribunaux, dans la succession bénéficiaire de son père, et dont les créanciers de cette succession se sont partagé le prix. Enfin, il avait fait plusieurs autres acquisitions à titre onéreux. C'était là la seconde partie de sa fortune éminemment, exclusivement *patrimoniale ;* il n'y en a pas qui soit plus patrimoniale que celle-là en France !

De quoi s'agit-il dans l'espèce? Il s'agit, Messieurs, de deux domaines.

Le domaine *de Neuilly* — quelle en est l'origine ? Il avait été acquis par Louis-Philippe, en grande partie avant 1830, pour le surplus depuis 1830. Ainsi, daignez retenir ceci : dans le domaine de Neuilly, deux origines, deux dates. Pour la partie principale, acquisition antérieure à 1830 ; pour la partie secondaire, accessoire, acquisition postérieure à 1830.

Il s'agit ensuite du domaine *de Monceaux*, acquis celui-là avant 1830, non pas seulement par le duc d'Orléans, mais par le duc d'Orléans et sa sœur, madame Adélaïde, faisant cette acquisition en commun, et demeurant dans l'indivision, stipulant même l'indivision par une clause formelle.

Messieurs, les choses en étaient là, lorsque le 7 août 1830 il plut, je ne dis pas au roi des Français — il ne l'était pas encore, — à son Altesse Royale le duc d'Orléans, père de famille, de disposer par donation entre vifs au profit de ses enfants, non pas d'une propriété quelconque qui, de près ou de loin, se fût jamais rattachée à l'apanage d'Orléans, mais de ses propriétés patrimoniales, de celles qui lui appartenaient indépendamment, je le répète, de sa qualité de prince français. La donation est parfaitement régulière, elle a toutes les conditions sacramentelles que la loi exige pour opérer la transmission de propriété à ce titre. Deux jours après, le 9 août 1830, le duc d'Orléans devenait roi des Français. Ce

changement d'état dans sa personne est constaté par un procès-verbal solennel dressé par les deux Chambres réunies.
Louis-Philippe entre comme duc d'Orléans, le procès-verbal
constate qu'il sort comme roi des Français.

Messieurs, il fallait désormais constituer la liste civile
du nouveau règne ; c'était une des conditions prescrites
par l'article 19 de la Charte modifiée. Cette Charte avait été
proposée à l'acceptation de Louis-Philippe ; s'il acceptait les
conditions qu'elle renfermait, il devenait roi des Français. Il
avait accepté le 9 août. Le 9 août, le contrat s'était formé,
pas plus tôt. Désormais la Charte devait s'exécuter, notamment en ce qui concernait la constitution de la liste civile.

On s'en occupa bientôt, en 1831, mais ce fut seulement le
2 mars 1832 que la loi sur la liste civile fut définitivement
adoptée. Une question s'était élevée, celle de savoir si le roi
des Français aurait un *domaine privé*, et à cette occasion on
rappela l'une des règles de l'ancienne monarchie. Lorsque
le prince royal arrivait à la couronne, il était de droit public
en France que les biens qui lui appartenaient alors vinssent
se réunir aux biens du domaine de l'Etat. C'était, tous les
publicistes nous l'enseignent, la conséquence de l'ancienne
organisation politique de la France, du principe même de la
légitimité ; et lorsque Louis XIV disait : — l'Etat, c'est moi !
— la parole pouvait paraître un peu orgueilleuse ; ce n'était
après tout que l'expression vraie de l'état politique de la
France. On ne pouvait pas comprendre la personne du Roi
isolée de la personne morale de l'Etat ; le patrimoine de l'Etat,
c'était le patrimoine du Roi, et, réciproquement, le patrimoine du Roi ne pouvait être distinct de celui de l'Etat.

On s'est demandé s'il y avait place pour cet ancien principe dans l'organisation nouvelle, dans cette royauté créée à
jour et à heure fixes, dans cette royauté exclusivement *contractuelle*, débattue entre les représentants de la nation et
celui qu'ils appelaient au trône ; et on reconnut, on reconnut
unanimement que ce serait un contre-sens que le domaine
privé du Roi allât se réunir au domaine de l'Etat ; que cette

royauté constitutionnelle, à liste civile, fût soumise à des principes qui n'avaient leur raison d'être et leur explication possible que dans une organisation tout-à-fait contraire aux institutions du pays.

Aussi, Messieurs, le débat sur ce point, éclairé par les hommes les plus compétents, et entre autres par M. Dupin l'aîné, armé de sa science et de sa vigoureuse parole, le débat produisit, de tous les côtés des deux Chambres, cette conviction qu'il n'était pas possible, je ne dis pas de continuer, mais de ressusciter un ancien principe qui n'avait que faire dans l'organisation que l'on venait de décréter.

Et il y eut même ceci de remarquable, que ce furent les députés de l'opposition, M. Eusèbe de Salverte, par exemple, qui protestèrent contre des assimilations impossibles, et qui contribuèrent à faire reconnaître que cet ancien principe, lié à la légitimité même, serait impraticable, j'allais dire absurde, si on voulait l'appliquer à la royauté nouvelle et aux conditions dans lesquelles elle venait d'être fondée.

La loi du 2 mars 1832 contint donc les dispositions suivantes :

« Art. 21. — En cas d'insuffisance du Domaine privé, les dota-
« tions des fils puînés du roi et des princesses ses filles, seront
« réglées ultérieurement par des lois spéciales.

« Art. 22. — Le roi conservera la propriété des biens qui lui
« appartenaient avant son avènement au trône : ces biens, et ceux
« qu'il acquerra à titre gratuit ou onéreux pendant son règne, com-
« poseront son Domaine privé.

« Art. 23. — Le roi peut disposer de son Domaine privé, soit par
« acte entre vifs, soit par testament, sans être assujetti aux règles
« du Code civil qui limitent la quotité disponible.

« Art. 24. — Les propriétés du Domaine privé seront, sauf l'ex-
« ception portée à l'article précédent, soumises à toutes les lois
« qui régissent les autres propriétés. Elles seront cadastrées et
« imposées. »

Voilà, Messieurs, le contrat consommé, la royauté accep-
tée, les conditions définitivement réglées. L'exécution a été conforme, et dans l'intervalle de 1830 à 1848, sept contrats

de mariage sont intervenus, tous sur la foi de la donation et
de la légitimité de ce patrimoine dans les mains des enfants
du père de famille. Voici comment s'exprime le premier, celui de S. M. la reine des Belges, à la date du 28 juillet 1832 :

« S. A. R. apporte audit mariage tous les droits de propriété qui
« lui sont acquis et qui lui appartiennent en vertu de la donation
« paternelle à elle faite par acte du 7 août 1830, ainsi que tous les
« droits qui lui appartiennent ou pourront lui appartenir à tout
« autre titre et de quelque nature qu'ils soient. »

On retrouve exactement la même stipulation dans les con-
ventions matrimoniales : — Du prince Alexandre duc de
Wurtemberg, et de la princesse Marie d'Orléans ; — De
M. le duc de Nemours et de la princesse Victoire de Saxe-
Cobourg Gotha ; — De S. A. R. le prince Auguste-Louis-Vic-
toire de Saxe-Cobourg-Gotha, et de madame la princesse
Clémentine d'Orléans ; — Du prince de Joinville et de la
princesse Dona Françoise, fille de S. M. Don Pedro, et sœur
de l'empereur actuel du Brésil ; — Du duc d'Aumale et de
S. A. R. madame la princesse Marie-Caroline-Auguste des
Deux-Siciles ; — Du duc de Montpensier et de S. A. R. la
princesse Marie-Louise-Ferdinande, infante d'Espagne.

Par ces mêmes conventions, le douaire des princesses
est garanti par l'hypothèque légale de la princesse future
épouse sur les biens immeubles compris dans la donation
du 7 août. Ajoutons que ce ne sont pas là seulement des
actes authentiques, dans le sens ordinaire du mot ; qu'ils
ont en outre le caractère et l'autorité de conventions inter-
nationales.

Ce n'est pas tout. Des ventes de biens provenant de la donation ont été faites, soit à l'amiable, soit aux enchères, à
soixante-deux familles différentes qui en ont pris possession
depuis longtemps. Pour quelle somme ? pour la somme de
9,622,162 francs. Je n'ai pas besoin de parler ensuite des
dispositions secondaires, des baux, des constructions, des
impenses de toute nature..... Voilà, Messieurs, à l'égard

de la propriété et de la disposition de ces biens, ce qui s'est s'accompli de principal, de plus remarquable de 1830 à 1848.

Nous arrivons à la révolution de 1848.

Cette révolution eut sur la liste civile du roi des Français l'effet immédiat qu'avait produit la révolution de 1830 sur l'apanage du duc d'Orléans, c'est-à-dire que la liste civile fut anéantie par la révolution. Restait le domaine privé. Les princes d'Orléans en étaient propriétaires ; la nation pouvait-elle leur en contester la propriété ? Cette donation du 7 août 1830 était-elle un titre fragile ? Est-ce qu'on avait fait *fraude* aux droits de la nation ? En 1848, elle avait des représentants qui n'étaient pas, je pense, suspects de partialité en faveur du trône qu'ils venaient de renverser. Eh bien ! disons-le à l'honneur de la révolution de 1848 et de son gouvernement provisoire, jamais cette mauvaise pensée n'osa se produire ; ou, si elle tenta quelque esprit malveillant, elle fut à l'instant même repoussée par toutes les consciences honnêtes. On mit hors de toute atteinte le Domaine privé, à plus forte raison la propriété des princes d'Orléans ; on nomma seulement un séquestre, qui, en restreignant l'exercice du droit de propriété, n'est après tout qu'un hommage au droit lui-même. Il y avait des créanciers nombreux. Ce roi qu'on avait accusé de thésauriser, même à l'étranger, ce roi avait quitté le sol français sans même pouvoir payer la voiture qui l'emmenait en exil ; il avait quitté le sol français laissant derrière lui plus de trente millions de dettes, dont on retrouve l'emploi dans nos propriétés nationales.

Encore une fois, il faut que justice soit rendue à tous quand l'occasion s'en présente. Vous me permettrez, Messieurs, — c'est d'ailleurs la cause, l'histoire du procès, — de faire passer sous vos yeux les actes administratifs ou législatifs qui se rattachent à la période que j'examine en ce moment. Ainsi, le 26 février 1848, le surlendemain de la révolution, le Gouvernement provisoire dispose :

« Article premier. — Tous les biens meubles et immeubles, dési-
« gnés sous le nom de biens de la Liste civile, feront retour au
« domaine de l'Etat. »

C'est parfaitement juste. La liste civile avait fini avec la
royauté.

« Article 2. — Les biens désignés sous le nom de *domaine privé*,
« tant ceux de l'ex-roi que ceux des membres de l'ex-famille royale,
« meubles et immeubles, seront administrés sous le séquestre, sans
« préjudice des droits de l'Etat et des droits des tiers, auxquels il
« sera pourvu..... »

Plus tard, le 3 mars 1848, M. Garnier-Pagès, alors ministre des finances, présenta l'exposé de la situation financière
de la République, le bilan en quelque sorte actif et passif, les
charges et les ressources. Je lis ce qui suit dans son rapport
officiel :

« Aux termes du décret que vous avez rendu..... les biens de
« l'ancienne Liste civile ont fait retour au domaine de l'Etat. . . .
    « Il est entendu que le domaine dit *privé*..... reste provisoirement
« sous le séquestre à la disposition de l'Assemblée Nationale... »

Plusieurs mois s'écoulèrent, et tout à coup, le 5 juillet 1848,
un membre de l'Assemblée, usant de son droit d'initiative,
propose *de déclarer acquis au domaine de l'Etat les biens composant le domaine privé de l'ex-roi Louis-Philippe* par application de l'ancien principe de dévolution, et nonobstant la
donation du 7 août 1830, qu'il considérait comme faite en
fraude des droits de l'Etat. C'était identiquement le même système que nous retrouverons tout à l'heure dans le décret du
22 janvier 1852.

La question devait être sérieusement examinée ; elle fut
renvoyée au comité des finances, qui, après un examen
approfondi, chargea du rapport un homme que je ne peux
pas louer, il est à côté de moi, mais que vous auriez à l'instant reconnu à l'élévation de la pensée et à la noblesse du

langage, un de ces hommes rares à l'époque où nous vivons, qui font toujours passer les droits de la vérité et de la justice avant les intérêts de l'opinion politique. Vous ne me pardonneriez pas, Messieurs, de ne point saisir cette heureuse occasion de replacer sous vos yeux quelques-unes de ces bonnes et nobles paroles qui consolent de tant d'angoisses et de sourdes douleurs. Voici donc comment s'exprimait M. Berryer dans son rapport du 10 octobre 1848, en repoussant la proposition et en réfutant ainsi à l'avance les erreurs et les sophismes dont nous aurons à faire une dernière fois justice, si l'on essaie de les reproduire devant vous sur le fond même du procès :

« Dans la première séance du Comité où cette proposition fut
« discutée, quelques membres en demandèrent l'ajournement, crai-
« gnant que les graves questions qu'elle soulève ne rencontrassent
« trop d'esprits prévenus et trop de dispositions passionnées. La
« majorité de votre Comité pensa, au contraire, que le devoir et le
« besoin d'être juste, que le respect du droit, imposeraient silence
« aux ressentiments et aux passions politiques ; qu'enfin, dans les
« premiers temps de la République, en présence de théories témé-
« raires ou coupables qui inquiètent et menacent les droits fonda-
« mentaux de la société, il fallait saisir toute occasion solennelle de
« poser avec calme et fermeté les principes du Gouvernement de la
« France et les règles de modération et de justice que l'Assemblée
« Constituante veut proclamer au nom de la nation.....

« Nous devons vous faire remarquer qu'il ne s'agit ici que des
« biens propres et patrimoniaux, advenus à la maison d'Orléans
« par successions ou acquisitions. La donation entre vifs du 7 août
« ne dispose d'aucuns des biens qui ont fait partie de l'apanage cons-
« titué par Louis XIV en faveur de son frère, conformément à l'édit
« de 1661, à la déclaration de 1672 et autres lettres patentes de 1692.
« A l'époque du 9 août 1830, tous ces biens dépendants de l'apanage
« ont fait retour au domaine de l'Etat ; et plus tard ces mêmes biens
« ayant été réunis, par l'article 4 de la loi du 2 mars 1832, à la dota-
« tion immobilière de la Liste civile, en ce moment ils ont de nou-
« veau fait retour au domaine public, en vertu du décret du Gouver-
« nement provisoire qui a fait entrer dans le domaine de l'Etat tous
« les biens dépendant de la dotation de la Liste civile.

« C'est donc exclusivement et spécialement à l'égard des biens pro-
« pres et patrimoniaux de la maison d'Orléans que l'auteur de la pro-

« position revendique l'application des principes du droit de réunion.
« C'était, en effet, une maxime de l'ancienne monarchie, maxime
« consacrée depuis plusieurs siècles, et notamment par l'édit de 1607,
« — que les biens possédés par les rois avant leur avènement à la
« couronne s'unissent au domaine dans l'instant. — Mais il importe
« de bien connaître l'origine de cette dévolution, et d'en discer-
« ner le principe pour en faire une saine et légitime application.
« — Par le saint et politique mariage, disaient les jurisconsultes,
« par le saint et politique mariage entre nos rois et leur couronne,
« les seigneuries qui leur appartiennent particulièrement sont cen-
« sées, par même moyen, appartenir au royaume. — La loi de dévo-
« lution était une conséquence de la loi de successibilité au trône.
« . . . .

« Mais n'est-ce pas confondre et les temps, et les principes, et
« leurs conséquences légales, que d'appliquer ces maximes de l'an-
« cien régime français au gouvernement fondé en 1830 ? La Chambre
« des Députés proclamant alors, au nom du peuple, des droits ina-
« liénables, invoquant et la nécessité des circonstances et l'intérêt
« momentané de la nation, constitua sur ces bases une royauté
« nouvelle, soumise évidemment par son principe même à tous les
« changements de la volonté nationale. Ainsi était écartée de notre
« droit politique la doctrine de l'inadmissibilité du droit à la cou-
« ronne, et avec elle disparaissait la règle de la dévolution néces-
« saire des biens personnels du prince à l'Etat et de leur union au
« domaine public. C'est dans ce nouvel ordre d'idées que fut conçue
« la loi du 2 mars 1832, qui régla l'établissement de la nouvelle Liste
« civile. Des principes contraires à ceux de l'ancien droit furent adop-
« tés et consacrés en ces termes, par l'art. 22 de cette loi : « Le roi
« conservera la propriété des biens qui lui appartenaient avant son
« avènement au trône ; ces biens et ceux qu'il acquerra à titre gra-
« tuit ou onéreux, pendant son règne, composeront son domaine
« privé. »
« . . . .

« Mais, a dit l'auteur de la proposition qui nous occupe, cette loi
« même a fait fraude au domaine, le vote des Chambres ne fut pas
« libre, la délibération fut influencée par l'ascendant de la volonté
« royale. Votre Comité n'a point pensé que de telles objections fus-
« sent sérieuses. Si de pareils arguments étaient accueillis contre une
« loi votée dans les formes constitutionnelles, tous les droits réglés
« par la législation pourraient, à chaque changement de gouverne-
« ment, être remis en question, et, sur toutes les matières, il fau-
« drait attribuer un effet rétroactif aux décisions législatives de
« tout pouvoir nouveau. D'ailleurs, il n'est pas exact de dire que
« la disposition de l'article 22 ait été dictée par des volontés roya-

« les ou des complaisances ministérielles ; ce fut un des orateurs
« les plus ardents et les plus persévérants de l'opposition, M. Eu-
« sèbe de Salverte, qui proposa cette rédaction ; son amende-
« ment, adopté par l'Assemblée, est devenu textuellement l'ar-
« ticle 22 dont nous venons d'avoir l'honneur de vous donner
« lecture.

« Il ne faut pas oublier que, par une juste déduction du principe,
« cet article fit écrire dans la même loi : qu'il ne serait constitué de
« dotation pour les fils puînés et les filles de roi qu'en cas d'insuf-
« fisance du domaine privé. De cette disposition légale, et du fait
« de la donation du 7 août 1830, s'élevèrent plus tard les objections
« les plus sérieuses et les mieux fondées contre les demandes de
« dotations princières, qui furent vainement présentées aux deux
« Chambres à diverses reprises.

« Enfin la loi de 1832 n'existât-elle pas, la donation du 7 août n'en
« serait pas moins un contrat librement consenti à une époque
« où son auteur n'était enchaîné, quant à la disposition de ses
« biens, par aucun lien de notre droit public. Jusqu'au jour où il a
« accepté le pacte révocable qui s'est formé entre lui et la Chambre
« des Députés, le prince, comme le propriétaire, n'était assujetti,
« ainsi que tous les citoyens français, qu'aux règles du droit com-
« mun. Il est monté au trône sous la foi de la validité de l'acte
« qu'il avait pu faire à son gré en faveur de ses enfants. L'événe-
« ment qui l'en a fait descendre et qui en a éloigné sa famille, en
« fondant la République, justifie toutes les prévisions de la dona-
« tion. Loin de rechercher dans les circonstances présentes une
« occasion d'annuler un tel acte, la justice, la bonne foi, la dignité
« nationale doivent l'entourer d'un respect plus sévère. *Désormais*
« *les donataires de la nue-propriété des biens patrimoniaux de la*
« *maison d'Orléans n'en peuvent être dépossédés que par une vio-*
« *lation manifeste du contrat; déclarer ces biens acquis à l'Etat, ce*
« *serait consacrer une atteinte violente au droit de propriété, ce se-*
« *rait prononcer une confiscation arbitraire.* La confiscation est
« rayée de nos codes, elle ne doit plus y reparaître.

« Le principe de la confiscation est contraire aux règles fonda-
« mentales de notre législation. Confisquer, ce n'est point infliger
« une peine personnelle, c'est frapper la descendance d'un châ-
« timent immérité. Rétablie sous le faux prétexte de la raison
« d'Etat et de l'intérêt politique, la confiscation ne sera pour l'ordre
« et la paix publique qu'une vaine et funeste ressource. Toute
« iniquité se trahit elle-même; le temps combat pour les droits
« violés ; et l'expérience des révolutions nous doit enseigner qu'on

« ne saurait sauver ni le pouvoir ni la liberté par l'injustice. Qu'il
« s'agisse d'un monarque ou d'un simple particulier, que la
« spoliation atteigne des palais ou des chaumières, de modestes
« champs ou de vastes domaines, il n'importe ! le mal est le même,
« et ce mal est contagieux. En nos jours, plus qu'en aucun temps,
« l'envahissement de la propriété, l'oubli des droits, le mépris des
« contrats seraient des exemples pleins de périls pour la sécurité de
« toutes les conditions sociales ; *et tout gouvernement doit être*
« *convaincu que sa dignité, sa force, son influence sur les intérêts*
« *de tous, seront jugées et mesurées dans l'esprit des peuples, par*
« *le respect qu'il saura garder pour le droit, la justice et l'honnê-*
« *teté publique.* »

Voilà bien l'honnête homme et le puissant jurisconsulte
tout à la fois ! Qu'est devenue, sous ce foudroyant rapport,
la proposition adressée à l'Assemblée constituante ? Assurément, elle était l'œuvre d'un homme à qui les luttes de la
tribune étaient familières, et dont le talent l'aurait énergiquement défendue, si la question était seulement restée douteuse. Eh bien ! non , dans cette assemblée républicaine de
neuf cents membres, il ne s'en est pas trouvé un seul, un
seul, entendez-vous, qui ait eu assez de courage pour relever, pour galvaniser cette proposition ! (Bravo ! bravo !)

M. LE PRÉSIDENT DE BELLEYME. — Faites faire silence. Je ferai
évacuer à l'instant même, si on donne des signes soit d'improba-
tion, soit d'approbation. Je ne le dis qu'une fois, ce sera exécuté à
la seconde.

Mᵉ PAILLET, continuant. — C'en était donc fait de la proposition. Elle fut remplacée, conformément au même rapport,
par un décret conçu dans une pensée toute contraire (25 octobre 1848). Tout ceci est de l'histoire, Messieurs ; mais elle a
reçu depuis quelque temps de tels outrages, qu'on ne saurait
trop remettre sous les yeux de tous son texte officiel.

Décret relatif à la liquidation des dettes de l'ancienne liste civile
et du domaine privé.

« Article premier. — Le ministre des finances est autorisé à
« prendre les mesures administratives qu'il jugera convenables

« pour opérer l'entière liquidation des dettes de l'ancienne liste
« civile et *du Domaine privé*, soit envers l'Etat, soit envers les par-
« ticuliers, sauf le recours des ayant-droit devant les juridictions
« compétentes, conformément aux règles du droit commun. Le li-
« quidateur général sera nommé par arrêté du chef du pouvoir-
« exécutif.

« Art. — 2. Les créanciers devront, dans les trois mois de la pro-
« mulgation du présent décret, adresser leurs demandes et produire
« leurs titres au liquidateur général. Jusqu'au 31 décembre 1849,
« il ne pourra être intenté d'action ni exercé de poursuites sur les
« biens séquestrés.

« Art. 3. — Le liquidateur général pourra, dans l'intérêt de la liqui-
« dation, stipuler toutes hypothèques et prendre toutes inscriptions
« sur les biens compris dans le séquestre, en son nom, pour la
« masse des créanciers. Dans le cas où, pour activer la liquidation,
« un emprunt sera jugé nécessaire, il sera négocié *par les manda-*
« *taires des propriétaires*, avec le concours du liquidateur général,
« et sous l'autorisation du ministre des finances.....

« Art. 4. — Le ministre des finances est autorisé à remettre
« aux divers membres de la famille d'Orléans les biens dotaux,
« douaires et valeurs mobilières, ainsi que les objets à leur usage
« personnel.

« Art. 5. — Le conseil des ministres fixera une provision sur les
« revenus annuels pour chacun des propriétaires.

« Art. 6. — Même après l'emprunt contracté et les inscrip-
« tions prises, le ministre des finances conservera la haute sur-
« veillance sur la régie et l'administration *des mandataires des*
« *propriétaires*, et ceux-ci ne pourront ni vendre, ni renouveler les
« baux, ni faire aucune coupe de bois extraordinaire qu'avec le
« concours du liquidateur général et l'autorisation du ministre.

« Art. 7. — Dans tous les cas, les sommes provenant d'em-
« prunts, de ventes et de recouvrement quelconque, même des
« revenus, seront déposées à la caisse des consignations. Aucune
« des sommes ainsi déposées ne pourra être délivrée aux ayant-
« droit que sur mandat du liquidateur général.

« Art. 8. — Les dispositions des articles 4, 5, 6 et 7 du présent
« décret sont applicables aux biens particuliers de M. le duc d'Au-
« male et de M. le prince de Joinville. La surveillance de l'admi-
« nistration des biens de M. le duc d'Aumale sera confiée à un
« commissaire spécial nommé par le chef du pouvoir exécutif.

« Art. 9. — L'article 3 du décret du 26 février, les décrets des 5
« et 12 mars, et le décret du 15 avril 1848, relatifs à la liquidation
« de la liste civile et du domaine privé, sont abrogés. »

Ainsi, mesures provisoires, mesures temporaires, mesures tutélaires pour tous, pour les propriétaires, pour les créanciers : voilà comment se résume ce décret, qui était le digne couronnement du rapport dont quelques pages viennent d'être mises sous vos yeux. Ce n'est pas la seule fois que le législateur ait eu à s'occuper, depuis la révolution de 1848, du sort du Domaine privé ; et sous ce mot domaine privé, je comprends les biens patrimoniaux entrés dans la donation du 7 août, et les biens du Domaine privé proprement dit créé par acquisitions successives depuis l'avènement à la couronne. Le 4 février 1850 — ceci devient curieux, — l'Assemblée législative est saisie d'un projet de décret. De quoi s'agissait-il ? on était toujours sous le régime temporaire, institué par le décret du 25 octobre 1848. La liquidation avait été confiée à un homme bien digne à tous égards de cette importante mission. M. Vavin, grâces lui en soient publiquement rendues, s'en est acquitté avec le zèle, le dévouement et le succès qu'on devait attendre de son caractère et de son expérience. Mais enfin il y avait là un système de mesures qui, bien qu'inspirées par les meilleures intentions, et dans la vue de sauvegarder et de concilier tous les intérêts légitimes, s'écartaient pourtant du droit commun.

Cet état de choses devait-il durer ?

La Commission de l'Assemblée législative fut d'avis que, bien que les choses eussent marché à la satisfaction de tous, et avec la rapidité que comportaient des opérations de cette nature, cependant il n'était pas possible de voir encore assez clairement le terme probable de la liquidation, et qu'en conséquence il y avait lieu de maintenir, d'une part, le sursis aux poursuites des créanciers contre le patrimoine du débiteur, d'autre part, le séquestre des biens soumis à la liquidation. La Commission rencontra, cette fois, un contradicteur, non pas pour aggraver la condition des propriétaires, et encore moins pour méconnaître leurs droits sacrés. Loin de là. Il s'agissait d'une proposition dictée par un sentiment bien contraire. Par qui fut-elle faite ? Je le nomme, car c'était une bonne action. Elle le fut par l'honorable M. Achille Fould, ministre des finances, qui demanda au nom du Gouvernement, et particulièrement de M. le Président de la République, que le séquestre ne fût maintenu que pour un temps déterminé et dans les limites les plus étroites. M. Fould donc, à la date du 4 février 1850, s'exprimait ainsi :

« La Commission vous demande de décider que M. le prince de « Joinville et M. le duc d'Aumale rentreront dès aujourd'hui dans « la libre disposition de leur fortune particulière, en laissant sous « la main de l'Etat, d'une manière indéfinie, les biens composant « le domaine privé. La Commission, entrant dans cette voie, a-t-« elle fait par la solution incomplète qu'elle vous propose, tout ce « que la justice exige et tout ce que les circonstances peuvent com-« porter ? Nous ne le pensons pas.

« Le Gouvernement, préoccupé de cette question, et consultant « l'état actuel du pays, avait reconnu la possibilité d'une action « plus libérale. Il serait venu prochainement vous soumettre ses « résolutions ; mais puisque l'occasion nous en est fournie, nous « n'avons aucun motif pour tarder davantage à vous communiquer « toute la pensée du Président de la République et du cabinet.

« Le décret du 25 octobre 1848 a placé à la fois hors du droit « commun, quant à leurs intérêts civils, Louis-Philippe, sa famille « et ses créanciers. Dans l'esprit de la loi, cette position exception-« nelle, commandée par des circonstances extraordinaires et les « exigences du moment, avait un caractère essentiellement transi-« toire : *il ne pouvait entrer dans la pensée équitable et généreuse « du Président de la République de la prolonger au-delà du terme « rigoureusement nécessaire.*

« A l'égard des princes, nous partageons l'avis de la Commis-« sion : la liquidation de leurs affaires, complétement étrangère au « Trésor, n'offre ni complication, ni embarras. Il est de la dignité « de la République de replacer immédiatement leurs intérêts pure-« ment privés sous l'empire de la loi ordinaire. Ils continueront à « prouver à la France, nous en sommes convaincus, qu'elle a « raison de compter sur leur loyauté, et qu'elle a pu se montrer « envers eux, sans imprudence, bienveillante et juste. »

En conséquence l'Assemblée législative dit : Voilà un mi-nistre des finances qui est l'organe des plus nobles sentiments ; il est impossible de ne pas l'entourer à l'instant et de sympathie et d'une adhésion générale. Aussi la Commission cette fois vit son œuvre modifiée, elle ne le regretta pas, elle s'y prêta même avec empressement. Voici donc la loi qui sortit de ce loyal concours de toutes les volontés (4 février 1850) :

« Article premier. — L'interdiction prononcée par le paragraphe
« 2 de l'article 2 du décret du 25 octobre 1848, relatif à la liquida-
« tion de l'ancienne Liste civile, est prorogée jusqu'au 1ᵉʳ août 1850.
　« A cette époque, le séquestre mis sur les biens du domaine privé
« sera levé. Les lois et décrets antérieurs à la présente loi cesse-
« ront d'avoir leur effet en ce qu'ils auraient de contraire à cette
« disposition.
　Art. 2. — L'article 8 du décret du 25 octobre 1848, et toutes
« autres dispositions concernant les biens particuliers de M. le
« prince de Joinville et de M. le duc d'Aumale, qui ne sont pas
« compris dans la donation du 7 août 1830, sont abrogés.
　« Art. 3. — Les débiteurs et le liquidateur général sont autorisés
« à emprunter, s'ils le jugent convenable, par adjudication, avec
« publicité et concurrence, suivant le mode adopté pour l'emprunt
« de la ville de Paris, conformément au décret du 24 août 1848, ou
« suivant tel autre mode adopté dans les emprunts publics, des
« sommes qui pourront s'élever jusqu'à vingt millions de francs. »

Grand et solennel hommage rendu une fois de plus au droit de propriété, dans la personne de nos clients et sur l'initiative du Gouvernement lui-même, agissant et parlant au nom de M. le Président de la République, lui reportant même expressément l'honneur de cette initiative. Voyons ce qui a suivi.

On s'occupe de l'emprunt de vingt millions, jugé néces-saire pour achever promptement la liquidation. Il est né-gocié, convenu, l'acte en est dressé devant notaires le 25 août 1850, l'hypothèque est constituée. Enfin, M. le Ministre des finances y intervient en ces termes :

« *De son côté, M. le Ministre des finances déclare autoriser ces*
« *conventions. De plus, et en vertu du pouvoir que lui confère le*
« *décret du 25 octobre 1848, M. le Ministre des finances consent à*

« *ce que les inscriptions prises au profit de l'Etat, soient primées*
« *par celles qui seront formées en vertu des présentes.* Par suite,
« le Comptoir national et les créanciers qui auront concouru à
« l'emprunt seront, dans tous les ordres et distributions colloqués
« par préférence à l'Etat »

Grâce à cet emprunt, la liquidation a été immédiatement
terminée, à la satisfaction de tous, et avec les intérêts alloués
d'office, par l'ordre formel des débiteurs, à ceux des créanciers qui n'auraient pas pu légalement les réclamer.
Voilà comment il convenait à cette noble famille qu'une
telle affaire se terminât.

Tel était le dernier état des choses, lorsque s'accomplirent
les événements du 2 décembre 1851. Un plébiscite, vous le
savez, fut proposé par le président de la République au suffrage universel : une immense majorité a répondu affirmativement à l'interpellation du chef de l'État. Le Président
de la République était chargé par cette sorte de blanc-
seing de faire une constitution nouvelle. Il l'a faite, elle a
été promulguée le 14 janvier 1852. J'aurai occasion d'y
revenir dans un instant. Assurément, à travers ces vicissitudes politiques, la famille d'Orléans ne pouvait conserver
la plus légère inquiétude sur ses intérêts privés, sur l'inviolabilité d'un patrimoine tant de fois et si formellement
consacré.

Cependant, le 23 janvier, apparaissent dans le *Moniteur*
deux décrets datés de la veille. Il importe de les bien distinguer, car il en est un, le premier, qui est tout-à-fait en dehors du débat, c'est celui qui, par des raisons politiques
nettement déduites, enjoint à la famille d'Orléans de vendre,
dans un délai déterminé, les propriétés qui lui appartiennent
en France, moins, bien entendu, les propriétés procédant de
la donation du 7 août 1830, qui allaient devenir l'objet du
second décret. Voici, au surplus, le premier décret :

« Le Président de la République,
« Considérant que tous les gouvernements qui se sont succédé
« ont jugé indispensable d'obliger la famille qui cessait de régner

« à vendre les biens meubles et immeubles qu'elle possédait en
« France ; Qu'ainsi, le 12 janvier 1816, Louis XVIII contraignit les
« membres de la famille de l'Empereur Napoléon de vendre leurs
« biens personnels dans le délai de six mois, et que, le 10 avril
« 1832, Louis-Philippe en agit de même à l'égard des princes de la
« famille des Bourbons ;

« Considérant que de pareilles mesures sont toujours d'ordre et
« d'intérêt publics ; Qu'aujourd'hui plus que jamais de hautes con-
« sidérations politiques commandent impérieusement de diminuer
« l'influence que donne à la famille d'Orléans la possession de près
« de trois cents millions d'immeubles en France ;

  « Décrète :

« Article premier. — Les membres de la famille d'Orléans leurs
« époux, épouses et leurs descendants, ne pourront posséder aucuns
« meubles et immeubles en France : ils seront tenus de vendre,
« d'une manière définitive, tous les biens qui leur appartiennent
« dans l'étendue du territoire de la République.

« Art. 2. — Cette vente sera effectuée dans le délai d'un an, à
« partir, pour les biens libres, du jour de la promulgation du pré-
« sent décret, et, pour les biens susceptibles de liquidation ou dis-
« cussion, à partir de l'époque à laquelle la propriété en aura été
« irrévocablement fixée sur leur tête.

« Art. 3. — Faute d'avoir effectué la vente dans les délais ci-des-
« sus, il y sera procédé à la diligence de l'administration des do-
« maines, dans la forme prescrite par la loi du 10 avril 1832. Le
« prix des ventes sera remis aux propriétaires ou à tous autres
« ayant-droit. »

Passons au second décret, — dont nous aurons à examiner
le caractère et la portée au point de vue de votre compétence. — Je ne le lis pas *in extenso ;* le texte en est sous vos
yeux ; je me borne à vous en signaler dès à présent quelques passages plus particulièrement nécessaires pour la
discussion :

« Considérant que, *sans vouloir porter atteinte au droit de pro-*
« *priété dans la personne des princes de la famille d'Orléans,* le
« Président de la République ne justifierait pas la confiance du
« Peuple français s'il permettait que des biens qui doivent appar-
« tenir à la nation soient soustraits au domaine de l'Etat ;

« Considérant que, d'après l'ancien droit public de la France,
« maintenu par le décret du 21 septembre 1790 et par la loi du

« 8 novembre 1814, tous les biens qui appartenaient aux princes
« lors de leur avènement au trône étaient de plein droit et à l'ins-
« tant même réunis au domaine de la couronne..... »

Le décret vise ensuite les lois du 21 septembre 1790,
8 novembre 1814, et 15 janvier 1825, se rattachant aux rè-
gnes de Louis XVI, de Louis XVIII et de Charles X. Il en
conclut que le patrimoine du duc d'Orléans est *devenu
celui de l'Etat* par son avènement à la Couronne ; que la
donation du 7 août 1830 a eu pour objet *d'éluder* l'ancien
principe de la dévolution ; qu'elle constitue *une fraude à une
loi d'ordre public ;* qu'il importe peu que le duc d'Orléans
n'ait accepté la Couronne que deux jours après ; qu'à l'égard
de la loi du 2 mars 1832, elle a *été dictée dans un intérêt
privé par les entraînements d'une politique de circonstance ;* et
que d'ailleurs *les droits de l'Etat ainsi revendiqués, il reste à
la famille d'Orléans plus de cent millions, avec lesquels elle
peut soutenir son rang à l'étranger.* En conséquence :

« Article premier. — Les biens meubles et immeubles qui sont
« l'objet de la donation faite le 7 août 1830, par le roi Louis-Phi-
« lippe sont restitués au Domaine de l'Etat. »

Dans ses articles subséquents le décret ordonne, entre
autres choses, que les biens faisant retour à l'Etat en
vertu de l'article premier, seront vendus en partie à la
diligence de l'administration des Domaines ; et il en distribue même par avance le prix, sur lequel cinq millions
sont destinés à établir une caisse de retraite au profit des
desservants les plus pauvres. Vient ensuite la « dotation de
la Légion d'honneur, » qui consistera dans la partie des
immeubles exceptés de la vente. Voilà le décret ; il a été
longtemps sans recevoir aucune exécution ; inaction complète de la part du domaine, pris au dépourvu peut-être
par la révélation d'un droit de propriété que rien jusque
là ne lui avait fait soupçonner. Enfin on est sorti de cette
inaction le 27 mars 1852, au bruit d'un nouveau décret
qui ordonne la vente, à la diligence de l'administration

des Domaines, de certaines propriétés comprises — pour partie seulement — dans la donation du 7 août 1830.

Parmi ces propriétés ainsi désignées à l'administration pour la vente, se trouvaient celles de Neuilly et de Monceaux Plusieurs jours s'écoulent encore. Enfin le 10 avril, les agents du Domaine se présentent à Neuilly et à Monceaux ; on les reçoit très-poliment, c'était l'usage ; on ne savait ce qu'ils venaient faire. Quand ils ont révélé leur qualité et leurs prétentions, on les engage à sortir. Ils se sont retirés, ils sont revenus en force, et ils ont pris possession, *manu militari*, des lieux dont l'accès leur était refusé au nom de ceux qui persistent à s'en croire légitimes et exclusifs propriétaires.

Dans cet état de choses, la famille d'Orléans a porté devant vous la demande dont vous êtes saisis.

Le Domaine défendeur n'a pas constitué d'avoué. Mais M. le préfet de la Seine est intervenu pour présenter, au nom de l'Etat, le déclinatoire sur lequel il s'agit maintenant de statuer. — On vous propose donc, *in limine litis*, de proclamer votre incompétence, de vous dessaisir absolument, radicalement. Voyons cela, voyons-le de près, comme il convient à votre indépendance et à celle de mon ministère, — et avant tout, voyons la nature de l'action, son objet, sur les qualités des demandeurs.

Il s'agit de la revendication de Neuilly et de Monceaux, au double point de vue de la propriété et de la possession.

Quelles sont maintenant les qualités des demandeurs?

1° Pour la partie de Neuilly acquise avant 1830 par le duc d'Orléans, leur père, ils fondent leur droit à la propriété sur la donation entre-vifs du 7 août 1830, revêtue de toutes les formes légales. — Subsidiairement, ils se prévalent de la prescription résultant d'une possession deux fois décennale, avec titre et bonne foi. — Et pour la partie de Neuilly acquise par le roi leur père, depuis 1830, ils agissent en leur qualité d'héritiers.

2° Pour la moitié de Monceaux, ils excipent encore et de la donation du 7 août, et subsidiairement de la prescription de dix ans. — Et pour l'autre moitié, elle leur appartient ne leur qualité d'héritiers de leur tante, Mme Adélaïde, morte le 31 décembre 1847.

On a vu, que le fait de l'indivision résultait non-seulement de l'acquisition en commun par le frère et la sœur, mais même d'une stipulation expresse, comme si l'on eût voulu lui donner un caractère plus fraternel encore. Cette indivision est d'ailleurs formellement énoncée dans la donation. Tous ces titres, droits et qualités reconnus et consacrés en outre par les lois des 2 mars 1832, 25 octobre 1848, et 4 février 1850.

Ceci bien entendu, sommes-nous devant des juges compétents?

Voyons, Monsieur le préfet; le tribunal, dites-vous, n'est pas compétent. Pourquoi cela, s'il vous plaît? Est-ce à raison de la nature de l'action? Mais c'est une question de propriété, d'appréciation de titres, de validité ou de nullité de donation; c'est une question de possession, de prescription; c'est une question d'hérédité. Messieurs, il faut quitter vos sièges; car vous n'avez plus d'attributions, si ceci n'est pas, d'une manière absolue, exclusive, essentielle, dans vos attributions seules. Est-ce que j'ai besoin de venir apporter sur cette barre des textes justificatifs de cette proposition que, s'agissant de propriété privée, de donation, d'hérédité, de prescription, vous êtes nos juges et nos seuls juges, qu'il n'y a personne au monde, si haut qu'il soit placé, qui ait le droit, je ne dis pas de s'approprier, mais de partager ces fonctions avec vous? Est-ce par hasard parce que nous aurions l'Etat pour adversaire, pour contradicteur?..... Non, le niveau de l'égalité a passé sur toutes les têtes, même sur celle de l'Etat. L'Etat, quand il s'agit de questions de pro-

priété, qu'il soit demandeur, défendeur, intervenant, il faut
tout simplement qu'il vienne ici expliquer sa prétention, et
puis vous le jugez comme tout autre plaideur. Vous ne lui
demandez pas, comme jadis au roi, d'avoir *deux fois raison*
pour gagner son procès. Mais du moins, faut-il qu'il n'ait
pas tort. Autrement il perd son procès comme le plaideur le
plus vulgaire. Cela est vrai, juste, élémentaire sous tous les
régimes, régime monarchique, régime républicain et régime... innomé. (Sensation).

Aussi, retrouvez-vous dans nos Codes des applications
fréquentes de ce principe d'égalité devant la loi et les tribunaux à l'Etat propriétaire ou plaideur. Voyez, par exemple,
dans le Code Napoléon, l'article 2227 ; dans le Code de procédure, les articles 69 et 398. Veut-on d'autres autorités ?
Prenons de préférence celles que nous fournit l'époque
impériale.

(Ici l'avocat lit plusieurs décrets impériaux, des 8 juillet et 14
novembre 1807, 11 janvier et 1ᵉʳ avril 1808, 29 mai et 30 juin 1813,
qui décident, dans les termes les plus absolus, que toutes les questions de propriété, de validité de titres, de prescription, sont de la
compétence exclusive des tribunaux, que l'Etat y soit ou non intéressé.)

C'étaient là des vérités que Napoléon savait faire respecter,
car il comprenait bien que les pouvoirs ne s'enrichissent pas,
qu'ils s'appauvrissent plutôt en empiétant les uns sur les
autres, et que la justice surtout, à peine de perdre tout son
prestige, doit se mouvoir dans une sphère indépendante,
inaccessible à toutes les usurpations. La monarchie s'est
d'ailleurs montrée fidèle à ces traditions salutaires.

(Nouvelles citations d'ordonnances royales dans le même sens,
23 février 1828, etc., etc.)

Ainsi, M. le préfet de la Seine voudra bien me concéder ce
premier point, que si le tribunal n'est pas compétent pour
connaître de notre action, ce n'est pas assurément que notre

action ne rentre, par sa nature, dans les attributions de l'autorité judiciaire, car les principes du droit public, le Code Napoléon, les décrets impériaux, les ordonnances royales de toute époque, la jurisprudence sous toutes les formes, proclament en cette matière votre compétence absolue, exclusive, sans partage. Vous avez un monopole, entendez-vous bien, ou il faut rayer ces lois, ces décrets, ces ordonnances. Propriété, possession, hérédité, prescription, nullité de titres, tout cela veut dire compétence judiciaire ; elle est là, elle n'est pas ailleurs !

Voyons maintenant par quel phénomène vous pourriez être dépossédés, dans le cas particulier, d'une juridiction qui vous appartient par la nature même des choses, à vous, à vous seuls ! Si l'on en croit le déclinatoire, ce serait en vertu du second décret du 22 janvier 1852. Pourquoi cela ? C'est que ce décret serait attributif ou déclaratif du droit de propriété en faveur de l'Etat, sur les biens qui ont fait partie de la donation du 7 août 1830 ; c'est que le décret ayant statué, dit-on, sur ce droit de propriété, l'ayant reconnu en faveur de l'Etat, vous êtes nécessairement incompétents. Si telle était la portée du décret, faudrait-il en effet en induire votre incompétence ? Pas le moins du monde.

A la vérité, l'organe du ministère public, dans les conclusions qu'il a lues au début de cette audience — et que sans doute il nous aurait communiquées à l'avance, avec sa courtoisie ordinaire, si cela lui eût été possible, — qualifiait de *loi* le décret du 22 janvier 1852. Eh bien ! supposons-lui pour un instant ce caractère, qu'est-ce que cela fait à la question de compétence ? Une loi, dites-vous ? Si cela est, tant mieux pour l'Etat ; il l'invoquera sur le fond. Mais en conclure l'incompétence du tribunal, cela n'est pas logique. C'est comme si l'on disait à un demandeur: il y a dans le Code Napoléon tel article qui condamne votre prétention ; donc, le tribunal n'en peut connaître. Et moi je dis : donc, le tribunal la repoussera, car encore une fois c'est le fond. Mais pour savoir

si la loi existe, si elle est applicable, du moins faut-il que
le juge compétent puisse vérifier et apprécier.

Et tenez, supposons-nous en présence sur le fond, voici ce
qui se passera ; je dirai : — Notre père, propriétaire, nous
a fait une donation parfaitement régulière, remontant à 1830;
cette donation a été suivie de possession, avec titre et bonne
foi. Nous avons la prescription, nous nous sommes mariés,
des familles étrangères ont contracté avec nous sur la foi
de ce titre, nous avons emprunté, nous avons aliéné, nous
avons fait tout ce que peut comporter le *jus utendi et abu-
tendi* dans sa plus large acception ; voilà pourquoi nous
sommes propriétaires, et comment nous justifions notre revendication.

Que répondra l'Etat ? — Non, vous n'êtes plus propriétaires. Vous avez pu le croire jusqu'au 22 janvier 1852
exclusivement. Mais ce qui était vrai la veille au soir, avait
cessé de l'être le lendemain matin. Car voici une loi en vertu
de laquelle vous devez perdre votre procès.

Maintenant, que fera le tribunal, toujours dans la même
hypothèse? Il dira : — considérant que bien qu'il résulte, etc.,
néanmoins il existe un décret ayant force de loi, auquel le
juge doit se conformer, déclare les demandeurs mal fondés
dans leur demande et les condamne aux dépens.

Vous concevez, messieurs, que ce n'est pas un jugement
que je propose ni que je redoute dans l'avenir, c'est tout
simplement une hypothèse destinée à mieux vous faire
comprendre tout ce qu'il y a de bizarre, de sauvage, d'incroyable dans le déclinatoire qu'on vous propose au début
du procès. Car, je le répète, avec un respect égal à ma
conviction : si vous n'êtes pas juges ici, vous ne le serez
jamais. Vous seriez juges de nom, et rien de plus ! (Sensation). Concluons une dernière fois que le décret serait tout
au plus une raison de décider sur le fond ; ce que je conteste
d'ailleurs de toutes mes forces ; — mais non un moyen d'incompétence. En un mot, le décret correspondrait au mal-

fondé de la demande, et non à l'incompétence du tribunal ; à moins qu'on ne me montre dans le décret une disposition qui interdise aux tribunaux toute connaissance d'un litige qui puisse s'y rattacher directement ou indirectement. On nous en avait menacés ; mais enfin on n'avait pas été jusque-là, et le décret est resté dans son état primitif, sans bouleverser du moins l'ordre légal des juridictions.

Maintenant allons plus loin. Quel est ce décret, et quel est le caractère qui lui appartient ? **M.** le préfet de la Seine, dans le déclinatoire, a dit que le décret était un acte de *haute administration*, ce qui voulait dire apparemment, dans la pensée du préfet, que c'était une mesure politique. Le ministère public appelle le décret du 22 janvier *une loi.* Non ! ce n'est pas possible ; car s'est-on bien rendu compte de ce que serait une mesure politique ou une loi de cette nature ? Je vais vous le dire d'un mot : cela s'appellerait tout simplement CONFISCATION !

Eh quoi ! je suis propriétaire, je le suis en vertu d'une donation régulière ; je le suis comme héritier de mon père et de ma tante ; mon titre, ma qualité, mon droit, ont été reconnus et consacrés par deux législatures, monarchique et républicaine. Puis, tout à coup, il intervient un acte que vous appellerez comme vous voudrez, qui me dépouille de ma propriété pour la transporter à un tiers, à l'Etat ;.... *confiscation* ! confiscation, vous dis-je, dans votre système ; et j'ajoute confiscation d'une nouvelle espèce, *sui generis*, sans exemple dans les plus mauvais jours de la France et des autres pays, une confiscation avec effet rétroactif ! Jusqu'ici du moins la confiscation *normale*, si on peut l'appeler ainsi, se bornait à prendre la propriété dans l'état où elle la trouvait, le jour même, sans effet rétroactif. Ici, elle remonterait à vingt années en arrière, à travers les contrats, les lois, les possessions, saccageant tout sur son passage, reconstituant pour son profit l'état de choses qui existait au 7 août 1830 !... Non, non, cela ne saurait être, et de telles mesures seraient

trop contraires à la pensée personnelle du chef de l'Etat, à
nos mœurs, à notre civilisation, à notre droit public, surtout
quand on songe qu'elles tomberaient sur cette famille si noble, si calme, si résignée, à laquelle ne manque plus même
aujourd'hui la majesté du malheur ! ! ! Non, encore une fois,
le décret lui-même proteste, dans ses premières lignes, contre une pareille supposition : « Considérant, que sans vou-
« loir porter atteinte au droit de propriété dans la personne
« des princes de la famille d'Orléans... »

Veut-on une autre preuve ? je l'emprunterai à l'écrit intitulé : « *Réponse à la protestation des exécuteurs testamentaires.* » Écrit anonyme à la vérité, mais qui n'en a pas moins
un caractère semi-officiel par l'immense publicité qui lui a
été donnée, par la profusion inouïe avec laquelle il a été répandu, distribué partout, sans qu'il en coûtât rien aux des-
tinataires. On y lit, à la page 22 :

« Les exécuteurs testamentaires du roi Louis-Philippe signalent
« le décret du 22 janvier comme tranchant une question de propriété,
« c'est-à-dire comme un acte illégal et inconstitutionnel, puisque la
« décision d'une question de ce genre appartient exclusivement aux
« tribunaux. Loin de là, le décret ne fait que prescrire l'exécution
« d'un principe d'ordre public méconnu au préjudice du domaine ;
« c'est une mesure de restitution qu'il ordonne, dans un intérêt
« sacré dont le chef de l'Etat doit être le défenseur. »

Disons donc avec le décret, répétons-le avec son commen-
tateur officieux ou officiel, il ne peut être question ici de confiscation ; mais concluons aussitôt que ce n'est ni une loi
politique, ni une mesure politique, car autrement tous les
sophismes du monde seraient impuissants pour ôter le caractère de confiscation à une loi politique, à une mesure
politique déplaçant tout-à-coup la propriété, *invito domino*,
et brisant les contrats sans l'intervention du seul juge qui
puisse les apprécier. A moins que l'on ne vienne prétendre
qu'un tel acte équivaut lui-même à *un jugement*, qu'il en a
la valeur et la puissance, ce que nous examinerons dans un
instant.

Ah! sans doute, parmi les deux décrets du 22 janvier, il en est un qui est de nature toute politique, c'est le premier, celui qui prescrit la vente de certains biens dans un certain délai. Il est fondé, celui-là, sur ce qu'on est convenu d'appeler non pas la raison de droit, mais la *raison d'Etat ;* et je suis le premier à reconnaître que la justice ordinaire n'y peut rien. Pourquoi? C'est qu'il appartient à la sphère politique, et qu'après tout, il ne méconnaît pas le droit de propriété. Mais, pour le second décret, celui qui nous occupe, nous verrons tout à l'heure quel est son vrai caractère. Qu'il nous suffise de résumer cette partie de la discussion d'un seul mot : Ce n'est pas une *confiscation,* j'affirme donc que ce n'est pas *une loi,* car *loi* et *confiscation* ce serait nécessairement et fatalement une seule et même chose en pareille matière.

Continuons. Si ce n'est pas une loi, qu'est-ce donc? Un *jugement?* Moins encore, s'il est possible. A la vérité, M. le préfet de la Seine semble le supposer, lorsqu'il énonce dans son déclinatoire « que le décret du 22 janvier der-« nier a déclaré nullè, comme contraire au droit public « français, la donation du 7 août 1830. » Et d'abord, où M. le préfet a-t-il vu cela? Apparemment au milieu de ses occupations nombreuses, il n'aura pas pu lire avec une attention suffisante le décret sur lequel il fonde son décli-natoire. Autrement, il ne serait pas tombé dans cette grave erreur. Non, le décret du 22 janvier n'annule pas la do-nation ; mais il en présuppose seulement la nullité, ce qui est fort différent, comme nous le démontrerons plus tard.

Sans doute, il peut y avoir le germe et les éléments d'un procès entre la famille d'Orléans et l'Etat, s'il veut s'appro-prier devant la justice la thèse de la dévolution déduite dans les motifs du décret. Mais un jugement anticipé sur cette question par le décret lui-même? ce serait le comble de l'ab-surdité! Ne serait-ce pas la violation la plus flagrante et la plus inouïe de notre droit public sur la séparation des pouvoirs, si profondément tracé, par exemple, dans les articles 13 et 17 du titre II de la loi des 16-24 août 1790? Ce serait là cette confusion impossible, ce chaos social que signale Montesquieu :

« Il n'y a point de liberté, si la puissance de juger n'est pas sé-
« parée de la puissance législative et de l'exécutrice. Si elle était
« jointe à la puissance législative, le pouvoir sur la vie et la
« liberté des citoyens serait arbitraire, car le juge serait législa-
« teur. Si elle était jointe à la puissance exécutrice, le juge pour-
« rait avoir la force d'un oppresseur. *Tout serait perdu*, si le même
« homme ou le même corps des principaux, ou des nobles, ou du
« peuple, exerçaient ces trois pouvoirs : celui d'exécuter les résolu-
« tions publiques, celui de faire des lois, et celui de juger les cri-
« mes ou les différends des particuliers. »

Et voyez quel jugement ce serait ici! un jugement sans contradiction, où les parties n'auraient été ni entendues ni appelées, au mépris de toutes les règles de la compétence et de la procédure; un jugement sans recours possible. Un jugement sans juge, car si le président de la République a été investi par le plébiscite des pouvoirs *exécutif*, *législatif*, *constituant*, il ne l'a certes été ni prétendu l'être du pouvoir *judiciaire :* et à plus forte raison ne l'était-il pas sous la Constitution du 14 janvier 1852, antérieure au décret, et où il ne s'était réservé, jusqu'à la convocation des grands corps de l'Etat, que le pouvoir législatif. Enfin, ce serait un jugement où il aurait été tout à la fois juge et partie, comme chef de l'Etat à qui il aurait attribué la propriété supposée litigieuse. Supposition absurde, encore une fois; usurpation dont la seule pensée serait une injure, et contre laquelle il aurait noblement protesté d'avance lorsqu'il disait à la magistrature, dans une solennité récente (4 avril 1852) : « Quoique je reçoive votre serment avec
« plaisir, l'obligation de le prêter, pour tous les corps cons-
« titués, me semble moins nécessaire de la part de ceux
« *dont la noble mission est de faire dominer et respecter le*
« *droit.* »

Et c'est aussi ce respect du chef de l'Etat pour les droits de la justice que célébrait à son tour M. le premier président Troplong dans une occasion semblable et plus récente encore (16 avril 1852).

« La magistrature ne devait pas se trouver ébranlée par la révo-
« lution du 2 décembre, qui, ainsi que le disait l'autre jour Louis-
« Napoléon, a replacé la pyramide sur sa base. La magistrature se
« défendait auprès de lui par son dévouement aux intérêts sociaux,
« par son culte du devoir, par sa haute intégrité, par le respect que
« ses éminents services inspirent à la France. »

Et plus loin :

« Lorsque, dans sa Constitution, Louis-Napoléon a voulu que la
« justice fût rendue *en son nom*, ce n'a pas été, de sa part, l'inten-
« tion ambitieuse d'anciennes formules constitutionnelles ; c'est une
« pensée profondément philosophique qu'il a gravée dans le pacte
« fondamental, pour montrer à la nation qu'à ses yeux la justice
« est un des plus beaux attributs du gouvernement des hommes. Les
« livres saints ne séparent jamais la force de la justice. Les prin-
« ces qui ont l'intelligence de leur mission savent que la force toute
« seule n'est qu'un orage qui passe, mais que la force unie à la
« justice est celle qui fonde ou raffermit les sociétés. »

Affirmons donc en pleine évidence que le décret du 22 janvier n'est pas plus un jugement qu'il n'est une loi politique. Affirmons qu'il n'a pas plus voulu *juger* qu'il n'a voulu confisquer. Puis, voyons maintenant quel est son vrai caractère, et par suite s'il doit avoir une influence quelconque sur la question de compétence.

On nous dit : — Si ce n'est ni une loi, ni un jugement, du moins vous ne contesterez pas que ce soit un *acte admi-nistratif*. D'accord. Mais la conséquence, s'il vous plaît, pour le déclinatoire ? La conséquence, ajoute-t-on, c'est que les tribunaux ne peuvent ni l'annuler, ni le modifier, et qu'il échappe à leur révision et à leur critique. Cela est par-

faitement vrai; mais on a toujours distingué entre le droit
d'annuler un acte administratif et le droit, pour le tribunal
saisi d'une difficulté de sa compétence, de passer à côté de
cet acte, et de marcher à son but comme s'il n'existait pas.
Je m'explique :

Le décret du 22 janvier n'a pas brisé la donation du 7 août
1830, puisqu'encore une fois il n'aurait pu le faire qu'à titre
de confiscation ou de jugement, et qu'il n'a ni l'un ni l'autre
de ces caractères. Qu'a-t-il donc fait? Il a tout simplement
supposé la donation nulle ou annulable; et, partant de là, il
a *revendiqué* (le mot s'y trouve) les biens au nom de l'Etat,
comme *devenus son patrimoine* en 1830. Cela se comprend.
C'est là un acte de tutelle, de haute administration en
faveur de l'Etat, dont il importe en effet que le patrimoine soit défendu contre toutes les usurpations. Or, de
deux choses l'une : ou bien le décret aura porté la conviction dans l'esprit de la famille d'Orléans sur la fragilité de ses titres; il lui aura prouvé, par la vigueur de son
argumentation, qu'elle était dans l'erreur depuis vingt ans,
avec tous les publicistes, tous les jurisconsultes, les législatures monarchique et républicaine, lorsqu'elle se croyait
propriétaire et agissait en conséquence. Dans ce cas, pas de
difficulté, le décret s'exécutera sans résistance, et certes ce
sera un beau succès pour l'esprit qui l'a conçu et la plume
qui l'a tracé.

Mais s'il en est autrement, si la famille d'Orléans croit toujours, et plus encore, s'il est possible, depuis le décret
qu'auparavant, à la validité de ses titres, à la légitimité de
son droit, à sa propriété enfin; si elle demeure convaincue
avec ses conseils, avec quiconque a la moindre idée du fait
et du droit, qu'elle ne peut être privée de son patrimoine
sans la plus criante injustice et la spoliation la plus caractérisée, qu'a-t-elle à faire? Ce qu'elle a fait, ce qu'elle
fait en ce moment : s'adresser aux tribunaux ordinaires,
à la justice du pays, cette gardienne sûre et vigilante des
droits de la famille et de la propriété; lui dire : — Voyez
mes titres, écoutez mes plaintes, entendez mes raisons et

prononcez entre l'Etat et moi, car personne au monde, autre
que vous, n'a compétence en cette matière.

Est-ce à dire que nous demandons à l'autorité judiciaire
l'annulation du décret? Nullement. Le décret, je le répète,
est fondé tout entier sur cette supposition que la donation du 7 août a dû tomber, en 1830, sous le principe de
la dévolution ; puis il en tire la conséquence que l'Etat
est devenu propriétaire des biens donnés. Mais si cette
supposition n'est elle-même qu'une énorme erreur, il faudra bien que le décret attende, avant toute exécution,
qu'elle soit examinée, débattue, vérifiée devant les seuls
juges compétents pour statuer sur des questions de cette
nature. C'est là un débat préjudiciel réservé exclusivement à l'autorité judiciaire, sans empiètement quelconque
sur les droits de l'administration. En un mot, chacun chez
soi : telle doit être la devise constante des deux autorités, si
l'on ne veut que l'une n'ait bientôt absorbé l'autre, et que
les tribunaux, par exemple, n'aient bientôt plus que des pouvoirs incertains et morcelés par le bon-plaisir.

Tout ceci n'est il pas élémentaire et incontestable ? Voyons
la jurisprudence ; et avant tout, permettez moi de placer
sous vos yeux un remarquable arrêt de la Cour de cassation
que je suis d'autant plus heureux de rappeler, qu'il a été
préparé par les éloquentes paroles de l'un des conseils de la
cause actuelle.

Le 19 juillet 1827, sous la présidence du vénérable Hen-
rion de Pansey, et sur les conclusions conformes de M. de
Vatismenil, avocat général, la Cour de cassation proclamait
dans cet arrêt :

« Que ce fut une maxime incontestable de notre droit public, que
« *les rois de France furent toujours dans* L'HEUREUSE IMPUISSANCE
« *de porter aucune atteinte aux propriétés de leurs sujets.* —
« Ainsi, dans les arrêts du Conseil, portant quelques concessions
« au profit de particuliers, on lisait cette formule par laquelle ils

« terminaient : « *sauf notre droit en autre chose et l'autrui en*
« *tout,* clause toujours supposée lors même qu'elle n'était pas
« écrite, de manière que ces arrêts n'avaient aucune efficacité s'ils
« n'étaient revêtus de lettres patentes qui devaient être enregistrées
« dans les Cours souveraines, lors duquel enregistrement *les par-*
« *ties intéressées et qui pouvaient se prétendre lésées dans ces actes*
« *par l'autorité publique, avaient la faculté de former opposition,*
« *et le Parlement, saisi par cette opposition, statuait* CONTRADIC-
« TOIREMENT *sur les moyens respectifs.* »

Belle maxime, Messieurs, et noblement rappelée ! Est-
ce que par hasard nous aurions dégénéré ? Est-ce que
nous nous sentirions plus à l'aise au milieu des enseignements et des traditions de la monarchie absolue, que
dans les textes de nos lois nouvelles ? Serions-nous dupes à
ce point de nos progrès et de nos conquêtes ? Non, grâce
au Ciel ! ce serait calomnier l'époque où nous vivons. Disons, à l'honneur de la jurisprudence actuelle, qu'elle s'est
constamment montrée digne de ce bel héritage.

(Ici l'avocat cite un autre arrêt de la Cour de cassation du 26 décembre 1825, qui juge que le citoyen dont la propriété a été vendue
par l'administration, n'en conserve pas moins le droit de s'adresser
aux tribunaux pour se la faire restituer, nonobstant la nature et la
forme administrative de l'acte qui l'en a dépouillé.)

Et vous, Messieurs du Tribunal, vous n'avez pas failli non
plus à ces maximes tutélaires de notre droit public, et toutes les fois que l'occasion s'en est présentée, vous avez
apporté votre tribut à cette partie si importante de notre
jurisprudence. Témoin votre jugement du 25 juillet 1834,
confirmé par arrêt de la Cour du 11 janvier 1836, sous la
présidence de M. Séguier. Là, vous décidez nettement que
même une ordonnance royale ne saurait altérer ou modifier
votre juridiction dans les matières que la loi vous a attribuées ; que votre droit reste entier, comme si l'ordonnance
n'existait pas ; « car, — ajoutez-vous, — les tribunaux man-
« queraient à leur devoir s'ils laissaient les citoyens sans
« protection dans un pareil cas. »

Empressons-nous de dire que la jurisprudence administrative a de son côté rendu maintes fois hommage à ces principes. Veut-on des décrets impériaux? Le 10 mars 1807 : — « Considérant que l'autorité judiciaire est seule compétente pour prononcer sur l'exécution et la validité des contrats... » — Il s'agissait d'un séquestre que l'administration voulait maintenir, en opposant la nullité pour cause de fraude d'une vente sur laquelle un acquéreur se fondait pour en demander la main-levée.

22 octobre 1808 ;

« Considérant qu'il s'agit de décider à qui, du sieur Terras « *ou du Domaine*, appartiennent les terrains délaissés par le « Rhône dans le bourg de Valence ; que cette contestation présente *une question de propriété qui doit être renvoyée aux tribunaux ;* considérant que la décision du Ministre des finances « du 18 décembre 1806 *ne peut avoir son exécution que dans le cas* « *où la propriété du terrain dont il s'agit ne serait pas contestée* : « L'arrêté du préfet de la Drôme, du 7 juillet 1807, est annulé, et « les parties sont renvoyées devant les tribunaux. »

Des ordonnances royales? — 13 février 1815 :

« Considérant que la loi du 20 mars 1813, en chargeant l'auto- « rité administrative de statuer sur les difficultés qui pourraient « s'élever à l'occasion de la vente des biens des communes, n'a « pas renvoyé devant l'administration les discussions de propriété « élevées par les particuliers ; considérant que le sieur d'Herbais « se *prétend propriétaire, en vertu de titres, des biens sus-men-* « *tionnés*, et que *le préfet ne pouvait juger cette réclamation, qui* « *est du ressort des tribunaux...* »

19 mars 1817 :

« Considérant qu'avant de statuer sur la validité de la vente des « biens ci-dessus mentionnés, transférés à la caisse d'amortisse- « ment comme biens communaux, il y a lieu de statuer sur la « question de propriété élevée par le sieur de la Poterie, et *que* « *cette question doit être jugée par les tribunaux*, etc... »

Même décision du tribunal des conflits du 15 mai 1850, etc., etc.

Je n'en finirais pas, Messieurs, si je voulais mettre sous vos yeux les innombrables monuments de la jurisprudence, soit judiciaire, soit administrative, sous le régime impérial, royal, républicain, qui consacrent et proclament comme à l'envi ces vérités fondamentales de notre droit public, sans lesquelles il n'y a plus ni séparation des pouvoirs, ni indépendance des tribunaux, ni garantie pour la propriété, ni sécurité pour la famille, et hors desquelles « tout serait perdu, » suivant la parole si énergiquement prophétique de Montesquieu.

Ainsi, point d'équivoque, et que l'on m'entende bien. Non, je ne viens pas ici faire le procès au décret du 22 janvier ; cela regarde l'opinion publique. Mais je viens vous dire : Je suis troublé dans ma propriété, on me la ravit ; on m'en dépouille ; la possession m'en est enlevée par un tiers, quel qu'il soit, Etat ou particulier, il n'importe ; je vous montre mon titre, mes droits, ma qualité, car vous êtes les juges du champ, c'est-à-dire les gardiens de la propriété, vous, et vous seuls ! Il est vrai que l'administration, tutrice du Domaine de l'Etat, a supposé, a cru, si l'on veut, que c'est l'Etat qui est propriétaire. Eh bien ! elle s'est trompée, je le soutiens, je l'affirme, je demande à le prouver. A moi donc les tribunaux ! car c'est une question préjudicielle de leur compétence exclusive. Que le décret attende ; qu'il laisse passer la justice ordinaire, afin qu'elle dise, après examen, débat contradictoire, ce mot, ce mot suprême qu'elle seule a le droit de prononcer. Sinon, qu'on ne nous parle plus de propriété, de justice, de garanties, ou je répondrai : chimères et mensonges ! (Mouvement.)

Mais allons plus loin encore : supposons pour un instant que le décret ait fait l'impossible, qu'il ait annulé, comme le croyait à tort M. le préfet de la Seine, la donation du 7 août 1830, au lieu de la réputer seulement annulable par les motifs qu'il a déduits ; — je lui en demande pardon, car c'est la supposition d'une énormité sans exemple, — mais enfin, dans cette hypothèse, on reconnaîtra bien que la donation serait seule anéantie.

Or, si au 22 janvier 1852, nous étions propriétaires, *indépendamment de la donation*; si nous, tiers détenteurs, nous étions fondés à invoquer un autre titre, la prescription ; s'il est vrai que la prescription soit expressément rangée par la loi parmi les moyens d'acquérir la propriété (Code Napoléon art. 711, 2219, 2265), est-ce que le décret, en annulant la donation, la donation seule, aurait frappé en même temps et cet autre titre de propriété, et cette qualité de tiers détenteur sur laquelle il repose? Non, mille fois non. Nos droits, à cet égard du moins, seraient entiers, notre action entière, votre compétence entière, évidente, incontestable.

Apparemment le déclinatoire n'a pas songé à cela.

Est-ce tout? Non. Les demandeurs n'agissent-ils pas encore savoir, comme héritiers de leur père pour la partie de Neuilly acquise après 1830, et pour la moitié indivise de Monceaux, comme héritiers de leur tante, qualités et droits qui ne sont ni atteints, ni effleurés par le décret du 22 janvier, et qui n'en ont pas moins été méconnus et violés par les ordres et la mainmise de l'administration dans la journée du 10 avril dernier ?

Parlerai-je après cela du décret du 27 mars 1852, qui ordonne la vente de Neuilly et de Monceaux, à la diligence de l'administration ? A quoi bon? Est-ce que ce décret n'est pas tout simplement la suite et l'émanation de celui du 22 janvier? Est-ce que les raisons qui viennent d'être déduites à l'égard de l'un, ne militent pas également à l'égard de l'autre? Est-ce que tous deux ne procèdent pas de cette supposition ou de cette erreur que les biens appartiennent à l'Etat? Est-ce que, du moment où notre revendication de propriété se produit devant le juge compétent, il ne faut pas de toute nécessité que ces deux décrets attendent également que la justice régulière, avec ses formes protectrices et son allure indépendante, ait prononcé souverainement sur une question qu'elle seule a droit et mission de juger?

En résumé donc, votre compétence est ici manifeste, absolue, exclusive. Elle n'est en aucune façon paralysée ni en-
chaînée par le décret du 22 janvier, qui, soit dans la pensée,
soit dans les termes, n'est ni une loi politique, c'est-à-dire
une confiscation, ni un jugement ; mais un simple acte administratif *revendiquant* la propriété au nom de l'Etat, supposant son droit, le déclarant même, si l'on veut, se suffisant
à lui-même s'il ne survient pas de prétention contraire, mais
s'arrêtant nécessairement dans sa marche le jour où se produit devant les seuls tribunaux compétents la réclamation
des propriétaires, appuyée tout à la fois sur tous les titres
qui fondent parmi nous le droit sacré de propriété : les contrats, la prescription, l'hérédité !

Abaissez donc devant nous, Messieurs, abaissez cette barrière impuissante du déclinatoire. Que l'Etat sorte de cette
indifférence apparente ; qu'il prenne franchement le seul
rôle qui lui convienne devant vous, le rôle de partie au
procès ; qu'il constitue avoué ; qu'il appelle à son secours
un défenseur, s'il en trouve ; qu'il ait le courage enfin de
venir à cette barre discuter contradictoirement cette thèse de
la dévolution, base unique de l'erreur du 22 janvier. Et alors,
dans cette lice régulière et loyale, sans vouloir plaider ici le
fond par anticipation, nous prenons dès à présent l'engagement solennel de démontrer, même pour les incrédules s'il
en est encore, que cette prétendue thèse de la dévolution
n'est autre chose qu'une fable ou un fantôme qui s'évanouit
à la première clarté de l'histoire et du droit public.

Que dis-je ! voici bien autre chose. Un de nos jeunes avocats qui n'était pas dans la cause, mais qui s'est inspiré
dans cette occasion de son amour de la vérité et du droit,
Me Le Berquier — grâces lui en soient publiquement rendues ! — s'est livré à des recherches qui ont produit les résultats les plus merveilleux et les plus édifiants (1). Il a puisé
dans les archives officielles que nous n'avions pas encore

(1) Seule question : *Le 7 août 1830, une loi en vigueur ordonnait-elle
la réunion à l'Etat des biens donnés ?* — Broch. in-8.

explorées, et il a trouvé pour notre cause un nouvel et puissant auxiliaire, un jurisconsulte profond qui n'a jamais figuré sur notre tableau, mais qui figurera longtemps dans les fastes du monde ; c'est tout simplement MAITRE NAPOLÉON ! (On sourit dans l'auditoire).

Oui, Messieurs, lorsqu'en 1804 il s'agissait de constituer la dynastie impériale et ses conditions d'existence, la question de *dévolution* et de *Domaine privé* fut mise sur le tapis : et l'Empereur la trancha, de l'avis et avec le concours de toutes les fortes têtes de l'époque, dans le sens où elle fut tranchée en 1830 et 1832, et par les mêmes motifs. Non certes que l'Empereur fût avare — qui jamais songea à l'en accuser ? — mais parce qu'il était logique dans ses paroles et dans ses actes. Il comprenait qu'étant fils de ses œuvres — et certes il avait le droit d'en être fier — arrivant au trône à titre tout nouveau, sans lien avec le passé, il eût été injuste et absurde de le soumettre à un principe qui n'avait eu sa raison d'être que dans les conditions essentielles de l'ancienne monarchie, et alors que l'Etat et le Prince appelé à la couronne par son droit préexistant ne faisaient qu'une seule et même personne, qu'un seul et même propriétaire.

Nous démontrerons donc sur le fond que ce qui était vrai en 1804 pour la dynastie impériale, ne l'était pas moins en 1830 pour la royauté toute contractuelle de juillet, et que cela était vrai aux deux époques, parce que cette vérité découle de la nature même des choses et de la différence fondamentale entre les anciennes et les nouvelles institutions. D'où la conséquence qu'il n'y a eu erreur à cet égard ni dans la loi du 2 mars 1832, ni, à plus forte raison, dans les décrets de 1848 et de 1850, qui, apparemment, ne seront pas soupçonnés d'avotr été inspirés « *par les entraînements d'une politique de circonstance* », surtout quand on se rappelle que le second est intervenu sur l'initiative du Gouvernement et comme expression hautement annoncée des intentions personnelles de M. le Président de la République.

Nous dirons enfin avec le droit commun *et le cri de la*

conscience publique, que si, contre toute évidence, le principe de la dévolution avait dû s'apliquer en 1830, la nation n'aurait pu honnêtement, lorsqu'elle reprenait le trône en 1848, conserver un patrimoine qui ne serait devenu et ne serait demeuré le sien qu'à la condition d'observer le traité qui avait assuré le trône à la dynastie d'Orléans. C'est encore là du droit, de la raison, de la probité la plus vulgaire ; ce serait, s'il en était besoin, la base d'une action infaillible en restitution, et le peuple, dans son bon sens et sa loyauté, ne manquerait pas de dire : Mais rendez donc l'argent ! (On rit).

Mais croyez-le bien, Messieurs, et j'ai besoin de le dire bien haut, si nous appelons ces débats avec impatience, ce n'est pas seulement pour en faire sortir la justification d'un droit de propriété qui n'est douteux pour personne, c'est surtout qu'il tarde à cette famille d'accomplir, du fond de son exil, un devoir sacré de piété filiale, et de repousser, dans un débat public cette accusation de fraude qu'on n'a pas craint de déposer sur la tombe du royal vieillard !

Quelques mots encore, Messsieurs. J'ai bien étudié le déclinatoire avant de le combattre. En fait, en droit, la tâche était facile ; mais je me suis demandé en outre quel grand intérêt avait pu l'inspirer dans ces hautes régions de l'administration d'où sans doute il est parti ; et cette question je l'avoue en toute humilité, est restée pour moi jusqu'à présent sans réponse.

Je vois bien à quelle interprétation fâcheuse et malveillante il pourrait donner lieu pour les ennemis du Gouvernement si l'on y persistait. On ne manquerait pas de dire qu'il a pour objet, non de sauvegarder les règles d'attributions entre les différents pouvoirs, non de revendiquer la question pour d'autres juges, car elle n'en a pas d'autres que vous et ne saurait en avoir d'autres ; mais d'étouffer le débat une fois pour toutes, d'empêcher que la lumière ne se fasse ; d'échapper à la discussion contradictoire et sérieuse de cette thèse de la dévolution seule base du décret encore une fois ; d'interdire à des enfants la défense de la mémoire de leur père, à des propriétaires celle de leur patrimoine ; de les laisser sous l'accusation de fraude, alors qu'on les dépouille de ce qui leur appartient ; et, sous le titre et la couleur d'une revendication sans jugement, de consommer une spoliation honteuse, puisqu'elle n'oserait s'avouer elle-même. Certes, ce serait là calomnier le Gouvernement, mais qu'il y réfléchisse bien, je l'en supplie ; qu'il craigne de laisser à ses ennemis les facilités et les avantages d'un pareil commentaire. Ah ! qu'il en croie plutôt ses amis sincères, qui lui disent de toutes parts : Vous avez cru au système de dévolution en 1830, vous avez cru aux droits de propriété de l'Etat ; eh bien, soit ! Tuteur de l'Etat, vous deviez revendiquer ce qui vous semblait lui appartenir ; si vous vous êtes trompé, votre intérêt à vous-même n'est-il pas d'admettre la contradiction devant le seul juge compétent sur les questions de propriété et de laisser à la justice son libre cours ?

J'ajoute que l'Etat y a de son côté un double intérêt : — Intérêt moral avant tout, car il ne faut pas qu'on puisse lui reprocher de s'enrichir des dépouilles de cette royale famille, à laquelle il a dû dix-huit années de paix et de prospérité ! — Intérêt matériel, car si les biens lui appartiennent, s'ils doivent être vendus selon le décret, il lui importe qu'ils ne le soient pas à vil prix, qu'ils ne deviennent pas la proie de quelque bande noire, de quelques spéculateurs espérant payer la chose avec une année de son revenu, ce qui arriverait n'en doutez pas, si ces biens étaient suivis, dans la main des acquéreurs, par la menace incessante d'une revendication pour le jour où la question retrouverait ses juges naturels et nécessaires.

Voyez enfin comme tous les intérêts nobles et légitimes protestent hautement contre le déclinatoire. Le décret non-seulement ordonne la vente, mais il en distribue le prix et en destine une large part à la Légion d'honneur, à l'armée, au clergé pauvre. Bonnes et louables pensées en elles-mêmes, pourvu que l'on puise à des sources irréprochables les moyens d'exécution. Mais qui a pu croire que l'armée, que le clergé acceptent jamais une parcelle de cet or avant qu'il ait été épuré au creuset de la justice? — Messieurs, un dernier intérêt proteste encore contre le déclinatoire. C'est notre intérêt à tous, celui de nos familles, de nos patrimoines, de notre sécurité : il faut que l'on sache que si les droits légitimes peuvent être un instant méconnus, cela est sans danger, même sur un sol ébranlé par tant de révolutions, car en France la justice du moins est toujours debout, et toujours ces droits y trouveront des juges pour les faire respecter, comme des avocats au barreau pour les défendre !

(Vive sensation et mouvement contenu dans l'auditoire. — On se presse autour de M⁰ Paillet pour le féliciter.)

Après une suspension de quelques instants, la parole est donnée à M. le substitut Descoutures, qui soutient le déclinatoire et développe les conclusions écrites qu'il a déposées sur le bureau du tribunal.

Alors M⁰ Berryer se lève pour répondre au ministère public. Avec l'action la plus entraînante, il prononce une éloquente réplique dans laquelle il réclame pour ses illustres clients la loi et des juges. « Voilà, dit-il, le droit fondamental de la France. Voilà le principe sur lequel vit cette société. C'est la protection, la garantie de tribunaux libres, indépendants, inamovibles, qui fait la sécurité de la société française, et qui lui serait ravie si la doctrine qu'on vous a exposée pouvait triompher. — Je ne puis pas m'empêcher de dire que ce qui est propre à notre belle nation est propre à toutes, et ici je demande pardon de citer un souvenir historique ; on me le rappelait l'autre jour, c'était M. Dupin. Tacite en son endroit fait un grand éloge de Tibère, en disant de lui, dans son langage expressif et concis : *Rari per Italiam Cæsaris agri, modesta servitia, intrà paucos libertos domus..., ac, si quandò cum privatis disceptaret, forum et jus.* — « Tibère était pauvre, Tibère avait peu de biens en Italie, ses domaines étaient médiocres ; sa maison était habitée par peu d'affranchis, *paucos libertos* ; mais, quand il était en contestation avec des particuliers, *quandò cum privatis disceptaret*, les tribunaux et la loi prononçaient, *forum et jus.* » Voilà ce qui est le droit dans tous les temps, voilà le droit sans lequel il n'y a pas de société ; et on a loué un tyran d'avoir su respecter ce principe fondamental......

« On s'écriait tout à l'heure, et avec quelle raison, avec quel cœur, avec quel talent..... ! Mais si c'est une loi, c'est donc en dehors de toute application des lois ! C'est donc un acte de loi violente, un acte de loi politique, c'est une confiscation !..... Dites-le !.....

« Mais il y aurait donc une loi au-dessus de toutes les lois, un droit au-dessus de tous les droits ! Comment ! vous n'accorderez pas de juges pour savoir si l'effet des contrats de mariage a été tel, que la possession, en vertu de ces contrats, ne soit pas incontestable ; que les mineurs qui ont des droits, en vertu de ces contrats, n'ont pas pu les perdre ; que les pères qui ont la jouissance pendant la minorité de leurs enfants doivent être maintenus en possession en vertu d'actes aussi sacrés, aussi solennels, aussi inébranlables. Vous viendrez dire que ce sont là des questions pour lesquelles on ne trouvera pas en France un tribunal et des juges ! *Forum et jus !* Donnez-les à tous les princes de la famille d'Orléans, qui disent que la propriété leur est acquise. *Forum et jus !* Ne les refusez pas au roi de Belgique qui a son contrat de mariage, ne les refusez pas au duc de Wurtemberg qui a son contrat de mariage, ne les refusez pas aux mineurs qui ont hérité des droits de leur mère. *Forum et jus !* C'est là ce que nous vous demandons. (Mouvement prolongé.) »

M. LE PRÉSIDENT. Le tribunal se retire dans la Chambre du Conseil pour en délibérer.

A cinq heures un quart, le tribunal rentre en séance et rend le jugement suivant :

« Attendu que les membres de la famille d'Orléans procèdent, comme propriétaires des domaines de Neuilly et de Monceaux, soit en vertu de la donation du 7 août 1830, soit en qualité d'héritiers de leur père, et pour partie de la princesse Adélaïde leur tante, soit en vertu d'une jouissance prolongée pendant plus de vingt ans, et pouvant fonder la prescription ;

« Attendu que leur action a pour objet la propriété de ces deux domaines ;

« Attendu que les tribunaux ordinaires sont exclusivement compétents pour statuer sur les questions de propriété, de validité de contrats, de prescription ; que ce principe a toujours été appliqué aussi bien à l'égard de l'Etat qu'à l'égard des particuliers ;

« Qu'ainsi au tribunal seul il appartient d'apprécier les titres des parties et d'appliquer la loi aux faits qui donnent lieu au procès ;

« Se déclare compétent ; retient la cause, et, pour être statué au fond, continue à quinzaine, et condamne le Préfet de la Seine aux dépens de l'incident. »

(Des applaudissements éclatent dans l'auditoire ; mais aussitôt ils sont réprimés par M. le Président.)

Après ce jugement, le Préfet ayant élevé le conflit, le tribunal civil fut nécessairement dessaisi. La connaissance de l'affaire était alors remise à l'appréciation du conseil d'Etat qui, par décision du 18 juin 1852, annula le jugement du tribunal et maintint la confiscation prononcée par le décret du 22 janvier.

Une loi du 21 décembre 1872 a restitué aux princes d'Orléans ce qui restait de leurs biens après les aliénations opérées sous l'Empire, et en cela elle a donné satisfaction aussi bien à la morale qu'aux principes d'ordre public qui protégent la propriété des familles, quel que soit leur rang. Le rapporteur de cette loi à la Chambre des députés, M. Robert de Massy, disait dans son rapport : — « De ces indications, il résulte : 1° que sur les immeubles compris dans la donation du 7 août 1830, la moitié à peu près a été aliénée et l'autre moitié est encore en la possession de l'Etat ; 2° que le Trésor a encaissé, pour le prix des immeubles vendus et pour les coupes de bois exploitées, sans tenir compte des autres revenus, plus de 53 millions. »

(Voir le *Droit* et la *Gazette des Tribunaux* du 24 avril 1852.)

COUR D'APPEL DE PARIS.

PLAIDOYER

POUR

MM. FIRMIN DIDOT Frères

QUESTION DE PROPRIÉTÉ LITTÉRAIRE.

Audiences des 11, 18, 25 Février et 4 Mars 1853.

PRÉSIDENCE DE M. D'ESPARBÈS DE LUSSAN.

AFFAIRE

FIRMIN DIDOT Frères

Cette cause, à vrai dire, était celle des auteurs d'encyclopédies. Dans ces œuvres, tout à la fois uniques et multiples, en quoi consiste le droit de propriété, où réside-t-il en réalité et à qui appartient-il de le revendiquer et de le défendre? Ces graves et intéressantes questions, soulevées avec une grande vivacité, mettaient en présence des éditeurs illustres, à propos d'une de ces publications qui, conçues et dirigées par un seul, sont néanmoins le résultat du travail et des efforts intellectuels d'un grand nombre. En même temps, elles appelaient à l'audience d'éminents avocats qui devaient marquer le débat par de belles et instructives plaidoiries.

M. Michaud, dès 1810, avait entrepris un ouvrage intitulé : *la Biographie universelle ancienne et moderne*. Il ne la termina qu'en 1828, époque à laquelle parut le 59ᵉ et dernier volume.

Peu de temps après, il commençait un supplément qui, au bout de quinze ans, comptait déjà plus de trente volumes.

En 1847, il céda ses droits de propriété sur cette œuvre à Mme Thoisnier-Desplaces, libraire-éditeur. Celle-ci, une fois cessionnaire, entreprit la publication d'une deuxième édition de la *Biographie universelle*.

Le 7 février 1852, le dépôt du neuvième volume de cette édition était effectué. Le dixième allait paraître, quand le 27 mars de la même année, M. Didot annonce la première livraison d'un ouvrage intitulé : *Nouvelle biographie ancienne et moderne*.

Mme Thoisnier-Desplaces surveille l'œuvre de M. Firmin Didot, l'examine, la compare à celle qu'elle édite, et croit découvrir la preuve que sur 40,000 lignes composant sept livraisons de l'ouvrage de MM. Didot déjà parues, 4,000 ont été publiées dans la *Biographie* Michaud.

Immédiatement elle porte contre MM. Firmin Didot frères une plainte en contrefaçon et en plagiat, et leur demande 35,000 francs de dommages-intérêts.

L'affaire vint le 13 juillet 1852 devant la 6e chambre du tribunal correctionnel, présidée par M. Labour.

Mme Thoisnier-Desplaces était assistée de Me Bethmont ; M. Michaud, intervenant au procès comme cédant de Mme Thoisnier-Desplaces, avait chargé Me Marie de soutenir ses droits ; MM. Firmin Didot frères étaient défendus par Me Paillet.

Me Bethmont s'efforça de prouver qu'en droit, la contrefaçon était constante, et que le véritable auteur de la *Biographie universelle* était M. Michaud. Dans une œuvre collective, disait-il, l'auteur légal est le publicateur de l'œuvre ; d'ailleurs, indépendamment de la pensée créatrice qui lui appartient, M. Michaud a signé de nombreux articles. En somme, il n'est pas plus permis de contrefaire partie d'un ensemble que cet ensemble lui-même ; la propriété d'un ouvrage de cette nature est indivisible.

A l'audience suivante, Me Paillet, tout en reconnaissant que MM. Didot frères avaient copié textuellement un certain nombre d'articles de la *Biographie* Michaud, soutint que ces articles étaient tombés dans le domaine public, par ce seul fait qu'ils appartenaient tous à des hommes morts depuis plus de vingt ans. A la vérité, M. Michaud est vivant et Mme Thoisnier-Desplaces est vivante également, mais sa qualité de cessionnaire ne lui donne pas plus de droits que n'en avait son cédant. La propriété originairement constituée sur la seule tête de l'auteur de l'article, a péri avec l'auteur ; elle a péri pour l'auteur ; elle a péri pour le cessionnaire de l'auteur.

Mᵉ Marie, à l'audience du 29 juillet, contesta non pas l'exactitude de ces principes en eux-mêmes, mais leur application dans la cause, application qui, selon lui, découlait d'une confusion de mots. L'expression d'auteur, dit-il, a deux sens : un sens vulgaire et un sens légal ; c'est dans son acception légale qu'il faut la prendre en l'espèce. Comme thèse absolue, l'auteur, dans le sens légal et au point de vue du privilège, est non pas l'écrivain qui a composé le manuscrit, mais la personne qui l'a publié ou fait publier. Or, M. Michaud est l'auteur de la publication. Rentrant plus spéciale-ment dans les faits de la cause, et en ne considérant M. Michaud que comme auteur d'un ensemble, Mᵉ Marie affirme que nul ne peut porter la main sur cet ensemble, ni sur les parties qui le cons-tituent.

M. le substitut Dupré-Lasalle conclut contre MM. Firmin Didot : « Il fallait décider, selon lui, que lorsqu'il y a collaboration de plu-sieurs, lorsque les travaux de chacun ne peuvent se séparer, lors-que les priviléges dépendent les uns des autres, il y a indivisibilité, et que les effets de cette indivisibilité s'appliquent en faveur des auteurs. La propriété de l'œuvre collective ne tombera dans le domaine public que lorsque tous les auteurs seront morts, le privilège de tous se continuera pendant la vie du dernier survivant ; ici le droit général cède à l'intérêt particulier, ou pour mieux dire, ces deux intérêts se confondent, car ce qui importe à la société ce n'est pas de voir un livre de plus tomber dans le patrimoine des libraires, c'est d'assurer aux auteurs la légitime récompense de leurs travaux, et d'être juste avant tout. »

Le 12 août 1852, le Tribunal renvoya MM. Firmin Didot de la prévention par un jugement dont voici les termes :
« Attendu que la dame Thoisnier-Desplaces agit comme cession-naire de M. Michaud ; qu'en cette qualité elle ne peut avoir de droits plus étendus que ceux de son cédant ; que d'ailleurs les moyens employés dans sa plainte et dans celle de Michaud sont les mêmes ; qu'ainsi les deux plaintes se confondent en une seule, et doivent être jugées par un seul et même jugement ;
« Attendu que les frères Didot sont poursuivis à l'occasion de la publication qu'ils ont faite de l'ouvrage intitulé : *Nouvelle biographie universelle,* lequel, suivant les plaignants, serait, dans plusieurs de ses parties, la contrefaçon de la *Biographie universelle* publiée, pour la première fois, en 1810, par les frères Michaud, et passée depuis entre les mains de Michaud jeune ;
« Attendu que le reproche de contrefaçon porte sur trois griefs

principaux, savoir : 1° Sur ce que les frères Didot auraient usurpé le titre de *Biographie universelle,* qui appartient exclusivement aux frères Michaud ; 2° sur ce qu'ils auraient inséré dans leur *Nouvelle biographie universelle* un certain nombre d'articles désignés dans la plainte sous le nom de plagiat, qui ne seraient qu'une copie déguisée d'articles semblables appartenant à la *Biographie* Michaud ; 3° sur ce qu'ils auraient textuellement reproduit d'autres articles désignés dans la plainte, au nombre de soixante-et-un, tels qu'ils avaient été publiés précédemment dans la *Biographie* Michaud ;

« En ce qui touche le premier chef :

« Attendu que le titre de *Biographie universelle* ne fait qu'exprimer en termes usuels une idée générale, souvent réalisée par d'autres éditeurs, sous la forme de dictionnaires historiques ; que ce titre n'a rien d'assez spécial pour pouvoir faire l'objet d'une propriété ; que d'ailleurs l'addition du mot *nouvelle* au titre primitif, et les autres indications particulières données à la suite du titre par les frères Didot, rendent toute confusion impossible entre les deux ouvrages ;

« Qu'ainsi, sous ce rapport, la plainte n'est pas fondée ;

« En ce qui touche le deuxième chef :

« Attendu qu'en se livrant à un examen attentif des vingt-deux articles de la *Biographie* Didot qualifiés de plagiat, et en les comparant avec ceux correspondants de la *Biographie* Michaud, on n'y trouve aucune ressemblance assez marquée pour faire supposer que les uns soient la reproduction des autres ; que, des deux côtés, la rédaction est, en général, différente ; que la seule analogie qu'elle présente sur quelques points est celle qui résulte inévitablement de ce que les mêmes faits y sont racontés, et de ce que, pour exposer les mêmes faits, il n'est pas toujours possible de varier les expressions ;

« Attendu, d'ailleurs, que les frères Didot prouvent par l'indication d'un grand nombre d'ouvrages tombés dans le domaine public, et dans lesquels se trouvent les matériaux qui leur ont servi, qu'ils n'ont fait que puiser à des sources communes où les frères Michaud ont pu, à la vérité, puiser avant eux, mais dont l'usage appartenait à tout le monde ;

« Attendu que les motifs qui précèdent sont également applicables à deux des articles compris par les plaignants dans le troisième chef, savoir deux articles *Abeille* et *Abner,* qui ne peuvent être regardés ni comme une reproduction textuelle, ni comme un plagiat, puisqu'ils ne renferment que des faits, en quelque sorte matériels, puisés dans des ouvrages plus anciens que celui de Michaud, et rapportés par les frères Didot, sous une forme de rédaction différente ;

« En ce qui touche les cinquante-neuf articles compris dans le troisième chef, déduction faite des deux ci-dessus indiqués ;

« Attendu que les frères Didot reconnaissent que, malgré les modifications qu'ils ont fait subir à un certain nombre de ces articles, ils peuvent néanmoins être tous considérés comme des reproductions textuelles ; que les frères Didot ont même fait connaître au public dans leur *Nouvelle biographie*, par des notes se référant à la plupart de ces articles, qu'ils étaient empruntés à la *Biographie* Michaud ; mais qu'ils soutiennent avoir eu le droit d'agir ainsi, par le motif que tous ces articles seraient tombés dans le domaine public par la mort des auteurs qui les avaient signés et par l'expiration du délai légal pendant lequel les veuves ou héritiers de ceux-ci auraient pu en jouir ; tandis que, de leur côté, les plaignants prétendent que Michaud, soit comme éditeur et propriétaire de l'ensemble de la *Biographie*, soit comme cessionnaire de tous les auteurs qui ont concouru à sa rédaction, doit conserver un droit personnel de propriété sur tous les articles qui la composent, même sur ceux spécialement signés par d'autres que lui, bien que ceux-ci soient aujourd'hui décédés, et que le temps pendant lequel leurs héritiers auraient pu en jouir soit expiré ;

« Attendu, en droit, qu'il résulte de l'ensemble des dispositions législatives sur la matière et des principes consacrés par la jurisprudence, que les auteurs de tout ouvrage littéraire jouissent de la propriété exclusive de cet ouvrage, mais que cette propriété est temporaire et non perpétuelle, en ce sens que, bien qu'ils en jouissent pendant toute leur vie, la propriété ne se continue après leur mort que pendant un certain nombre d'années, que la loi détermine dans la personne de leurs veuves, de leurs enfants ou de leurs héritiers ;

« Attendu que, si d'après les principes généraux du droit, les auteurs peuvent disposer de leur propriété littéraire comme de toute autre propriété, au profit des tiers, par voie de cession, donation ou autrement, il est en même temps certain que cette propriété conventionnelle, transmise par la volonté des auteurs, ne peut avoir une durée plus longue que la propriété légale qui reste toujours attachée à leur personne , en telle sorte que lors même que la propriété est transmise à des tiers qui l'exercent dans toute sa plénitude, elle continue à être réglée, quant à sa durée, par la vie de l'auteur et non par celle du cessionnaire ou acquéreur ;

« Attendu que si quelques doutes ont pu s'élever à cet égard lorsqu'il s'est agi d'interpréter l'article 40 de la loi du 5 février 1810, une étude approfondie de cette loi, rapprochée des lois précédentes, démontre que ledit article doit être interprété en ce sens que c'est toujours sur la vie de l'auteur, et non sur celle du cessionnaire, que se règle la durée de la propriété littéraire ;

« Qu'une seule exception a été apportée à ce principe, savoir, celle consacrée par la loi du 1ᵉʳ germinal an XIII, au profit du propriétaire d'ouvrages posthumes ; mais que cette exception, fondée sur des motifs d'intérêt général, doit être rigoureusement renfermée dans ses limites, c'est-à-dire s'appliquer exclusivement au cas où il s'agit d'ouvrages que les auteurs n'avaient pas publiés de leur vivant ;

« Attendu qu'il résulte également de l'ensemble des lois et de la jurisprudence que la qualité d'éditeur ne confère par elle-même aucun droit personnel à la propriété littéraire, quel que puisse être d'ailleurs le mérite des soins et du travail auquel se livre l'éditeur, et quelle que soit l'importance des publications qu'il entreprend ; qu'il est seulement admis dans la pratique que l'éditeur passe pour être l'auteur de toutes les parties de la publication qui ne portent aucune signature, et qu'il peut s'en attribuer la propriété légale comme auteur ;

« Mais que s'il jouit de cette faveur, c'est uniquement pour les ouvrages ou parties d'ouvrages anonymes, et jamais pour les ouvrages dont l'auteur s'est fait connaître ; que cette distinction est d'ailleurs conforme à la raison comme à l'esprit de la loi sainement interprétée ;

« Attendu, en effet, que le signe distinctif de la propriété littéraire, aux yeux du public, est la signature de l'auteur ou l'annonce faite publiquement de son nom, soit sur l'ouvrage même, soit dans la déclaration faite à l'appui du dépôt légal ; que le même principe s'applique aux collaborateurs ou coauteurs ; que toutes les fois que la collaboration n'est pas indiquée soit par les signatures, soit par les annonces ou déclarations, le coauteur est censé avoir renoncé, du moins vis-à-vis du public, aux prétentions qu'il aurait pu élever en cette qualité ;

« Que s'il en était autrement, les droits dépendant du domaine public seraient abandonnés au vague et à l'arbitraire, puisqu'il ne serait plus possible de savoir, au moment de la publication d'un ouvrage, quel est l'auteur ou quels sont les auteurs sur la vie desquels devra être calculée la durée de la propriété littéraire de cet ouvrage, ni par conséquent d'entreprendre la reproduction des œuvres littéraires qui paraîtraient tombées dans le domaine public, sans s'exposer à commettre involontairement une contrefaçon ;

« Attendu en fait que la *Biographie universelle,* publiée en 1810, n'a jamais été présentée au public comme une œuvre unique, composée par MM. Michaud seuls ; qu'en réalité cet ouvrage est composé par un grand nombre d'auteurs dont la liste se trouve en tête du premier volume ; et que dans cette liste seulement figurent les noms de MM. Michaud ; que le discours préliminaire, en onze pa-

ges, placé au commencement de l'ouvrage, n'est pas l'œuvre de
MM. Michaud et ne porte pas leur signature ; que l'avis des éditeurs, en deux pages, qui le précède, n'est pas non plus signé par
eux ; que la qualité d'éditeurs et de directeurs de l'entreprise ne
paraît même leur avoir été attribuée que par la notoriété publique,
et ne se trouve pas annoncée, soit sur l'ouvrage, soit dans la déclaration faite à l'appui du dépôt, si ce n'est par l'indication de
leurs noms comme imprimeurs libraires, chez lesquels se vend
l'ouvrage ;

« Que de plus il n'est point établi que les indications aient été
différentes dans les éditions ou publications partielles qui ont suivi
celles de 1810 ; qu'enfin les articles qui composent la *Biographie*
sont tous, ou presque tous, signés par les auteurs qui les ont faits,
et que ceux qui ont été écrits par MM. Michaud portent spécialement leur signature ;

« Que ce qui donne une importance particulière à la signature,
c'est que les éditeurs ont eu le soin, dans leur discours préliminaire, de faire remarquer que chaque article était signé par son
auteur et d'appeler l'attention du public sur ce fait comme confé-
rant à chaque article une sorte d'individualité qui devait être une
garantie du mérite de sa rédaction, ce qui semble exclusif de la
coopération des éditeurs ;

« Attendu que de la réunion de ces circonstances, il résulte que
la *Biographie universelle* a dû être considérée par tout le monde
comme une œuvre divisible quant à la propriété littéraire, et que
cette propriété doit naturellement se partager en autant de portions
qu'il y a de signataires ;

« Que, par conséquent, la part de MM. Michaud se réduit aux
articles qu'ils ont signés ; qu'elle peut, en outre, s'étendre aux articles
qui ne portent aucune signature, mais qu'elle ne doit, dans aucun
cas, comprendre les articles signés par d'autres ;

« Attendu que la seule objection qui pourrait être faite par les
plaignants consisterait à dire que la *Biographie* est une œuvre
indivisible de sa nature, une compilation dont les différentes parties n'ont de sens et de valeur que par leur ensemble ;

« Attendu que si les Tribunaux ont quelquefois reconnu que certaines compilations doivent être mises au rang des compositions
littéraires et donner lieu à une propriété spéciale, c'était lorsque
ces compilations, bien que formées d'éléments empruntés aux
œuvres de plusieurs auteurs tombées dans le domaine public, cons-
tituaient néanmoins un ouvrage unique lié dans ses différentes
parties, au point de vue moral ou littéraire, soit par un système,
soit par un classement méthodique, soit par un ordre d'idées quelconque, comme, par exemple, un traité, une histoire ou une œuvre

dramatique ; mais qu'il suffit de jeter les yeux sur la *Biographie universelle* pour voir qu'elle ne réunit aucune de ces conditions ;

« Qu'en effet, les articles qui la composent sont complètement indépendants les uns des autres ; qu'ils forment autant de biographies distinctes s'appliquant à des personnes de professions diverses, d'origines et de nations différentes, et que ces articles n'ont entre eux d'autres rapports que le rapprochement matériel produit par le hasard de l'ordre alphabétique, c'est-à-dire par un procédé purement mécanique employé de tout temps par les collectionneurs, et non susceptible de conférer par lui-même une propriété littéraire ;

« Attendu que vainement Michaud prétendrait qu'ayant personnellement composé plusieurs articles qui portent sa signature, il est au moins coauteur, et qu'en cette qualité il peut réclamer l'application de la doctrine d'après laquelle la durée de la propriété littéraire, pour un ouvrage composé par plusieurs auteurs, se règle sur la vie du dernier mourant ;

« Attendu que ce principe, qui ne se trouve écrit dans le texte d'aucune loi, et qui est né seulement d'une interprétation favorable donnée à la loi en général, n'a jamais été appliqué que lorsqu'un ouvrage avait été publié sous le nom de plusieurs auteurs, sans aucune indication ni attribution spéciale de la part de chacun dans l'œuvre commune, de manière qu'il était impossible de déterminer à qui appartenait telle ou telle portion de l'ouvrage ; mais que cette doctrine deviendrait abusive, si on l'appliquait au cas où, comme dans l'espèce, la signature des auteurs et l'indication de leurs noms établissent entre eux une division sur laquelle aucun doute ne pourrait s'élever ;

« Que ce serait étendre outre mesure la facilité laissée aux auteurs de prolonger la durée de leur propriété et leur permettre ainsi de reculer indéfiniment l'époque à laquelle devraient s'ouvrir les droits du domaine public, qui, dans l'intention du législateur, doivent être respectés aussi bien que ceux de la propriété particulière ;

« Attendu qu'il est établi par tout ce qui précède que, soit comme éditeur et propriétaire, soit comme cessionnaire, soit enfin comme coauteur, Michaud ne peut prétendre à la propriété des articles de la *Biographie* spécialement signés par d'autres, et que ces articles, en raison du temps qui s'est écoulé depuis la mort de leurs auteurs, doivent être réputés tombés dans le domaine public, d'où il suit que la plainte en contrefaçon portée contre les frères Didot n'est pas fondée ;

« Le Tribunal renvoie les frères Didot de la prévention, les renvoie également des conclusions à fins civiles prises contre eux, condamne les plaignants aux dépens. »

Le procureur général, ainsi que Mme Thoisnier-Desplaces et M. Michaud, interjetèrent appel de ce jugement.

Les plaidoiries s'engagèrent après le rapport fait à l'audience par M. le conseiller Casenave.

Mes Bethmont, Marie et Paillet étaient chargés des mêmes intérêts qu'en première instance.

Me Bethmont soutint l'appel. « Pour déclarer cet appel mal fondé, disait-il, en terminant sa remarquable plaidoirie, il faudrait faillir à la loi de 1793, changer de fond en comble la jurisprudence passée, contredire les principes reçus, démentir l'unanimité des auteurs ; il faudrait jeter le trouble dans des propriétés considérables qui se sont élevées à l'ombre d'une jurisprudence jusqu'ici incontestée. Il faudrait que la Cour se résignât à rendre désormais impossibles des entreprises de l'importance et de la grandeur de l'Encyclopédie méthodique, de la Biographie universelle, du Dictionnaire des sciences médicales, de la belle collection des classiques de M. Panckouke, du Dictionnaire de la conversation, etc., etc. Car quel créateur de ces vastes et longues opérations voudrait s'exposer à voir une portion de son œuvre tomber dans le domaine public, quand elle serait à peine à son tiers ou à sa moitié ? Il n'y a rien à craindre de pareil de la haute sagesse qui doit prononcer. Aussi Mme Thoisnier-Desplaces et M. Michaud attendent-ils avec confiance la décision de la Cour. »

Après cette plaidoirie, la parole fut donnée à Me Paillet, avocat de MM. Didot, qui s'exprima en ces termes :

MESSIEURS,

J'admire tout ce que mon adversaire a dépensé d'efforts et de talent, qu'il me permette d'ajouter et de subtilité, pour lutter contre un jugement aussi puissant de droit, de raison et de logique que celui dont nous demandons la confirmation ; pour essayer surtout de grossir et de compliquer une question si simple à mes yeux (je me fais illusion peut-être), qu'il a suffi, en quelque sorte, pour la juger, de lui restituer sa simplicité naturelle.

Mon adversaire, avec une malice peu déguisée, a évoqué un souvenir judiciaire à la charge de MM. Didot, et, tout en proclamant leur incontestable honorabilité, il a dit qu'ils

I   38

étaient difficiles à convaincre à l'endroit de la propriété littéraire, que déjà la justice leur avait décerné des enseignements dont apparemment ils n'avaient pas profité. Un mot à
ce sujet : quoique j'aie simplement pour mission de défendre
mes clients sur le terrain du droit et du fait articulé contre
eux, il faut qu'ils puissent sortir d'ici la tête haute comme ils
y sont entrés.

Qu'est-ce donc que ce souvenir judiciaire ? En 1842, un
M. Revil, qui était vérificateur des douanes, avait publié le
tarif officiel des douanes avec certaines observations. On
avait pensé que cet agent du gouvernement avait agi par les
ordres et selon les instructions du gouvernement, que conséquemment son opuscule était destiné au public, et alors
MM. Didot, qui tous les ans publient un *Annuaire*, comme on
vous l'a rappelé, MM. Didot, ou plutôt celui qui était chargé
de cette direction, M. de Saint-Fargeau, crut devoir faire entrer dans cet Annuaire extrêmement considérable le tarif des
douanes, ainsi que quelques-unes des observations de
M. Revil. M. Revil se crut autorisé à faire un procès à
MM. Didot, qui eurent pour eux l'appui de trois jurisconsultes célèbres qu'il suffit de vous nommer : MM. Pardessus,
Vatimesnil et Bonjean. Malgré cela, il fut décidé que M. Revil
avait fait sa publication dans son intérêt personnel ; que si
on s'était trompé, c'était tant pis, et il en coûta 500 francs à
MM. Didot. Voilà la grande condamnation correctionnelle
qu'ils ont subie.

Tenez, Messieurs, puisque nous sommes sur le terrain de
nos vieux péchés réciproques, permettez-moi, à moi aussi,
un souvenir rétrospectif. Vous, messieurs Michaud, si rigou-
reux, si peu charitables envers votre prochain, vous n'êtes
pas non plus d'une pureté parfaite, et ce n'est pas la première fois que vous comparaissez, non pas comme plaignants, mais comme prévenus en police correctionnelle et
sous prévention de contrefaçon.

Il s'agissait cette fois d'un ouvrage qui, à l'époque où il
parut, excita un vif intérêt : c'était l'ouvrage de Cléry, valet
de chambre de Louis XVI, qui racontait ce qui s'était passé

au Temple durant la captivité 'de cet infortuné monarque, faits dont il avait été le témoin oculaire. Tous ceux qui vivaient alors, et j'étais du nombre, furent vivement émus de cette publication. L'ouvrage avait un succès de vogue, il fut contrefait. Par qui? Par **MM.** Michaud, qui trois fois furent, eux, poursuivis en police correctionnelle et trois fois condamnés. Voilà ce que je n'avais pas dit, ce que je n'aurais pas voulu dire; mais vous m'en avez donné le droit, je me trompe, vous m'en avez imposé le devoir.

Je crois maintenant que nous sommes au moins quittes quant au passé; arrivons au présent, c'est-à-dire au débat actuel.

Si MM. Didot, mes clients, ne considéraient que l'intérêt de leur grande maison, ils seraient tentés de désirer la perte de leur procès, car plus que personne ils auraient intérêt à ce que le droit de propriété fût attaché, non pas à la vie des auteurs qui ont fourni des articles à une œuvre commune, mais à la vie collective inventée par mes adversaires, à la vie de l'ouvrage tout entier, reposant sur la vie du coauteur. Ils en profiteraient pour une foule de publications dont ils ont enrichi la république des lettres. En effet, il n'y a peut-être pas, je ne dis point en France, mais au monde, de maison qui ait publié autant d'ouvrages, et des ouvrages aussi importants que la maison Didot. Pour ne citer que les principaux, ils ont publié l'*Encyclopédie moderne,* en trente volumes, dont tous les articles sont signés par des savants éminents; le *Thesaurus græcæ linguæ,* en neuf volumes in-folio, refait à neuf et dépassant trois fois en étendue le travail originaire de Henry Estienne, et où les nouveaux articles sont signés de noms tels que ceux de **MM.** Hase, Boissonade, Dindorf, etc.; la nouvelle édition du *Glossaire* latin de Du Cange, en sept volumes in-4°; l'*Univers pittoresque,* parvenu déjà à plus de soixante volumes et orné de 4,000 gravures, etc., etc.; et vous comprenez que, quand mes clients viennent établir et soutenir ici cette théorie que les articles

de ces œuvres collectives, signés par les auteurs les plus
recommandables, se détachent de l'édifice et tombent quand
les auteurs tombent eux-mêmes, c'est au principe, c'est à la
vérité qu'ils sacrifient, et que leur intérêt personnel n'est
qu'une considération secondaire.

Voilà, quant au fait général. Relativement au fait particulier, ils tiennent à honneur de prouver qu'ils ne se sont pas
trompés en jugeant cette question d'ordre public contre eux-
mêmes avant que la jurisprudence se fût prononcée : il demeure donc constant que c'est de l'intérêt public, de l'intérêt
général qu'ils se préoccupent, et nullement de leur intérêt
privé.

Cela dit, parlons du fait.

La *Biographie* des frères Michaud a été publiée de 1811
à 1828. Elle forme cinquante-deux volumes. On en a fait
tout à l'heure un grand éloge, et je déclare que je ne veux
en aucune façon rien retrancher de cet éloge décerné à une
œuvre dont je reconnais le mérite et l'importance. Je dois
dire cependant qu'il ne faut rien exagérer, même pour le
besoin du procès. Sous quel rapport, véritablement, peut-on
faire l'éloge de la *Biographie universelle ?* L'idée de l'ouvrage
est-elle nouvelle? Non : depuis Moreri, Bayle, Chauffepié,
Chaudon, Delandine, Feller, et bien d'autres, on a fait des
Dictionnaires ou des *Biographies universelles*. Ce n'est donc
pas une idée nouvelle, c'est au contraire une idée ancienne.
Est-ce l'ordre alphabétique qui serait nouveau ? Non assurément, il est commandé par la nature même du travail. Serait-ce le titre *Biographie ?* Non, il a été jugé qu'il appartenait, depuis longtemps, au domaine public. Serait-ce la
manière dont les noms, les dates et les faits sont présentés?
Pas davantage : il n'y a qu'une seule manière d'écrire les
noms propres, et les dates de naissance et de décès. Quel
est donc le mérite particulier de la *Biographie* Michaud, qui
lui a valu de si pompeux éloges de la part de son défenseur ?
C'est l'idée précisément d'avoir rattaché à cette entreprise

des noms dont plusieurs se recommandaient à l'attention publique ; de n'avoir pas annoncé une œuvre individuelle, mais une œuvre collective, un cadre, un réservoir commun où chacun viendrait apporter son contingent, et, en même temps, donnerait à sa production particulière un caractère officiel, un acte de baptême, une marque de fabrique : la signature de son auteur.

Voilà la principale recommandation de la *Biographie universelle* auprès du public ; voilà ce qui lui a assuré l'estime et le succès. Mais si vous avez eu cet avantage, vous devez savoir que les choses de ce monde ont ordinairement deux faces : bénéfice, d'une part ; inconvénient, de l'autre. Vous ne vous êtes pas présentés comme les auteurs uniques de la *Biographie* entière, et vous avez bien fait ; vous ne vous êtes pas enfermés dans un sanctuaire où le public ne pouvait pas pénétrer : loin de là, vous avez dit au public : — Entrez, voyez, examinez ce qui se passe. Voilà les hommes qui, sous mes auspices, vont faire la *Biographie universelle*. Chacun va se présenter à vous son œuvre à la main. — Voilà ce que vous avez dit, et le public vous a entendus et récompensés. Assurément, en promettant des noms tels que ceux de Ginguené, Daunou, Cuvier, Walckenaer, Villemain, vous vous êtes assuré un succès auquel vous n'auriez pas osé prétendre avec des anonymes ; mais encore une fois, *Patere legem quam ipse fecisti*, et cette loi que vous vous êtes faite, c'est celle qui mesure la propriété littéraire sur la vie des auteurs signataires.

La *Biographie universelle* avait, à ce qu'il paraît, épuisé sa première édition, lorsqu'une nouvelle édition fut annoncée, et huit volumes furent publiés de 1843 à 1844, publiés non plus par MM. Michaud, mais par Mme Thoisnier-Desplaces, qui se présentait comme cessionnaire de MM. Michaud pour la deuxième édition ; et depuis le huitième volume, paru en 1844, la publication cessa entièrement ; de telle sorte que le public crut que c'était une entreprise entièrement abandonnée.

De 1844 à 1852, huit années s'écoulent sans qu'on entende parler de la *Biographie universelle*. Sur ces entrefaites, MM. Didot, mes clients, avaient terminé leur *Encyclopédie* en trente volumes, dont je parlais il y a un instant, et annoncé comme devant y faire suite une *Biographie universelle*, conçue sur le plan de ce grand ouvrage. Les souscripteurs du premier s'étaient empressés de souscrire au second ; de là, nécessité pour MM. Didot de tenir leur promesse : ils publient une première livraison de la *Biographie*.

Il y a ici entre mon adversaire et moi une question de date, qui a peu d'importance au fond, mais qu'il faut cependant relever. Mon adversaire disait en première instance que le neuvième volume de la *Biographie* Michaud avait été déposé à la direction générale de la librairie le 7 février 1852 ; tandis que le dépôt de la première livraison de la *Biographie* Didot n'avait eu lieu que le 27 mars de la même année. Je n'en sais rien, mais je le crois, puisque mon adversaire l'affirme. Toutefois je ferai remarquer que si le dépôt à la direction de la librairie donne une date certaine, il a l'inconvénient de n'avoir aucune publicité ; le public n'est averti de la publication d'un ouvrage que par le *Journal officiel de l'Imprimerie et de la Librairie*. Or le *Journal officiel de l'Imprimerie et de la Librairie* n'a annoncé le neuvième volume de la *Biographie* Michaud que le 24 avril ; et, à cette époque, la première livraison de la *Biographie* Didot avait déjà été publiée. Notre erreur donc, s'il y avait erreur, était involontaire, et nous étions de bonne foi.

De ces rapprochements et de ces conflits de date qui n'ont aucun intérêt, j'arrive au procès lui-même, à son origine.

C'est Mme Thoisnier-Desplaces qui, à la date du 19 mars 1852, en a pris l'initiative. Depuis, elle a été fortifiée dans son attaque par l'intervention de M. Michaud.

On a trouvé mauvais que MM. Didot se fussent plaints que cette assignation en police correctionnelle fût venue les trouver sans avis, sans démarches préalables. Assurément, on n'y était pas tenu. Cependant, entre gens qui appartiennent à la même industrie, à l'industrie la plus honorable de toutes sans contredit, il me semble qu'avant d'engager un procès en police correctionnelle, il eût été de bon goût de se prévenir. Le droit est pour MM. Didot, je le démontrerai ; mais, à côté du droit et avant le droit, il y a des convenances, il y a des concessions volontaires qui peuvent se faire, et qui, entre gens bien élevés, se font toujours. C'est ainsi que MM. Didot, par simple respect pour la question en litige, se sont complètement abstenus, depuis le procès, de faire des emprunts à la *Biographie universelle*. Mon adversaire avait donc tort de soutenir à la dernière audience qu'ils les avaient continués ; c'est une erreur complète. Sans doute des numéros ont paru depuis le procès, mais ces numéros étaient déjà imprimés, et vous n'auriez pas voulu exiger qu'on les mît au pilon. Ce qu'il y a de certain, c'est qu'il y a eu une solution de continuité, et je la signale.

Depuis lors, la deuxième partie du deuxième volume, le troisième et le quatrième volumes ont paru sans aucune espèce d'emprunt. MM. Didot pouvaient, comme ils le prouvent, s'en passer aisément ; mais ils entendent user de leur droit, si bon leur semble, et ils le maintiennent dans toute son intégrité. Je dis seulement que si on les avait prévenus, que si des pourparlers s'étaient ouverts, sans doute ils n'auraient pas abandonné ce droit qui est d'ordre public, mais ils auraient fait des concessions, toutes les concessions que peuvent comporter des intérêts rivaux. Nos adversaires en ont jugé autrement, je n'ai pas besoin d'en dire davantage.

J'entre dans la discussion.

Trois griefs nous sont imputés : Contrefaçon par usurpation de titre, contrefaçon par emprunts proprement dits, contrefaçon par ce qu'on appelle des plagiats. Je vais parcourir successivement ces trois griefs ; je commence naturellement par le premier.

Nous avons usurpé, dit-on, le titre de **MM.** Michaud, car **MM.** Michaud publient une *Biographie universelle* et c'est aussi une *Biographie universelle* que nous publions. Nous avons usurpé ce titre, non pas seulement, s'il vous plaît, par le premier mot *Biographie*, mais encore et surtout par le second mot *universelle*. Assurément il n'y a pas de mots plus caractéristiques, plus exclusifs de toute espèce d'ambiguïté, et je ne vois pas trop ceux qu'on pourrait y substituer en annonçant une Biographie universelle. Toutefois, s'il y a ressemblance quant aux mots *Biographie universelle*, il y a dissemblance pour tout le reste du titre. L'ouvrage de **MM.** Didot ne s'appelle pas seulement *Biographie universelle*, mais NOUVELLE *Biographie universelle*, et là ne s'arrêtent pas, tant s'en faut, les dissemblances. Vous allez en juger. Voici le titre entier de la *Biographie* de **MM.** Michaud :

(M⁰ Paillet lit ce titre, qu'il compare à celui de la publication de MM. Firmin Didot frères.)

Il faut avouer que **MM.** Didot auraient eu la main malheureuse dans le choix de leur devise, s'ils s'étaient emparés du bien d'autrui, alors que sur leur titre même ils prenaient l'engagement de rendre à chacun le sien : *Suum cuique.*

Quoi qu'il en soit, il suffit de lire les deux titres pour voir combien ils diffèrent. Il n'y a entre les deux publications que ce seul point de contact, qu'elles s'appellent l'une et l'autre *Biographie universelle;* il y a cela, il n'y a que cela. Mais est-ce que, par hasard, cette dénomination appartiendrait exclusivement à **MM.** Michaud? Est-ce qu'ils en auraient le monopole? Non : bien longtemps avant la publication de **MM.** Didot, ce titre était tombé dans le domaine public; nous avons les *Biographies universelles* de Furne, de Gosselin, de Chalandre et une foule d'autres. Au surplus, voici ce qui est arrivé : j'emprunte ici un souvenir à la vie de **MM.** Michaud. **MM.** Michaud ont eu deux procès du genre de celui qu'on nous fait aujourd'hui, l'un comme demandeurs, l'autre comme défendeurs. A l'apparition de leur premier volume en 1811, Prudhomme, cessionnaire du *Dictionnaire* de Chaudon et de Delandine, qui traitait des mêmes matières, leur reprocha ce qu'ils nous reprochent aujourd'hui, d'avoir usurpé son titre. Un procès s'ensuivit, qui fut solennellement débattu, et sur les conclusions de Marchangy, il fut décidé que c'était à tort que Prudhomme se plaignait des frères Michaud.

Mais, depuis, voici le revers de la médaille. M. Furne publie un ouvrage analogue à celui de MM. Michaud; MM. Michaud lui intentent un procès en ce que cet ouvrage s'intitule *Biographie universelle ;* mais ils succombent le 8 décembre 1833. Cette même Cour rend un arrêt dont voici le texte :

« Considérant que le titre donné par les éditeurs Gosselin et Furne
« à l'ouvrage par eux publié est une expression générique consacrée
« par l'usage pour ce genre d'écrits, et que les dissemblances exis-
« tantes entre ce titre et la *Biographie* Michaud, notamment les
« différences de prix et d'étendue des deux ouvrages, ne permettent
« aucune confusion, infirme les deux jugements (du tribunal de
« commerce) et rejette les réclamations de Michaud. »

Que faut-il conclure de là? C'est que bien longtemps avant l'apparition de la *Biographie* Didot, les mots *Biographie universelle* étaient tombés dans le domaine public, étaient acquis au domaine public, et qu'aujourd'hui M. Michaud, notre adversaire, ne peut se plaindre que la même dénomination ait été appliquée à une œuvre rivale.

Passe pour cela, nous dit-on par une concession dont nous devons être reconnaissants ; mais sur la couverture de votre premier numéro on ne s'était pas borné à dire : *Biographie universelle ;* on avait ajouté ces mots : *ancienne et moderne.* Or, ce complément de la désignation appartient au titre de MM. Michaud.

Je n'ai pas le moindre intérêt à examiner si ces deux adjectifs qui expriment une chose parfaitement vraie, savoir que la *Biographie* est ancienne et moderne, qu'elle s'occupe des personnages anciens et modernes, je n'ai aucun intérêt, dis-je, à examiner si ces deux adjectifs appartiennent ou non au domaine public, car aussitôt que MM. Didot ont su que nos adversaires se plaignaient, ils ont examiné pour ainsi dire leur titre à la loupe, et, y découvrant ces deux mots qui, je le répète, exprimaient une idée parfaitement vraie, mais dont le mariage n'avait pas encore été l'objet d'une décision judiciaire, à l'instant même, MM. Didot, jugeant la question contre eux, ont supprimé cette désignation complémentaire, et y ont substitué : *depuis les temps les plus reculés jusqu'à nos jours; avec les renseignements bibliographiques et les indications des sources à consulter.*

Ainsi nous nous sommes infligé une longue périphrase pour donner satisfaction à nos adversaires ; et, au lieu de nous témoigner leur reconnaissance pour notre respect, relativement à une question que nous voulons bien tenir pour douteuse, ils en font l'objet d'un nouveau grief qui n'aurait jamais dû figurer dans le procès. Ils nous disent : Vous avez publié vos premiers numéros successivement avec les mots *ancienne* et *moderne*, et vous auriez dû vous arrêter aussitôt que vous avez été avertis. Ah ! permettez : quand les numéros sont faits, on ne peut pas exiger, à moins de raisons bien graves, qu'on recommence une œuvre de cette nature. Ce qu'il était possible de faire, nous l'avons fait ; à partir du septième numéro, les mots *ancienne* et *moderne*, on disparu sans retour. Il y a plus, c'est que les quatre volumes ont été publiés avec des couvertures absolument identiques, et que sur aucune de ces couvertures, non plus que sur aucun titre ni faux titre, on ne trouve les mots *ancienne et moderne*, lesquels, je le répète, n'appartiennent pas à MM. Michaud, mais nous n'avons pas voulu laisser le moindre prétexte à des interprétations qui auraient pu être au moins douteuses. D'ailleurs, le mot *nouvelle* mis en tête du titre, et les autres indications, évitaient toute confusion.

Le véritable procès commence au second grief, qui

consiste à nous dire : Vous êtes des contrefacteurs, car vous avez emprunté à la *Biographie universelle* un grand nombre d'articles, 64 dit-on ; 4,000 lignes sur 40,000 dans les deux premiers volumes....... Nous différons sur le nombre des articles et des lignes. Nous avons fait le compte le plus exactement qu'il nous a été possible, ce compte sera soumis à la Cour, si elle le juge à propos. Mais, comme l'a dit mon adversaire, le nombre a peu d'importance. La question n'est pas là, elle est tout entière dans le principe ; il s'agit de savoir si nous avons fait ce que nous avions le droit de faire, ou si nous nous sommes trompés dans l'appréciation de notre droit.

Prenons la question telle qu'elle est posée. On nous reproche d'avoir emprunté à la *Biographie universelle* 4,000 lignes sur 40,000 ; c'est un dixième. Or, il résulte de la minutieuse vérification à laquelle nous nous sommes livrés, que nous n'avons pas emprunté à MM. Michaud même un sixième des articles qui, dans notre système, sont tombés dans le domaine public, c'est-à-dire que nous n'avons pas usé dans la proportion d'un sixième de ce qui, à nos yeux, constitue un droit incontestable.

J'ajoute enfin que ces emprunts n'ont pas le caractère de servilité qu'on pourrait supposer ; que toujours, ou presque toujours, ils ont reçu des modifications, soit par retranchements, soit par additions, et toujours avec indication de l'origine, c'est-à-dire de la *Biographie universelle* On ne peut donc pas contester notre parfaite bonne foi. Ce n'est pas apparemment pour léser l'entreprise rivale que nous l'avons nommée comme la source où nous puisions. Agir ainsi, c'était prouver que nous faisions une chose honnête, car nous laissions à la *Biographie* le mérite de son œuvre dont nous profitions, sans sa permission, il est vrai, mais avec la permission de la loi.

La *Biographie* Michaud ne s'est pas montrée aussi scrupuleuse : elle a fait, elle aussi, de grands emprunts ; elle a puisé à pleines mains dans les œuvres antérieures ; il ne pouvait pas en être autrement, à vrai dire..... Je sais bien que chacun a son style ; mais, en définitive, quand le style s'exerce sur les mêmes noms, les mêmes faits, les mêmes anecdotes, le choix des mots se renferme dans un cadre dont il est difficile, avec la meilleure volonté du monde, de sortir, alors surtout qu'on a la vanité de se rapprocher de ses devanciers, de manière à paraître ne les avoir pas copiés. C'est ce qui a fait dire à Voltaire (pardon si j'applique un instant à des biographes ce que ce grand homme disait des plagiaires : en tous cas, il ne faut pas le prendre à la lettre), avec cette vivacité de style et ce mordant sarcasme qu'on lui connaît :

« On pourrait appeler *plagiaires* tous les compilateurs, tous les
« faiseurs de dictionnaires qui ne font que répéter à tort et à tra-
« vers les opinions, les erreurs, les impostures, les vérités déjà
« imprimées dans les dictionnaires précédents ; mais ce sont du
« moins des plagiaires de bonne foi. Ils ne s'arrogent point le
« mérite de l'invention ; ils ne prétendent même pas à celui d'avoir
« déterré chez les anciens les matériaux qu'ils ont assemblés ; ils
« n'ont fait que copier les laborieux compilateurs du seizième
« siècle. Il vous vendent en in-4° ce que vous avez déjà en in-fol. »

Voilà, Messieurs, ce qu'il en disait. Il exagérait sans doute, mais il signalait, dans une certaine mesure, la condition de ces hommes qui s'exerçant sur le même sujet sont obligés de se répéter, et, soit volontairement, soit involontairement, se répètent dans les mêmes termes ; c'est ce qu'a fait la *Biographie universelle*. Elle a puisé à pleines mains aux sources antérieures ; elle a bien fait, c'était son droit ; mais elle n'a pas toujours indiqué les origines où elle puisait, et c'est en cela qu'elle a eu tort.

Cela dit, abordons la difficulté essentielle.

Messieurs, je ne connais pas, en matière judiciaire, de proposition plus simple que celle dans laquelle je me renferme. Je ne nie pas le fait qu'on me reproche ; je viens dire en face de l'accusation, sans la discuter : Ce que j'ai fait, j'avais le droit de le faire : *Feci, sed jure feci*, car ce que j'ai

pris était dans le domaine public, et *res omnium, res nullius*.
Voilà ma proposition, elle a au moins le mérite d'être simple
et claire.

Mon adversaire, dans sa vive et savante plaidoirie, a
touché une question qu'on a souvent débattue, celle de savoir quelle peut être la nature vraie du droit des auteurs, son caractère particulier. Est-ce là une propriété? On
est convenu de l'appeler propriété littéraire. Cela peut être
bien dans la désignation du droit en lui-même; mais, quand
on veut l'approfondir, cela ne suffit pas, et je demande si
c'est bien là une propriété comme on l'entend ordinairement. Est-ce au contraire un privilége accordé par la loi en
considération, en échange d'un service rendu au public par
la propagation d'une œuvre utile? Question ardue plutôt
philosophique ou législative que judiciaire, les meilleurs
esprits tenant d'ailleurs pour le second système et disant :
C'est une récompense, une rémunération. Si c'était une propriété, on n'aurait pas le droit d'y toucher; elle entrerait
dans la famille des propriétés ordinaires, elle serait perpétuelle, et si on voulait y toucher, il faudrait lui appliquer la
loi sur l'expropriation pour cause d'utilité publique. Encore
une fois, je ne veux pas examiner cette question, je le répète,
plutôt philosophique que judiciaire ; je dirai seulement que
si la propriété littéraire existe, elle est exceptionnelle, elle
est *sui generis*, elle n'existe en quelque sorte qu'à la condition de se communiquer et de se livrer au public.

Je sais bien que mon adversaire, par une hypothèse de son
imagination, nous disait : Si j'avais trouvé le manuscrit de
la *Jérusalem délivrée*, j'aurais pu en jouir comme un avare,
comme un jaloux dans mon cabinet solitaire, j'aurais pu en
jouir tout seul ou convier à ma félicité un de mes amis.

Eh bien, soit, vous auriez joui du manuscrit, mais il n'aurait pas produit pour vous la propriété littéraire, car la
propriété littéraire n'existe qu'à la condition de se livrer au
public et d'obtenir son assentiment; d'où je conclus que si le
privilége littéraire est une propriété, encore une fois, c'est
une propriété d'un genre particulier, possédée par le pro-

priétaire, d'une part, par le public, d'une autre, sans quoi il n'y a pas de jouissance.

J'ajoute ensuite que si la durée de cette propriété a été limitée, il ne faut pas croire que ce soit au détriment des auteurs. Ce qu'il y a de malheureux dans ce débat, ce qui le rapetisse aux proportions d'un intérêt matériel et vulgaire, c'est que les questions naissent de l'action des entreprises rivales; cela n'est que trop vrai. Hâtons-nous donc de le replacer dans les régions supérieures d'où il était momentanément descendu.

Je dis que ce n'est pas contre les auteurs que le législateur a prétendu stipuler lorsqu'il a limité la durée de la propriété littéraire; c'est au contraire en leur faveur.

Tenez, Messieurs, cette idée n'est pas nouvelle, pas plus que bien d'autres (et, à vrai dire, il y en a peu qui soient nouvelles); nous la trouvons dans ces beaux édits de Louis XVI, que j'ai déjà nommé, de ce roi qui, si on l'eût laissé continuer, aurait fait la révolution, moins ses crimes. Voici comment il s'exprimait dans le préambule du règlement du 3 août 1777 :

« Le roi, etc..... a reconnu que le privilége en librairie est une grâce fondée en justice, et qui a pour objet, si elle est accordée à l'auteur, de récompenser son travail; si elle est obtenue par un libraire, de lui assurer le remboursement de ses avances et l'indemnité de ses frais; que cette différence dans les motifs qui déterminent les priviléges en doit produire une dans la durée; que l'auteur a sans doute un droit plus assuré à une grâce plus étendue, tandis que le libraire ne peut se plaindre si la faveur qu'il obtient est proportionnée au montant de ses avances et à l'importance de son entreprise; que la perfection de l'ouvrage exige cependant *qu'on en laisse jouir le libraire pendant la vie de l'auteur* avec lequel il a traité; mais qu'accorder un plus long terme ce serait convertir une jouissance de grâce en une propriété de droit, et perpétuer une faveur contre la teneur même du titre qui en fixe la durée; ce serait consacrer un monopole en rendant *un libraire le seul arbitre à toujours du prix d'un livre*, ce serait enfin laisser subsister la source des abus et des contrefaçons. Sa Majesté a pensé qu'un règlement qui restreindrait le droit exclusif des libraires au temps qui sera porté au privilége, fera l'avantage du public, qui doit espérer que *les livres tomberont à une valeur proportionnée aux facultés de ceux qui veulent se les procurer ;* qu'il serait favorable aux gens de lettres, qui pourront, après un temps donné, faire des notes et des commentaires sur un auteur, sans que personne puisse leur contester le droit de faire imprimer le texte; qu'enfin ce règlement serait d'autant plus utile qu'il ne pourrait *qu'augmenter l'activité du commerce, et exciter entre tous les imprimeurs une émulation favorable au progrès et à la perfection de leur art. »*

Voilà la vérité entrevue. Et voulez-vous que je fasse intervenir ici, je ne prétends pas avec plus d'autorité, mais avec plus d'énergie, un jurisconsulte que nous citons de temps en temps dans les procès, et qui véritablement a le droit d'être compris au nombre des jurisconsultes ? c'est Napoléon. Napoléon, à l'époque du décret de 1810, a émis sa pensée sur la question qui nous occupe; et cette pensée est si vraie, elle est si juste, qu'on serait tenté de croire que Napoléon avait étudié toute sa vie une question qui semblait par elle-même devoir lui être si peu familière. Voici, à l'occasion de ce décret, ce que pensait l'Empereur sur la nécessité de restreindre la durée du droit d'auteur :

Après avoir signalé, dans la séance du 2 septembre 1808, les inconvénients de division de la propriété littéraire dans les familles par suite d'héritages, en sorte que les meilleurs livres disparaîtraient successivement de la circulation, Napoléon ajoute :

« Il y aurait un autre inconvénient non moins grave. Le progrès
« des lumières serait arrêté, puisqu'il ne serait plus permis ni de
« commenter ni d'annoter les ouvrages.....

« D'ailleurs un ouvrage a produit à l'auteur et à ses héritiers tout
« le bénéfice qu'ils peuvent naturellement en attendre, lorsque le
« premier a le droit exclusif de le vendre pendant toute sa vie et
« les autres pendant les dix ans qui suivent sa mort.

« Cependant, si l'on veut favoriser davantage encore la veuve et
« les héritiers, qu'on porte leur propriété à vingt ans. »

Assurément ce n'est pas pour favoriser les intérêts mer-

cantiles d'un libraire rival, c'est par des considérations d'un
ordre plus élevé, c'est dans l'intérêt public, et dans l'intérêt
de la gloire des auteurs eux-mêmes, qu'on a dû apporter des
limites à ce qu'il est convenu d'appeler la propriété littéraire.

J'ajoute, afin de terminer ces observations que j'ai dû présenter pour répondre à quelques paroles de mon adversaire,
que la propriété littéraire n'a pas d'ailleurs droit de se
plaindre, surtout quand on la rapproche de ce qu'on nomme
la propriété industrielle, bien moins magnifiquement traitée
par le législateur. La propriété industrielle, qui peut s'appliquer à quelque chose, comme les machines à vapeur, les
machines à filer le lin, et autres bagatelles de ce genre, la
propriété industrielle est limitée à quinze années, tandis que
la propriété littéraire n'accompagne pas seulement son auteur pendant toute la durée de sa vie, mais reste à ses
ayants droit pendant vingt années après sa mort. Encore
une fois, que la propriété littéraire ne fasse pas entendre
des doléances exagérées ; elle a été traitée en enfant gâtée.
Au surplus, il ne s'agit pas ici de refaire ou de critiquer la
loi, mais de l'appliquer suivant son texte et son esprit.

Or quelle est la loi qui régit le procès ? C'est véritablement après l'avoir lue et méditée que je me suis demandé,
dans toute la sincérité de mon âme, où était le procès, la
question ne pouvant pas être envisagée à un point de vue
contraire à celui des premiers juges. Nous avons au moins
l'avantage, dans ce procès, de n'avoir pas à lutter contre
l'obscurité des lois, à nous égarer dans une route mal éclairée. Nous avons d'abord la loi des 19-24 juillet 1793, qui
s'exprime ainsi :

« ART. 1er. *Les auteurs d'écrits* en tout genre..... »

(J'appuie avec intention sur ces deux mots, car, suivant
nos adversaires, c'est là le procès.)

« Les auteurs d'écrits en tout genre, les compositeurs de mu-

« sique, les peintres et dessinateurs qui feront graver des tableaux
« ou dessins, jouiront, durant leur vie entière, du droit exclusif de
« vendre, faire vendre, distribuer leurs ouvrages dans le territoire
« de la République, et d'en céder la propriété en tout ou en partie. »

Ainsi l'auteur fera ce qu'il voudra : il pourra céder son droit ou l'exercer, c'est son affaire.

« ART. 2. Leurs héritiers ou cessionnaires jouiront du même
« droit durant l'espace de dix ans après la mort des auteurs. »

Certes, voilà un texte clair, précis, explicite, si jamais article de loi mérita cet éloge. Je craindrais de lui faire injure ou de l'obscurcir, si je cherchais à l'expliquer ; j'aime mieux passer à la seconde loi, au décret du 5 février 1810, qui ne contredit point le précédent, qui limite seulement la concession du législateur au profit des auteurs. Voici en quels termes est conçu l'article 39 de ce décret :

« Le droit de propriété est garanti à l'auteur et à sa veuve pen-
» dant leur vie, si les conventions matrimoniales de celle-ci lui en
« donnent le droit, et à leurs enfants pendant vingt ans. »

Le droit de propriété est donc garanti à l'auteur. Voici l'article 40 :

« Les auteurs, soit nationaux, soit étrangers, de tout ouvrage
« imprimé ou gravé, peuvent céder leur droit à un imprimeur ou
« libraire, ou à toute autre personne qui est alors substituée en
« leurs lieu et place, pour eux et leurs ayants cause, comme il est
« dit à l'article précédent. »

Encore une fois, ceci ne se commente pas, ceci veut dire que la concession est faite à l'auteur, à sa veuve, à ses héritiers, à ses cessionnaires, c'est-à-dire à lui personnellement ou à ceux qui tiennent leurs droits de lui ; ils sont appelés à le représenter, ou par l'invocation de la loi, si ce sont des héritiers, ou par l'invocation du contrat, si ce sont des cessionnaires.

Maintenant, qu'est-ce qu'un auteur ? Il faut poser la question et tâcher de le faire sérieusement pour la résoudre. Voici le procédé que je propose ; il consiste tout simplement à ouvrir le *Dictionnaire de l'Académie*. — « *Auteur* se dit particulièrement de celui qui a fait un ouvrage (c'est une bien grande naïveté) de littérature, de science ou d'art... » — Ainsi la loi décerne le droit de propriété ou de privilège à l'auteur. Nous demandons ce que c'est qu'un auteur, et le *Dictionnaire de l'Académie*, nous répond avec une naïveté charmante, je le répète, que c'est celui qui a fait un ouvrage.

A côté de l'auteur se trouve un autre personnage qui a souvent des rapports avec lui. Celui là est d'invention plus moderne. Dans la première édition du *Dictionnaire de l'Académie*, on le voit poindre à peine. Depuis il a singulièrement grandi, et le *Dictionnaire de l'Académie*, dans sa dernière édition, s'occupe de lui :

« *Editeur*, celui qui fait imprimer l'ouvrage d'autrui, en se don-
« nant quelques soins pour l'édition. *Cet ouvrage parait avec une*
« *préface de l'éditeur.* »

Ce n'est pas même le cas particulier ; l'éditeur n'a pas fait de préface.

« Par extension, les libraires prennent quelquefois le titre d'*édi-*
« *teurs* des ouvrages qu'ils publient à leurs frais. »

Ainsi un *auteur* est celui qui fait l'ouvrage, un *éditeur* est celui qui le publie avec plus ou moins de soins, plus ou moins d'intelligence, de collaboration directe ou indirecte. Voilà les deux personnages qui doivent préoccuper votre pensée dans le chemin que nous avons à parcourir.

Dans l'espèce, où est l'auteur véritable ? C'est encore une question qui n'appartient qu'à ce procès. Où est l'auteur ? S'il n'y avait pas d'auteur présumé, si l'ouvrage était anonyme, l'éditeur passerait pour l'auteur, en exercerait le droit, en recueillerait les bénéfices. Mais, en demandant à la *Biographie universelle* quels sont ses auteurs, nous n'avons pas à lui faire violence pour apprendre d'elle un secret qu'elle voudrait en vain conserver. C'est elle-même qui va nous le dire *à priori* et sans feinte. En effet les auteurs de la *Biographie universelle* se sont révélés par le procédé du monde le plus simple, en attachant chacun sa signature au bas de l'article qu'il avait fait : ce n'est pas plus compliqué que cela. De sorte que, jusqu'à preuve contraire, s'il s'agit de profiter du bénéfice attribué aux auteurs par la loi de 1793 et le décret de 1810, chaque collaborateur de la *Biographie universelle* , ou son ayant droit, viendra dire : **Me** voici : *Me, me... adsum qui feci;* je suis l'auteur de l'article, voilà ma signature ; — et la question est jugée entre les auteurs et les éditeurs de la *Biographie*.

Mais ce n'est pas ainsi qu'on entend la question à ma droite, et il faut bien l'entendre autrement pour qu'il y ait procès. Ce ne sont pas les signataires des articles qui en sont les auteurs, ce sont ceux qui ne les ont pas signés. Je sais quelle est l'intrépidité de mes adversaires, mais, en bonne conscience, je n'aurais pas cru qu'ils eussent poussé la hardiesse jusqu'à ce point. Lorsque je lis tout au long la signature de l'auteur, je crois tenir l'auteur ; pas du tout, je ne tiens rien : l'auteur n'est pas celui qui a signé l'article, c'est M. Michaud. Pourquoi cela? Le voici. Il est l'inventeur de l'idée, il est le véritable auteur de ce qu'il n'a pas fait ; il est vrai qu'il a des collaborateurs et des meilleurs, mais il est, lui, le collaborateur principal, c'est un auteur au premier chef ; dans tous les cas, c'est un *coauteur*, si je puis m'exprimer ainsi ; et puis je ne sais pas quoi encore..... Ce qu'on veut par-dessus tout, c'est gagner le procès, le reste n'est que secondaire.

Pourquoi M. Michaud, qui n'a pas signé les articles, est-il l'auteur des articles ?..... J'essaye de résumer ce que mon adversaire vous a dit, dans la dernière audience, avec un admirable langage que je suis désespéré de ne pouvoir pas reproduire. Je tâcherai en revanche d'être aussi clair, aussi précis que possible. M. Michaud est le principal auteur, parce qu'il est l'inventeur de la *Biographie;* tout ce qui s'y trouve lui appartient donc. C'est absolument comme si on disait : Tel architecte a bâti telle maison ; conséquemment tout le mobilier qui s'y trouve lui appartient. C'est lui qui a conçu l'idée de la *Biographie universelle,* qui en a réglé le plan, coordonné toutes les parties, dirigé l'exécution de manière à éviter les doubles emplois, et, autant que possible, les dissidences et les contradictions. Il a fait tout cela, M. Michaud, et, s'il n'a pas mieux réussi, ce n'est pas sa faute. C'est lui qui a commandé et payé les articles ; ceci est un peu plus matériel, mais enfin c'est une partie importante de la mission que s'est imposée M. Michaud.

J'avoue que, lorsqu'il y a quelques instants j'entendais mon adversaire, qui comprend si bien cette république des lettres, qui peint si bien tout ce qu'il y a d'imposant, de majestueux dans nos édifices nationaux en ce genre, tout ce qu'il y a de respectable dans les noms propres de nos auteurs nationaux, j'avoue que j'ai entendu avec surprise, avec regret, ce qu'il disait des rapports de nos grands écrivains avec MM. Michaud. Dieu me garde d'attaquer MM. Michaud ! L'un d'eux a eu l'honneur d'appartenir à l'Académie française, et je ne l'oublie pas ; mais enfin est-ce que MM. Michaud auraient eu le droit de parler de ce ton à leurs collaborateurs ? Comment ! dans cette pléiade illustre où se rencontraient des hommes tels que Ginguené, Cuvier, Daunou, Villemain et tant d'autres, on nous montrera dans une Cour de justice MM. Michaud disant à ces hommes : Vous, vous ferez ceci ; vous, cela. Vous, je vous charge de Périclès ; à vous je livre Aspasie. Vous, vous me ferez cela dans tel temps, dans telles proportions, de telle longueur, de telle largeur. Vous, Daunou, vous me ferez telle chose ; vous, Cuvier, telle autre : allez, vous reviendrez lorsque votre besogne sera faite. Ce sont des ouvriers, des manœuvres ; ce sont des clercs auxquels on distribue les requêtes,

aux premiers les plus importantes. Ce sont des écoliers auxquels on donne des thèmes ou des versions à faire, en se
réservant de les corriger, et peut-être de leur infliger des
pensums au besoin. Voilà comment MM. Michaud traitaient
leurs collaborateurs, voilà les conditions qu'ils leur faisaient.
Ah! si vous leur aviez seulement laissé soupçonner ces
conditions, savez-vous bien que la *Biographie* serait à faire!
J'en jure par la dignité de ces grands écrivains qui ont bien
voulu, quelques-uns à prix d'argent, le plus grand nombre à
titre gratuit, consentir à enrichir la *Biographie* de MM. Michaud.

J'ai tout fait, s'écrie M. Michaud avec une assurance admirable, j'ai tout fait (sauf la *Biographie*, et peut-être mes
articles). Sans doute, je n'ai pas inventé la *Biographie*
comme pensée; je n'ai pas inventé non plus l'ordre alphabétique, les noms propres et les dates; mais enfin j'ai inventé
quelque chose qui s'appelle la *Biographie universelle*; j'ai
distribué les emplois particuliers; j'ai surveillé l'ensemble.
J'avais même un comité de direction; et là, je prenais place
au fauteuil; puis chacun de ces petits écrivains m'apportait
son travail de chaque jour. Tantôt j'approuvais, tantôt je
blâmais, comme ferait un dictateur au milieu de ceux qui
seraient soumis à son autorité. — Est-ce qu'on apporte quelque preuve de cela? Oui, quelques lettres de politesse,
comme tout le monde en écrit et en reçoit : voilà la justification.

Vous vous conduisiez de la sorte, Messieurs Michaud! Cela
n'est pas possible. Je ne veux pas rabaisser votre œuvre,
mais il ne faut pas non plus exagérer les choses outre
mesure, et jusqu'à faire injure à d'illustres morts et à des
vivants qui ne sont pas au procès. Ah! que vous ayez été en
rapport avec ces écrivains; que vous vous soyez adressés à
eux; qu'avec de bonnes manières et une respectueuse urbanité, vous ayez organisé cette collaboration, je le crois; c'est
ainsi que cela se fait. Je ne dis pas, Dieu m'en garde! que
vous ne vous soyez pas conduits d'une manière honorable,
avec dignité, avec discernement, avec habileté même pour

discipliner tous ces esprits jusqu'à un certain point, pour obtenir le meilleur concours possible de ces intelligences si diverses ; je conçois tout cela. Mais, quand vous venez après coup, et pour le besoin de la cause, me faire assister à des scènes comme celle que je viens de décrire, je réponds : Je n'en sais rien, mais j'affirme que cela n'est pas.

Au surplus, je vous déclare que je n'ai pas le moins du monde à m'en occuper ; c'étaient là pour vous affaires d'intérieur, affaires de ménage et secrets de famille ; moi qui suis le public, je ne connais votre ouvrage que par sa publication ; il n'est arrivé à moi que quand il a été revêtu de sa forme définitive. Ainsi, qu'il ait été le produit d'élucubrations plus ou moins complexes, dans lesquelles vous auriez mis plus ou moins la main, tout cela m'est indifférent ; je n'ai ni qualité ni intérêt à vérifier, à controler vos assertions. Est-ce que j'aurais cherché même à pénétrer dans ces arcanes, si vous ne m'en eussiez vous-même donné le droit en vous présentant comme les chefs de ce bataillon sacré sous le drapeau duquel vous attendiez la gloire... et le profit?

Si vous vous étiez bornés à publier la *Biographie Michaud*, et que vous eussiez dit : Voilà cinquante volumes de mon cru, de ma façon, je ne dis pas que cela n'aurait pas eu de succès, car, après tout, vous êtes des gens honorables ; mais enfin on aurait pu ne pas attacher à cette *Biographie*, sous le simple nom de Michaud, le même intérêt qu'à cette œuvre variée dans laquelle les hommes les plus recommandables ont apporté leur tribut personnel. La *Biographie Michaud* eût été la *Biographie Michaud ;* elle aurait vécu de la vie de MM. Michaud, elle serait morte de la mort de MM. Michaud. Dès lors, les auteurs qui auraient concouru à sa rédaction collective n'auraient pas été reçus non plus, après la mort de MM. Michaud, à venir chercher dans les décombres de l'édifice ce qui pouvait leur appartenir, et à dire : On reprend son bien où on le trouve ; cela m'appartient, je l'emporte. On leur aurait répondu : Complexe ou non, il n'y a qu'un ouvrage, car il n'y a qu'un nom d'auteur, le nom de Michaud. Votre nom à vous ne se trouve nulle part ; on

ne vous connaît pas, vous n'avez que faire ici, MM. Michaud
ont fait avec le public une espèce de forfait, et n'ont eu à
compter qu'avec lui.

Si les choses s'étaient ainsi passées, nous n'aurions eu
aucune espèce de droit; nous n'aurions pas été admis à pénétrer dans le cabinet de MM. Michaud, à leur demander
quels étaient leurs collaborateurs, ni même s'ils avaient des
collaborateurs plus ou moins illustres, plus ou moins nombreux. Ils nous auraient répondu : Regardez notre titre, il
porte notre unique nom, et tout eût été dit.

Permettez !... Est-ce que la partie n'est pas égale entre
nous ? Lorsque vous publiez votre ouvrage dans les conditions auxquelles je vais revenir, pour savoir s'il est tombé
dans le domaine public je n'ai qu'une chose à faire, à ouvrir
la loi, et à lui demander à qui elle a accordé le privilège, et
pour quelle durée elle l'a accordé. Encore une fois la *Biographie* n'avait qu'à s'appeler Michaud tout court, elle vivait
avec MM. Michaud, elle mourait avec eux. Mais, lorsque son
titre même me révèle que MM. Michaud n'en sont que les libraires, les éditeurs, comment ! après avoir recueilli les bénéfices
qui s'attachent à ce mode de publication, lorsque le public
vient leur dire par la voix d'un libraire : Ceci est à moi, ceci
est tombé dans mon domaine, le signataire de tel article est
mort depuis tel temps ;... comment ! MM. Michaud se méta-
morphosant d'*éditeurs* en *auteurs*, seront admis à nous répondre : On a eu tort de nous croire sur parole ; les auteurs
que nous avions indiqués dans nos prospectus n'étaient là
que pour la forme, que pour attirer le public. C'étaient des
auteurs *apparents;* les auteurs *réels*, les auteurs *vrais*, c'é-
taient nous, nous qui avons rassemblé les matériaux, qui les
avons distribués à des secrétaires chargés de les coordonner,
et qui avons dirigé toutes les parties de l'exécution, qui
avons présidé le comité de révision, etc., etc. ; nous, en un
mot, qui avons tout fait !

Mais pourquoi alors n'avoir signé de votre nom qu'un
petit nombre d'articles? Pourquoi ne les avoir pas signés
tous ? — Ah ! nous nous en serions bien gardés ; nous avions

promis des collaborateurs au public, il fallait au moins paraître lui tenir parole. Voilà donc qui est dit, MM. Michaud sont tout, ils sont la *Biographie* vivante. — C'est une dérision !

Parmi les collaborateurs de ce grand ouvrage, il est un écrivain, dont le nom, que je sache, n'a pas encore été prononcé par MM. Michaud ou leur défenseur ; je crois cependant que c'est un des noms les plus importants. Je veux parler de M. Pillet, qui était précisément le coordonnateur du travail d'ensemble dont on fait tant de bruit. Il y a un M. Quérard qui a publié dans la *France littéraire* un article, où il passe en revue tous les noms dignes de fixer son attention. Voici une note assez curieuse que je demande la permission de lire à la Cour, et que je trouve à la page 173 du tome VII, à propos de M. Pillet (Claude-Marie) :

« M. C. Pillet a dirigé les travaux de la *Biographie universelle,*
« depuis le tome V jusques et y compris les dernières feuilles du
« tome XLIV. Il y a fourni, en outre, des articles et des notes qu'il
« n'a pas toujours signés. »

Voilà l'homme qui, dans l'opinion publique, était signalé comme ayant dans tout ceci effacé la personnalité de MM. Michaud. Mais qu'avons-nous besoin d'aller chercher la *France littéraire ?* Ne nous suffit-il pas de la *Biographie universelle ?* Est-ce que nous n'avons pas des aveux complets ? On nous citait à la dernière audience un avis qu'elle a donné au public, portant que les articles marqués de la lettre *X. X.,* deux fois répétée, étaient revisés ; par qui donc ? Au moins par MM. Michaud dans leur omnipotence ? Point du tout, par M. Suard.

Ainsi donc, autant qu'il nous est donné, par ces documents, de pénétrer dans l'intérieur de la publication de la *Biographie universelle,* nous voyons comme rédacteur principal M. Pillet, et puis, comme chargé du travail de révision, non pas MM. Michaud, mais M. Suard !

Puisque nous en sommes là, tâchons de faire connaître le rôle légal et vrai de MM. Michaud dans la *Biographie.*

Vais-je me livrer pour cela à des suppositions, à des conjectures, à des allégations ! Non, il s'agit de juger la *Biographie universelle* dans ses rapports avec le public. Vous ne vous plaindrez pas de mon procédé ; je fais la *Biographie universelle* juge de cette question entre vous et moi. Je vais en conséquence lui demander quelle est la part qu'elle a faite à chacun, dans ce qu'on appelle l'œuvre collective ; je vais lui demander quels sont les auteurs, et en particulier la place de MM. Michaud, non pas la place qu'on leur a donnée, mais celle qu'ils se sont faite et qu'ils ont perpétuellement gardée depuis le premier jusqu'au dernier volume.

Pour résoudre cette question, je n'ai pas à aller bien loin : je n'ai qu'à prendre dans ma bibliothèque le premier volume de la *Biographie universelle*, car j'ai l'honneur de compter au nombre de ses souscripteurs. Eh bien, voici ce que je lis à la première de toutes les pages, c'est-à-dire au titre. — Je vous en ai lu l'ensemble tout à l'heure, maintenant j'emprunte à ce titre ce qui va me servir à résoudre cette question. — Quels sont les auteurs, et plus spécialement, s'il est possible, quelle est la place de MM. Michaud ? Je lis :

« ..... Ouvrage entièrement neuf, rédigé par une société de « savants et de gens de lettres, à Paris, chez Michaud frères, « imprimeurs-libraires, rue des Bons-Enfants, n° 34. »

Société de savants et de gens de lettres. Aucun nom, pas même celui de MM. Michaud. Tout est anonyme jusqu'ici, le général comme les soldats.

A Paris, chez Michaud. Que sont MM. Michaud ? Imprimeurs-libraires. Il n'ont pas même la prétention d'être les éditeurs ; assurément ils sont loin de se déclarer les auteurs. Ainsi le titre nous fait savoir que l'ouvrage est rédigé par une société de savants et de gens de lettres, et qu'il est publié par MM. Michaud frères, dans l'exercice de leur industrie : *imprimeurs-libraires ;* ils y donnent leur adresse.

Je tourne la page, et la première partie qui s'offre à mes yeux est intitulée : *Avis des éditeurs*. Les éditeurs, quels sont-ils ? Il faut aider à la lettre ; apparemment ce sont MM. Michaud. Je lis, j'arrive à la fin de l'avis et je n'y trouve pas de signature ; d'où je suis forcé de conclure que, si MM. Michaud sont des éditeurs, ce sont des éditeurs *distincts* des autres, puisqu'ils ne signent pas leur avis. Cela vient appparemment de ce qu'ils font partie de la *Société anonyme de savants et de gens de lettres* qu'ils ont annoncée.

Je tourne encore le feuillet, et j'arrive au *Discours préliminaire*. Ceci devient plus sérieux. Le Discours préliminaire, de qui est-il ? Est-ce une des hypothèses prévues par le *Dictionnaire de l'Académie*, au mot *Editeur :* « Cet ouvrage a paru avec une préface de l'éditeur ? » Non, MM. Michaud ne se sont pas même avancés jusque-là ; il y a un discours préliminaire, c'est-à-dire une préface ; par qui est-elle signée ? par M. Auger, l'un de ces savants ou gens de lettres qui doivent apporter leur contingent dans la confection de l'ouvrage.

Ainsi, dès la première et la seconde pages, nous trouvons que chaque fraction du tout aura, non pas seulement un éditeur, mais un auteur connu, signant son article de son nom. Mais ce ne sont pas MM. Michaud qui figurent dans ces deux pages, c'est M. Auger. Je l'avoue, dans ce discours préliminaire qui s'attache à exciter l'attention publique sur l'ouvrage qu'on lui destine, je suis fâché, très-fâché de ne pas lire le nom de MM. Michaud ; je m'en console toutefois par la découverte que ce procès m'a fait faire ; les procès sont quelquefois bons à quelque chose. Or voici ce que je lis à la page 13 :

« L'annonce d'un ouvrage *par une société de savants et de gens*
« *de lettres* est devenue une des plus ridicules et des plus impuis-
« santes amorces qu'il soit possible maintenant de présenter à la
« crédulité du public. Souvent ces *savants* et ces *gens de lettres*
« anonymes ignorent tout et ne savent point écrire. (Comme c'est
« flatteur pour ceux qui n'avaient pas pris les mêmes précautions

« que MM. Michaud!) Quelquefois aussi des noms justement
« honorés, arrachés par l'importunité ou même pris sans consente-
« ment, décorent gratuitement des *prospectus* trompeurs, et sont
« ainsi plus ou moins innocemment complices de la fraude. Mais
« ici les écrivains sont nommés; tous sont connus : plusieurs ont
« de la célébrité; les autres y aspirent, ou du moins prétendent à
« cette considération qui est le prix des travaux utiles. Tous les
« articles sont signés de leur nom; et ce nom, quel qu'il soit, ils
« n'ont pas voulu le compromettre en l'attachant à des choses qui
« ne fussent pas dignes de leurs travaux passés ou qui formassent
« un préjugé fâcheux contre leurs travaux futurs. »

Tout ceci ressemble peu à l'intérieur du cabinet où l'on
vous a représenté MM. Michaud siégeant au milieu de ces
subalternes auxquels ils distribuaient la besogne. Ici ce sont
des écrivains soucieux de leur renommée, et non des gens
que le public ne connaît pas, comme les membres d'une
société de savants et de gens de lettres *qui ignorent tout et ne
savent point écrire ;* ici les auteurs sont nommés et connus.

Encore une fois, j'ai besoin de le répéter pour en finir,
quelle est donc la cause du procès? C'est de savoir s'il y a
eu dans la *Biographie universelle* des auteurs autres que
MM. Michaud. Si cela est établi, si nous pouvons dire quels
sont les auteurs des articles, il n'y a plus de doute possible.
La loi nous avertit que le droit d'auteur se subordonne, se
mesure uniquement sur la vie de l'auteur. Nous avons donc
à rechercher s'il y a des auteurs. Or, en présence de cette
préface, je dis, ou que la préface a menti, et ce ne serait pas
la première assurément, ou que nous allons voir à l'instant
même l'exécution des engagements que MM. Michaud ont
pris.

Le Discours préliminaire est signé, et au Discours succède
un tableau que voici :

SIGNATURE DES AUTEURS.

. . . .
. . . .

Comme tous les auteurs ne signaient pas en toutes lettres

il fallait bien, pour ne pas présenter des initiales hyérogli-
phiques au public, lui donner une clef à l'aide de laquelle
il pût compléter les signatures. Je lis :

Signatures des auteurs : MM.....

C'était là la nomenclature de tous les auteurs qui avaient
contribué à la rédaction de la *Biographie universelle*, ou plutôt
du premier volume, car les auteurs de l'un n'étaient pas
toujours ceux de l'autre; aussi en tête de chaque volume
trouvait-on cette indication : *Signatures des auteurs*, et la tra-
duction des initiales de ceux qui n'avaient pas signé en toutes
lettres au bas de l'article. — Voilà où nous en sommes arrivés dans le procès : la rédaction de la *Biographie universelle*
se composant d'individualités parfaitement distinctes, parfaitement connues ; aucun doute, aucune ambiguïté ne peut
régner à cet égard ; dès lors il est démontré que si MM. Michaud sont au nombre des auteurs, ils ne le sont, comme
tous les autres, qu'à titre d'individualités, pour les articles
qu'ils ont signés....

M. LE PRÉSIDENT. — La séance va être suspendue un instant.

Après une suspension d'une demi-heure, M⁰ Paillet reprend en
ces termes :

J'examinais cette question, Messieurs, savoir si MM. Michaud sont les seuls auteurs de la *Biographie universelle*, et j'entendais juger la question par la *Biographie* elle-
même, par son titre, par l'avis de ses éditeurs, par sa préface, par l'indication de la signature de chacun des auteurs :
je pense n'avoir rien à ajouter à ce que j'ai dit à cet égard.
Conséquemment, ou la *Biographie universelle* en a imposé au
public, depuis 1811 jusqu'aujourd'hui, ou il est clair et évident pour tous qu'elle est l'œuvre de trois ou quatre cents
collaborateurs, et non l'œuvre personnelle de MM. Michaud.
Que MM. Michaud aient conçu l'idée première, quoique nulle-

ment nouvelle, de ce grand travail, qu'ils l'aient dirigé dans une certaine mesure, qu'ils en aient eu même la direction supérieure, je le veux bien, je ne le conteste pas. Mais alors ils ont eu des droits et des intérêts correspondants à leur travail, à leur action. Pour tout le reste, la *Biographie universelle* est une œuvre collective dans la propriété légale de laquelle (je dis légale et non matérielle), chaque auteur a une part distincte, une part afférente à son travail. MM. Michaud étaient des hommes capables de travailler à la *Biographie universelle* autrement que comme imprimeurs-libraires ; ils étaient capables de se mêler à la rédaction, et ils s'y sont mêlés. Mais chaque fois qu'ils apportaient un article, ils le signaient, et, à ce titre, ils se trouvaient dans la catégorie de tous leurs collaborateurs : ils étaient propriétaires de leur œuvre, la loi de 1793 et le décret de 1810 leur en assuraient la jouissance.

Ils avaient une troisième qualité, ils étaient cessionnaires d'articles rédigés, écrits, signés par d'autres. Ces articles leur appartiennent-ils ? Oui, mais du chef des auteurs seulement, selon le droit commun ou les lois qui régissent la matière. Si, par exemple, un de ces auteurs était venu se plaindre de l'insertion d'un de ses articles dans la *Biographie universelle*, est-ce que MM. Michaud n'auraient pas été obligés de faire leurs preuves de propriété ? est-ce qu'ils en auraient été quittes pour dire : Nous nous nommons Michaud ? Non, leur traité à la main, ils auraient dit, avec raison : Nous commandons et nous payons un travail pour l'insérer dans notre ouvrage, et non point pour nous exposer à répondre à une action en police correctionnelle.

Ainsi, j'entends parfaitement que MM. Michaud se prévalent non-seulement des articles qu'ils ont rédigés, mais de tous les articles indistinctement ; je leur concède l'édifice fait, avec ses accessoires, le contenant avec son contenu. Il en est d'eux à cet égard comme d'un propriétaire d'immeubles qui aurait recueilli telles portions dans la succession de son père ; il serait propriétaire, mais il pourrait se présenter telles circonstances où quelqu'un aurait à examiner l'origine de la propriété, et c'est alors qu'il faudrait produire les titres. Aussi disons-nous à MM. Michaud : Vous avez acquis, à titre de cession, les articles que vous n'avez ni rédigés, ni signés ; vous en êtes propriétaires, nous le voulons bien, mais propriétaires du chef des auteurs, vos cédants, et non de votre chef. Or vous ne pouvez pas prétendre à des droits plus étendus que ceux dont vous êtes les cessionnaires.

Viennent ici d'autres objections. On nous dit : Les individualités particulières, si je puis m'exprimer ainsi, se sont effacées, elles ont été absorbées dans l'œuvre d'ensemble. Chaque auteur n'a pas travaillé pour son compte particulier ; chaque article est venu se fondre dans le grand récipient, comme les rivières et les fleuves sont absorbés par la mer. La conséquence qu'on en tire, c'est que lorsqu'il s'agira de vérifier, non pas le droit de propriété (je reconnais que, pour l'ensemble comme pour les parties, ce droit appartient à MM. Michaud), mais la durée du droit de propriété, on pourra nous dire : La durée doit se mesurer, non pas sur l'existence de tel ou tel auteur, mais sur une existence collective qui, elle-même, se mesurera sur celle de MM. Michaud.

Mon Dieu ! Messieurs, cette argumentation n'a qu'un malheur, celui de n'être pas tout à fait sincère. Si le survivant des frères Michaud avait subi la loi de son âge (j'espère qu'il ne la subira pas de longtemps), on aurait intérêt à soutenir la thèse contraire, à restituer aux auteurs leur individualité distincte, et l'on n'y manquerait pas. Quant à présent, j'examine cette thèse qui consiste à dire : J'avais la direction de l'ensemble de la *Biographie*, j'y ai employé un grand nombre d'hommes, mais toutes ces individualités, je me les suis assimilées, je les ai absorbées, elles ne vivent plus que de ma vie, et je les représente toutes.

Je ne puis pas admettre cela, parce que c'est une fiction, et que les fictions disparaissent devant vous pour faire place à la réalité. Comment ! les personnalités se sont effacées ! Mais c'est précisément pour qu'il n'en fût pas ainsi que vous avez adopté votre mode de publication. C'est pour ne pas tomber dans ces *sociétés de savants et de gens de lettres*, lesquels, la plupart du temps, *ne savent pas écrire*, que vous avez annoncé à vos souscripteurs que tous les écrivains de la *Biographie*, *connus et soucieux de leur réputation*, signeraient leurs articles. Quelle était la conséquence de cela? C'est que chacun conservait son existence propre, chaque article prenant place dans la *Biographie* avec son certificat d'origine, son acte de baptême qui ne le quittait pas. Je conçois qu'il existe une *Biographie* où le nom de l'éditeur s'applique à toutes les parties de l'ouvrage, sans qu'aucun des collaborateurs revendique la responsabilité de son œuvre particulière. Cette idée, parfaitement vraie ailleurs, n'est point applicable à l'œuvre de MM. Michaud. S'ils étaient restés dans l'ancienne ornière des *Biographies*, leur position serait aujourd'hui différente, mais ils n'auraient pas eu l'avantage d'attirer l'attention publique, de provoquer des souscriptions nombreuses par l'appât de ces individualités distinctes qu'il était ensuite impossible de faire disparaître, et auxquelles on ne cherche à déroger que pour le besoin du procès.

Ceci me ramène à une considération que mon adversaire faisait valoir, et qui consiste à dire : Si vous punissez MM. Michaud par déchéance des articles dont les auteurs sont morts, si vous les punissez d'avoir fait connaître ces auteurs, il en résultera que vous les punirez de leur bonne foi, que vous les ferez repentir de n'avoir pas enveloppé de leur nom seul tous leurs collaborateurs.

Ce n'est pas par bonne foi et par loyauté que vous avez fait connaître au public les auteurs, les écrivains auxquels il allait avoir affaire, mais, vous l'avez dit avec une grande naïveté, pour qu'on ne vous reprochât pas de reproduire une fois de plus l'œuvre d'une société anonyme ; c'était pour qu'on sût quels étaient ces écrivains, ces gens de lettres que vous mettiez en contact avec le public. C'était une bonne idée, une excellente idée de faire ainsi briller chacun par son mérite ; c'était surtout une bonne idée pour l'œuvre elle-même, je veux dire pour la caisse. C'était une amorce très-bonne à présenter aux appétits légitimes du public ; vous en

avez profité ; acceptez donc les conséquences de votre système.

Mais, après cette théorie métaphysique des individualités
absorbées dans l'ensemble, revenons à quelque chose de
plus matériel. On nous dit : MM. Michaud pouvaient réaliser
leur idée en appelant des écrivains et en leur commandant
en langage de commerce (j'en demande pardon aux lettres,
c'est la discussion qui le veut), en leur commandant des articles, comme on commande des habits à un tailleur, des sou-
liers à un cordonnier. Eh bien, c'est ce qu'ils ont fait ; ils ont
commandé et payé des articles pour la *Biographie universelle.*
La conséquence à tirer de là est facile ; la conséquence,
nous dit-on, c'est que les articles nous appartenaient. Ils
nous appartenaient dès l'origine, à nous, frères Michaud. —
Vous avez raison, je vous ai dit que je ne contesterais pas
cela, je vous le concède de la manière la plus explicite. Vous
avez parfaitement raison. Mais où est le vice de votre argumentation ? Précisément dans le reproche que je vous ai fait
plusieurs fois, une confusion perpétuelle entre *l'auteur et le
propriétaire* de l'écrit.

L'auteur, il est propriétaire, lui, *ab initio*, et continue, tant
qu'il n'a pas cédé son droit, de cumuler les deux qualités ; il
est auteur et propriétaire. Il n'y a qu'un moment où l'une de
ces deux qualités cesse pour lui, le moment où il cède à titre
onéreux ou gratuit son droit de propriété. Eh bien, ce droit
de propriété peut vous être cédé dès l'origine. Il peut vous
être cédé à ce point que l'auteur n'aurait pas pris la plume,
si vous ne l'aviez invité, si vous ne l'aviez pas payé d'avance ;
je veux vous faire toutes les concessions imaginables. Vous
l'avez traité comme le pêcheur a qui vous payez le hasard de
son coup de filet.

Vous voyez que je vais jusqu'à sacrifier la dignité de vos
collaborateurs. Je suppose donc que les choses se soient
ainsi passées ; mais, en définitive, vous n'avez fait qu'acheter
à l'auteur sa propriété ; vous êtes devenu propriétaire à sa

place : voilà les deux qualités séparées. L'auteur, il le restera ; le propriétaire, vous l'êtes.

La conséquence à tirer, dites-vous, c'est que la durée de la propriété se mesurera, non pas sur la vie de l'auteur, mais sur la vôtre ! Mauvaise conséquence ! Que vous ayez acheté une œuvre toute faite, ou que vous l'ayez fait faire exprès pour l'intercaller dans une œuvre collective, la loi existe, elle est inexorable ; la durée de la propriété se mesure sur la vie de *l'auteur*, et non pas sur celle du propriétaire. Il me vient à la pensée une mauvaise épigramme qui me poursuit toujours quand j'entends raisonner de la sorte ; c'est un quatrain fort connu, qui n'en est peut-être pas meilleur pour cela, mais il trouve trop bien sa place ici pour que je résiste à vous le rappeler :

> On dit que l'abbé Planchette
> Prêche les sermons d'autrui.
> Moi qui sais qu'il les achète,
> Je soutiens qu'ils sont à lui.

C'était extrêmement vrai. Il était propriétaire, l'abbé Planchette : il avait acheté les sermons d'autrui, ils lui appartenaient donc bien ; il avait le droit de les prêcher, et il aurait pu, à la rigueur, poursuivre en contrefaçon. Mais c'est parce qu'il n'était pas auteur qu'on lui a décoché ce quatrain.

C'est le procès entre *l'auteur* et le *propriétaire*. Le nom de **MM.** Michaud frères couvre la *Biographie universelle* comme le pavillon la marchandise. Ils ont annoncé le plan de cet ouvrage, ils en ont combiné les diverses parties, ils ont commandé les articles : à celui-ci, Pascal ; à celui-là, Mallebranche ; ils avaient payé ces articles d'avance, on leur a livré la marchandise. C'est vrai ; j'admets que tout se soit passé ainsi. La conséquence est le droit de propriété, mais droit de propriété du chef de l'auteur seulement. L'auteur a travaillé pour vous, mais il ne vous a pas livré ses œuvres destituées de sa signature ; ce qu'il vous a livré, c'est son œuvre personnelle, et avec cette condition, que sa signature l'accompagnerait dans le cadre que vous avez préparé pour recevoir toutes ces signatures variées.

L'auteur, nous le connaissons, vous nous l'avez révélé; nous connaissons en même temps votre droit de propriété; mais ce droit n'est pas né en votre personne, entendez-le bien, et c'est là toute la discussion : ce droit est né dans la personne de l'auteur avec qui vous avez traité; c'est un droit acquis par contrat, à titre onéreux ou gratuit, et il ne vivra, comme vivent ces sortes de droits de propriété, qu'autant que vivra l'auteur, et, un certain temps après sa mort, il tombera dans le domaine public. Autrement, voyez la conséquence: contrairement au principe *Nemo dat quod non habet*, le concessionnaire aurait plus de droits que le cédant. En effet, si la propriété avait continué de résider dans la personne de l'auteur, elle serait morte après le délai fixé par la loi; mais parce qu'il est arrivé à cette propriété de changer de maître, de passer de la tête de l'auteur sur la vôtre, il s'ensuit qu'elle durera plus ou moins longtemps, c'est-à-dire que la condition du cessionnaire ne sera pas celle du cédant. Je dis plus ou moins longtemps ; et voyez encore une fois la conséquence bizarre du système de nos adversaires : par cela seul qu'il existe, M. Michaud a intérêt à confondre en sa personne toutes les existences légales des articles semés dans la *Biographie universelle*, dont un très-grand nombre a disparu depuis vingt-cinq ou trente ans. Comme **M.** Michaud leur a survécu, s'il parvenait à faire triompher son système, ces auteurs revivraient en ce qui concerne la propriété de leurs articles. La mort profiterait, autant que la mort peut profiter, du système de M. Michaud.

Mais supposez l'inverse, que M. Michaud ait précédé dans la tombe ses rédacteurs ; supposez qu'il ne les ait pas enterrés tous, qu'il y en ait qui lui survivent, que va-t-il arriver? C'est que M. Michaud va, à son tour, attirer dans la tombe des gens encore vivants..... C'est évident. Comme la *Biographie*, l'ensemble et les parties appartenaient à MM. Michaud, ils ne vivaient que de la vie de MM. Michaud ; et comme tous les frères Michaud sont morts (il est bien entendu que je parle par supposition), il s'ensuit qu'ils ont fait mourir, à leur insu certainement, des gens qui se portent bien et qui ne s'en doutent guère..... Les adversaires m'avoueront que tout ceci est fort singulier.

Est-ce tout ? Non, non ; ces auteurs-là (vous n'avez pas usurpé leur signature) sont bien les auteurs des articles que vous avez introduits dans la *Biographie universelle*. Or il va y avoir dans les productions ultérieures de chacun de vos collaborateurs cette espèce d'antinomie, que certaines parties seront mortes, tandis que certaines autres ne mourront qu'après lui dans le délai légal. Si M. Michaud meurt avant l'auteur, elles mourront aussi avant l'auteur, tandis que les autres productions du même écrivain lui survivront et ne mourront que de la mort de droit commun.

Est-ce tout enfin ? Non : il y a encore une hypothèse tout aussi curieuse. Je suppose que ces auteurs qui ont écrit dans la *Biographie universelle* publient, soit isolément, soit collectivement, dans leurs autres ouvrages, les articles qui ont paru dans la *Biographie universelle*. Ces auteurs meurent, et ces auteurs morts, voici le domaine public qui se saisit de leur propriété. Et vous, M. Michaud, muni de je ne sais quel droit de ventilation, vous viendrez dire : Ceci appartenait à la *Biographie universelle*, cela existe encore, je le retiens. Prenez, si bon vous semble, le reste de la défroque du défunt : ce reste appartient à la loi de 1793 et au décret de 1810, je vous l'abandonne ; mais, à cela près, tout a été payé par moi, tout appartient à la *Biographie universelle*. Je reprends mon bien où je le trouve, et j'entends qu'il vive autant que moi ? Et vous feriez accepter une telle jurisprudence ! Ces écrits qui appartiennent à la même plume, qui ont été livrés au public de la même manière, ces écrits ne mourraient pas tous de la même mort et à la même date ? Cela n'est pas possible, et un système qui arrive à de pareilles conséquences est un système jugé.

Vous voyez où nous en sommes en suivant la filière de cette argumentation. En première instance, quand j'ai touché à cette argumentation, on m'a dit avec plus de précipitation que d'exactitude : Ceux qui avaient travaillé pour la *Biographie universelle* avaient travaillé exclusivement pour elle; leurs articles appartenaient non pas à eux, mais à la *Biographie universelle*, et aucun d'eux n'a songé, en dehors de la *Biographie universelle*, à reproduire pour le public ce qui avait été fait pour la *Biographie universelle*.

J'ai répondu à cette assertion aventurée de la manière la plus rigoureuse, par des faits matériels. Comment! les auteurs qui ont signé leurs articles dans la *Biographie universelle* ne les ont pas reproduits en dehors de la *Biographie universelle*? Tenez, voici quelques exemples seulement. M. Auger est l'auteur, dans la *Biographie universelle*, de l'une des notices les plus importantes sur Molière. Eh bien, il a publié une édition des œuvres de Molière, et n'a trouvé rien de mieux à faire que de mettre en tête de cette édition l'article Molière qu'il avait publié dans la *Biographie universelle*.

M. Villemain a reproduit dans ses *Mélanges littéraires* les articles les plus remarquables qu'il avait publiés dans la *Biographie Michaud*, Cicéron, par exemple,...... un homme de quelque valeur..... Milton, Plutarque, Pope, Shakespeare et tant d'autres qui se trouvent là. Enfin, je cite au hasard : M. de Barante a réimprimé ses articles; M. Valckenaer a publié en deux volumes ses notices extrêmement nombreuses insérées dans la *Biographie universelle*. M. Daunou en avait fait autant ; il avait réimprimé en outre ses deux articles sur Tacite et Thucydide.

Il faut que M. Michaud se prononce, et qu'il vienne faire le procès en contrefaçon à MM. Auger, Villemain, Walckenaer, Daunou, qui se sont permis de publier en dehors de la *Biographie universelle* les articles qui avaient été *commandés* par cette *Biographie* et *payés* par elle; autrement je le préviens que, s'il ne fait pas ce procès aux auteurs que je viens de nommer, on en conclura que, quand ces auteurs seront morts (plusieurs le sont, malheureusement), il en sera de ces articles comme du surplus de leurs œuvres, tout cela tombera dans le domaine public. Il faut que **MM.** Michaud et consorts viennent les revendiquer dès à présent, et soutenir que **MM.** Walckenaer, Villemain, Barante, Daunou, ont fait ce qu'ils n'avaient pas le droit de faire, qu'ils se sont adressés une fois à la *Biographie universelle,* une autre fois au public.

Je le demande, Messieurs, est-il possible de nous parler d'unité, quand l'auteur est tenu de donner à son article deux pères, l'un réel, l'autre contractuel? Cette unité disparaît nécessairement, du moment où le droit va s'asseoir tantôt sur la tête de l'auteur, tantôt sur celle de l'éditeur. Restituez à chacun sa place véritable, et ces difficultés disparaissent.

Il faut avouer que le système de **MM.** Michaud serait en vérité par trop commode. Pour présenter un appât au public, ils auraient fait briller à ses yeux les noms les plus éclatants, effaçant soigneusement leur personnalité ; et quand survient le besoin d'un procès, il faudrait baisser la toile sur tous ces noms, sur toutes ces signatures ; tout cela ne compte pour rien. Un seul nom est sérieux, c'est le nom de Michaud, et, quand le soleil Michaud se lèverait, il ferait disparaître toutes ces étoiles du firmament.

On a compris que, malgré tous les efforts, toutes les arguties, tous les moyens qui sont au service des causes désespérées, on ne parviendrait jamais à faire triompher en justice un système si contraire à l'évidence des faits. On a inventé un système subsidiaire plus curieux encore, le système de la demi-propriété. A défaut de l'auteur unique, viendra le *coauteur ;* c'est ainsi que cela s'appelle dans le procès. M. Michaud ne sera plus auteur unique, il sera *quart-d'auteur, demi-auteur, trois-quarts d'auteur* peut-être, *coauteur* enfin. Le voilà donc descendu de son piédestal et devenu le simple collaborateur de ceux qui ont signé leurs articles.

La conséquence à tirer de ce système qui, à défaut d'autre mérite, a pour lui la nouveauté, c'est que la durée de la propriété se mesurera sur la tête de M. Michaud, comme sur la tête de ses collaborateurs. Tant que M. Michaud vivra, il aura le privilège de communiquer sa vie à tous les articles que nous lisons dans la *Biographie universelle*.

Définissons donc le *coauteur* pour ne pas rester dans les hypothèses. Vous êtes-vous rendu compte, Messieurs, de ce que cela voulait dire ? Pour moi, j'ai compris que, quand un écrit quelconque était le produit de la collaboration de deux ou de plusieurs auteurs, l'œuvre de deux ou de plusieurs mains, de deux ou de plusieurs plumes exprimant la même idée, ou fondant si bien en une seule des idées diverses, qu'il serait impossible de reconnaître le cachet particulier de chacun, j'ai pensé, dis-je, qu'il y avait là une participation intellectuelle, et j'ai compris qu'on se fût partagé la besosogne, que l'un eût fait le premier jet, que l'autre l'eût changé, modifié, en telle sorte que le travail définitif se présentât comme le produit de plusieurs esprits et de plusieurs plumes combinées.

Au surplus, si c'est là ce qu'on appelle le coauteur, nous avons des exemples dans la *Biographie universelle*, et c'est un des grands bonheurs de ma cause que d'avoir à demander tous mes renseignements à l'ouvrage qui fait le sujet du procès. Ainsi il y a des articles qu'on a cru trop forts pour un seul auteur : tel est celui de Leibnitz, qui réclamait le concours d'un mathématicien, d'un philosophe, d'un littérateur et d'un théologien. Qu'a-t-on fait? On a réuni quatre auteurs, si toutefois ces auteurs ne s'étaient pas concertés eux-mêmes pour traiter ce sujet complexe, et l'article Leibnitz porte la quadruple signature de MM. Biot, Dureau, Maine-Biran et Stapfer ; et, comme il est impossible que chacun d'eux puisse revendiquer la part qui lui revient, il a été entendu, et très-justement, que, dans ce cas, cette œuvre serait la propriété indivise de tous, et qu'elle ne pourrait tomber dans le domaine public qu'après la mort du dernier survivant, *Minor relevat majorem in individuis*.

Dans l'espèce, tant que vivra un auteur sur les quatre, l'article entier vivra. Voilà un exemple du coauteur. M. Michaud pourrait-il nous dire si c'est de cette manière qu'il a été le *coauteur* des trois ou quatre cents écrivains de la *Biographie universelle ?*

Que si nous sortons de la spécialité de la *Biographie universelle*, nous trouvons que c'est de cette manière que l'on comprend le rôle de coauteur ou collaborateur dans plusieurs sortes d'ouvrages, notamment dans ceux qui sont destinés au théâtre. Ainsi nous voyons souvent le nom de M. Scribe associé à celui de M. Bayard, à celui de M. Mélesville ; le nom de M. Méry à celui de M. Barthélemy. Dans les écrits qui naissent de ces collaborations, les rôles sont déterminés d'avance. Ici c'est un article de revue, là une pièce de théâtre, plus loin une pièce de vers ; il y a deux auteurs, il y en a trois, il y en a quatre ; ils se sont partagé la besogne : celui-ci a fait tel couplet, celui-là telle tirade, et rien de tout cela ne regarde le public ; le public ne sait qu'une chose, qu'il y a là une œuvre complexe de tels ou tels auteurs.

Mais je demande quelle application ce mode de travail peut recevoir dans le procès actuel ?

Si M. Michaud est le coauteur de tous les auteurs, apparemment aussi tous les auteurs seront coauteurs entre eux, ils formeront une société dont chaque membre prorogera la durée de l'œuvre sociale, ce qui peut aller fort loin, puisque la durée du droit est mesurable sur la tête du dernier survivant. Voilà où conduirait ce système. La *Biographie universelle* ne tomberait dans le domaine public qu'après que la mort aurait moissonné tous ses rédacteurs, et que M. Michaud aurait payé lui-même sa dette à la nature. Je suppose que mes adversaires me dispenseront d'insister plus longtemps sur un moyen si peu sérieux.

J'aurai maintenant à glaner sur quelques petits arguments de même force ; je n'en veux négliger aucun.

Mon adversaire vous a signalé un décret du 1er germinal

an XIII sur les *œuvres posthumes*. Il vous a dit que ce décret accorde à l'éditeur du manuscrit le droit que le législateur de 1793 reconnaît à l'auteur. La conséquence qu'il en tire, c'est que le droit de propriété n'est pas tellement inhérent à la tête de l'auteur, qu'on ne puisse le comprendre sur celle de l'éditeur ; et comme, d'après le décret, la durée du droit ne se mesure pas sur la vie de l'auteur, mais sur celle de l'éditeur, on en conclut qu'il est très-possible d'admettre que, notamment pour les œuvres collectives, le droit de propriété non-seulement de l'ensemble, mais de toutes les parties séparées, repose sur la tête de l'éditeur, et non sur celle de l'auteur.

Mon adversaire, je dois lui rendre cette justice, ne s'est pas arrêté longtemps sur cet argument : c'est qu'effectivement le décret du 1er germinal a un objet tout spécial, et qui est exprimé dans les considérants qui le précèdent. La loi de 1793 ne faisait résider le droit que sur la tête de l'auteur, et l'on se demandait ce que deviendrait, par exemple, le légataire d'un auteur dont les œuvres n'auraient pas été publiées de son vivant. La question était de savoir où serait le droit de propriété d'un livre imprimé après la mort de l'auteur, et on a dit : dans ce cas, l'éditeur jouira des mêmes privilèges que l'auteur comme publicateur, comme divulgateur d'une œuvre qui sans lui n'aurait jamais vu le jour. Pour ce cas, la durée du droit se mesurera, non sur la tête de l'auteur, qui n'existe plus, mais sur celle de l'éditeur, qui a fait cadeau de son œuvre au public.

Tel a été l'objet du décret du 1er germinal an XIII. Mais est-ce que quelque chose de semblable se présente dans la *Biographie universelle*, où tous les auteurs ont signé leurs œuvres ?

Je dirai quelques mots sur le dépôt à la direction de la librairie. Mon adversaire a eu le bon goût de n'en rien dire aujourd'hui ; mais, comme il en a beaucoup parlé à la dernière audience, il faut bien que je lui rappelle que le

dépôt est une mesure de police imposée, non pas à l'auteur,
mais à l'imprimeur, sous certaines infractions légales qui
sont déférées à la police correctionnelle. Quel argument
M. Michaud peut-il tirer de ce qu'il aurait successivement
déposé à la direction de la librairie les divers volumes de la
Biographie universelle ? En conclura-t-il qu'il est l'auteur de
la *Biographie ?* Ce serait une plaisanterie. Il ne pouvait pas
s'en faire l'auteur avec les signatures qui se trouvaient dans
les volumes mêmes qu'il déposait. Mais mes clients ont eu la
patience de rechercher dans le *Journal officiel de l'Imprimerie
et de la Librairie* l'annonce des 52 volumes déposés par
M. Michaud. Eh bien, est-ce que M. Michaud a eu alors la
pensée de se présenter comme auteur ? Il l'aurait fait inutilement, il n'aurait pas pu enlever leur droit aux auteurs
véritables ; mais, il faut lui rendre cette justice, il n'a rien
imaginé alors de semblable. Il a déposé comme imprimeur.
Les dépôts sont mentionnés dans le *Journal de l'Imprimerie
et de la Librairie*, qui est une espèce de moniteur officiel, et
voici les mentions que j'y trouve :

N° 20, 16 avril 1811, page 161 :

1168. DICTIONNAIRE UNIVERSEL DE BIOGRAPHIE *ancienne et moderne*, ou Histoire, par ordre alphabétique, de la vie publique et
privée de tous les hommes qui se sont fait remarquer par leurs
écrits, leurs actions, leurs talents, leurs vertus et leurs crimes.
Ouvrage entièrement neuf, rédigé par un grand nombre de savants
et de gens de lettres, *dont la signature est au bas de chaque article.*
1ʳᵉ livraison. Chez Michaud frères, imprimeurs-libraires, rue des
Bons-Enfants, n° 34.

Plus tard, sur la plainte de M. Prudhomme, ce titre fut
changé et remplacé par celui :

867. *Biographie universelle, ancienne et moderne*, ou Histoire
par ordre alphabétique, etc., etc.; ouvrage entièrement neuf, rédigé
par une société de gens de lettres et de savants. Imprimerie de
de L. G. Michaud, à Paris. Chez Michaud frères, rue des Bons-
Enfants, 34.

Voilà un fait acquis : vous vous présentiez comme imprimeurs, et vous annonciez la publication d'une œuvre qui se vendait chez vous, mais qui était composée par des gens de lettres dont les noms figuraient au bas des articles.

Autre chose. Mon adversaire a dit : — MM. Didot ont bonne grâce vraiment à venir contester à M. Michaud la qualité d'auteur qu'ils lui ont eux-mêmes reconnue. MM. Didot publient chaque année l'*Annuaire du commerce*, et là M. Michaud a trouvé sa place, il figure comme auteur et éditeur de la *Biographie universelle!*

Vous comprenez, Messieurs, que cet *Annuaire* est plein de petits détails dont MM. Didot ne s'occupent pas par eux-mêmes ; mais vous allez voir à quels expédients en est réduite la cause que je combats. Comme cet *Annuaire* se reproduit chaque année, si l'on se bornait à en copier l'original, il finirait par ne plus offrir un grand intérêt. Il faut y tenir compte des naissances, des décès, des changements de domicile, etc., etc. Et alors qu'est-ce qu'on fait chaque année, alors qu'on prépare le nouveau travail ? On envoie un avis à tous ceux qui figurent dans l'ancien, et on les prie de faire des rectifications, s'il y a lieu. Jusqu'en 1848, M. Michaud n'avait figuré dans l'*Annuaire* que comme *libraire-éditeur* de la *Biographie universelle*. En 1848, un changement survient dans cette indication : M. Michaud est fait *auteur* de la *Biographie universelle*. Qui l'a opéré ce changement ? Est-ce que ce serait par hasard MM. Didot qui auraient eu l'idée de transformer M. Michaud d'*éditeur* en *auteur ?* Non, Messieurs, non : à chacun ses œuvres. C'est M. Michaud lui-même qui a pris la peine de se transformer, de se métamorphoser, et d'envoyer sa transformation à MM. Didot, qui l'ont acceptée très-certainement sans la lire. S'il faut absolument, pour le besoin du procès, faire M. Michaud auteur, nous reconnaissons volontiers qu'il est l'auteur de la mention qui le concerne dans l'*Annuaire*.

Ces sortes de mentions, je dois le dire en passant, ne sont pas toujours sans désagrément pour MM. Didot. On leur faisait dernièrement un procès devant le tribunal de commerce. Est-ce qu'il n'y avait pas un industriel qui avait, lui aussi, trouvé le moyen d'introduire sa mention plus ou moins honorable dans l'*Annuaire*, et qui prétendait les rendre responsables d'une erreur typographique? Il était arrivé — l'imprimerie nous joue souvent ces tours — que la mention détaillée de l'honorable industriel avait été transportée justement à un rival. Comment! s'est-il écrié, j'en serai pour mes frais de rédaction, mes courses, mes sollicitations, et on appliquera à un autre, à un rival, qui pis est, ce qui m'appartient! Là-dessus il fait un procès. MM. Didot offrirent de faire un *carton*, mais l'industriel voulait des dommages-intérêts. Il fut condamné.

Venir dire ici, pour le besoin du procès actuel, que M. Michaud est bien dûment l'auteur de la *Biographie universelle*, puisque MM. Didot lui auraient donné ce titre depuis 1848, en vérité, c'est tomber dans l'absurdité.

Mais il y a quelque chose de bien plus curieux dans cet *Annuaire* de 1848, et qui va vous prouver que c'est bien M. Michaud qui a fait la mention dont il s'agit. Par une de ces erreurs d'imprimerie qui désespèrent quelquefois, on avait laissé subsister l'ancienne mention qui ne faisait de M. Michaud qu'un imprimeur-éditeur, à côté de la nouvelle qui le transformait en auteur de la *Biographie universelle*. De sorte que M. Michaud a eu la satisfaction de figurer, à double titre, dans la même page, côte à côte avec lui-même. Et puis il se fait de cela un argument!...

Mais, si tout ceci n'est que plaisant ou puéril, il y a quelque chose de très-sérieux, c'est la doctrine et la jurisprudence. Est-ce qu'il y aurait encore une question nouvelle et inexpliquée? Ce serait un phénomène. Sur toutes les questions il y a eu jugements et arrêts, et la jurisprudence s'est établie ainsi tous les jours. Est-ce que la question qui nous occupe n'aurait pas été touchée quelque part?

Voyons !

On a reproduit devant vous un passage d'un réquisitoire de Merlin, établissant quoi ? Que certains recueils, certaines compilations peuvent être protégés par un droit d'auteur, alors même qu'ils ne présenteraient rien de nouveau dans l'agencement des parties et dans le cadre qui renferme le tout. En effet, il a été jugé qu'il ne fallait pas traiter avec ce dédain, même les compilations ; qu'elles avaient droit à la protection de la loi lorsqu'elles présentaient le « discernement du goût, le choix de la science, le travail de l'esprit. » (Cour de cassation, 2 décembre 1814.)

Est-ce là ce qu'on veut réclamer dans le procès ? Nous sommes parfaitement d'accord. Est-ce que je viens prétendre que la *Biographie universelle*, puisqu'il s'agit d'elle, n'est pas protégée par la loi de 1793 et par le décret de 1810 ? Si je prétendais cela, je commettrais une erreur manifeste. Non, la *Biographie universelle* n'est pas une de ces œuvres si méprisables, qu'elle n'ait pas droit à la protection de la loi.

Ainsi, voulez-vous parler de l'unité de la *Biographie*, de l'agencement de ses parties, de ses renvois d'un article à l'autre ; voulez-vous signaler, en un mot, l'œuvre comme collective ? Vous aurez parfaitement raison ; et, tant que M. Michaud vivra, il ne sera donné à personne, sous peine de contrefaçon, de la réimprimer entièrement ou partiellement. Pourquoi cela ? Parce que l'ensemble appartient à M. Michaud. Est-ce que c'est de cela qu'il s'agit dans le cas particulier ? Non, mille fois non ! Il s'agit des articles eux-mêmes, de ces articles qui ne sont arrivés dans la *Biographie universelle* qu'avec le nom de l'auteur, qu'avec leur certificat d'origine, sous la protection de la loi de 1793 et du décret de 1810. Quant à ces articles particuliers dont MM. Michaud n'étaient que les cessionnaires, dont les auteurs étaient connus, ces articles-là sont tombés dans le domaine public avec les autres ouvrages de ces auteurs.

Réclamez-vous la protection de la loi qui protége les compilateurs ? Vous avez mille fois raison. Réclamez-vous le bénéfice des articles qui protégent l'œuvre spéciale de tel ou tel auteur ? Vous en avez le droit, du chef de vos cédants ;

la loi l'a dit, c'est sur la tête du cédant que repose le droit de propriété.

Quant à la question en elle-même, a-t-elle été envisagée par la jurisprudence ! Mon adversaire vous a lu un premier article d'Etienne Blanc. C'est la question même, la question nettement posée ; cela a dû faire impression sur vos esprits. Il y a ensuite le répertoire de jurisprudence du *Journal du Palais* qui en a dit quelque chose ; permettez-moi de vous en citer un passage :

N° 126. Lorsqu'il s'agit d'articles signés, fournis à des revues, encyclopédies, dictionnaires, répertoires, la durée de ce privilège, qui consiste pour l'auteur à pouvoir reproduire ces articles en un corps d'ouvrage, est soumise à son égard et à l'égard de ses héritiers aux règles ordinaires.

N° 138. La durée du privilège, relativement aux revues, dictionnaires, etc., *considérés dans leur ensemble*, dépend de la durée de l'existence du propriétaire de ces revues.

..... « Quant à ce qui concerne les articles qui se présentent avec le nom et la signature de l'auteur, ils vivent avec lui indépendamment de l'existence du directeur de l'*Encyclopédie*..... »

On n'avait pas encore soulevé la question qui se présente aujourd'hui ; cependant les auteurs l'avaient aperçue dans leurs investigations, M. Renouard surtout.... Assurément si nous nous étions trompés, il faudrait avouer que nous nous serions trompés en bonne compagnie. Voici comment s'exprime M. Renouard :

« Cette doctrine, qui veut que le privilège d'une entreprise ainsi
« organisée pour coordonner en un même plan et conduire vers un
« même but les travaux de collaborateurs différents, réside en la
« personne du propriétaire, auteur de l'entreprise, a pour con-
« séquence de régler la durée du privilège sur la vie de ce proprié-
« taire et sur le temps pour lequel ses héritiers et successeurs
« seront appelés à en jouir après lui, comme les héritiers et succes-
« seurs de tout autre auteur. Cette conséquence me semble raison-
« nable. Dans une entreprise de ce genre, la qualité de principal et
« véritable auteur appartient à l'organisateur de la pensée fonda-
« mentale, qui sert de lien à toutes les parties de l'ouvrage.

« Quant à ces diverses parties considérées séparément, elles
« seront dévolues au domaine public à mesure que les droits d'au-
« teur et de ses ayants cause viendront à expirer. Ainsi, bien que
« la durée de la *Biographie universelle*, par exemple, doive se
« régler sur l'existence de M. Michaud et de ses ayants cause, les
« divers articles signés par tel ou tel auteur *tomberont successive-*
« *ment dans le domaine public,* lorsque les droits privés de cet
« auteur et de ses ayants cause auront pris fin ; en sorte que l'ou-
« vrage, *considéré dans son ensemble,* pourra continuer à être pri-
« vilégié à une époque où déjà plusieurs de ses parties ne le seront
« plus. » (T. II, p. 222.)

« Quant aux articles, ils suivent le sort commun : les uns restent
« la propriété de l'éditeur, conformément aux droits inhérents
« encore à leurs auteurs ; les autres sont dévolus au domaine
« public à mesure que leur auteur ou ses ayants cause viendront à
« expirer. » (P. 222.)

Il est impossible de faire plus judicieusement — et c'est
un péché d'habitude chez M. Renouard — la distinction entre
cet être collectif sur la tête duquel repose le privilège, et tous
les articles isolés, séparés, faisant partie de l'ensemble, mais
s'y venant introduire avec le passe-port, l'acte de baptême
signé de l'auteur, et devant jouir à ce titre de la vie et des
privilèges de leur père.

La jurisprudence étant contraire aux prétentions de
M. Michaud, les usages de la librairie lui seraient-ils plus
favorables ? Encore quelques mots sur cette question.

Ainsi que je le disais en commençant, MM. Didot ont fait
les publications les plus importantes. Ils ont publié surtout
un grand nombre de ces ouvrages d'ensemble où chaque
article se présente avec la signature de l'auteur. Eh bien,
jamais MM. Didot, après la mort de l'auteur, n'ont trouvé
mauvais que chacun vînt prendre ce qui était à sa convenance dans ces dépouilles du mort. C'est la loi, le droit légal ;
ils s'y sont soumis sans murmure. Ils ne sont pas les seuls.
M. Renouard a publié, comme on le sait, une fort belle
édition de Voltaire, et, pour donner plus de prix à son livre,
il l'a enrichie des dessins de M. Moreau. M. Moreau meurt, et,

après sa mort, M. Furne ne se fait pas le moindre scrupule
de prendre les gravures de M. Moreau, commandées, indi-
quées, souvent inspirées, et payées par M. Renouard ; et il
n'est jamais venu à l'idée de M. Renouard, je ne dis pas de
faire un procès, mais la plus petite observation à M. Furne.
Remarquez cependant qu'il y avait ici quelque chose de tout
spécial. M. Renouard, avec la finesse de goût qui le distingue,
avait été en collaboration de tous les jours avec M. Moreau,
non pas qu'il eût manié le crayon, mais il avait mis sa rare
intelligence en contact avec celle du graveur qui avait reproduit la pensée commune. Enfin ces gravures, pour lesquelles
M. Renouard avait une tendresse particulière, lui sont prises
sous ses yeux, sans qu'il élève la moindre réclamation.

Pour revenir à la maison Didot, M. Pierre Didot publie
une magnifique édition de Racine. Afin de la rendre digne
en tout point du public d'élite auquel il la destine, il appelle
à son aide le concours des artistes les plus illustres , Girodet,
Gérard, Prud'hon et d'autres dont les noms m'échappent. Il
les prie de décorer son édition de dessins dont ils seront les
auteurs et qu'ils signeront. Cela se fait ; ces dessinateurs
meurent, et puis chacun est venu prendre dans le *Racine* de
M. Pierre Didot ce qui lui convenait, sans que M. Didot se soit
plaint le moins du monde.

Voilà comment les choses se passent dans le commerce de
la librairie. J'en appelle aux libraires qui assistent à cette
audience ; j'en appelle surtout à leur vénérable doyen,
M. Bossange père, qui a apporté ici ses 88 ans, qui apprenant qu'on faisait un procès à son collègue, a presque trouvé
la vigueur de la jeunesse pour venir lui donner un témoignage de vieille affection, mais surtout pour protester contre
l'étrange doctrine qu'on voudrait faire prévaloir, et qui
bouleverserait toutes les conditions de la librairie et de
l'imprimerie.

On nous a présenté M. Michaud d'abord comme auteur
unique de la *Biographie universelle,* puis comme coauteur,

et, enfin, dans un système subsidiaire, on nous a dit : En admettant que vous puissiez prendre dans la *Biographie universelle* les articles dont les auteurs sont morts, ce serait à la condition de ne pas en faire usage, de ne pas les introduire dans une œuvre de même nature, dans une autre Biographie, c'est-à-dire dans un ouvrage destiné à faire concurrence à celui auquel vous l'empruntez.

J'entends très-bien ce système ; il tend à invoquer pour l'éditeur une sorte d'autorité morale. Mais j'ai commencé par établir que les auteurs qui ont livré leurs articles à une Biographie ne cessent pas d'en être les auteurs, ni même les propriétaires ; que conséquemment ils ont le droit de les réimprimer, à moins que, par des écrits, ils se soient expressément interdit ce droit.

On ajoute que les auteurs ne doivent pas favoriser, par de semblables cessions, le succès d'ouvrages collectifs et rivaux de celui qu'ils ont doté. C'est là une argumentation qui appartient plus à la moralité qu'au droit. Cela viendrait à dire que l'auteur ayant cédé une première fois le droit d'une première édition s'est interdit virtuellement le droit de faire une seconde cession à un ouvrage rival, par la même raison qu'un commerçant qui a vendu son établissement ne peut pas en créer un autre en concurrence.

J'entends cela ; mais, dans ce cas particulier, vous auriez le droit de me contester l'insertion dans ma *Biographie* d'articles tombés dans le domaine public, uniquement parce que ce sont deux ouvrages destinés à se faire concurrence ? Si je tenais mon droit de l'éditeur, à la bonne heure ; mais ce n'est pas de l'éditeur que je le tiens, c'est de la loi, je reprends ma chose où je la trouve, et ce n'est même pas ma chose, c'est celle de tout le monde, *res omnium, res nullius.* Le domaine public est l'air où nous respirons, c'est une espèce de fontaine où chacun va puiser. Me direz-vous, s'il vous plaît, que le domaine public n'est saisi qu'à la condition de faire tel ou tel usage déterminé des articles, des écrits qui sont tombés dans ce domaine public ? Ce serait introduire une discussion qui ne souffrirait pas même l'examen.

J'ai dit, Messieurs, sur cette question tout ce que j'avais à dire ; il me reste à ajouter quelques mots sur ce qu'on a a appelé les plagiats.

Je commence par faire remarquer que, relativement à ces prétendus plagiats, il y a le tiers des articles qui sont tombés dans le domaine public ; conséquemment ils sont protégés par la doctrine que j'avais l'honneur de vous rappeler tout à l'heure.

MM. Didot ont voulu savoir à quoi s'en tenir sur cette accusation de plagiats qu'on leur fait pour huit articles non tombés dans le domaine public. Ils ont poussé la constance jusqu'à rapprocher ces articles incriminés. Vous allez voir si jamais reproche fut plus mal fondé. Qu'il y ait entre ces articles des rapports fréquents, nous n'avons pas à compter les lignes, à prendre les dates de naissance et de décès pour en convenir. Pour toutes les Biographies, il y a un terrain commun sur lequel on peut, sur lequel on doit se rencontrer. Mais il y a aussi un terrain qui doit être respecté. Le terrain commun, c'est celui des noms, des dates et des faits généraux, qui appartiennent au domaine public ; le terrain réservé, c'est celui des jugements, parce que c'est là que se révèle la personnalité des écrivains. Eh bien, en ce qui concerne les jugements, la seule partie du terrain accessible aux plagiats, MM. Didot sont parfaitement irréprochables, car non-seulement ils n'ont pas emprunté les jugements de la *Biographie universelle*, mais ceci nous a amené à des découvertes véritablement curieuses. Il en est une surtout que je vous demanderai la permission de mettre sous vos yeux ; vous verrez que ce malin Voltaire n'avait pas tort lorsqu'il accusait les plagiaires, les auteurs de Dictionnaires ou de Biographies, de copier les compilateurs du seizième siècle, et de nous rendre en in-quarto ce que nous avions déjà en in-folio.

Parmi les hommes dont les biographes nous révèlent la célébrité, il en est un que je ne connaissais pas — il est vrai que j'ignore tant de choses ! — et qui s'appelle Abelli. Il figure à la tête de toutes les *Biographies*. Il est très-vrai, il faut bien confesser ses fautes, que nous avions répété, d'après la *Biographie* Michaud et toutes les biographies, que M. Abelli était né à telle époque, et qu'il était mort à telle autre époque. A cela se sont bornés nos larcins. Un jugement a été porté sur cet Abelli dans la *Biographie universelle*, et nous nous sommes bien gardé de nous l'approprier. Ce jugement est conçu en ces termes : — « Abelli... a laissé divers ouvrages de théologie... Le style d'Abelli est dur en latin, lâche et plat en français, c'était d'ailleurs un homme rempli de toutes les vertus de son état. » — Il était, à ce qu'il paraît, ecclésiastique ; mais je doute qu'il se soit contenté de cette apologie, si elle est arrivée jusqu'à lui. — Ceci est signé Beuchot, dans la *Biographie universelle.* Je ne sais pas si l'auteur de l'article Abelli, dans la *Biographie* Didot, a lu celui de la *Biographie* Michaud ; ce qu'il y a de certain, c'est qu'il ne s'est pas permis d'apprécier son héros de la même manière. Le hasard m'a conduit à mettre la main sur l'article Abelli, par Chaudon. Il y a une remarquable identité dans l'orthographe du nom et dans l'indication des dates de naissance et de décès... Je me l'explique... Mais ce qui m'a frappé, c'est que le jugement porté sur ce malheureux Abelli est absolument le même, non pas sur la forme, mais sur le fond : — « Le style d'Abelli est dur en latin, lâche et plat en français, c'était d'ailleurs un homme rempli de toutes les vertus sacerdotales et pastorales. »

Voilà ce que nous trouvons dans la *Biographie* de Chaudon et Delandine : « Style dur en latin, plat en français. C'était d'ailleurs un homme rempli de toutes les vertus... de son état ? Oh ! non : sacerdotales et pastorales. »

Tel est l'unique changement, et ce changement ne porte pas sur la chose grave, le jugement. Il me semble cependant qu'avant de répéter un jugement comme celui-là : « Style dur en latin, lâche et plat en français, » il faudrait au moins lire par soi-même, et il est certain que la *Biographie Michaud* n'a pas lu. Et vous vous plaignez de plagiat ! Ceci est plaisant. Convenez qu'on a bien mauvaise grâce, à l'époque où nous vivons, de se prévaloir avec tant de fierté du nom d'auteur ; de se dire le créateur, l'inventeur d'une *Biographie universelle*, qui, en définitive, n'est que l'écho de tous les travaux antérieurs, l'héritage des siècles précédents ; qu'on a bien mauvaise grâce d'accuser les autres de plagiat, de les poursuivre en contrefaçon, alors qu'on a été plagiaire soi-même de la pire espèce, en répétant mot pour mot, lettre pour lettre, des jugements dont le moindre défaut peut n'être pas l'irréflexion. Je ne m'arrêterai pas davantage sur cette question de plagiat.

Dirai-je maintenant un mot du reproche de concurrence déloyale, reproche que vous nous faites avec cette légèreté qui semble présider à tous vos actes ? Nous avons usé d'un droit dont on a usé vis-à-vis de nous ; et si, en usant de ce droit, nous nous sommes rendus coupables d'usurpation, la Cour prononcera. Mais je ne comprends pas des reproches de cette nature. Après tout, nous avons fait ce qu'ont fait MM. Michaud, ce qu'avaient fait leurs devanciers ; c'est à ces conditions qu'à mesure que le temps marche, le progrès s'opère. J'entends vos doléances, comme vous avez entendu celles de MM. Chaudon et Prudhomme en 1811, comme nous entendrons peut-être celles de MM. Didot ; toutefois, celles de MM. Didot ne retentiront jamais devant la police correctionnelle. Quand ils verront les pierres de leur édifice tomber successivement, ils pourront en souffrir, mais ils ne pourront pas se plaindre de la concurrence qui leur sera faite loyalement, comme ils l'ont faite loyalement à leurs devanciers.

Ceci dit, je ne puis que m'en rapporter à la lecture que fera la Cour du jugement dont est appel, et dont j'attends avec confiance la confirmation.

Le 25 février, au début de l'audience, M. l'avocat-général de Gaujal prit la parole et conclut à l'infirmation du jugement.

M⁰ Marie, avocat de M. Michaud, déclara qu'il n'avait rien à ajouter aux conclusions du ministère public.

M. Didot demanda la parole et présenta quelques observations personnelles.

Le 4 mars, la Cour rendit un arrêt par lequel elle confirmait le jugement.

Cette affaire subit ensuite des phases diverses. Sur le pourvoi de M. Michaud et de Mme Thoisnier-Desplaces, l'arrêt de la Cour de Paris ayant été partiellement cassé, les parties furent renvoyées devant la Cour d'Amiens, par arrêt du 16 juillet 1853.

Mais le 1er décembre, après avoir entendu M⁰ Bethmont pour M. Michaud et Mme Thoisnier-Desplaces, et M⁰ Creton pour MM. Firmin Didot frères, la Cour d'Amiens confirma le jugement rendu le 12 août 1852 par le tribunal correctionnel.

Nouveau pourvoi en cassation de M. Michaud et de Mme Thoisnier-Desplaces; nouvel arrêt, à la date du 4 mai 1854, qui casse l'arrêt de la Cour d'Amiens et renvoie les parties devant la Cour d'Orléans.

Après avoir entendu M⁰ Bethmont pour les appelants et M⁰ Genteur pour MM. Firmin Didot, la Cour d'Orléans, par arrêt du 19 août 1854, décida que le titre de *Biographie universelle, ancienne et moderne*, sous lequel avait été publié le dictionnaire historique des frères Michaud, constituait pour eux ou leurs cessionnaires un droit de propriété, et ne pouvait, dès lors, à peine de contrefaçon, être donné à un autre ouvrage de ce genre, même en y ajoutant quelques énonciations accessoires et différentes. La Cour d'Orléans ajoutait que celui qui a conçu le projet d'un tel ouvrage doit être réputé auteur de l'ensemble de l'œuvre, et non simple éditeur; qu'en conséquence, on ne pouvait emprunter à un ouvrage de cette nature aucun article, même rédigé et signé par un auteur décédé depuis plus de vingt ans.

(Voir la *Gazette des Tribunaux* des 13 août 1852, 28 février, 1er et 5 mars 1853, et Sirey, 1855, II, p. 50.)

Janvier et Juin 1853.

COUR IMPÉRIALE DE PARIS

PLAIDOYER

POUR

MONSIEUR CABROL

DIRECTEUR DES FORGES DE DECAZEVILLE

PRÉVENU DE DIFFAMATION

PRÉSIDENCE DE M. D'ESPARBÈS DE LUSSAN.

Affaire CABROL

Ce débat qui s'élevait, au commencement de l'empire, entre deux sociétés minières de l'Aveyron voisines et rivales, eut un grand retentissement. Des noms, qui devaient marquer tout à la fois dans les spéculations de l'époque et dans la politique, y étaient mêlés. Ils s'agissait de savoir dans quelle mesure ces associations naissantes qui s'annoncent avec audace et fracas pour provoquer la confiance et appeler les capitaux, tombent sous la surveillance de la presse et l'autorisent à divulguer les erreurs, les mensonges de leurs publications, les tromperies de leurs promesses.

Depuis longtemps les forges de Decazeville tenaient un rang élevé dans l'industrie métallurgique de l'Aveyron, quand un établissement du même genre, les forges d'Aubin, se constituèrent à une faible distance. Celles-ci avaient eu des commencements peu prospères. En 1851, elles étaient vendues au prix de 500,000 francs seulement. Une année après, revendues 1,700,000 francs à M. le comte de Pourtalès-Gorgier, elles avaient aussitôt fait l'objet d'une société anonyme formée, tant à Paris qu'à Londres, au capital de quatre millions. Le conseil d'administration de cette société, composé de MM. de Pourtalès, de Seraincourt, James Ashwel de Londres, Cail, Margueritte, Georges Wythes, Ybry et Georges Masterman, avait pour président M. le comte de Morny. Avant que la société eût été autorisée par le gouvernement, des annonces étaient lancées en France et à l'étranger. Un prospectus, publié à Londres par le *Times*, la présentait sous les plus brillantes couleurs : nulle mine en Angleterre n'offrait la richesse de ses gisements et le taux de ses bénéfices.

L'éclat de ces annonces parut suspect à M. Cabrol, directeur des mines et forges de Decazeville. Selon lui, le prospectus publié en Angleterre était inexact, rempli d'exagérations et pouvait tromper le public. Il crut devoir en prévenir M. de Morny, son ancien collègue à la Chambre des députés. Il lui écrivait donc à la date du 16 juillet 1852 :

« Monsieur et ancien collègue,

« Je lis dans le *Times* du 13 courant une réclame ainsi intitulée : « *Aubin coal and iron company* (Compagnie des houillières et Forges « d'Aubin, Aveyron).

« Il y a par le temps qui court des réclames bien hasardées, « mais de ma. vie je n'ai vu, en fait d'audace et de cynisme dans « l'industrie des annonces, rien de comparable à celle que je viens « signaler à votre attention.

« Votre nom se trouve à la tête de ce factum, et je me hâte de « vous dire que je suis convaincu qu'on l'y a mis à votre insu, ou, « dans le cas contraire, si vous avez consenti à patronner publique- « ment une pareille tentative dirigée contre la bourse de nos voi- « sins, c'est qu'on vous a trompé *grossièrement* sur les moyens et « le but : je dis grossièrement, parce que les erreurs (je ne veux « pas dire mensonges) sont *grosses* comme des montagnes. Quand « vous connaîtrez la vérité, vous serez indigné du rôle qu'on vous « fait jouer. »

Dans le reste de la lettre, M. Cabrol s'attachait à réfuter les principales assertions du prospectus. Bientôt M. de Morny lui répondait qu'il n'avait aucune connaissance de l'annonce dont il voulait bien l'entretenir et le remerciait de la lui avoir signalée.

M. Cabrol crut devoir publier dans un journal de Paris, le *Moniteur Industriel*, la pompeuse annonce du journal anglais, en l'accompagnant de la lettre adressée par lui au Président du conseil d'administration de la nouvelle société, et de la lettre qu'il en avait reçue. De son côté, le gérant du journal de Paris, M. Darnis, avait ajouté une note à cette publication.

Les administrateurs de la Société des forges d'Aubin virent dans ces faits l'intention de nuire à leur entreprise et une diffamation portant atteinte à son crédit. En conséquence, déclarant agir au nom de cette société, ils portèrent plainte contre M. Cabrol, directeur des forges de Decazeville et contre M. Darnis, gérant du *Moniteur Industriel.*

L'affaire fut renvoyée à la 6e chambre du tribunal de la Seine jugeant correctionnellement.

A l'audience du 4 avril 1852, Me Bethmont, avocat des administrateurs, soutint la plainte et conclut au paiement des frais à titre de dommages-intérêts.

« Pour réprimer la diffamation, disait-il en terminant, nous réclamons la condamnation des diffamateurs ; nous ne demandons pas de dommages-intérêts, ce serait donner trop beau jeu à notre adversaire. Dans ce pays-là, nous sommes un sujet d'étonnement pour ces Messieurs qui sont venus se faire juger en France. Ils confessent qu'en Angleterre, un tel coup serait si sévèrement puni, qu'on ne s'aviserait pas d'en courir les risques. Mais en France, il y a une jurisprudence que je respecte tout en la combattant, c'est qu'on a mis l'honneur à si haut prix, qu'on s'est décidé à ne le point payer du tout ; quand on a bien diffamé un homme, il doit venir dire à la justice : je suis diffamé, mes sentiments sont blessés, mes intérêts sont lésés, je ne sais quelle vengeance je puis tirer de celui qui m'injurie ; les vengeances de fait sont odieuses et punies par la loi ; les vengeances devant la loi sont pécuniairement stériles, qu'au moins elles soient solennelles ; pliés à cette jurisprudence, nous ne demandons que la condamnation et la publicité. »

Avant d'aborder le fond de la cause, Me Paillet, chargé de la défense de MM. Cabrol et Darnis, opposa à la demande une fin de non-recevoir. La société anonyme des forges d'Aubin n'avait pas encore été autorisée par le gouvernement. A vrai dire, elle n'avait pas d'existence légale. A quel titre venait-elle donc formuler devant la justice une demande qui supposait précisément la capacité qui lui faisait défaut ?

C'était une grave question. Elle se posait, en matière correctionnelle, pour la première fois. Bien que l'autorisation gouvernementale ne soit plus imposée aujourd'hui aux sociétés anonymes, au détriment peut-être des capitaux qui leur font confiance, nous reproduirons d'abord cet incident, à raison de la brillante discussion dont il fut l'objet devant la cour.

Le tribunal, à la date du 4 août 1852, avait rejeté la fin de non-recevoir dans un jugement ainsi conçu :

« Attendu qu'il ne s'agit pas, dans la cause, d'un intérêt commercial qui exigerait nécessairement, pour la régularité et la recevabilité de l'action d'une société devant les tribunaux consulaires, la réunion de toutes les conditions indispensables à son existence légale ;

« Qu'il s'agit d'imputations diffamatoires, dirigées contre une société anonyme non autorisée, il est vrai, mais ayant, en fait, une vie réelle en raison de l'acte notarié qui la constitue, et de la présence d'administrateurs sérieux ;

« Que des imputations diffamatoires dirigées contre cette société, seraient de nature à lui nuire, alors surtout qu'elle est en instance pour obtenir l'autorisation du gouvernement ;

« Qu'il est évident que, dans ces circonstances, les administrateurs qui représentent ladite société et la personnifient ont droit et intérêt à se pourvoir devant la juridiction correctionnelle pour repousser et détruire les imputations diffamatoires dont ils se prétendent l'objet ;

      « Par ces motifs ;

« Rejette la fin de non-recevoir proposée par Cabrol, ordonne en conséquence qu'il sera passé outre aux débats sur le fond; à cet effet, continue la cause à huitaine et condamne Cabrol aux dépens de l'incident. »

Appel fut interjeté.

Le 6 janvier 1853, l'affaire venait à la cour, chambre des appels correctionnels, sous la présidence de M. d'Esparbès de Lussan. M. le conseiller Gouin présenta le rapport.

La parole fut donnée à Mᵉ Paillet qui soutint en ces termes la fin de non-recevoir :

Messieurs,

Voici dans leur plus grande simplicité les faits qui ont amené ces débats et à la suite desquels M. Cabrol se trouve mêlé dans une affaire qui d'ailleurs lui est complètement étrangère.

En 1845, M. de Seraincourt, l'un des plaignants, s'est transporté dans l'Aveyron et y a fait l'acquisition conditionnelle de certaines usines de l'ordre le plus secondaire qui ont été réunies depuis sous le titre d'usines d'Aubin. Cette acquisition fut faite moyennant la somme totale de 600,000 francs ; conditionnellement, ai-je dit, c'est-à-dire pour le cas où M. de Seraincourt annoncerait, dans un certain délai, qu'il avait l'intention de réaliser définitivement le marché.

Porteur de cette vente ou de cette promesse de vente, M. de Seraincourt vint à Paris et projeta l'établissement d'une société. Elle eut lieu sous le titre de Société des mines d'Aubin ; elle fut créée par acte du 9 mai 1846, au capital de six millions. Dans ce capital, 1,400,000 francs furent attribués à M. de Seraincourt pour son apport social !... Enfin, cela convenait à la Société ; personne n'avait à s'en plaindre que les actionnaires.

La Société s'était mise à l'œuvre et son capital de six millions avait été réalisé ; mais en 1851, il se trouvait complètement épuisé. La Société ne pouvait pas continuer, elle fut mise en dissolution et en liquidation. On s'est occupé alors de vendre aux enchères publiques et les mines et le matériel acquis avec une partie des 6 millions qui formaient le capital social. Une tentative d'adjudication a été faite le 9 juillet 1851, sans succès. On l'a renouvelée le 13 août de la même année sur la mise à prix de 700,000 francs, le résultat a été absolument le même. — Enfin, le 29 novembre, l'adjudication a eu lieu sur la mise à prix réduite, moyennant 500,050 francs au profit de quelques-uns des sociétaires qui s'étaient réunis et notamment de M. de Seraincourt.

Les choses en étaient là, M. Cabrol n'avait pas eu le moins du monde à s'occuper de tout ceci, lorsque dans l'un des journaux les plus répandus de Londres, le *Times*, parut le 13 juillet 1852 un prospectus qui, bien qu'en langue anglaise et publié en Angleterre, traversa bientôt le détroit et eut en France un grand retentissement. Dans ce prospectus, que je représente, voici les termes qui touchent à la question en ce moment soumise à la Cour : « Compagnie des houillières et forges d'Aubin; Société anonyme à risques limités. » Comme vous le voyez, c'était une société anonyme qu'on annonçait au public, qui venait d'être créée au capital de 4 millions. Dans ce prospectus, je rencontre encore l'énonciation suivante : « La totalité de la propriété susdite a été achetée « par la présente compagnie, moyennant la somme de « 128,000 liv. st. sous forme de société anonyme; la res- « ponsabilité encourue par les porteurs d'actions est limitée « au montant de leurs actions. » — 128,000 liv. st., cela représente 3,200,000 francs; c'est pour cette somme que les fondateurs de la Société portaient la compagnie anonyme. Cet établissement qu'on avait essayé de vendre deux fois inutilement, qui enfin avait été adjugé quelques mois auparavant à quelques-uns des actionnaires moyennant 500,050 francs, le prix de cet établissement s'était tout à coup élevé jusqu'à 3,200,000 francs, mais cela ne nous intéressait pas autrement.

Il y avait dans ce prospectus, pour expliquer le capital social et le prix, il y avait..... je ne sais plus véritablement de quels termes me servir !..... il y avait des énormités telles qu'il était impossible à un homme ayant quelque connaissance de ces sortes de choses de ne pas bondir à la vue de ces exagérations. Or, j'ai l'honneur de représenter devant la Cour M. Cabrol, l'un des hommes — au dire de ses adversaires — les plus recommandables par la probité, l'honneur et la délicatesse extrême, et en même temps l'un des hommes les plus compétents pour apprécier ces espèces d'opérations. Il est depuis longues années à la tête de l'un des établissements les plus considérables de France, l'établissement de Decazeville, situé précisément dans la contrée où ceci se passait. Sur quelles bases, sur quelles espérances, sur quelles promesses cette compagnie anonyme s'établissait-elle ? Quelles étaient les illusions dont on entretenait les actionnaires en appelant leurs capitaux ?

M. Cabrol, d'abord comme homme sachant que tout cela n'est pas, ne peut pas être vrai, se dit : Est-ce que je n'au-

rais pas un devoir à remplir? Et puis, il y va de mon industrie, de l'industrie métallurgique elle-même, car si les prix
de revient sont ceux qui sont annoncés dans le prospectus,
il en résulte que les établissements métallurgiques, qui actuellement sont en fonctions et dans des conditions bien
supérieures à celles qui pourront jamais appartenir à l'établissement d'Aubin, trompent le public de la plus abominable
façon ; il en résulte aussi que les droits protecteurs, jugés
indispensables au développement de l'industrie métallurgique en France, ne sont qu'un mensonge et une rançon
indignement prélevée sur les fers. Vous le voyez, tous les
sentiments de l'honnête homme, de l'homme compétent devaient se révolter dans le cœur de M. Cabrol ; il pensa qu'il
était impossible, honnêtement impossible, de garder le silence. Dans un prospectus comme celui-là se trouvait une
sorte de provocation : la loyauté ne pouvait pas avoir présidé
à un prospectus semblable.

Il y avait en tête du comité de direction de la Compagnie
anonyme, un nom qui n'était pas nouveau pour M. Cabrol.
M. Cabrol a longtemps appartenu aux assemblées législatives
et il s'est trouvé le collègue de M. de Morny. Or M. de Morny
figurait dans le prospectus comme président du Conseil
d'administration de cette nouvelle compagnie anonyme. En
conséquence, M. Cabrol s'adressa à M. de Morny : « Monsieur
« et ancien collègue — écrivait-il — j'ai sous les yeux tel
« prospectus, votre nom y figure en première ligne ; je suis
« convaincu que c'est à votre insu, ou si vous avez eu con-
« naissance d'une pareille publication, il faut que vous ayiez
« été étrangement trompé. » Du reste, la lettre est ce qu'elle
devait être, pleine d'égards pour M. de Morny, mais en même
temps ferme et inflexible sur le fond des choses ; discutant
— je ne veux pas la reproduire, M. le conseiller rapporteur
l'a mise sous vos yeux — discutant de la manière la plus
vive, la plus directe, ce que M. Cabrol considérait comme ses
griefs et les griefs publics dont il était l'organe, au nom de
l'établissement qu'il dirige.

La lettre arriva donc à M. de Morny. Il y fit une réponse

que l'on devait attendre de sa loyauté. Il ne se révolta pas, lui, contre tout ce qu'il y avait de très-vif, de très-amer dans la lettre de M. Cabrol. Il dit simplement : « *Je n'ai pas con-* « *naissance de cela; vous me rendez un service, je vous* « *en sais gré.* » Il répond cela plusieurs jours après avoir reçu la lettre.

C'est alors que le prospectus, la lettre de M. Cabrol et la réponse de M. de Morny à M. Cabrol, furent insérés dans le journal que son titre appelait à une pareille publication, c'est le *Moniteur industriel.* Toutes les pièces furent donc mises sous les yeux du public. Le prospectus affirme telle chose ; la lettre de M. Cabrol dément l'affirmation. J'ai oublié de dire qu'on promettait aux actionnaires, en vertu de toutes ces données, présentées comme sérieuses et certaines dans le prospectus, des dividendes annuels qui varieraient de 25 à 50 pour cent.

C'est à la suite de cette publication qu'est survenu le procès correctionnel, et qu'à sa très-grande surprise, M. Cabrol a été assigné pour diffamation. Dans l'assignation se trouve, à sa plus grande surprise encore, M. de Morny, qui lui avait témoigné sa reconnaissance de l'avoir averti de ce qu'il y avait d'impossible et d'incompréhensible dans le prospectus.

M. Cabrol s'est présenté devant le tribunal de première instance, il a dit à ses adversaires : mais enfin, je voudrais bien savoir contre qui je plaide, sans trop d'indiscrétion ni de curiosité. Ai-je l'honneur de plaider contre MM. de Morny, de Pourtalès, de Seraincourt et autres personnellement? Se prétendent-ils diffamés? Jettent-ils le gant en leur nom personnel ? Je le relève. —Non, a-t-on répondu. Lisez l'assignation ; vous êtes poursuivi au nom de la Société anonyme d'Aubin, et nous vous déclarons, dans la plaidoirie, en tant que de besoin, que comme personnages privés, individuellement, nous entendons rester en dehors du débat. C'est la Compagnie d'Aubin que vous avez attaquée ; c'est-elle qui vous assigne.

Effectivement, nous aurions pu nous contenter des termes

mêmes de l'assignation. Permettez-moi, en cette partie, de la mettre sous vos yeux : « L'an 1852, le .... juillet, à la re-« quête de MM. le comte de Morny, de Pourtalès, de Serain-« court et autres, agissant au nom et comme administrateurs « de la Société formée pour l'exploitation... »

Ainsi c'est bien la Société anonyme qui s'est manifestée, annoncée au public, qui lance l'assignation ; c'est elle qui nous poursuit, c'est à elle que nous avons affaire, et nos adversaires, personnellement interpellés, nous ont répondu que, personnellement, ils n'étaient pas dans le procès, qu'ils n'y figuraient que comme administrateurs, comme tuteurs de la Société anonyme. Alors nous avons dit : nous voulons un contradicteur sérieux, et nous ne pouvons pas considérer comme tel ce que vous appelez votre Société anonyme. Et le débat ainsi fixé, le sens de l'assignation, qui d'ailleurs n'était pas douteux, bien déterminé par les déclarations explicites de nos adversaires, nous avons posé des conclusions tendant à ce que la plainte fût tout simplement déclarée non recevable. La fin de non recevoir a été repoussée par les premiers juges ; nous la reproduisons devant vous par voie d'appel.

La véritable question du procès actuel, je serais tenté de le dire, est moins une question de droit qu'une question de physiologie, car c'est la question de savoir si, pour agir, il ne faut pas exister. C'est là toute la question ; il n'y a pas autre chose que cela ; comme il paraît nécessaire d'en démontrer l'évidence, puisque nous n'avons pas eu le bonheur de nous faire comprendre des premiers juges, permettez-moi, Messieurs, de rappeler les principes et de répondre aux objections de la sentence attaquée :

Les principes sont fort simples.

D'abord, la loi du 26 mai 1819, article 5, porte que si la diffamation est dirigée contre des individus, elle ne pourra être poursuivie que sur la plainte de la partie qui se préten-dra lésée. Dans cette matière, l'initiative doit être prise par l'intérêt privé ; l'intérêt public n'intervient que lorsqu'il est ainsi provoqué. Voilà le principe en matière de diffamation. Conséquemment il ne s'agit pas là d'un délit qui pourrait être poursuivi d'office par le Ministère public : l'action publique a besoin d'être excitée, provoquée par l'intérêt privé qui est lésé, qui a été atteint ; il faut donc un plaignant.

Quel est donc le plaignant qu'on nous donne ? La Société anonyme des mines d'Aubin. C'est alors que je me reporte aux deux dispositions de la loi — il est inutile d'en citer davantage — d'abord à l'article 37 du Code de commerce ainsi conçu : « La Société anonyme ne peut exister qu'avec l'au- « torisation du Roi et son approbation pour l'acte qui « la constitue ; cette approbation doit être donnée dans la « forme prescrite par les règlements d'administration publi- « que. » L'article 45 ajoute : « L'ordonnance du Roi qui « autorise les sociétés anonymes devra être affichée avec « l'acte d'association et pendant le même temps. » Il y a encore un autre article dont il est inutile de citer le texte, qui exige qu'en cette matière les statuts de la Société anonyme soient rédigés par acte authentique.

Voilà à quelles conditions existe une Société anonyme. Il ne suffit pas que des individus se réunissent, se concertent, jettent les bases, arrêtent les statuts de leur association, cela est bon pour les autres sociétés ; cela est insuffisant pour les sociétés anonymes. Il faut qu'elles reçoivent le baptême de l'autorité publique dans sa plus haute expression. Et on sait que le Conseil d'Etat ne déviera jamais de cette excellente tradition empreinte de sollicitude et de juste sévérité, dans l'appréciation des sociétés anonymes, qui effectivement n'offrent au public d'autre garantie que celle qui résulte des capitaux qu'on a promis de verser dans la caisse sociale et dont les personnes d'ailleurs échapperont aux actions des tiers. Ceux qui entrent dans une société anonyme, ou qui traitent avec elle, doivent trouver une sorte de garantie, de tutelle dans l'autorité publique. Voilà pourquoi l'autorité publique est partie présente dans la constitution des sociétés anonymes ; voilà pourquoi la Société anonyme

ne peut exister, dit l'article 37 du Code de commerce, si ce
n'est aux conditions que je viens d'exprimer.

Maintenant y a-t-il société anonyme dans le cas particulier
qui nous occupe? Oui, il y en a une, dans le prospectus anglais, dans l'assignation qui nous a traduits devant le tribunal de police correctionnelle. Mais lorsque nous avons
demandé à cette Société anonyme compte de son existence,
justification de son acte de naissance, on nous a répondu en
son nom qu'elle n'existait pas encore, qu'elle existait à titre
de projet déposé. La Société anonyme aurait-elle vu le jour
depuis le jugement de première instance? On me passe à
l'instant même une note qui m'assure qu'elle n'a pas même
affronté les investigations du Conseil d'Etat.

J'insiste sur la fin de non-recevoir qui est de telle nature
que si nous ne la relevions pas, elle devrait être relevée par
la Cour; car, encore une fois, l'initiative de la partie lésée
est indispensable en matière de diffamation, et la Cour ne
pourrait pas être saisie valablement d'une plainte lorsque
cet intérêt lésé n'est pas représenté. Or, il s'agit d'une société
anonyme qui n'existe pas.

Les premiers juges ont pourtant écarté cette fin de non-
recevoir d'ordre public, et par quels motifs? Il faut maintenant les replacer sous vos yeux. Le premier motif est celui-
ci : « Attendu qu'il ne s'agit pas dans la cause d'un intérêt
« commercial qui exigerait nécessairement pour la régula-
« rité..... »

Ainsi, il est bien entendu que si on nous assignait au nom
de la Société anonyme devant le Tribunal de commerce en
paiement d'une somme de 50 francs, le Tribunal de commerce devrait rejeter la demande, par fin de non-recevoir
comme étant formée au nom d'individus qui n'ont pas
d'existence légale. C'est ce que reconnaît lui-même le Tribunal de première instance lorsqu'il dit qu'il ne s'agit pas
dans la cause d'un intérêt commercial qui exigerait nécessairement pour la régularité, etc.

I   42

Il faut avouer que ce serait une chose bien étrange que lorsque les premiers juges concèdent qu'une action devant le Tribunal de commerce, au nom de la Société anonyme, devrait infailliblement être repoussée par la fin de non-recevoir comme émanant d'une société sans existence légale, ce serait une chose étrange que le Tribunal admit l'action de la Société anonyme devant la juridiction correctionnelle. Il me semble, au contraire, que plus l'action a de gravité, d'importance, plus il est nécessaire, indispensable, qu'elle ne se produise que dans les conditions de capacité que la loi a déterminées. Il est impossible de dire qu'une société anonyme existera pour la police correctionnelle, pour porter plainte en police correctionnelle, pour mettre en mouvement l'action publique en matière de diffamation, tandis que de l'aveu même de la sentence attaquée, la Société anonyme devrait être écartée par fin de non-recevoir, si elle osait faire un simple procès devant la juridiction consulaire. Il est impossible qu'il y ait deux poids et deux mesures, il est impossible que la Société anonyme existe pour une juridiction, pour telle nature d'action et qu'elle n'existe pas pour une autre juridiction et pour telle autre nature d'action. Il y a un caractère d'unité qui s'impose de lui-même ; si la Société anonyme n'existe pas, elle n'existe nulle part, ni pour la juridiction correctionnelle, ni pour la juridiction civile, ni pour les Tribunaux de commerce.

Mais s'il est vrai que la Société anonyme d'Aubin n'a pas été autorisée, elle n'en a pas moins, ajoute le tribunal, une existence réelle, de fait, en raison de l'acte notarié qui la constitue.

Il y a là la plus étrange confusion qui puisse se rencontrer. Que les adversaires aient entre les mains un acte de société qui a la prétention de constituer une société anonyme, cela est possible, je n'ai pas le moindre intérêt à le contester. Mais ce n'est pas là la question. Lorsqu'une Société anonyme veut naître ou éclore, il faut toujours que les conditions de cette Société anonyme soient déposées dans un acte authentique. Ainsi l'exige le code de commerce. Est-ce que la Société existe uniquement parce que les parties l'ont voulu ? Ce n'est que le premier acte qui doit conduire à sa création, si elle doit jamais exister. Il faut qu'elle aille au ministère compétent, qu'elle passe au conseil d'Etat et qu'elle soit revêtue de l'approbation du souverain.

Donc, lorsque les premiers juges disent qu'à la vérité la Société anonyme n'existe pas en droit, mais qu'en fait elle a une existence réelle, parce qu'elle a été stipulée ou réglée par acte notarié, il y a là la plus étrange confusion. Il ne s'agit pas de l'existence de fait, mais de l'existence de droit, car ce n'est pas avec une existence de fait que la Société agira soit au correctionnel, soit au civil, soit devant le Tribunal de Commerce. Il faut qu'elle existe et elle n'existe qu'à la condition qu'elle a été revêtue de toutes les formalités prescrites par la loi et notamment qu'elle a été approuvée dans ses statuts par ordonnance ou par décret. Jusque-là, ce n'est qu'un projet qui pourra aboutir s'il obtient la consécration légale, qui au contraire, dans l'hypothèse opposée, restera à l'état de simple projet et conséquemment n'aura jamais pu produire, comme Société anonyme, le droit d'actionner en justice qui que ce soit.

Mais on ajoute : Si cela est, il y aurait donc impunité pour la diffamation, supposée la diffamation ? Voilà, après tout, des intérêts qui se sont réunis, combinés, associés, autant que cela dépendait d'eux, ces intérêts peuvent être légitimes ; ils ont droit à la protection des tribunaux. Eh bien, vous allez les attaquer, la diffamation les surprend, vous allez leur porter préjudice, peut-être empêcher de naître la Société anonyme qui est projetée. Est-il possible que de telles diffamations, de telles agressions demeurent impunies ? Non, cela n'est pas possible et cependant opposer l'autorisation à ceux qui se présentent, c'est en définitive l'impunité.

J'ai répondu à cela devant les premiers juges : j'en débarrasserai le débat devant vous. Nous ne demandons pas l'impunité, mais nous demandons de quel côté sont les torts. J'examine uniquement, en principe, comme thèse judiciaire, l'objection qui nous est adressée.

L'impunité ! Pourquoi cela? D'abord, il y a un moyen. Pourquoi nos adversaires qui sont les fondateurs de la Société anonyme, ne l'ont-ils pas établie comme société en nom collectif, sauf à la transformer ensuite, à la convertir en Société anonyme, lorsqu'ils auraient obtenu l'autorisation nécessaire? Cela se voit fréquemment, c'est régulier. Alors, on n'agit pas prématurément au nom d'une Société qui n'existe pas et qui n'existera peut-être jamais ; on agit au nom d'une société collective qui existe du jour où il a paru convenable aux parties de la former. Pourquoi nos adversaires n'ont-ils pas procédé ainsi ? Qui les en a empêchés? Pourquoi ne se sont-ils pas placés dans une société collective ? Pourquoi ne nous poursuivent-ils pas au nom d'une société en nom collectif? Ils ne le font pas; tant pis pour eux, mais ils ne peuvent pas tirer de la situation irrégulière où ils se sont placés volontairement, où ils persistent à se maintenir, cette conséquence qu'il soit permis d'ester en justice à une société qui n'existe pas encore. Or ce n'est qu'au nom de la Société anonyme qu'on nous poursuit.

Il y avait un autre moyen que nous avons indiqué à nos adversaires. Nous avons dit: Cette Société anonyme ne naît pas toute seule; vous en êtes les fondateurs, les parrains, les pères, vous ne récusez pas apparemment le prospectus de Londres, qui vous fait figurer comme conseil d'administration. Tous ceux qui figurent dans ce conseil d'administration nous les retrouvons dans l'assignation en police correctionnelle. Pourquoi ne se présentent-ils pas en leurs noms? S'il y a une diffamation, elle ne retombe pas sur cette malheureuse Société qui n'existe pas encore, elle tombe sur ceux qui veulent la fonder, qui nous ont signalé ses bases et ses éléments prétendus de prospérité. Voilà les éditeurs responsables du préjudice, ceux qui auraient à se plaindre de la diffamation. Pourquoi ne nous poursuivent-ils pas en leurs noms personnels? Ils ne nous ont pas poursuivi et ils nous poursuivent au nom de la Société. Nous répondrons à la

Société en leurs personnes, qu'elle n'a pas de droit en justice parce qu'elle n'existe pas aux yeux de la loi.

On nous a dit : que vous importe d'être poursuivi au nom
de la Société anonyme ou d'être poursuivi au nom de
MM. tels ou tels, individuellement ? A cela nous avons répondu
qu'il était toujours bon de connaître ses amis et ses ennemis, ses auxiliaires et ses adversaires. Que lorsqu'on reproche à un homme une diffamation et lorsque l'œuvre à
l'occasion de laquelle cette diffamation se serait produite
est l'œuvre personnelle de celui qui se présente en justice,
celui-là ne doit pas chercher à placer entre lui et son adversaire une existence indéfinissable parce qu'elle est illégale.
Cette Société n'existera probablement jamais : nous avons
intérêt à voir en face nos adversaires véritables et à plaider
contre eux. Nous avons intérêt aussi à ne pas souffrir qu'une
Société anonyme contre laquelle nous avons protesté, non à
cause de son existence anonyme, mais en raison des énonciations qui se trouvent dans le prospectus, que cette société s'arroge une sorte d'existence provisoire, temporaire,
donnant action en justice. Nous crierons : Qui vive ! et autant
que cela dépendra de nous, nous ne la laisserons pas passer
par provision. Il est toujours indispensable d'avoir des adversaires sérieux.

Vous nous assignez en police correctionnelle ; nous entendons bien nous défendre, et nous pourrons bien réagir; les
tribunaux correctionnels punissent aussi, au moins par des
dommages-intérêts, les actions téméraires. Si, en définitive,
nous jugeons à propos de former contre nos adversaires une
action correctionnelle en dommages-intérêts, à qui nous
adresserons-nous ? A MM. tels et tels individuellement et
personnellement ? Mais ils nous répondront : Nous avons dit
dans le prospectus, à l'audience et partout, que personnellement nous n'étions pas dans le débat, que nous n'y
sommes que comme administrateurs d'une Société anonyme.
Mais les administrateurs d'une société anonyme, même
quand elle est constituée — c'est là son privilège — ne sont
pas personnellement responsables. Vous ne pouvez donc

pas nous atteindre et fussions-nous administrateurs de la Société anonyme, vous ne le pourriez pas davantage.

Est-ce la Société anonyme qui répondra à nos conclusions en dommages-intérêts? Sur quoi nous défendrons-nous? Supposez que nous obtenions une condamnation. Contre qui l'exécuterons-nous? Supposez que le tribunal prononçât une condamnation contre une société anonyme qui n'existe pas. S'il était possible qu'un pareil jugement fût rendu, contre qui l'exécuterait-on? Contre les administrateurs? Il n'y a pas d'administrateurs puisqu'il n'y a pas de Société. Contre la Société? Elle n'existe pas, elle n'a pas de caisse ; nous ne pourrions pas même sur les bénéfices qu'elle promet à ses actionnaires, prélever nos dommages-intérêts.

A ce point de vue, la fin de non-recevoir sera, je n'en doute pas, soutenue par l'organe du Ministère public et admise par la Cour. Je me borne à signaler ces principes qui ne permettent l'entrée d'aucune juridiction à une Société anonyme qui n'existe pas. Il n'y a qu'un fait. Pas de Société, pas de personne civile pouvant'exercer une action en justice, par conséquent pas de procès possible. Voilà, Messieurs, mes conclusions justifiées.

A l'audience du 13 janvier, M⁰ Bethmont répondit au nom des administrateurs des mines et forges d'Aubin.

M. Flandin, avocat général, conclut à la confirmation du jugement. Il terminait ainsi son réquisitoire :

« Quand on examine cette affaire avec les lumières du bon sens, sans se préoccuper de ces subtilités de droit par lesquelles il est toujours facile de faire illusion, surtout quand elles sont présentées avec l'habileté et l'éclat avec lesquels elles l'ont été à votre dernière audience, il me semble que l'impression première, si l'on examine cette affaire, est de s'étonner qu'il puisse être refusé action à des personnes qui se présentent avec un intérêt aussi puissant, aussi réel que celui qui appartient aux parties plaignantes ; non pas que nous voulions préjuger en quoi que ce soit le sort de la plainte en diffamation ; non pas que nous voulions repousser toute espèce d'excuse de la part de M. Cabrol qui a pu se croire, jusqu'à un certain point, obligé de se défendre contre un prospectus, et qui l'aurait fait avec une violence poussée trop loin. Mais comme la Cour n'a point à examiner le fond, qu'il y a un intérêt sérieux, légitimement sérieux à décider que l'action de la justice sera ouverte aux plaignants pour qu'on puisse discuter si l'article dont il est question est ou non diffamatoire vis-à-vis des parties plaignantes , nous croyons, sans avoir besoin de développer davantage ces diverses considérations, que la fin de non-recevoir ne doit pas être accueillie et qu'il y a lieu par la Cour de confirmer la décision des premiers juges. »

M⁰ PAILLET répliqua aussitôt :

MESSIEURS,

Si des erreurs, des subtilités de droit se sont introduites dans cette affaire, il me semble que jusqu'à présent il n'est pas le moins du monde démontré qu'on puisse me les imputer. Renfermons le débat dans ses termes très-simples, et je crois cette tâche facile.

J'ai pris mon point de départ dans un fait et dans deux principes : le fait, quel est-il? C'est l'assignation. Par qui nous a-t-elle été donnée? par nos adversaires personnellement, individuellement? non ; le texte de l'assignation se refuse à cette interprétation ; vous les avez entendu répéter aujourd'hui ce qu'ils avaient déclaré en première instance, ils ne provoquent pas le débat en leur nom personnel : ils laissent leur personnalité en dehors du procès et le procès a été engagé par eux au nom de la Société qu'ils représentent.

Le fait qui m'est acquis, sur lequel j'appuie ma discussion tout entière, c'est que j'ai affaire non à des individus, mais à une personne morale qu'on appelle Société. Ce fait bien établi, j'arrive aux deux principes qui complètent le point de départ de mon argumentation.

Le premier principe, qui se lie au fait lui-même, c'est qu'il n'y a de sociétés anonymes que celles qui sont constituées dans les conditions déterminées par la loi, non pas seulement avec des actes authentiques, mais par l'approbation du pouvoir dans sa plus haute expression, et après mûr examen de certains corps constitués. L'article 37 du Code de commerce est des plus positifs qui se puissent rencontrer en cette matière : « La société anonyme n'existe..... » Il n'est pas question d'existence préparatoire, provisoire, transitoire; il n'y a qu'une existence dans la nature comme dans le droit.... « La société anonyme n'existe qu'avec l'autorisation du roi et avec l'approbation du gouvernement pour les statuts qui la constituent. » L'acte de naissance de la société anonyme est là, il est là et ne peut être ailleurs.

Voilà mon premier principe. Vous m'assignez au nom de la Société anonyme. Existe-t-elle? Non! Vous reconnaissez que c'est pour elle que vous agissez, vous reconnaissez en même temps qu'elle n'existe pas.

Maintenant, quel est mon second principe? De quoi s'agit-il? D'une action en diffamation. J'ouvre la loi spéciale; elle me dit que la diffamation à l'égard des particuliers, ce qui comprend la société anonyme, ne peut être poursuivie que sur la plainte de la partie lésée. Ou les mots n'ont aucun sens, ou quand la loi dit *partie lésée*, cela veut dire partie ayant une existence légale. Si la partie lésée est une société anonyme, j'ai le droit avant tout de lui demander compte de son existence.

Mais ici je rencontre une objection qui m'est faite par l'organe du ministère public. On me dit : vous oubliez donc le droit du ministère public, qui est dépositaire, et seul dépositaire de l'action publique? La partie lésée, elle agira pour son compte ; mais le ministère public est là pour la vindicte publique. Et tout en supposant que la plainte laissât à désirer, que le droit de la partie lésée ne se manifestât pas suffisamment, il y a le ministère public qui a un caractère incontestable, qui peut user de l'action publique, et cela suffit.

J'en demande pardon au ministère public; il a des droits fort étendus, mais en certaines matières, il arrive au second plan, et il n'entre que si la partie privée lui ouvre la porte. Il

en est ainsi en matière d'adultère, en matière de diffamation ; je ne le dis pas pour abaisser ni amoindrir l'action
du ministère public, mais il y a des considérations spéciales, il y a aussi des libertés publiques qui n'ont pas voulu
que certaines actions fussent introduites par le zèle du ministère public. Il y a donc une initiative qui, en matière
de diffamation, appartient uniquement à la partie lésée. Et
cela est si vrai, que ce n'est pas par le ministère public que
nous avons été assignés, c'est par la Société anonyme. Si le
ministère public a pris la parole, c'est incidemment, et après
les parties principales. Conséquemment, le ministère public
est provisoirement désintéressé, et son droit ne peut éclore
qu'autant que la justice a été régulièrement saisie par l'initiative de la partie lésée.

On ajoutait à la vérité, tout à l'heure encore : Mais pour
porter la plainte, est-il nécessaire qu'il y ait une partie tout
à fait complète? Ne peut-on pas admettre une existence dans
une certaine mesure, dans une proportion suffisante pour
donner le mouvement au ministère public?

Cela nous jetterait dans des discussions de métaphysique
qu'il est impossible d'admettre. Sur le terrain légal, on existe
ou on n'existe pas ; on est partie ou on ne l'est pas ; on a
action en justice ou on ne l'a pas. Si on a action en justice,
on agira comme partie privée, ainsi que la loi l'exige en cette
matière. Mais si on n'existe pas, on ne peut pas provoquer
le ministère public, ni l'inviter à entrer dans un débat qui
est légalement et juridiquement impossible.

Je maintiens donc le point de départ de mon argumentation, à savoir, le fait de l'assignation donnée à la requête de
la société anonyme ne pouvant exister qu'avec l'autorisation, et le principe que l'initiative de la plainte ne peut partir
que de l'individu qui se prétend lésé.

Maintenant, quelles sont les objections? Je vais les parcourir très-rapidement.

Il y en avait une qui se trouve dans le jugement de première instance, et qui en forme le premier motif. C'est là encore une de ces objections que le bon sens ne peut admettre. On disait : Il ne s'agit pas ici d'une action commerciale, mais d'une action criminelle ; comme si les actions criminelles pouvaient se passer de la légalité, comme s'il n'y avait pas lieu au contraire de se montrer plus sévère dans les exigences de la loi ! Au surplus, je n'ai pas à m'arrêter longtemps devant une pareille objection. L'adversaire en a fait justice lui-même ; il a dit que, quant au premier motif de la sentence, il y avait à prendre et à laisser ; que ce motif était conçu dans des termes trop généraux et trop absolus. En effet, il ne supporte pas l'examen : il ne s'agit pas d'une action commerciale, mais d'une question qui exige l'existence légale, que ce soit devant une juridiction ou devant une autre. Avez-vous une existence légale ? avez-vous par conséquent le droit de vous plaindre, le droit d'agir ? Voilà ce qu'on vous demandera devant la juridiction où vous vous présenterez.

On nous dit encore : mais il y a un projet de Société déposé d'abord dans un acte sous seing privé et ensuite dans un acte notarié. Le jugement constate effectivement qu'il y a un acte dans lequel les intérêts des parties sont consignés. Je vais réfuter cet argument par un mot. Parlez-vous d'un projet de Société à créer ? Soit : il existe ; mais est-ce que c'est par hasard un *projet d'assignation* que vous nous adressez ? Non, c'est une belle et bonne assignation qui nous amène devant les juges correctionnels. Comment dire qu'un projet équivaut à un acte légal ? Il faut reconnaître qu'un projet, si mûr qu'il soit, quand il n'est pas arrivé à sa perfection légale, ne peut autoriser aucune action légale au nom d'une partie qui existera peut-être, qui peut-être n'existera pas.

Il y a une considération qui a touché le ministère public ; je l'avais devancé, j'y ramène votre attention.

En définitive, dit-on, que la société naisse ou qu'elle ne naisse pas, il y a une situation provisoire et la nature même

de la Société anonyme commande cette situation provisoire.
Il faut se rapprocher pour choisir la matière première de
l'entreprise, il faut, rédiger les statuts, s'adresser à l'autorité, il y a des examens, des expertises, etc. Or, pendant ce
temps que j'appellerai l'*incubation* de la Société anonyme, il
y a des intérêts ; on peut passer des marchés avec le dehors,
avoir des droits à exercer, des défenses à entreprendre ; il y
a une collection d'intérêts respectables qui a besoin d'être
protégée. Si vous refusez à cette Société, qui existe en projet,
le droit de saisir la justice, vous assurerez l'impunité à ceux
qui l'attaqueront dans des circonstances d'autant plus critiques qu'il s'agit de savoir si cette société naîtra et triomphera
des premières épreuves qui peuvent s'imposer à sa naissance.

Je ne prétends pas du tout qu'il puisse y avoir dans la
Société des droits quelconques, sérieux, légitimes, sans défense, sans protection ; non, nos lois ne peuvent pas présenter une si déplorable lacune. Mais est-ce à dire qu'il
faille pour cela faire violence aux principes les plus élémentaires de notre droit commercial sur les sociétés anonymes,
de notre droit criminel sur les matières de diffamation ?
Admettre une société anonyme à agir en justice quand elle
n'existe pas encore, l'admettre comme partie, lorsque peut-
être elle n'existera jamais, lui permettre l'initiative en
matière correctionnelle : voilà ce que je ne peux pas comprendre.

Mon adversaire a dit qu'il pouvait être bon d'écouter mes
conseils, mais qu'il serait dangereux de les suivre. Je n'ai
pas donné de conseils, mais des raisons que je ne crois pas
hasardées.

Tous les jours il arrive qu'une société se forme provisoirement, en nom collectif ou autrement et, dans cet état provisoire, elle peut avoir une exploitation à mettre en œuvre,
des intérêts à défendre ; avant d'exister d'une manière légale, elle existe provisoirement et, je le répète, si elle a
des intérêts à défendre, elle sera représentée dans ses

actions par ses gérants. Elle fera ses diligences auprès de l'autorité et si elle aboutit, il y aura métamorphose ; elle passera de l'état de société collective ou en commandite à l'état de société anonyme ; il n'y aura pas eu de solution de continuité dans l'intérêt, dans l'existence sociale ; il y aura eu une première période, une seconde période ; ici la société en nom collectif, là la société anonyme, ayant existé toutes les deux successivement.

Mon adversaire trouve que ce ne serait pas possible, parce que ce serait un mensonge, et que l'on a, surtout de ce côté, horreur du mensonge ! Non, ce ne serait pas un mensonge, ce serait une transformation licite ; si vous croyez l'affaire bonne, organisez-vous d'abord en société collective, vous vous transformerez ensuite en société anonyme. Il n'y a pas de mensonge ; ce sont deux situations parfaitement normales et conformes à l'intérêt qu'il s'agira de défendre.

Autre chose ! vous ne voulez pas de société en nom collectif, mais est-ce en votre nom personnel du moins que vous nous assignez ? En aucune façon. Vous nous dites : nous ne nous sentons pas blessés ; la partie blessée, c'est la Société que nous représentons. Je dis que cela n'est pas sérieux, que c'est une dérision.

Pour fortifier cet argument, on ajoute : dans le cas où on agirait contre vous en nom personnel, vous pourriez répondre que ce ne sont pas les individus qui ont été blessés, mais la Société, et vous échapperiez encore par une fin de non-recevoir. — Nous vous avons adressé des interpellations assez hautes, assez énergiques pour vous appeler à un débat personnel ; vous avez fui. Que si plus tard vous vous décidez à relever le gant en votre nom personnel, soyez persuadés que nous, nous ne reculerons pas, que nous ne déserterons pas le débat.

En réalité, si une partie a été diffamée, quelle est cette partie ? La Société anonyme. Mais cette Société ne naît pas toute seule, elle a des fondateurs, des créateurs, quels sont-ils ? Ce sont ceux qui ont figuré dans le prospectus à l'occasion duquel a été écrite la prétendue lettre diffamatoire. S'il y a une diffamation, elle ne peut pas être déposée sur le berceau, sur le fœtus de cette espèce d'être moral qui n'arrivera peut-être jamais à terme. On nous présentait tout à l'heure une analogie, mais on a redouté le curateur au ventre et on a retiré l'analogie. Encore une fois, cela n'est pas sérieux, encore une fois agissez en votre nom personnel. Le prospectus est votre ouvrage ; c'est à l'occasion d'une partie de ce prospectus qu'une accusation de diffamation a été dirigée contre l'auteur de la lettre. Il faut vous mettre à découvert et plaider, non sous le manteau d'une société anonyme, mais en votre nom personnel. Or, c'est ce que vous ne voulez pas.

Le ministère public a dit que tous les jours on voyait liquider des sociétés qui n'étaient pas constituées légalement ; que toutes les fois qu'une société cesse d'agir, il y a lieu à liquidation ; mais conclure de là qu'une société sans existence légale pourra agir vis-à-vis des tiers comme société en nom collectif, n'est pas chose possible. La société sera exposée à des actions dans la personne de ceux qui se seront engagés, mais pour ce qui concerne les actions dirigées par la société, il faut avant tout que la société existe selon les dispositions de la loi. L'argument tiré des liquidations des sociétés de fait est donc ici sans aucune espèce de portée et de valeur légale.

Il y a une dernière considération sur laquelle je demande à m'arrêter un instant. On a dit : pourquoi cette fin de non-recevoir ? et le défenseur des intimés a ajouté : elle est d'assez mauvais aloi, et uniquement inventée pour retarder le débat au fond.

Le débat au fond, nous l'attendons. Oui, mais à une condition, c'est que nous aurons des adversaires réels. Nous ne pouvons pas laisser passer, même à titre provisoire, votre société prétendue. C'est là une question d'ordre public. Le ministère public peut n'être pas de notre avis, mais le caractère de la fin de non-recevoir est essentiellement d'ordre public. Il s'agit de savoir si une société anonyme peut agir en justice, en police correctionnelle, surtout comme partie plaignante, et prendre l'initiative en matière de diffamation, sans être légalement autorisée. La fin de non-recevoir s'impose avant tout à l'examen du juge.

Voici une pensée qui me vient pour clore ce débat : une condamnation correctionnelle pour diffamation est prononcée sur la plainte de la Société anonyme des mines d'Aubin, qui sera, dit-on, autorisée plus tard. Eh bien, que le contraire arrive ; que la Société ne soit pas autorisée. Nous aurons été condamnés pour avoir diffamé, non pas des individus, mais une Société anonyme qui n'aurait jamais existé ! Alors, on lirait dans vos archives un arrêt de condamnation rendu à la requête d'une société qui ne pouvait exister qu'en vertu d'une autorisation, et puis, dans les cartons de l'administration, on rencontrerait un veto donné à cette autorisation. Ce serait une violation des principes les plus élémentaires, l'initiative n'appartenant qu'à la partie lésée, et la loi commerciale disant qu'il ne peut y avoir de sociétés anonymes qu'aux conditions déterminées par la loi.

Reprenez le débat en votre nom personnel ; placez-vous donc dans la vérité. S'il y a diffamation, ce n'est pas contre cette pauvre Société qu'elle est dirigée ; elle l'est contre vous, les auteurs du prospectus. Encore une fois, sortez de l'obscurité, relevez le gant, suivez le débat en votre nom personnel, à vos risques et périls, mais ne vous placez pas derrière une Société anonyme qui n'a pas d'existence, qui n'en aura peut être jamais, au nom de laquelle conséquemment et par provision vous demandez des réparations qui ne peuvent vous être accordées.

Sous l'impression de cette plaidoirie, les administrateurs des forges d'Aubin s'empressèrent de prendre de nouvelles conclusions. Ils déclarèrent, en tant que de besoin, qu'ils entendaient agir au débat, non seulement comme administrateurs de la Société, mais encore en leur nom personnel.

Cette nouvelle attitude des plaignants était de nature à enlever à la question de droit son principal intérêt. La Cour en prit acte en effet dans l'arrêt qu'elle rendit à la date du 20 janvier 1853, et par lequel elle confirma le jugement frappé d'appel. Bientôt cependant la même question était soulevée devant la Cour dans une affaire concernant la société anonyme l'*Avenir*. La fin de non-recevoir avait été rejetée par un arrêt du 6 mai 1854. Cet arrêt fut cassé. Conformément au système développé ici par M⁰ Paillet, la Cour suprême déclara le 21 juillet 1854, qu'une société anonyme non autorisée ne pouvait ester en justice et accueillit la fin de non-recevoir opposée à la plainte formée au nom de l'*Avenir*. (Voyez Sirey 1854, I, 489.)

L'affaire de diffamation s'engagea au fond et revint devant la 6ᵉ chambre du tribunal. Il s'agissait de savoir si les publications reprochées à M. Cabrol renfermaient le délit de diffamation. Sous cette forme, la discussion fut portée à de grandes hauteurs. Nous regrettons de ne pouvoir donner ici la belle plaidoirie de M⁰ Bethmont, qui se présenta pour les administrateurs. Mais nous croyons pouvoir affirmer que celle de Paillet restera comme un modèle de clarté, de dialectique, d'élévation et d'éloquente énergie. C'est la revendication pour la presse, pour le public, du droit de discussion, de contrôle vis-à-vis des sociétés qui font appel à la bourse des citoyens et attirent leur bonne foi par des promesses trompeuses. A l'heure où cette plaidoirie était prononcée, la presse était en suspicion, et les spéculations hasardeuses prenaient faveur. Ce fut donc comme un cri d'alarme et d'indignation jeté à la foule au milieu du silence qui se faisait de toutes parts et à la faveur duquel, pendant de longues années, elle allait devenir la dupe des entreprises les plus suspectes et des agiotages les plus audacieux. Aussi, la reproduirons-nous tout entière, malgré l'étendue qu'elle prit au débat.

M⁰ Bethmont avait soutenu la plainte de MM. de Morny et consorts.

A l'audience du 19 mars 1853, M⁰ Paillet, dans l'intérêt de M. Cabrol, répondit en ces termes :

Messieurs,

Quand un débat de cette nature est porté devant vous, vous vous demandez d'abord quel est l'homme que l'on traduit correctionnellement à cette barre. Cette curiosité me paraît tellement légitime que je m'empresse de la satisfaire immédiatement.

M. Cabrol que j'ai l'honneur de représenter devant vous, était élève de l'Ecole polytechnique en 1810. En 1813, il était officier d'artillerie. A l'une des premières batailles où il assista, il eut la poitrine traversée d'une balle. Il avait dix-neuf ans et fut mis à l'ordre du jour de l'armée, le 17 février 1813. A l'âge de vingt ans, il était capitaine d'artillerie à cheval, commandant une batterie. C'est dans cette situation que l'a trouvé la paix de 1814. Il a quitté le service militaire, il s'est, je ne dirai pas consacré, mais destiné à l'industrie, et à préluder à sa carrière nouvelle par des études sérieuses et approfondies. — En 1826, il a été placé à la tête des forges de l'Aveyron. Il peut dire que c'est lui qui a créé l'usine si importante et si connue de Decazeville, non-seulement cette usine, mais la ville elle-même. Sur un emplacement qui était nu alors, se trouve aujourd'hui une ville que je viens de nommer, qui compte sept mille habitants, qui est en pleine prospérité et qui est la quatrième, par son importance, du département de l'Aveyron.

M. Cabrol a été à plusieurs reprises membre du Conseil général de l'Aveyron, député de ce département; depuis quelques trente ans, il est membre de la Légion d'honneur; depuis plus de douze ans, officier de cet ordre. Voilà tout ce que j'ai à dire de M. Cabrol; j'ajoute seulement que c'est l'un des hommes les plus honnêtes et les plus irréprochables que l'on puisse citer dans nos pays. Depuis longtemps son nom est connu et devenu l'une des principales autorités de France et d'Europe dans l'industrie de la métallurgie. Je n'en dirai pas davantage. Vous connaissez l'homme que l'on poursuit à titre correctionnel devant vous ; c'est-à-dire que c'est l'une de ces existences qui protestent le mieux, le plus énergiquement, contre la pensée d'un délit quelconque.

On a parlé du caractère de M. Cabrol ; on a dit que c'était un homme violent, emporté. On a exagéré. Si l'on veut dire que c'est un homme qui sent très-vivement, on a parfaitement raison. Je dirai seulement que de même que l'on a les défauts de ses qualités, on a aussi les qualités de ses défauts, et que plus cet homme sent vivement, plus aussi est invraisemblable le délit qu'on lui reproche, le délit de diffamation par intérêt, par rivalité commerciale. Je vous ferai toutes les concessions que vous voudrez. Oui, c'est un homme aux haines vigoureuses, comme le veut le poëte chez les gens honnêtes, aux haines vigoureuses contre les mauvaises choses, contre les personnes qui les font.

Arrivons au procès.

On dit à M. Cabrol : il y a dans la lettre que l'on vous reproche des paroles vives, amères, offensantes pour les personnes à qui elles sont, sinon adressées, au moins destinées, à qui on peut en faire l'application.

M. Cabrol a eu des paroles vives, je ne le conteste pas ; j'ai parfaitement compris que M. le président commençât le débat en les plaçant sous les yeux de M. Cabrol lui-même ; mais si ces paroles sont vives, je les expliquerai par un mot, *Fecit indignatio*. Les paroles sont vives, mais M. Cabrol affirme que dans sa pensée elles ne s'appliquent ni aux plaignants collectivement, ni à aucun d'eux en particulier. Il n'en est pas un qui soit nommé ou désigné dans la lettre de M. Cabrol.

C'est quelque chose que cette affirmation. Après tout, le procès n'implique pas nécessairement la moralité des gens, et c'est ici un procès comme un autre. Mais ce que M. Cabrol ne fera jamais, ce serait de se tirer d'un mauvais pas bien autrement sérieux que celui-ci par une affirmation mensongère. Quand M. Cabrol dit : Je n'ai entendu offenser personne, ni vous tous, ni aucun de vous, il doit être cru. Et il ajoute : Pour quel motif aurais-je attaqué les personnes ? J'ai toujours eu de très-bons rapports, je ne dirai pas avec toutes, mais enfin avec celle qui est placée, au moins par le rang que lui donne la publication, en tête de l'entreprise. M. de Morny a été longtemps le collègue de M. Cabrol à la Chambre des députés. La lettre incriminée elle-même constate les bonnes relations qui n'ont pas cessé d'exister entre eux. Alors on comprend que M. Cabrol vienne dire : Pourquoi aurais-je voulu offenser les personnes ? cela ne se comprendrait pas.

Il y a mieux, il y a la lettre elle-même qui proteste contre cette pensée. En effet, à qui la lettre est-elle adressée ? à M. de Morny qui, je le répète, est placé en première ligne comme président du conseil d'administration de la Société projetée. Et comment M. Cabrol, dans sa lettre, a-t-il averti M. de Morny ? C'est en protestant de son incrédulité sur une participation quelconque de M. de Morny à l'œuvre du prospectus ; c'est en déclarant que, dans sa conviction, non-seulement M. de Morny n'a pas pu y mettre la main, mais qu'un tel prospectus n'a pu être rédigé et publié qu'à son insu. — Un homme qui veut insulter les personnes, et surtout la personne qui semblerait être exposée la première à ses coups par la qualité de président qu'on lui donne dans l'entreprise nouvelle, cet homme n'écrit pas ainsi : Votre nom se trouve à la tête de ce factum, je me hâte de dire que je suis convaincu qu'on l'y a mis à votre insu.....

Ceci est au commencement de la lettre. Voulez-vous en voir la fin ? voulez-vous chercher dans ce document même la pensée vraie de son auteur? était-ce une insulte contre les personnes? Non. — A la fin de la lettre, M. Cabrol déclare qu'il n'attribue la responsabilité du prospectus qu'à ceux qui auraient tramé cette manœuvre en connaissance de cause. Ainsi quel est l'auteur? quels sont les auteurs? il ne se charge pas de les rechercher. M. de Morny est placé en tête de la Société, et il est convaincu que M. de Morny, non-seulement n'est pas l'auteur d'un tel prospectus, mais que même il n'en a pas eu connaissance. A qui s'adresse-t-il? à qui s'attaque-t-il? A ceux qui, en connaissance de cause, auraient tramé une pareille manœuvre et en auraient assumé la responsabilité.

M. Cabrol avait écrit à M. de Morny, indiqué comme président de la Société, et il commence par déclarer qu'il ne peut pas croire à une participation quelconque de sa part dans la rédaction du prospectus. M. de Morny répond d'une manière absolument conforme ; il justifie cette espèce de prévision, de pressentiment de M. Cabrol, et dans sa lettre en réponse voici comment il s'exprime..... Remarquez que M. de Morny n'a pas cédé à un entraînement irréfléchi ; au contraire, dans une matière aussi grave, il a pris le temps de la réflexion, et il avait parfaitement raison. — La lettre de M. Cabrol est du 16 juillet 1852, ce n'est que le 19 que M. de Morny a répondu, et dans quels termes ? « Monsieur et ancien « collègue, je vous remercie de m'avoir averti de la publi- « cation du prospectus,..... etc.

Ainsi, encore une fois, quand M. Cabrol vient dire : je n'ai pas entendu vous insulter, ni tous, ni chacun, je m'en suis tenu au prospectus ; je n'en ai déclaré responsables que ceux qui, en connaissance de cause, auraient tramé cette manœuvre ; quand je me suis adressé à celui qui était en première ligne d'après la place qui lui était assignée dans ce document, et que je lui ai dit : il est impossible que ce soit votre œuvre ou que vous en ayiez eu connaissance, évidemment, je ne lui en ai pas fait l'attribution. C'est effectivement ce que répond M. de Morny, non pas à l'instant, mais après y avoir réfléchi. Il ne dit point à M. Cabrol : le prospectus, je le connaissais, j'y ai concouru, participé, j'en assume la responsabilité. Non, il dit : Je vous remercie de m'avoir donné cet avertissement, ce prospectus a été publié à mon insu ; je me mets en mesure d'en décliner la responsabilité.

Voilà pour la responsabilité des personnes que je veux désintéresser, parce que je suis dans le vrai, parce qu'ensuite cela me laisse le droit, dans l'intérêt de mon client, de m'en prendre à cette œuvre qui seule est nommée. Encore une fois, je sépare les personnes avec lesquelles je persiste à ne pas vouloir lutter, elles ne sont pas mes adversaires ; je m'en tiens à l'œuvre et je lui demande compte de son existence. C'est ce qu'on verra tout-à-l'heure.

Mais on nous dira, on nous a déjà dit : Vous attaquez le prospectus de la nouvelle société d'Aubin ; ce prospectus ne s'est pas fait tout seul ; en attaquant l'œuvre, vous attaquez l'auteur, les auteurs : conséquence rigoureuse, nécessaire, fatale. Non, non, car la lettre de M. Cabrol ne signale pas le moins du monde les administrateurs de la Société d'Aubin comme étant les auteurs du prospectus. La qualité vraie de nos adversaires, c'est celle de fondateurs de la société. La publication faite à Londres et en France, le tribunal le saura bientôt, cette publication signalait M. de Morny et les autres plaignants comme fondateurs de la Société. — Comme auteurs du prospectus? Non, car la société après tout était fondée dans de très-bonnes intentions, mais le prospectus était une œuvre d'exagération et de mensonge. Conséquemment, quand j'attaque le prospectus, je n'attaque pas nécessairement les fondateurs de la Société.

Cela est vrai, et le tribunal va en être convaincu ; ce n'est pas une distinction chimérique imaginée pour les besoins de la défense. Les fondateurs de la société sont-ils les auteurs du prospectus? Non, j'en appelle à M. de Morny, la personne la plus considérable dans la fondation de la Société, le président du conseil d'administration, ou désigné comme tel. Eh bien! Quand il est interpellé sur l'origine du prospectus ou sur les énormités qu'il renferme, quand il est averti de l'existence de ce prospectus, que répond-il? Dit-il : je suis fondateur de la Société, donc je suis auteur du prospectus? Non ; il répond : « Je ne le connaissais même pas, et je vous remercie de l'avertissement que vous m'avez donné ; je vais en faire mon profit. » Et alors, je réponds à cette objection : — Vous attaquez le prospectus, par conséquent vous attaquez les plaignants. — Les plaignants figurent dans la publication anglaise comme fondateurs de la société et non comme auteurs du prospectus, et lorsque je m'adresse au fondateur de la Société, au président du conseil d'administration, il affirme lui-même l'exactitude de cette distinction, car tout

fondateur qu'il est de la société, il est étranger au prospectus
dont il n'a même pas eu connaissance.

Quand nous avons plaidé sur la fin de non-recevoir, quel
a été le langage, quelle a été l'attitude personnelle de nos
adversaires? La poursuite en diffamation était dirigée à la
requête de la société anonyme. Nous avons dit : Il nous faut
un adversaire sérieux ; nous ne pouvons pas plaider contre
un fantôme, contre une société anonyme qui n'a pas d'existence légale, qui n'a pas d'existence actuelle. L'objection
était sérieuse ou elle ne l'était pas ; je ne la caractérise pas,
je la rappelle seulement. Nous disions à nos adversaires :
Pourquoi ne vous plaignez-vous pas en votre nom personnel?
pourquoi nous donner ainsi un simulacre que nous ne
pouvons pas accepter, car la raison s'y oppose?.

Les plaignants répondaient devant vous, devant la Cour,
qu'ils ne se plaignaient pas parce qu'ils ne se sentaient pas
personnellement blessés. Pourquoi ne se sentaient-ils pas
personnellement blessés? c'est que l'attaque de M. Cabrol
était dirigée contre un écrit dont apparemment la responsabilité ne pesait pas sur eux-mêmes, autrement ils se seraient
sentis personnellement blessés. Ils ont répété cela constamment avec persévérance. Ce n'est qu'à la fin du débat,
lorsqu'ils ont vu que la fin de non-recevoir était telle qu'il
serait difficile d'y échapper, qu'ils ont déclaré qu'après tout
ils formaient une plainte nouvelle, et qu'ils la formaient
en leur nom personnel. Ils ne l'ont même formée qu'à la
veille des six mois à l'expiration desquels le droit de plainte
pouvait être éteint soit pour la société, soit pour les personnes de la société.

Comme vous le voyez, la distinction entre les fondateurs
de la société et les rédacteurs du prospectus, quels qu'ils
soient, cette distinction est parfaitement vraie; elle est dans
la nature des choses : la qualité de fondateur de la société ne
présuppose pas celle de rédacteur du prospectus. M. de
Morny, comme président du comité d'administration, a affirmé
qu'il était étranger au prospectus ; tous les autres plaignants
ont tenu le même langage au moins implicitement en refu-

sant d'intervenir personnellement dans le débat. Et aujour-
d'hui même, savons-nous quel est l'auteur du prospectus ?
Le savez-vous, Messieurs ? Non. A l'audience dernière j'atten-
dais curieusement cette révélation. Qui donc va en prendre
la responsabilité à titre chevaleresque ? Personne. Quel est
l'auteur de ce prospectus ? nous l'attendons encore.

Il y a deux camps, ou du moins deux nationalités, parmi
les plaignants : la nationalité française et la nationalité
anglaise. Et ce qui est résulté de la dernière audience sur ce
point, c'est que la nationalité française a redouté les mérites
ou les périls de la rédaction de la nationalité anglaise, et
qu'on a dit au nom des plaignants français : ils acceptent le
prospectus, mais ils ne l'ont pas fait ; cela a été fait à Londres. Par qui, s'il vous plaît ? Est-ce par tous les associés anglais ? On ne le dit pas, ils n'ont pas pris la plume à quatre ou
cinq sans doute ; nous n'en savons rien, dans l'état actuel
du débat, mais il ne s'est pas fait tout seul, apparemment.

Quant à moi, ce qui me suffit sur ce point du procès, c'est
d'avoir répondu péremptoirement, je pense, à cette objection : si vous attaquez le prospectus, vous attaquez les plaignants ! Non ; il n'y a aucune corélation entre la Société
d'une part, le prospectus de l'autre ; les fondateurs ici, les
auteurs là. M. de Morny, président du Conseil d'administration répudiant le prospectus ; tous les plaignants se mettant
à l'écart de leurs personnes le plus longtemps possible ; et
puis enfin acceptant le débat en leur propre nom et venant
dire au nom des plaignants français : ça ne nous regarde
pas, ça s'est fait à Londres ou à Paris, nous ne le savons
pas. Eh bien ! Notre adversaire, ce n'est pas tel ou tel plaignant ; ce ne sont pas non plus tous les plaignants, c'est le
prospectus lui-même, quel qu'en soit l'auteur.

Maintenant voici ce que je dis, car il faut que le terrain du
débat s'affermisse entre nous : J'ai entendu réfuter le prospectus, le convaincre de mensonge sur les points les plus
graves, les plus capitaux ; j'ai voulu le faire aux risques et

périls des auteurs, quels qu'ils fussent, et en le faisant j'ai usé de mon droit ; j'en ai usé en homme compétent et surtout en homme de bonne foi.

Voilà ma proposition ! — Est-elle vraie ? Pour qu'elle ne le soit pas, il faut que l'on puisse me dire qu'on n'a pas le droit de contrôle en cette matière ; que quand une œuvre de ce genre, quand un prospectus social, par exemple, pour me rapprocher davantage des faits du procès, est lancé dans le public, c'est une propriété particulière, sacrée, inviolable, inaccessible à la critique ; il faut aller jusque-là. Autrement je vous répondrai que ce n'est pas seulement un droit pour les citoyens, mais que c'est un devoir de prévenir le mal quand ils l'aperçoivent et quand il est encore temps. Je vous répondrai que cela est vrai surtout en matière de société anonyme et lorsque la société anonyme est dans ce que j'appellerai son incubation.

On sait en effet ce que c'est qu'une société anonyme. C'est tout simplement une entreprise dans laquelle personne n'est responsable. Cela est trop commode. Il a donc fallu, à défaut de la responsabilité personnelle des fondateurs ou des administrateurs, chercher ailleurs des garanties et, en conséquence, il est de principe que les bases de la Société anonyme sont essentiellement et préalablement soumises au contrôle, à la critique, à la surveillance, non-seulement de l'autorité, mais des citoyens ; car, après tout, l'autorité n'a d'autre intérêt que celui des citoyens eux-mêmes. Au lieu d'en vouloir à ceux qui lui viendraient en aide par leurs connaissances spéciales, au lieu de leur imputer une sorte d'empiètement sur ses droits, elle devrait au contraire les remercier de simplifier sa tâche, à la condition que les critiques soient des critiques loyales et de bonne foi. Je ne discute pas sur les conditions, j'ai posé celles-là, je les poserai sans cesse dans le débat, car je ne puis trop m'y attacher.

Ainsi, en matière de prospectus en général, lorsque le public est invité à s'intéresser à une entreprise naissante, lorsque surtout il s'agit d'une société anonyme pleine de périls à cause de l'irresponsabilité de ses fondateurs, je maintiens, en point de droit, que chacun est le maître de prendre le prospectus à partie et de lui faire son procès, à la condition de le lui faire sérieusement et loyalement.

Tenez : je ne répéterai plus que je ne veux blesser personne ; c'est entendu. Je ne plaide pas contre les individus, je plaide contre l'œuvre que je dénonce à la justice après l'avoir dénoncée au public. On me permettra donc d'invoquer un souvenir qui ne sera blessant pour personne. Il y a eu un procès à grand retentissement et à grand scandale. Tout le monde se souvient du procès de Saint-Bérain. Qu'est-ce que c'était que Saint-Bérain ? C'était une usine de la nature de celle-ci. La fondation de la Société avait été précédée de rapports d'experts et d'ingénieurs, surtout de prospectus. On sait ce que tout cela est devenu ; on sait que tout cela s'est liquidé en police correctionnelle ; on sait qu'en dépit des rapports d'experts, des attestations d'ingénieurs, des prospectus, on sait quel a été le sort réservé aux auteurs de cette combinaison.

Je suppose que lorsqu'il en était temps encore, un homme se soit rencontré, à cette époque, un Cabrol, qui, à la vue de ces documents, pouvant les apprécier, compétent plus que qui que ce soit pour dire et proclamer la vérité, je suppose que cet homme se soit levé et qu'en pleine conviction et avec une indignation légitime, il se soit adressé au public et lui ait dit : on vous trompe ; j'affirme, et je sais ce que j'affirme, que ce prospectus est plein de pièges pour la crédulité publique, je vous le signale et voici mes preuves. Si cet homme s'était rencontré et eût tenu ce langage, est-ce qu'on l'aurait traduit en police correctionnelle ? Est-ce qu'il n'aurait pas usé de son droit ? Est-ce qu'il n'aurait pas rendu au public un signalé service ? Est-ce qu'il n'aurait pas rendu service aux fondateurs même de cette malheureuse entreprise ?

Or, ce qui n'a pas eu lieu alors se rencontre aujourd'hui. Cet homme compétent et de bonne foi qui a manqué à Saint-Bérain, n'a pas manqué à Aubin. Le prospectus, contre lequel nous luttons, a été dénoncé au public, je vous le dénonce maintenant. Ce prospectus contient des énormités. Il était impossible qu'il demeurât impuni, quels que fussent ses auteurs — nous n'avons pas à nous préoccuper de cela — il était impossible qu'il demeurât impuni, s'il se trouvait un homme qui eût les connaissances nécessaires pour le juger, l'énergie de l'attaquer et de le dénoncer au public.

J'ajoute enfin, pour compléter la démonstration de mon droit, toute ma défense est là : j'ai attaqué non pas les personnes, mais le prospectus ; je l'ai pu, et je l'ai dû, à la condition d'être de bonne foi et dans la vérité. Je dis que cette base de la défense est d'autant plus inattaquable qu'en matière de diffamation la question d'intention, comme dans toute autre matière criminelle, se pose nécessairement devant le juge. Ce n'est pas une difficulté maintenant ; je n'ai pas d'efforts à faire pour établir cette démonstration devant vous. Je rappelle seulement un souvenir.

M. de Serre, garde des sceaux, qui a laissé un si bon souvenir lors de la discussion de la loi de 1819, M. de Serre disait : « La diffamation ne consiste pas dans la fausseté du fait coupable, seulement elle suppose l'intention de nuire. » L'intention de nuire, voilà la première condition, il faut l'intention de nuire. M. Chassan, qui a fait sur la presse un ouvrage auquel on a souvent recours, dit aussi : « L'intention d'outrager, de diffamer est nécessaire, *injuria ex actu nocendi.* » Et la jurisprudence est conforme sans aucune hésitation.

Voilà donc où nous en sommes arrivés. Ai-je eu le droit de contester le prospectus, de dire qu'il en avait menti, qu'il y avait un danger pour le public et pour ceux qu'on pouvait entraîner dans l'entreprise ? Oui, j'ai eu ce droit et j'ajoute, pour le public, que c'était un devoir, si ma conviction était profonde et mes inspirations loyales.

Mon adversaire l'a bien compris dans sa haute raison ; il a bien vu qu'il était impossible de lutter contre un pareil système. Plaçant la question sur un terrain vrai, il a dit : J'accuse M. Cabrol de mauvaise foi, je l'accuse d'avoir fait la guerre à notre Société, aux personnes, même avant qu'elle fût née, pour l'empêcher de naître, dans un intérêt de rivalité industrielle, de concurrence mercantile.

Ah ! nous y voilà ! j'accepte le débat ; il est là et ne peut pas être ailleurs. Non, ce ne sont pas les personnes, ce sont les choses mêmes, seulement on nous dit : vous avez attaqué le prospectus dans une mauvaise pensée, dans une mauvaise intention ; ce n'est pas pour rendre service au public, mais à votre entreprise particulière, pour l'affranchir d'une concurrence qui vous inspirait des inquiétudes dans l'avenir.

Je ne crains pas de dire d'abord que quand il s'agit d'un grief de mauvaise foi, il est assuré de faire fausse route quand il s'adresse à M. Cabrol, à qui l'on peut reprocher un excès de sincérité peut-être, mais non de la mauvaise foi ou des calculs ténébreux, mystérieux, honteux comme ceux que l'on suppose avoir été les mobiles de sa conduite dans cette circonstance. Je laisse à tous ceux qui le connaissent, qui n'ont cessé de l'environner de leur considération et de leur estime, le soin de le défendre contre une telle imputation.

Reste la rivalité industrielle. — En quoi consisterait-elle, s'il vous plaît ? C'est que M. Cabrol est directeur de Decazeville et qu'il s'agissait de créer ou de faire renaître l'établissement d'Aubin, de même nature et voisin de celui de Decazeville. Voilà le principe de la rivalité industrielle. Eh ! non, je vous dirai sans détour que la résurrection d'Aubin n'était pas capable d'engendrer de telles inquiétudes ni de telles résolutions. Aubin n'est connue que par sa catastrophe ; je vous donnerai à cet égard quelques détails précis et officiels. Aubin a été fondée à une époque encore récente par des hommes d'une grande capacité, d'une grande fortune ; elle a été administrée pour le mieux ; on y a versé six millions d'écus ; Aubin a tout dévoré. Il s'agit de la faire renaître de ses cendres, à la bonne heure ! Essayez ! mais encore une fois, c'est une tentative héroïque qui n'avait le droit d'inspirer à M. Cabrol aucune espèce d'appréhension.

J'ajoute que les meilleurs rapports ont toujours existé entre Decazeville et Aubin, aussi longtemps qu'Aubin a existé. M. Cabrol peut faire appel à tous ceux qui ont fondé ou administré l'usine d'Aubin ; ils diront en effet que la meilleure intelligence a existé entre les deux établissements et entre les personnes chargées de les administrer. Il n'y a eu qu'une exception à cette bonne harmonie et encore a-t-elle eu lieu accidentellement et par votre faute. Mon adversaire parle de procès qui ont existé entre Decazeville et Aubin lorsque la première société existait encore. Il n'y a eu qu'un procès. L'administration d'Aubin avait empiété sur le territoire de Decazeville, sur sa concession. Decazeville a réclamé ; on n'était pas d'accord ; on s'est adressé aux juges ; le conseil d'Etat devait prononcer en dernier ressort ; il a donné gain de cause à Decazeville ; Aubin a succombé. On n'en est pas moins resté bons amis pour cela. Voilà le seul nuage qui a interrompu les bons rapports des deux établissements.

Pourquoi voulez-vous donc, si telle a été la bonne harmonie qui a régné entre Decazeville et Aubin, lorsqu'Aubin était dans toute sa force et sa vigueur, pourquoi voulez-vous que Decazeville, par l'entremise de son directeur, éprouve un tel déplaisir qu'il lui faille avoir recours à la voie de la diffamation pour empêcher Aubin de renaître? De telles observations suffisent quant à présent pour faire justice de ce reproche, de cette supposition que M. Cabrol aurait été animé de mauvaises pensées, aurait agi de mauvaise foi, dans un intérêt de rivalité industrielle lorsqu'il a publié l'écrit qui vous est dénoncé.

Trouvera-t-on la preuve de cette mauvaise foi dans la témérité, dans l'injustice des critiques dirigées par M. Cabrol contre le prospectus d'Aubin? Je comprendrais parfaitement qu'on demandât à cette source la démonstration de la thèse adverse. On a dit que ces critiques n'étaient pas sérieuses et de bonne foi et on a ajouté : Le tribunal serait incompétent pour les apprécier.

Permettez, ceci serait par trop commode. Dire à un homme : vous êtes de mauvaise foi, vous avez pris la plume sous l'inspiration d'un intérêt personnel et condamnable ; au surplus, les critiques, nous les contestons, nous leur donnons un démenti ; mais nous ne pouvons pas les vérifier, le tribunal est incompétent. Non, je ne viens pas prétendre que le tribunal soit saisi directement de la question d'économie politique dans le procès actuel. Mais le tribunal a non-seulement le droit, mais aussi le devoir, pour statuer en pleine connaissance de cause, de vérifier la question de bonne foi et d'intention.

Où donc se trouvera la preuve principale, essentielle, la seule preuve possible de la bonne foi, de l'intention irréprochable ou au contraire de la déloyauté, de l'intérêt de rivalité imputés à M. Cabrol, si ce n'est dans le mérite même des critiques qu'il a dirigées contre le prospectus, si ce n'est dans l'examen de l'usage qu'il a fait de ce droit de contrôle, de critique, de réfutation que j'ai commencé par établir devant le tribunal comme la base essentielle de la défense que j'avais à lui présenter? Or, nous y sommes arrivés et je dois vous faire ici l'autopsie du prospectus. Sans en parcourir tous les détails, il y a des points principaux, dominants, que nous pouvons examiner, dont il est permis de dire au moins quelques mots ; sur ces points la vérité peut se faire jour devant le tribunal, pour éclairer la cause et savoir si, effectivement, il y a eu une mauvaise pensée, une mauvaise intention, ou, au cas contraire, l'exercice d'un droit et l'accomplissement d'un devoir.

Messieurs, quand vous m'aurez prêté quelques moments de votre bienveillante attention, je crois pouvoir vous dire par avance que vous serez surpris absolument, non pas de la vivacité de certaines paroles échappées à la plume de M. Cabrol dans le premier moment, mais de la modération qu'il y a mise, et de l'empire qu'il a pu avoir sur lui-même pour se contenir à ce point. Ecoutez! je prends ce prospectus, et d'abord je constate qu'il n'est pas seulement perdu dans les colonnes immenses des journaux anglais — vous avez pu le supposer en entendant mon adversaire — on a fait au prospectus l'honneur d'un tirage particulier. On l'a tiré non-seulement à un nombre immense d'exemplaires, mais on l'a orné, illustré d'une carte géographique sur laquelle je fixerai dans un instant votre attention. Voilà le prospectus. Qu'y lisons-nous? D'abord le titre, qui se présente naturellement en première ligne et qui annonce au public « une Compagnie des Houillères et Forges d'Aubin, — capital, 4,000,000 de francs, ou 160,000 livres sterling, en 32,000 actions de 125 francs ou 5 livres sterling chacune, à verser par portion... »

Et puis, dans le corps du prospectus : « La totalité de la propriété sus-dite a été achetée par la présente Compagnie pour la somme de 128,000 liv. sterl., sous forme de société anonyme... » C'est-à-dire qu'il y a une société anonyme qui se présente au public, qui a traité; elle indique même le prix de son acquisition et quand nous demandons : où est la société anonyme, non pas que vous avez promise, mais dont vous constatez l'existence, à laquelle vous avez provoqué les lecteurs de votre prospectus de s'associer immédiatement; où est la société anonyme? Elle est dans le futur contingent; elle est à l'état de sollicitation pour obtenir son acte de naissance qui, jusqu'à présent, ne lui est pas encore délivré. Et je crois qu'elle l'attendra longtemps encore.

Remarquez que ceci est du mois de juillet 1852 et nous voilà en mars 1853. Et ce ne sont pas les influences qui manquent. Nous avons affaire à des adversaires qui n'ont pas besoin d'influences étrangères, qui se recommandent assez d'eux-mêmes, qui cependant n'ont pas pu encore faire passer la société projetée à l'état de société réelle.

C'est qu'il y a dans l'administration des traditions sévères, sérieuses; qu'on sait ce que c'est que les sociétés anonymes; que quels que soient les noms propres qui s'y rattachent, elles sont soumises à des investigations qui, la plupart du temps, conduisent les projets à un écueil. Donc, plus il est difficile à une société anonyme de naître, plus il est naturel qu'on n'en suppose pas l'existence quand elle n'est pas née. C'est ce que je reproche au prospectus qui a dit : C'est une société anonyme toute vivante, ayant son conseil d'administration, battant la caisse pour rallier à son drapeau le plus de capitalistes possible, annonçant qu'elle a traité des mines d'Aubin , moyennant un prix dont elle a donné le chiffre !... Il faut que je convienne avec moi-même d'une qualification aussi modérée que possible. J'appellerai donc cela la première *inexactitude*.

Voici autre chose. On dit que la Société a traité, vous avez entendu le chiffre, moyennant 3,200,000 francs. Voilà ce qu'il en coûtera aux actionnaires pour s'affilier à la Société. C'est ce que la société morale a payé pour devenir propriétaire, 3,200,000 francs.

C'est un gros chiffre. Voyons un peu ce que vous en penserez, lorsque vous connaîtrez l'origine et la filiation de l'établissement d'Aubin et que vous vous poserez cette question : mais si j'avais su cela à l'avance et si le prospectus m'était tombé dans les mains... (je ne parle plus de la société anonyme qui n'existe pas encore, mais du chiffre moyennant lequel on fait l'apport de cet établissement), si j'avais su ce chiffre, j'aurais été scandalisé, épouvanté.

Connaissez l'origine empruntée aux actes authentiques.

En 1845, il n'était pas question des usines d'Aubin.. Il y avait une collection de petites exploitations souffreteuses, isolées dans cette partie de la France. Un monsieur, qui est notre adversaire, qu'on appelle M. le comte de Seraincourt, s'est présenté sur les lieux animé de la pensée de traiter avec tous ces petits exploitants, qui tous ensemble ne recueillaient pas mille écus de leurs exploitations ; il conçoit l'idée de traiter de ces petites parcelles et de s'en rendre maître moyennant un contrat conditionnel , c'est-à-dire qu'au bout d'un certain temps l'acquisition pourrait être réalisée, si

M. de Seraincourt le voulait, ou s'anéantirait si c'était son bon plaisir. Quand on traite sur ces bases, on ne marchande guère. En conséquence, tous les petits exploitants réunis acceptèrent l'offre de 600,000 francs ; c'était magnifique ! c'était le Pactole qui dérivait accidentellement vers Aubin. On accepta. La seule crainte était que l'éventualité ne se réalisât pas.

Elle se réalisa ! M. de Seraincourt vint à Paris et il s'occupa de former une société pour les usines d'Aubin réunies. On commença par un rapport d'ingénieur. (Il n'en manque jamais en pareil cas.) L'ingénieur fut M. Boulanger ; le rapport porte la date du 25 janvier 1846, je l'ai en texte complet et même vous me permettrez d'en lire quelques lignes, ne serait-ce que pour savoir ce que valent les rapports en cette matière. M. Boulanger termine de cette manière (il ne se compromettait pas ainsi) : « Ces données sont très-approximatives..... »

Voilà le dernier mot du rapport : consacrez à cette opération d'ensemble un capital de 6 à 7 millions et, sans craindre aucune espèce de mécompte, vous récolterez, à titre de bénéfice, un million.

La préface terminée, on pouvait s'occuper du corps de l'ouvrage. En conséquence la Société fut organisée le 9 mai 1846. J'ai là les statuts ; en voici l'analyse : M. de Seraincourt apportait à la Société les usines qu'il avait achetées conditionnellement 600,000 francs ; il les apportait moyennant 1,400,000 francs. Je ne parle pas de quelques accessoires ; ça n'en vaut pas la peine. Je vous recommande seulement les chiffres qui sont là. Il avait acheté non pas définitivement, mais conditionnellement, c'est-à-dire s'il trouvait le placement dans le délai fixé et il abandonne la même chose moyennant 1,400,000 francs : bénéfice net, 800,000 francs.

Le capital social est fixé à 6 millions. Et puis, parmi les fondateurs de la Société, ce qui prouve qu'elle avait inspiré de la confiance, se rencontrent des noms ayant de l'importance dans les affaires : MM. Aguado, Pellaprat, duc de Gal-

liéra, etc. Assurément si cette entreprise effectuée avec de
de tels noms et de telles ressources n'a pas un sort favorable, ce sera sa faute ; il faudra qu'elle soit atteinte d'un
vice radical, car, encore une fois, il y a des noms qui sont
une garantie puissante et une autorité en affaires. Eh bien !
l'établissement d'Aubin, fondé au mois de mai 1846, a vécu
jusqu'en 1851 et dans l'intervalle il a dévoré jusqu'au dernier centime 6 millions. Ce ne sont pas des promesses, ce
sont des écus qu'on lui a livrés et qu'il a absorbés complètement jusqu'au dernier centime, du mois de mai 1846 au
10 mars 1851, qui a été la fin de la Société, par la dissolution qui en a été prononcée.

Il s'est agi de réunir les débris du naufrage et de vendre
tout cela. Ces usines magnifiques qui avaient coûté si cher,
auxquelles M. Boulanger, dans son rapport de 1846, avait
prédit de si brillantes destinées, on a mis tout cela en vente;
je suis ici simplement les chances de l'adjudication. Le
9 juillet 1851, première tentative d'adjudication aux criées de
la Seine, sur la mise à prix de 1,400,000 francs, chiffre égal
à celui de l'apport de M. de Seraincourt. On faisait abstrac-
tion, dans cette mise à prix, de l'immense capital que les
actionnaires avaient apporté. Quel fut le chiffre de l'adjudication ? Néant. Il n'y eut pas un seul amateur. On se remit
à l'œuvre le 13 août 1851 ; nouvelle tentative d'adjudication,
on avait diminué la mise à prix de moitié, 700,000 francs et
ce pauvre établissement d'Aubin eut encore l'humiliation de
ne pas trouver d'amateur, même à ce prix. On recommence ;
on abaisse encore la mise à prix ; il ne venait personne.
Alors, en désespoir de cause, voilà quelques-uns des anciens
intéressés dans la Société morte qui se réunissent et deviennent ensemble adjudicataires, le 22 novembre 1851, moyennant 500,050 francs. Les voilà propriétaires.

Eh bien, c'est après cette création, cette existence et cette
fin, après cette dissolution de la Société, après ces tentatives
successives et honteuses d'adjudications impuissantes, lorsque l'on n'est arrivé à trouver au mois d'août 1851 d'amateurs que jusqu'à concurrence de 50 francs au-delà de la

mise à prix, lorsque ces amateurs ne sont autres que quelques-uns de ceux qui étaient engagés dans la défunte Société, c'est après cela que tout à coup nous allons voir reparaître, quoi? l'établissement d'Aubin sous la forme du prospectus du 13 juillet 1852, où l'établissement est annoncé avoir été acheté par la Société anonyme (qui n'existe pas), moyennant 3,200,000 francs, et c'est moyennant ce chiffre qu'on l'offre aux amateurs.

A moins qu'on ait découvert, en creusant quelque puits à Aubin, une communication avec l'Australie ou la Californie dans l'intervalle de 1851 au mois de juillet 1852, je vous déclare que, de la meilleure foi du monde je ne puis m'expliquer cela. Personne n'en a voulu à 500,000 francs, après toutes les mises en demeure, sous toutes les formes possibles de la publicité; enfin, quelques-uns des intéressés se décident, achètent 500,050 francs et nous voyons reparaître cela sous forme d'une société anonyme, que l'on suppose exister, avec toutes les recommandations que nous examinerons dans un instant et le chiffre qui se dégage pour le public, le chiffre de 500,050 francs est porté à 3,200,000 francs.

Il est vrai que mon adversaire, pour concilier ces deux chiffres extrêmes, pose un chiffre intermédiaire et dit que dans l'intervalle, après l'adjudication à 500,050 fr., les adjudicataires ont traité une première fois avec M. de Pourtalès-Gorgier qui a consenti à acheter Aubin moyennant 1,500,000 francs et 250,000 francs pour le matériel. Je dis d'abord qu'il n'est question ni de M. de Pourtalès ni de son prix d'achat intermédiaire dans le prospectus; ce sont des faits qui ont été révélés à l'audience et sur lesquels rien ne pouvait nous éclairer.

Mais voyons, M. de Pourtalès a acheté moyennant 1,750,000 francs..... je ne lui en fais pas mon compliment, mais enfin c'est son affaire. Qu'en concluez-vous? Est-ce que Aubin qui valait 500,000 francs un jour, valait 1,500,000 francs quelques jours après? Il y a une bonne âme qui l'a cru; c'est à merveille! mais enfin de 1,750,000 francs à 3,200,000 francs, savez-vous qu'il y a encore un grand intervalle, une grande épaisseur, et vous n'avez pas même essayé d'effacer cet intervalle. Quant aux 250,000 francs moyennant lesquels M. de Pourtalès aurait acheté le matériel, vous n'apportez pas ce matériel. Tout ce que M. de Pourtalès aurait acheté n'est pas compté à la Société anonyme. Au suplus, je ne m'arrête pas à ce détail. Je mets en regard les 500,000 francs d'une part et les 3,200,000 francs de l'autre, ne voyant pas comment pendant un chômage prolongé des usines, on expliquerait la transition si brusque de 500,000 à 3,000,000 de francs, quand même on poserait dans l'intervalle le chiffre de M. de Pourtalès.

On a répondu : mais prenez garde ! la Société anonyme est fondée par des souscripteurs sérieux ; les actions ont été souscrites.

Que voulez-vous donc conclure de cela ? que les fondateurs de la Société se sont répartis des actions ? Il le faut bien ; ils fondent entre eux la société à un capital de 4 millions, dont 3,200,000 francs absorbés par l'usine, et le surplus destiné à ce qu'on appelle le fonds de roulement ; il faut bien qu'ils se partagent dans les proportions qui leur conviennent les 4 millions d'actions. Est-ce pour les garder ? Non, c'est précisément pour ne pas les garder, pour les écouler dans le public que le prospectus est fait. Lors donc que vous dites : il y a un fonds de souscription ! encore une fois il y a toujours un fonds pareil, mais ce que désirent et espèrent les fondateurs primitifs, c'est qu'ils resteront propriétaires le moins longtemps possible de ces actions qu'ils destinent jusqu'à la dernière au public.

Tâchons de pénétrer plus avant dans le prospectus. J'ai rendu compte du chiffre d'achat et de la mise en Société. Nous sommes toujours dans le prospectus. Ai-je eu raison de l'attaquer ? Etait-ce dans mon droit ? Oui ! Ai-je fait sérieusement, loyalement les critiques que j'ai dirigées, non contre les personnes, c'est reconnu, mais contre l'écrit lui-même ? Ces attaques sont-elles sérieuses ? Voilà le procès. Il est impossible de vérifier si les attaques sont sérieuses et loyales, sans les connaître et les approfondir autant que peuvent le permettre les débats d'une audience.

Je vous ai dit que je vous signalerais les points principaux du prospectus, ceux en présence desquels il était impossible qu'un homme compétent comme M. Cabrol ne se sentit pas ému jusqu'au fond des entrailles. Voici ce que je lis dans le prospectus : « § 1ᵉʳ. Cette compagnie « a acheté une usine considérable située dans le sud de « la France, près des célèbres forges de Decazeville....... « Elle sera reliée ...., etc. » Assurément, quand on lit cela dans le prospectus avec des affirmations aussi positives, quand on dit avec quelles mers on sera relié par une ligne de chemin de fer, c'est faire une promesse à celui à qui le prospectus est remis, dans les mains duquel il tombe ; c'est dire, il y a là une certitude : on sera relié.

Il y a donc un chemin de fer déjà fait ou en voie d'exécution plus ou moins avancée, ou au moins promis, assuré à cet établissement, soit par un vote législatif, soit par des actes émanés de l'autorité compétente. On sera relié ! C'est sur la foi de cette affirmation qu'on sera relié, qu'on aura des débouchés, que les actionnaires sont conviés. On sera relié ; cela arrivera-t-il jamais ? Ce n'est pas impossible, mais assurément, ce n'est pas l'état actuel des choses qui vous autorise à attendre une solution plus ou moins prochaine. Est-ce qu'il y a parmi les voies de communication un chemin de fer, je ne dis pas exécuté, mais annoncé, d'Aubin à Montauban ? En aucune façon, il n'y en a pas plus que d'ici à la rue Saint-Honoré. Savez-vous ce que ça coûterait ? Ça coûterait plus de 30 millions pour moins de 300,000 francs de transport par an.

Voilà assurément deux données qui ne permettent pas de dire qu'on sera relié. Il est vrai qu'on n'a pas dit à quelle époque ; mais ce sera apparemment pendant la durée de la Société ; on sera relié, n'importe à quelle époque. Mais, non, on ne sera pas relié ; il n'est pas possible qu'on le soit quand il n'y a pas de chemin de fer voté, quand il n'y a pas d'élément qui permette une pareille entreprise.

Je sais qu'on a dit : si ce n'est pas d'Aubin à Montauban, ce sera de Clermont-Ferrand à Montauban en passant par Aubin. On allonge le chemin, on augmente la dépense, mais on n'ajoute rien à la vraisemblance de l'exécution. Ce chemin ne sera pas plus voté ni exécuté que l'autre. Il est même encore plus invraisemblable, car il ne coûterait pas seulement 30 millions, mais 140 et 150, d'après les études qui ont été faites, en ce qu'il devrait traverser un des pays les plus difficiles et les plus rebelles aux chemins de fer, l'Auvergne, pays montagneux et presque désert dans beaucoup de parties.

Ainsi, lorsque dans le premier paragraphe du prospectus on donne comme gage de l'exploitation et des développements magnifiques de l'entreprise, le chemin de fer qui reliera Aubin aux deux mers, l'Atlantique et la Méditerranée, je vous laisse à apprécier ce qu'il y a de sérieux dans une pareille promesse.

Et sans sortir du premier paragraphe, voici bien autre chose ! « On sera relié par une ligne de chemin de fer d'environ 50 milles de longueur, jusqu'à Montauban ; 50 milles, mesure anglaise correspondant à 67 de nos kilomètres français. » Mais savez-vous ce qu'il y a de milles de longueur entre Aubin et Montauban ? 50 ? Non, 70 ! C'est une vérité géographique, la plus inexorable de toutes les vérités, ce n'est pas 50, c'est 70 milles de longueur.

Il est vrai qu'il y a un mot qu'on a jeté comme un pont entre le chiffre fictif 50 du prospectus et le chiffre réel de 70, c'est le mot *environ*. Je lui accorderai toute l'élasticité qu'on voudra, mais jamais on n'imaginera qu'à la faveur de ce mot environ, on a fait comprendre 70, lorsqu'à côté d'environ on mettait 50. Ça voudra dire, 48, 49, 50, 51, cinq en plus ou cinq en moins, mais 70 au lieu de 50, cela n'est pas

permis. La géographie ne varie pas au gré des prospectus.
Il y a là une inexactitude nouvelle.

Mais cette inexactitude est fort grave. Pourquoi mesure-
t-on la distance? C'est parce qu'il s'agit de transports et que
les transports coûtent d'autant plus cher que la distance à
parcourir est plus considérable ; que dans le prix de revient
de toute marchandise, lorsqu'elle n'est pas consommée sur
place, entre nécessairement comme élément principal le
prix du transport qui se calcule sur le parcours même que
la marchandise doit accomplir. Lorsqu'il s'agit dans un
prospectus, de rails de fer, de houilles, c'est-à-dire de mar-
chandises qui pèsent beaucoup, dont les transports sont coû-
teux, et que je dis : de tel point de production à tel point de
consommation ou d'embarquement il y a 50 milles environ,
tandis qu'au lieu de cela il y en a 70, quand je dis cela, j'en
impose sur le prix des transports dans la proportion de 50,
chiffre artificiel et de 70, chiffre réel. Pour faire l'application
de ceci au procès, la différence de 50 à 70 est de 20 ; ça fait
une différence de 30 0/0 sur le prix des transports en ce qui
concerne Aubin.

Je ne me jette pas là dans des questions théoriques, je
fais saisir ce qui est appréciable par tout le monde, par
toutes les consciences. — Vous dites 50, c'est 70; cela fait
30 0/0, soit une différence de 200,000 tonnes que vous pro-
mettez à vos actionnaires ; cela fait par année une différence
de 300,000 francs en plus, uniquement parce qu'au lieu de
50 il y a 70 milles à parcourir à raison de 5 centimes par
kilomètre, prix que personne ne conteste. Voilà donc encore
une inexactitude d'autant plus grave que vous allez voir à
quel point l'auteur du prospectus, quel qu'il soit, s'est laissé
égarer.

Ainsi que j'ai eu l'honneur de vous le dire, à ce prospectus est joint une carte géographique qui comprend la
France tout entière et particulièrement Aubin. Dans cette
carte figure, de manière à frapper particulièrement les
yeux, le chemin de fer qui doit relier Aubin avec les deux
mers et Montauban en passant par Aubin et en prenant son

point de départ à Clermont-Ferrand. Tous les autres points de communication sont indiqués par des lignes noires, mais cette communication si considérable pour la prospérité future d'Aubin, ce chemin de fer est indiqué par une ligne rouge. Je ne prétends pas que le prospectus ait affirmé que le chemin de fer existait, non, il a dit : on sera relié. Mais quand le pauvre actionnaire a cela sous les yeux, il est bien tenté de mettre au présent ce qui est au futur. La chose est tellement certaine, elle se rattache tellement à la prospérité de l'entreprise, qu'il ne doute pas que, sous cette ligne rouge, il n'y ait un chemin de fer en voie d'exécution et dont l'achèvement ne peut se faire attendre longtemps. Voilà comment, au moyen de cette illustration, le prospectus mettait en relief encore mieux les promesses qu'il renfermait dans ce sens.

Je vous ai parlé du titre des 3,200,000 francs, du chemin de fer, des distances ; passons, si vous en avez la patience, et c'est le fond du procès, passons à un autre article.

Je trouve dans le prospectus ce qui suit : « Les forges d'Aubin ont 6 hauts-fourneaux de construction moderne avec machines soufflantes à air chaud et machines pour élever et verser les minerais, etc. Les hauts-fourneaux sont soufflés par deux excellentes machines de la force de 200 chevaux chacune, faites en 1846 aux ateliers de Neath-Albey, dans le Sud du pays de Galles... » De tout ceci, je vous prie de retenir les deux choses principales : 6 hauts-fourneaux de construction moderne, soufflés par deux excellentes machines, de la force de 200 chevaux chacune, faites en 1846, en Angleterre, on donne la désignation de la localité.

Eh bien, sur les hauts-fourneaux d'abord, est-ce qu'il y en a 6 de construction moderne ? Il n'y en a jamais eu que deux, plus 4 qui sont très-loin d'être achevés. Est-ce que par hasard je fais une supposition ? Ce serait bien maladroit, il s'agit d'un fait matériel. Mais j'avais à affirmer

cette proposition devant le tribunal lorsque j'ai été heureux
d'en trouver la preuve dans les documents mêmes que mon
adversaire a eu la bonté, la loyauté de me communiquer à
la fin de la dernière audience. Il nous a parlé de deux rapports, le rapport de M. Lang et celui de M. Duval. J'y reviendrai dans un instant, mais quant à présent, je prends acte
seulement de ce que dans ces rapports on déclare très-posi-
tivement et très-explicitement que, s'il y eu 6 hauts-fourneaux projetés à Aubin, il n'y en a que deux qui aient été
exécutés ; que les 4 autres non-seulement n'ont jamais
fonctionné, mais qu'ils sont très-loin d'être achevés, qu'il
faudrait des dépenses considérables pour qu'ils atteignissent
leur perfection et qu'ils fussent livrés à l'industrie.

Voilà ce qui est dit dans les deux rapports sur lesquels serait édifié le prospectus ; c'est-à-dire que le prospectus n'a
pas copié les rapports, il les a dénaturés, il a dit sur ce fait
matériel et considérable, qu'il y avait 6 hauts-fourneaux de
construction moderne, lorsque les rapports constatent qu'il
n'y en a jamais eu que deux.

Vient après cette énonciation « que les hauts-fourneaux
sont soufflés par deux excellentes machines de la force de
200 chevaux chacune, faites en 1846, aux ateliers de Neath-
Albey, dans le sud du pays de Galles. » Pour vouloir trop
localiser, on est exposé à un inconvénient que voici : Il
nous a été facile de savoir de quel établissement anglais
provenaient les deux machines dont je viens de parler. Elles
sont excellentes, je n'ai pas à en contester la qualité, j'en
conteste seulement la force, et vous allez voir si ma démonstration est décisive sur ce point.

Nous nous sommes adressés à M. Praisse, l'auteur des
deux machines, qui les a présentées au public — ici il n'y a
pas même le refuge *d'environ* — comme étant chacune de la
force de 100 chevaux : il y a donc exagération de moitié. Eu
égard aux autres hyperboles que renferme le prospectus,
l'exagération est très-modérée. On suppose 200 lorsque ce

n'est que 100. C'est une peccadille, j'ai pourtant le droit de la constater. Voilà ce que M. Praisse nous répond. Voilà l'homme qui a fait les machines, qui offre d'en faire de pareilles, qui, interpellé sur la force de ces machines — il n'a pas d'intérêt à déguiser, à dissimuler en moins — dit qu'elles sont de la force de 100 chevaux. Quand nous demandons au prospectus ce qu'il promet aux actionnaires, il affirme que les hauts-fourneaux sont soufflés par deux excellentes machines de la force de 200 chevaux chacune. »

Passons !

Après quelques détails, le prospectus continue : « Avec ces éléments, et malgré un prix de transport très-élevé... » J'ai mission de vous dire que ceci est une chose énorme dans l'industrie, et vous verrez les contre-coups d'une pareille témérité sur les prix de revient du fer et des rails, car ceci est une impossibilité, une impossibilité qui va jusqu'à l'absurde.

M. Cabrol, dans la lettre incriminée, l'avait dit en passant ; il avait signalé à M. de Morny ce qu'il y avait de dangereux pour l'industrie française dans de pareilles énonciations ; mais il avait dit aussi qu'il reviendrait sur ce sujet, s'il en était besoin. Quand il se trouve aux prises avec un procès correctionnel, la vérité des imputations faites au prospectus est la justification de M. Cabrol. Quand il s'est vu exposé à un procès correctionnel, il s'est dit : Il faut que la question soit traitée à fond, — et spécialement, je parle du prix de revient des rails, de la tonne de fer en France et particulièrement dans le département de l'Aveyron, — et en conséquence dans une publication qui porte la date du 19 août 1852, postérieure à la plainte que vous trouverez également sous forme de lettre dans le *Moniteur industriel*, M. Cabrol a déclaré qu'il venait tenir la promesse qu'il avait faite, c'est-à-dire traiter à fond la question du prix de revient en mettant les chiffres vrais en parallèle avec les chiffres imaginaires portés dans le prospectus d'Aubin. Je suis d'autant plus heureux de cette publication, qu'en vous suppliant de la lire avec l'attention que vous accordez toujours aux documents importants, — et celui-ci a une énorme importance, — je suis dispensé de toute espèce de discussion, même technique. Vous auriez peu de confiance dans un homme qui ne s'inspirerait pas de l'autorité de son client, n'en ayant aucune par lui-même. Mais mon client, je le laisserai parler d'abord, et ses paroles vous paraîtront d'autant plus remarquables, qu'elles n'ont pas été l'objet d'une plainte supplémentaire, quoique dirigées contre le prospectus, quoique le prenant corps-à-corps sur la question principale, celle du prix de revient. Non, on n'a pas essayé une plainte supplémentaire ni même une contradiction quelconque et depuis le 19 août, 1852 que ceci est publié, nous attendons que l'on essaie une contradiction ou une réfutation.

Nous l'avons attendue en vain ; mais ce que nous n'avons pas attendu en vain, ce sont les applaudissements de tous ceux qui, dans un intérêt national, s'intéressent à notre grande industrie ; ce sont les applaudissements et les remercîments des hommes les plus spéciaux et les plus compétents qui ont écrit à M. Cabrol — et je n'aurais que l'embarras du choix dans les documents de cette nature, — pour le remercier de son courage et de sa persévérance dans cette lutte qu'il avait engagée contre des assertions qui, si elles étaient crues, portaient un coup mortel à l'industrie nationale. J'y reviendrai tout-à-l'heure ; quant à présent, je vous signale la lettre de M. Charles de Vindel, un des plus grands industriels dans ce genre qu'on puisse citer, le directeur de la Compagnie d'Hayange, lettre qu'il priait M. Cabrol de faire publier dans le *Moniteur industriel*. M. Cabrol n'en a pas fait usage ; il lui suffisait que la vérité fût connue, mais il voulait absolument qu'elle le fût et il a fait de cette partie de la discussion l'objet de la publication dont j'ai parlé tout-à-l'heure, qui n'a été suivie d'aucune plainte supplémentaire.

Les assertions du prospectus, en ce qui concerne le prix de revient du fer, sont d'autant plus étranges, d'autant plus inexplicables, que même dans le rapport de M. Boulanger, cet ingénieur qui a présidé à la naissance de la société d'Aubin, cet ingénieur qui promettait un million annuel de bénéfices sur un capital social de 7 millions, dans son rapport M. Boulanger s'expliquant sur le prix de revient et l'abaissant, le porte pourtant de 200 à 210 fr. par tonne de rails de fer; il ne peut aller plus bas, lui qui cependant promettait de si magnifiques destinées à Aubin. Savez-vous ce qui résulte du rapprochement de ce chiffre de M. Boulanger avec le prix du prospectus? M. Boulanger dit 210 francs ; le prospectus dit 112, c'est-à-dire la moitié de ce prix de revient fixé par un homme qui s'est si étrangement abusé sur les facultés industrielles qu'il supposait à l'établissement d'Aubin.

Je ne m'arrête pas plus longtemps sur ce point, et je vous signale celui-ci.

« Un marché, dit le prospectus, vient d'être conclu avec « la Compagnie du chemin de fer d'Orléans à Bordeaux...» Voilà en particulier une opération. On dit qu'on vient de traiter avec le chemin de fer d'Orléans, que l'on est assuré d'une livraison de 8,000 tonnes au prix indiqué.

Il y a du vrai là dedans, c'est-à-dire qu'il y avait un marché passé entre M. de Pourtalès et le chemin de fer d'Orléans. Voici le cahier des charges, la soumission de M. Pourtalès et la lettre qui complète ceci. Maintenant en quoi l'énonciation que vous venez d'entendre est-elle inexacte? C'est d'abord parce qu'elle suppose un marché stable, ferme, définitif, irrévocable, là où il n'y a qu'un marché éventuel et révocable essentiellement affecté de clauses résolutoires sans indemnité. C'est un marché de 8,000 tonnes, c'est vrai ; mais avec cette condition — insérée dans la soumission même de M. de Pourtalès et dont le prospectus ne dit pas un mot, pas plus que du caractère aléatoire et révocable du traité — que, pour peu qu'il plaise à ces établissements de venir dire : des 8,000 tonnes nous en demandons les 3/5es, le marché tombe à 4,800 tonnes. Ce n'est pas tout encore, cela a été modifié depuis. Le 19 août 1852, on annonçait à M. Ca-« brol ceci : « Il demeure entendu que l'usine d'Aubin sera « chargée de 2/5 de la fourniture. » Ainsi, ce n'est plus même 4,800 tonnes sur 8,000, ce sont les 2/5, ou 3,200. Comme vous le voyez, on parle d'un marché ferme et c'est un marché révocable dont le bénéfice est encore à partager entre Aubin et les autres établissements.

Je ne dis rien maintenant des bénéfices annoncés sur chaque tonne de rails. Cela rentre dans les impossibilités, dans les énormités que je signalais tout-à-l'heure et sur lesquelles je ne reviens pas.

« La plus importante ressource... » — Et c'est une des plus sérieuses observations que j'aie à vous soumettre.— « La plus « importante ressource de cette Compagnie dans l'avenir, « continue le prospectus, sera cependant la vente du char-« bon et du coke, après l'achèvement du chemin de fer « d'Aubin à Montauban. » Après l'*achèvement* ! Il n'en est pas encore question, par conséquent il n'est pas encore commencé, encore moins achevé ; mais enfin après l'achèvement du chemin de fer d'Aubin à Montauban, les houillères d'Aubin pourront livrer à Bordeaux de 1,500 à 2,000 tonnes par jour, au prix de 14 francs par tonne.

Ceci, Messieurs, est la contre-partie de ce que nous avons rencontré tout à l'heure sur le prix de la tonne de fer. Il s'agit ici du prix de revient de la tonne de houille et des bénéfices que l'on en espérait. M. Cabrol avait encore pris l'engagement d'examiner, de discuter cette question, de rétablir les faits et chiffres dans un écrit spécial. C'est ce qu'il a fait. Et de même qu'à l'égard du prix de revient des rails il s'en était expliqué dans le *Moniteur industriel* du 19 août 1852, de même en ce qui concerne le prix de revient de la houille et les bénéfices annoncés, il en a fait l'objet d'une discussion spéciale dans le *Moniteur industriel* du 23 janvier 1853. Je place ici l'observation que je faisais tout à l'heure sur le prix de revient du fer : jusqu'à présent cette explication n'a été l'objet d'aucune plainte supplémentaire, ni d'aucune réfutation tentée par quelque plume que ce soit. C'est que, effectivement, il y a dans ces affirmations sur le prix de revient de la houille et des bénéfices qu'on peut s'en promettre, il y a outre la violation de toutes les vérités de la géographie que vous rencontrerez à chaque ligne, je ne m'y arrête pas, je parle du prix de revient lui-même, il y a de telles aberrations, de telles témérités, des démentis tellement hardis donnés à l'évidence des choses et à toutes les connaissances des hommes spéciaux, que vraiment on en est confondu. Tenez ; vous affirmez là-dedans que le prix de revient de la houille à Aubin sera de 1 franc pour 1,000 kilog., le chiffre résume en cette partie toutes les affirmations que vous venez d'entendre. Eh bien, je vous représente les déclarations faites à la régie par les administrateurs d'Aubin le 31 juillet 1852, c'est-à-dire quelques jours après la publication du prospectus. Pour se conformer aux règlements sur la matière, on est obligé de faire à l'autorité des déclarations de cette nature. Voici celle qui a été faite par les administrateurs d'Aubin ; remarquez qu'ils sont obligés, comptant avec l'administration, de dire la vérité, ce n'est plus du style de prospectus : 5 fr. 10, 5 fr. 15. C'est le prix de revient accusé par Aubin officiellement ; c'est la quantité de houille que l'on déclare aux actionnaires futurs, dans le prospectus, ne devant coûter que un franc. Vous comprenez que plus on abaisse le prix de revient, plus nécessairement on élève les bénéfices. Or, nous n'avons pas besoin de chercher ici d'autres documents que ceux qui émanent des adversaires eux-mêmes. Ce qu'ils promettent à 1 franc comme prix de revient, dans le prospectus que nous attaquons, ils déclarent à l'administration que cela coûte réellement 5 fr. 10 et 5 fr. 15. — C'est-à-dire que le prospectus en impose sur ce point dans la proportion de 1 à 5.

Ce sont là des choses très-graves, car il ne s'agit pas ici de petites quantités, mais de quantités énormes ; c'est en centaines de mille francs et en millions que ces différences se résument.

Lorsqu'on vient dire à des actionnaires, au public que l'on convie à une entreprise nouvelle : le prix de revient du fer est de tant, on le vend tant, conséquemment bénéfice : tant. Il suffit de rapprocher ces deux faits ; ce n'est pas plus difficile que cela, si le premier chiffre est un mensonge flagrant ; si, en ce qui concerne la houille, par exemple (la question est la même), le prix de revient avoué par les adversaires, vérifié par l'autorité administrative, au lieu de 1 franc est supérieur à 5 francs, comment, je le demande, je le demande à tous, si voyant de pareilles choses, sachant tout ceci comme le sait l'homme qui est devant vous, je le demande, quel est celui qui se serait contenu, ne se serait-il pas rendu coupable envers son pays, envers la vérité, la raison, la justice, la morale publique, en ne criant pas à ce prospectus : vous êtes l'œuvre du mensonge; vous venez impudemment au milieu de notre société semer des assertions dont le moindre tort serait de tromper ceux qui s'affilieraient à votre société, mais qui auraient bien d'autres conséquences. Voilà ce que M. Cabrol a fait. En présence de ces affirmations qui, pour être en anglais ne sont pourtant pas interdites aux autres nations et qui devaient nécessairement passer dans d'autres langues, en voyant ces choses, il n'a pas pu se contenir. Il n'est pas un de vous, pas un des hommes qui m'entendent ici, qui, dans la situation de M. Cabrol, avec la conviction qu'il puisait dans ses connaissances spéciales et dans son expérience à laquelle tout le monde rend hommage, qui avec cet accent de conviction bien modéré, eu égard à la citation du prospectus, n'eût crié sur tous les tons qu'il était impossible que de pareilles choses s'accréditassent, qu'il était impossible à tout honnête homme compétent de ne pas leur interdire, autant qu'il était en lui, le passage.

Messieurs, j'arrive au terme de ma tâche en ce qui concerne les points culminants que je voulais vous signaler et qui me paraissent être à la portée de tous dans ce prospectus qui, en si peu de lignes, renferme tant de choses. Il y a cependant encore deux points que je vous prierai d'entendre.

Après toutes ces promesses, toutes ces annonces, toutes ces illusions, pour leur donner plus de consistance, voici ce que l'on disait : « Les forges et mines dont il s'agit ont été « soigneusement examinées et étudiées par deux ingénieurs « des mines... »

Ainsi, on commence par développer toutes les considérations, tous les motifs de la prospérité future. Ensuite, on donne en garantie les expérimentations, les vérifications préalables faites par des hommes éminemment compétents. En première ligne, c'est un ingénieur choisi dans l'arrondissement d'Hayange, M. Lang dont le rapport est entre les mains de nos adversaires ; le fait est vrai. M. Lang s'est présenté à Aubin. M. Lang avant le prospectus qui paraît s'appuyer sur son rapport, M. Lang a fait un travail ; seulement voici deux observations, et vous allez voir s'il est possible de s'égarer à ce point et de tomber dans des inexactitudes plus inexcusables.

Ce rapport de M. Lang, je ne veux pas le discuter *in-extenso*, je veux montrer en première ligne que loin de s'appuyer fidèlement sur le rapport de M. Lang, c'est en s'écartant de ce rapport dans ses données principales, en supposant le contraire de ce qu'il disait et pourtant en l'invoquant, que l'auteur du prospectus est arrivé à toutes les énormités que j'ai signalées.

(M⁰ Paillet lit plusieurs passages du rapport de M. Lang.)

C'est-à-dire, Messieurs, qu'en rapprochant le prospectus du rapport de M. Lang sur lequel il s'appuie essentiellement, ce rapport est la condamnation la plus directe, la plus énergique, la plus impitoyable du prospectus lui-même.

Il y avait dans le prospectus une imprudence à désigner Hayange comme le lieu de la résidence de l'ingénieur dont on invoquait le rapport. C'était une imprudence, — il y avait de l'avantage, mais il y avait aussi de l'inconvénient. Il y avait avantage ; le lecteur pouvait dire : c'est bien positif, on nomme le lieu où cela s'est passé. Mais il y avait de l'inconvénient, car celui qui veut faire une vérification est dirigé par le prospectus lui-même. Ainsi, à propos de ces machines de 200 chevaux qu'on annonçait avoir été fabriquées en Angleterre, il ne nous a pas été difficile de nous adresser au fabricant et de lui demander si les machines qu'il avait faites pour Aubin étaient bien de la force de 200 chevaux ; à quoi il a répondu pour 100, c'est-à-dire qu'il a démenti à moitié l'assertion du prospectus ; ici on a l'imprudence de dire que l'ingénieur principal appartient à la localité d'Hayange. Oui, c'est un homme important que M. Lang, je ne dis pas le contraire ; c'est un homme loyal sortout. Nous lui avons demandé ce qu'il fallait penser de ce rapport. Ce n'est qu'à la dernière audience que nous l'avons mis en contact avec le prospectus ; nous étions disposés à croire qu'ils s'entendaient, le prospectus et lui, comme deux frères, mais au lieu de cela, nous avons vu qu'ils croisaient le fer sur la plupart des points, qu'ils étaient inconciliables. Nous avons donc écrit à M. Lang pour lui demander ce qu'il fallait penser de son intervention et de son rapport qui servait de base à ce monstrueux prospectus ; il a répondu que les exagérations qui existent dans le prospectus — c'est votre ingénieur, — ne peuvent avoir été puisées dans ses notes...

Voilà Messieurs, comment on fait des prospectus ! Rapports d'experts-ingénieurs, ingénieurs d'Hayange — c'est une localité essentiellement métallurgique — et puis à la faveur de ce document, on a introduit dans ce prospectus... je ne sais plus que dire, mais je ne veux prononcer aucun des mots désobligeants qui me pressent, qui m'obsèdent, je les chasse comme des ombres importunes, mais enfin des... *inexactitudes !* on introduit cela dans le prospectus, il y en a plus qu'on ne pourrait le croire ! Ces inexactitudes sont sans nombre et on a eu raison de le dire, grosses comme des montagnes. Non-seulement elles étonnent, mais elles indignent, elles scandalisent ceux qui ont quelques notions sur ces sortes de choses. Enfin, c'est égal; pour le public, il y a des ingénieurs qui ont passé par là. On regarde le rapport et, à la décharge de l'ingénieur, on voit que sur des points principaux dont le prospectus ne parle pas, il a condamné l'opération; que sur d'autres on lui fait dire précisément le contraire, directement le contraire de ses assertions. Quand on s'adresse à l'ingénieur lui-même, à sa raison, il répond avec une bonne foi qui l'honore : —j'ai fait un voyage rapide, des observations superficielles ; on m'a demandé des notes, non en vue de la création d'une Compagnie sérieuse, mais destinées à éclairer des actionnaires devenus propriétaires, qui voulaient être fixés sur la valeur de leur chose. J'ai jeté ces notes sur le papier, je n'en ai même conservé ni la minute ni une copie; j'étais loin de supposer qu'on ferait de cela l'élément d'un prospectus, et d'un prospectus contenant les exagérations de celui d'Aubin.

Je vous le demande, lorsque le prospectus est condamné à ce point par les pièces mêmes qu'il semblait appeler à son aide — je ramène toujours le débat à cette question de bon sens, d'honnêteté publique — était-il possible à M. Cabrol, homme spécial, compétent, habitant la même localité, sans avoir lu le rapport de M. Lang, sans posséder la lettre de démenti de M. Lang (mais enfin, la vérité, l'évidence n'ont pas besoin d'autres démonstrations) lui était-il possible de garder le silence? Et parce qu'il a parlé, parce qu'il a écrit, parce qu'il a démenti, avec moins d'énergie qu'un autre l'aurait fait, ces assertions dans les points principaux, on le traduit en police correctionnelle !

Messieurs, pour en finir avec le prospectus, car j'ai hâte d'en finir et je m'associe à votre impatience autant qu'il est en moi, il faut que je dise comment se termine ce prospectus :

« En résumé, avant l'établissement du chemin de fer.....

« (c'est toujours le chemin de fer) ..... avant l'établissement
« du chemin de fer, les actionnaires pourront compter sur un
« dividende de 30,000 livres à 40,000 livres sterling par an
« comme bédéfice produit par leurs forges... »

C'est joli *leurs forges!* ils sont déjà propriétaires des
forges d'Aubin, qui produisent 40,000 livres sterling
par an !

« ..... Et après sa construction, ce chemin par l'éco-
« nomie qu'il apportera..... (tout cela est au futur) dans
« les transports et par la consommation de ses propres
« locomotives, assurera à la Compagnie une nouvelle source
« de revenus d'un égal montant. En effet, un minimum de
« 200,000 tonnes de charbon par an sera vendu avec un
« bénéfice de 5 francs ou 4 schillings 20 par tonne, soit en-
« viron 40,000 livres par an. »

Voilà le dernier mot du prospectus; comme dans les lettres,
c'est le *post-scriptum* qui est le plus important. En définitive, les actionnaires n'entendent pas grand chose aux
tonnes de rails, de fer, de houille, aux prix de revient.
Il faut que tout cela se résume en chiffres sensibles à
toutes les intelligences et à tous les yeux. Et à titre de
résumé de toutes les informations qui précèdent, résumé
des rapports d'ingénieurs, commentés comme vous le savez,
on assure aux actionnaires un bénéfice qui variera par année,
de 25 à 50 0/0. Avant le chemin de fer, il faut qu'ils se
contentent de 25 0/0; après le chemin de fer, on leur garantit
50 0/0 sans en rien rabattre. 50 0/0 avec l'établissement
d'Aubin, mort malgré les 6 millions qu'on lui a livrés et qu'il
a dévorés en moins de cinq années, établissement qui comptait parmi ses fondateurs et ses patrons, des noms tels que
ceux des Aguado, des Galliera, des Pellaprat, des Hain-
guerlo, etc., établissement qui a sombré au milieu de toutes
ces chances de prospérité, qui non-seulement n'a pas pu
suffire à ses dépenses, mais qui a dévoré, je le répète,
6 millions qui lui ont été livrés. C'est cet établissement que
le prospectus d'Aubin promet au public comme lui garan-
tissant, s'il s'intéresse à l'entreprise, au minimum 25 0/0

de bénéfices nets par an, et après le chemin de fer, on doublera la dose.

Eh bien, Messieurs, que voulez-vous? Il me revient là un nom fatal dans ces sortes d'affaires, que j'ai déjà prononcé, que je repousse sans cesse, mais qui revient sans cesse, qui naît des entrailles de cette cause, Saint-Bérain ! pour la forme et pour le fond. Je vous mets de côté, vous, mes adversaires ; non, vous n'avez pas fait le prospectus, j'ai cette bonne opinion de vous tous sans en excepter aucun, et je le dis avec mon client. Non, vous vous calomniez lorsque vous supposez que les Anglais vos voisins, qui figurent à côté de vous dans l'association, sont aussi vos associés dans le prospectus. Non, je vous en adjure au nom de votre dignité, ne persistez pas dans cette voie, n'assumez pas sur vous la solidarité d'une œuvre indigne, ignoble, que je flétrirai toujours, car c'est à elle que j'ai affaire et non pas à vous. Je dis Saint-Bérain, oui, Saint-Bérain renforcé, après avoir étudié cela. Pour la forme, nous avons fait un tableau de comparaison. Vous verrez les deux prospectus, ils sont identiques ; les mêmes énonciations, les mêmes formules ; par je ne sais quelle fatalité, la ressemblance jusque dans la forme ! — Au fond, la ressemblance n'est pas aussi exacte ; non, oh non ! Les témérités de Saint-Bérain sont restées en deçà, bien en deçà de celles du prospectus d'Aubin.

Il faut, Messieurs, que justice se fasse ici comme ailleurs ! Ou il y a une diffamation, ou il y a une audace industrielle qui doit être punie, non par des jugements pris dans des textes de lois, mais par l'appréciation morale ; il faut que vous deveniez, et vous le deviendrez, des métallurgistes, oui, vous deviendrez des métallurgistes pour les besoins de la cause ; je vous demande en grâce de le devenir et d'apprécier le tableau que voici et qui est une des choses les plus curieuses qu'on puisse recommander à votre attention. C'est Saint-Bérain d'une part, et Aubin de l'autre ; c'est le prospectus condamné par la justice et le prospectus contre lequel nous plaidons ; car c'est contre lui que j'entends plaider, et vous verrez que ce serait calomnier Saint-Bérain que de le mettre, d'après son prospectus, sur la même ligne que celui-ci.

Voilà ce que j'avais à dire quant à cette œuvre que j'ai attaquée avec indépendance comme avec conviction. Et j'ai trop bonne opinion de mes adversaires pour n'être pas convaincu qu'ils y sont complètement étrangers, que s'il en était autrement, le président du conseil d'administration, M. de Morny, interpellé, n'aurait pas répondu : « Oui, on a publié cela, mais je ne l'ai pas fait, j'y suis étranger, c'est à mon insu. » Nous nous sommes adressés au premier de tous, au président de la Société ; il nous a répondu après trois jours de réflexion : cela m'est étranger ! — J'ai pris là mon point de départ. D'ailleurs, mon client a commencé par affirmer dans sa loyauté, que les adversaires proclament, qu'il n'a jamais entendu attaquer personne, mais qu'il attaque une œuvre indigne, une œuvre de déloyauté, de perfidie, de mauvaise foi. Il y a dans ce prospectus, en effet, un degré de corruption qu'il est impossible de nier pour qui voit, examine, réfléchit. Si donc vous vérifiez, si vous examinez le seul point qu'il y ait à examiner, à savoir si la guerre que nous avons faite au prospectus, nous l'avons faite de bonne foi, si les démentis que nous lui avons donnés, nous avons pu et dû les lui donner, si vous examinez, si vous vérifiez, il est impossible que votre conviction hésite un seul instant.

On nous fait encore quelques objections faciles à réfuter. On nous dit : Pourquoi vous êtes-vous mêlé de cela ? Après tout, M. Cabrol, vous n'êtes pas le seul industriel en métallurgie que la France possède. Pourquoi vous êtes-vous ému quand les autres gardaient le silence ? que vous importait ?

Je l'ai déjà dit, M. Cabrol comprend son rôle de citoyen ; je n'ai pas à le rehausser, à l'exalter ; je le prends tel qu'il m'est apparu. M. Cabrol comprend son rôle en ce sens que quand on a de bonnes vérités à dire, il faut ne pas les garder pour soi et que, comme il est compétent, comme dans ces sortes de choses il s'entend aussi bien qu'âme qui vive, comme il habite la contrée, il lui appartenait plus qu'à tout autre de parler et de crier sur les toits que ce prospectus était une chose odieuse ; d'autant plus qu'il était en quelque sorte interpellé et mis en demeure. Est-ce que par hasard le prospectus garde le silence sur Decazeville? Non pas, il se prévaut du voisinage de Decazeville et vous avez dû remarquer que dans la première phrase de ce prospectus, on dit : « Cette compagnie a acheté une mine considérable située dans le sud de la France, près des célèbres forges de Decazeville. » Bien obligé de l'éloge, mais cet éloge c'est tout simplement un élément de plus pour votre prospectus, attendu que, comme Aubin est situé à côté de Decazeville, on en tirera encore cette conclusion toute naturelle qu'Aubin et Decazeville sont deux frères ou deux sœurs. C'était donc un devoir pour le directeur de Decazeville, à lui plus qu'à tout autre, puisqu'il était désigné, de signaler le piège tendu à la crédulité publique.

C'est ici le moment de vous faire connaître dans toute leur plénitude les motifs de M. Cabrol.

Lorsqu'il a eu la douleur d'entendre, à votre dernière audience, ce reproche de s'être, lui, directeur et propriétaire de Decazeville, porté, de dessein prémédité, au délit de diffamation pour nuire à une entreprise rivale qui allait éclore sous le prospectus anglais, quand il a eu la douleur d'entendre cela, il a dû espérer qu'un moment arriverait où il pourrait vous expliquer les raisons qui lui faisaient un devoir de parler et de tracer les lignes qui sont incriminées devant vous.

Messieurs, il y a deux raisons, une générale, une plus particulière et plus personnelle.

La raison générale — je n'exagère rien, vous allez voir — se tire de l'intérêt de notre industrie nationale en ce qui concerne la métallurgie; si vous voulez que je précise davantage, ce qu'en économie politique on appelle les droits protecteurs.

Mon adversaire a eu raison de le dire, il y a deux thèses qui se débattent : celle des droits protecteurs, celle du libre-échange. Elles ont l'une et l'autre leurs partisans, leur polémique. M. Cabrol est l'un des champions le plus décidés des droits protecteurs. Non pas qu'il y tienne invariablement ; il comprend après tout qu'il peut y avoir une échelle mobile, intermédiaire, qui peut varier. Mais quant à ceux qui violemment, par une sorte de tour de main, veulent briser et abolir toutes les barrières, il les considère comme les ennemis les plus dangereux de notre industrie nationale. C'est pourquoi il a combattu le prospectus et est entré dans cette lutte. J'ai là des écrits qu'il a publiés, des luttes qu'il a soutenues contre M. Michel Chevalier. Il professe cette conviction que dans l'état actuel des choses, l'industrie française ayant pour rivale l'industrie anglaise, la concurrence est impossible sans les droits protecteurs qui établissent un équilibre artificiel ; qu'avec l'abondance des matières premières et leur bas prix, il est impossible dans l'état actuel des choses, que l'industrie française lutte contre l'industrie anglaise sans être immédiatement écrasée, à moins de droits protecteurs qu'il faut abaisser, mais progressivement. A ce titre, les droits protecteurs lui ont toujours paru indispensables et aussitôt que l'occasion s'en est présentée, il a toujours pris ou repris la plume ; c'est un champion très-ardent de cette thèse.

A l'époque où le prospectus qui nous occupe a paru, jamais la question des droits protecteurs, qui renferme en elle-même la question de l'industrie, n'avait été plus vive, plus palpitante. J'ai là une masse de documents, de pétitions adressées au chef de l'État par les grandes industries de la France, où on l'avertit, où on lui dit : prenez garde ! Vous savez que dans le rapport de M. Troplong sur le sénatus-consulte, où il s'agit des prérogatives attribuées au chef de l'Etat, toutes les appréhensions se groupent autour de cette question. Voici un document qui se lie à une Société en tête de laquelle se trouve le nom de M. de Morny et qui, si le prospectus est vrai, conduit directement, immédiatement à cette conclusion que les droits protecteurs sont un abus sans excuse, que non-seulement l'industrie française abandonnée à la concurrence, toutes les barrières étant abaissées, peut soutenir la concurrence, mais qu'elle peut fournir à plus bas prix. Les prix de revient affirmés dans le prospectus soit pour les fers, soit pour la houille, non-seulement ne surpassent pas les chiffres anglais, ils ne les atteignent même pas. De telle façon que s'il y avait des droits protecteurs à établir, ce ne serait pas sur la frontière française qu'il faudrait se placer afin de barrer le passage aux produits anglais, ce serait sur la frontière anglaise, afin d'interdire l'accès des produits français en Angleterre. Voilà où l'on va directement si le prospectus a dit vrai. Les droits protecteurs, comme on les appelle, ne protègent plus que des exactions, des prévarications, des cupidités sans excuse et il faut, non pas demain, mais aujourd'hui les effacer non pas partiellement, mais complètement.

Savez-vous, Messieurs, que lorsque la question se pose en ces termes, lorsqu'on a la prétention d'être un des gros industriels de son pays, lorsqu'on est placé à la tête de l'une de ses usines les plus importantes, lorsque cette usine se trouve précisément dans la contrée, côte à côte avec celle au nom de laquelle on annonce au public tout ce que renferme le prospectus d'Aubin, savez-vous bien qu'on a le droit de se plaindre ; quand on est animé de cette conviction d'honnête homme, qu'on serait coupable à ses propres yeux d'un crime de lèse-industrie nationale, si on se taisait, si on ne criait qui-vive ! à un pareil prospectus, si on ne le saisissait à la gorge au moment où il paraît, si on ne l'exterminait à la face du public et si on n'avertissait le Gouvernement qu'il y a un danger pour tous, que c'est un mensonge, que ces promesses en style de prospectus n'ont pas pour effet seulement d'égarer le public et de l'attirer dans un piège ; mais que les grands pouvoirs de l'Etat, s'ils pouvaient s'y laisser prendre, seraient entraînés eux-mêmes dans la voie la plus périlleuse, dans une voie où succomberait finalement notre industrie nationale ! (Mouvement.)

La pensée du prospectus n'est pas douteuse. Il donne comme l'un des éléments des bénéfices fabuleux qu'il promet

à ses adhérents, quoi? l'abaissement des droits protecteurs.
En effet, je lis ceci : « Et grâce aux droits protecteurs élevés,
« établis en France, le prix des rails ne peut manquer de
« donner un large bénéfice à la présente Compagnie. » Il
faut être aveuglé au dernier point. Vous commencez par établir votre prix de revient au-dessous du prix de revient
anglais ; vous constatez que les droits protecteurs n'ont plus
de raison d'être, que ce serait un impôt puisé dans la bourse
de tous au profit de quelques-uns, et vous allez dire ensuite
à vos actionnaires : nous ferons des bénéfices d'autant plus
considérables, que les droits protecteurs en France sont plus
élevés. Mais, malheureux, songez-y! Est-ce que le gouvernement est votre complice, pour vous faire gagner des bénéfices illicites? Non ; s'il peut croire un instant à vos prix de
revient, son premier soin sera d'anéantir les droits protecteurs, car il n'est pas l'homme de quelques-uns, il est
l'homme de tous ; il défend les intérêts généraux.

Vous voyez donc bien que le prospectus, non-seulement
dans sa pensée, dans ses dispositions principales, mais dans
ses énonciations toutes spéciales, appelait le gouvernement
à en délibérer. — Comment! il aurait été loisible à un
homme placé toute sa vie sur la brèche de cette question
des droits protecteurs, il lui aurait été loisible de se taire
devant une annonce si impudemment mensongère que celle
du prospectus que j'attaque devant vous ? Cela n'est pas possible.

Voilà le motif général. Ce n'est pas un intérêt de rivalité
qu'il est ridicule de supposer dans le procès, c'est par une
raison qui convient mieux à son caractère, à ses antécédents, par une raison puisée dans les hautes régions de
l'industrie nationale, dans les intérêts de tous, que M. Cabrol a agi.

J'ai dit qu'il y avait un motif plus personnel. Le voici ;
pourquoi le tairai-je?

M. Cabrol est depuis vingt-cinq ans à la tête de Decazeville. Je vous ai dit sans phrases, avec l'énonciation la plus simple des faits, le rôle qu'il y a joué ; il a fait de cet établissement quelque chose de magnifique. Nos adversaires eux-mêmes disent : « Les célèbres forges de Decazeville ». Il a fait une ville tout entière. Oh ! cela, c'est vrai, il a fait une ville entière et il est arrivé à cela, non-seulement par l'étude, par la persévérance ; mais surtout par la confiance la plus absolue que jamais des commettants aient accordé à leur mandataire. Ainsi, dans Decazeville, quand des comptes sont présentés par M. Cabrol, ils sont approuvés, ce n'est qu'une vaine formalité. On a confié à M. Cabrol 18 millions ; c'est avec cela que Decazeville s'est formée. Et le résultat? Le résultat est tel qu'il doit être ; c'est une bonne et intelligente administration. Les dividendes sont de 3, 4, 5 pour 100, avec beaucoup d'économie. Avec un pouvoir directorial depuis vingt-cinq ans, dans ce magnifique établissement on obtient 3, 4, 5 pour 100 — c'est le chiffre des quatre dernières années, — c'est un magnifique résultat !

Et voici maintenant, à côté, un établissement qui a essayé de naître, de se soutenir pendant quatre ou cinq ans, qui a absorbé 5 ou 6 millions, de l'aveu de ses gérants, malgré le concours moral et pécuniaire de ses fondateurs, le voilà, vous le connaissez, qui, mort une première fois, essaie de renaître et vient faire précéder sa naissance de ce prospectus qui nous préoccupe — je ne reviens plus sur les précédentes énonciations, je me contente de la fin, dans laquelle on résume cette entreprise voisine, — assurant à ceux qui s'y intéresseront un bénéfice de 25 pour 100 par an, non pas éventuel, possible, mais certain ; 25 pour 100 par an avant le chemin de fer et 50 pour 100 après. C'est-à-dire qu'avec une mise de fonds de 4 millions, on recevra 1 million par an, sans le chemin de fer, et 2 millions après le chemin de fer !

Ce prospectus tombe dans les mains de M. Cabrol, lui, qui depuis vingt-cinq ans administre Decazeville, l'usine modèle, avec l'autorité, avec la confiance la plus entière de la Société qui ne voit que par ses yeux, qui ne parle que par sa bouche, qui s'entend à l'unanimité, constamment, pour lui laisser l'administration la plus absolue. Le voilà, lui qui a produit 4 ou 5 pour 100 de dividende avec l'établissement de Decazeville, le voilà qui reçoit le prospectus d'Aubin, où l'on promet 25 à 50 pour 100 dans un établissement qui n'a rien de commun avec Decazeville. Il s'agit de créer Aubin et Decazeville a fait ses preuves depuis longtemps. Est-ce qu'il y aurait un actionnaire de Decazeville assez aveugle ou assez illogique pour ne pas faire immédiatement ce raisonnement : Ou bien le prospectus d'Aubin est ce qui a jamais paru de plus téméraire, de plus effronté, ou il faut convenir que nous avons mis à la tête de Decazeville un singulier personnage ou un administrateur d'une espèce bien particulière. Comment! avec des éléments comme ceux qu'il a entre les mains, il n'aboutit qu'à 4 ou 5 pour 100 de dividende! Et voici un voisin qui se fait fort d'en produire 25 ou 50. Ou bien ce prospectus est sorti de Charenton, ou bien il faut y envoyer M. Cabrol, car ce serait un insensé, un ignorant, un prévaricateur.

Il n'y a pas à choisir, il n'y a pas de terme moyen entre les deux raisonnements. Si le prospectus d'Aubin n'est pas ce qu'il y a au monde de plus effronté, de plus criminel, l'administration de M. Cabrol a été constamment ce qu'il y a de plus inhabile et de plus coupable. M. Cabrol pose la question nettement et il n'y a pas à cela grand mérite ; il n'est personne qui n'ait pu poser cette question comme je viens de le faire.

Quel doit être le langage de M. Cabrol? Est-ce que le silence lui était possible? il n'a qu'une chose à faire : Si le prospectus d'Aubin est vrai, je ne ne dis pas jusqu'à concurrence de 25 ou 50 pour 100, mais dans une proportion infiniment moindre; s'il est vrai, il n'a qu'une chose à faire, c'est de demander humblement pardon aux propriétaires de Decazeville d'avoir si mal administré depuis qu'ils ont eu confiance en lui. Mais il n'a pas cru devoir prendre ce dernier parti; il a cru qu'il y en avait un autre plus conforme à la vérité, celui d'éclairer le public en général et les propriétaires de Decazeville en particulier, sur les impossibilités, les mensonges, les illusions qui abondent dans le prospectus d'Aubin et qui en font la base première.

Voilà ce qui a mis la plume à la main de M. Cabrol : l'intérêt général d'abord et l'intérêt particulier ensuite. A ce point de vue, c'est vrai, le directeur de Decazeville était intéressé dans le prospectus d'Aubin. Il ne s'est pas mêlé du prospectus d'Aubin pour empêcher la Société de naître. Si elle naît une seconde fois, elle aura une ressemblance avec l'oiseau de la fable, tant mieux pour ses fondateurs, peut-être ! tant pis pour ses actionnaires, cela les regarde ; ce n'est pas ce qui intéresse M. Cabrol. Ce qui l'intéresse, c'est la question de moralité, de responsabilité comme directeur de Decazeville ; car, remarquez-le bien, il ne s'agit pas de deux usines placées dans des pays différents, en France ou en Allemagne, ou placées même en France dans des parties éloignées l'une de l'autre ; il s'agit de deux établissements contigus, se touchant. Dans l'un, qui n'existe pas encore, on promet 25 et 50 pour 100. Dans l'autre, qui fonctionne admirablement depuis longtemps, on réalise à grand'peine 4 ou 5 pour 100 par an. Conclusion : Vous êtes un ignorant, un insensé ou un prévaricateur. Si vous n'aviez pas pris la plume sous un point de vue d'intérêt général, vous auriez dû la prendre pour votre défense particulière. M. Cabrol n'était pas nommé, mais il était désigné par la nature même des choses. Si Aubin a dit vrai, Decazeville est le théâtre ou des abus les plus étranges, ou de l'ignorance la plus impardonnable. Encore une fois, c'est à ce point de vue que le directeur de Decazeville était intéressé dans la question. Ce n'était pas pour vous susciter une rivalité meurtrière ; mais bien pour se défendre d'une accusation que tout le monde comprenait, qui serait devenue compromettante pour lui, s'il ne s'était relevé de toute la force de son intelligence, de sa moralité, de sa compétence en cette matière pour attaquer, non les personnes auxquelles il n'avait aucune raison d'en vouloir, mais le prospectus, dans un but d'intérêt national et pour défendre son établissement, en ce sens que cet établissement est déplorablement administré, s'il est vrai que l'établissement voisin, connu seulement par sa catastrophe récente, peut sous la main de ceux qui essaient de le rétablir encore une fois, produire, non pas tous les résultats, mais dans une proportion bien inférieure, quelques-uns de ceux que le prospectus a promis.

Il n'y a plus qu'un dernier grief :

On dit à M. Cabrol : Pourquoi avez-vous donné de la publicité à votre lettre, une publicité inaccoutumée ? D'abord le prospectus auquel vous en voulez était enseveli dans les colonnes prodigieuses des journaux anglais; c'est vous qui l'en avez exhumé, qui l'avez retiré de ces sortes de catacombes, qui l'avez transporté en France, qui l'y avez nationalisé, qui l'avez traduit dans notre idiome national, au lieu de le laisser enveloppé de ses langes anglaises. Puis, à peine l'avez-vous fait éclore en France, vous l'attaquez, vous le répudiez par un écrit passionné, ardent, que vous répandez à profusion. Ceci va trop loin, ce n'est plus de la défense, c'est de l'attaque, c'est la preuve que vous n'étiez pas mû seulement par l'intérêt général, par l'intérêt de la défense nationale, mais par l'intérêt personnel, que vous vouliez écraser une rivalité naissante.

Voilà ce qu'on a dit; j'ai essayé de reproduire le langage de mon adversaire d'après mes souvenirs.

Ma réponse est fort simple. — M. Cabrol a publié sa lettre, parce que sans cela sa lettre eût été fort inutile. Il s'agissait de répondre à un document public, la réponse devait affecter aussi la publicité, ou bien elle manquait son but.

On ne s'est pas borné à cela, dites-vous, on a fait traduire d'abord et imprimer en France le prospectus, puis la lettre de M. Cabrol et la réponse de M. de Morny. — Pourquoi avons-nous fait imprimer cette réponse de M. de Morny ? Parce qu'elle avait une grande autorité par elle-même, à cause du nom qu'elle portait et ensuite parce qu'il nous avait semblé que, publiant le prospectus et sa réfutation dans la lettre de M. Cabrol, c'eût été une sorte de félonie envers M. de Morny que de ne pas publier sa lettre. Quand M. de Morny est invité à dire si le prospectus est son œuvre, M. de Morny répond effectivement, sinon le même jour, du moins quelques jours après, il répond avec loyauté que le prospectus ne lui a pas même été communiqué. Plus M. Cabrol est convaincu que le prospectus est une œuvre étrangère à M. de Morny, plus il faut qu'il l'en exonère. Tenant en main cette justification de M. de Morny, il eût été coupable de ne pas la publier en même temps que le prospectus.

Pourquoi a-t-il publié sa lettre et le prospectus? N'y a-t-il pas là un empressement qui ne s'explique pas suffisamment?

La réponse est fort simple. Lorsque vous avez supposé, d'après les paroles adverses, que le prospectus était caché dans le *Times*, vous pouviez jusqu'à un certain point vous étonner qu'il eût reçu le jour en France et sous forme de production française. Cependant nous avons des rapports assez prompts avec l'Angleterre pour que les journaux anglais, surtout le *Times*, nous arrivent fréquemment ; c'est comme le *Journal des Débats* pour l'Angleterre. Mais tout ne s'est pas borné là, car le prospectus s'est détaché du *Times* pour devenir l'objet d'une publication toute spéciale, où il n'y a que le prospectus lui-même illustré par la carte géographique que j'ai signalée déjà.

Or, il faut que vous sachiez maintenant qu'indépendamment du *Times*, le prospectus est arrivé dans l'état que voici en France, que la Bourse de Paris notamment en a été inondée, et il y a assez de gens qui savent l'anglais pour qu'un prospectus comme celui-là soit lu couramment par cinquante personnes sur cent qui se trouvent à la Bourse de Paris. Les courtiers en avaient et nous-mêmes nous en avons eu autant que nous en avons voulu. Nous avons crié au moment même où il envahissait le terrain français, c'est-à-dire au moment où il était essentiellement utile de prévenir contre ce piége la crédulité qui s'y serait laissée prendre.

Voilà ce que nous avons fait. On a dit que nous avions répandu ce prospectus dans l'Aveyron. C'est assez naturel et la question locale pour cette contrée a son intérêt particulier. Mais des lettres répandues avec une profusion purement hostile ! je proteste contre une pareille allégation. — Nous avons publié parce que nous devions publier, parce que sans la publicité il était évident que nous ne pouvions pas atteindre le but légitime et louable que nous nous étions proposé. — Nous avons ajouté la publication de la lettre de M. de Morny; oui, car nous avons rendu justice en cette circonstance à sa loyauté, et nous eussions été bien coupables de tenir secrète une lettre pour lui si utilement justificative.

Enfin, c'est mon dernier mot, nos adversaires nous disent : Comme nous sommes malheureux !.... Nous nous plaignons d'une diffamation qui peut porter un préjudice énorme à notre fortune ; nous demandons justice, nous la demandons dans les termes d'une modération exemplaire, qui a peu d'analogies dans les fastes judiciaires. Nous ne demandons pas de dommages-intérêts ; nous pourrions conclure à je ne sais quoi, dans la proportion du préjudice, ça pourrait aller très-loin. Et nous demandons, quoi? que vous déclariez M. Cabrol coupable de diffamation envers nous, que vous le condamniez aux dépens et à la publicité — c'est la bonne publicité celle-là, — la publicité du jugement avec la diffusion qui lui appartient.

Messieurs, ce n'est pas devant des juges comme vous qu'il est utile de dire que le Tribunal ne se laissera pas prendre à une pareille modération. Qu'est-ce que l'on vous demande ? Un jugement de condamnation contre M. Cabrol, c'est-à-dire qu'on vous demande en réalité la réhabilitation du prospectus, qu'on vous demande de le prendre sous votre protection. — La loi sur la diffamation n'est pas comprise par tout le monde. Il y a peu de gens qui la connaissent ;

on confond très-souvent la diffamation avec la calomnie ; cela arrive à des gens même éclairés. Il y a des vérités qu'il ne faut pas dire : c'est précisément pour cela que la loi de la diffamation a été faite. La calomnie suppose l'imputation d'un fait faux. Dans la diffamation le fait peut être vrai ; il n'y a pas moins diffamation. C'est la loi de la diffamation. Il y a des gens qui n'admettent pas cela et qui croient surtout que depuis Boileau on a le droit de dire qu'un chat est un chat et le reste du vers. Ce qu'on ne comprend pas en France sous le régime de la diffamation, on le comprendra encore moins en Angleterre et dans d'autres pays. On dira tout simplement : nous avons publié un prospectus dans lequel nous énoncions les magnificences d'Aubin ; cela a porté ombrage à un établissement qui se sentait atteint et plus le coup était meurtrier pour lui, plus il a essayé de le parer par la diffamation. Nous l'avons traduit devant les tribunaux français, et il a été déclaré que M. Cabrol était un diffamateur.

Qu'est ce que cela veut dire en langage vulgaire ? Cela veut dire que M. Cabrol avait imputé à ses adversaires un prospectus plein d'erreurs et de mensonges, tandis que ce prospectus était au contraire une œuvre complètement irréprochable. Soyez convaincus que votre jugement, s'il pouvait être même dans les termes les plus modérés, un jugement de condamnation pour M. Cabrol, serait présenté et interprété cemme un jugement de réhabilitation en faveur du prospectus et qu'on placerait toutes les inexactitudes qu'il renferme sous la protection de votre justice éclairée.

Vous ne vous laisserez pas prendre à cette modération apparente et, convaincus comme vous devez l'être que M. Cabrol n'a agi dans ces circonstances, comme dans tout le cours de sa vie, que par les motifs les plus avouables, que c'est à la fois un honnête homme et un industriel parfaitement compétent en ces matières ; qu'il a répondu au nom de l'intérêt général et dans son intérêt personnel, en ce sens qu'il était mis en cause ; que si le prospectus était vrai, son administration était déplorable et frauduleuse, qu'en conséquence, sans engager les personnes, sans les nommer, sans les désigner, s'en prenant uniquement à cette œuvre indigne et, lui faisant son procès, il a agi dans les limites de son droit et de son devoir. Convaincus de cela, sans rien dire de désobligeant pour nos adversaires, laissant cette œuvre de ténèbres au milieu des ténèbres où elle a dû éclore, vous direz que ni dans la réalité des faits, ni dans les termes, ni dans la pensée, M. Cabrol n'est coupable du délit qui lui est imputé.

A l'audience du 16 avril, le tribunal rendit un jugement qui tout en constatant que les énonciations de la lettre de M. Cabrol avaient un caractère diffamatoire, acquitta néanmoins MM. Cabrol et Darnis.

MM. Ashwell, Masterman et Wythes interjetèrent appel. De son côté, M. Cabrol, bien qu'acquitté, forma appel et demanda la réformation des motifs du jugement.

Devant la Cour, Mᵉ Chaix d'Est-Ange, au nom des administrateurs appelants, conclut à la condamnation de MM. Cabrol et Darnis.

Mᵉ Paillet, se présenta pour ces derniers, et déclara que l'appel interjeté par M. Cabrol n'était en réalité qu'une simple protestation contre la forme même dans laquelle avait été rendu le jugement, dont il demandait d'ailleurs au fond la confirmation.

Le 25 juin, la Cour, sur les conclusions de M. l'avocat général de Gaujal, rejeta l'appel de M. Cabrol, comme portant sur les motifs et non sur le dispositif du jugement, qu'elle confirma au fond.

Son arrêt était ainsi conçu :

« En ce qui touche l'appel de Cabrol contre tous les plaignants :

« Considérant qu'il a pour objet le changement des motifs du jugement ; que cet intérêt ne peut motiver un appel, admis seulement par la loi contre le dispositif des décisions judiciaires ;

« Sur l'appel d'Aswell, Masterman et Withes contre Cabrol et Darnis :

« Considérant que Cabrol et Darnis ont eu tort de publier, dans le numéro du journal le *Moniteur industriel* du 22 juillet 1852, la lettre adressée par Cabrol à de Morny, et la réponse de ce dernier, sans l'assentiment des deux parties entre lesquelles s'échangeait cette correspondance ;

« Que la lettre de Cabrol à de Morny renferme quelques expressions trop vives contre un prospectus publié à Londres et destiné à

provoquer la souscription d'actions à une prétendue société anonyme des houilles et forges d'Aubin ;

« Mais que ce tort et ces expressions regrettables ne révèlent de
la part des intimés l'intention ni de porter atteinte à l'honneur et à
la considération des trois appelants, ni de les injurier ;

« Qu'en effet, le désaveu de de Morny, président du conseil de
direction de ladite société, ne permettait pas d'attribuer aux appelants, membres de ce conseil, le prospectus dont les auteurs avaient
gardé l'anonyme, et ne se sont fait connaître que dans le cours du
procès ;

« Considérant, d'ailleurs, que l'ensemble de la publication de
Cabrol et Darnis démontre qu'elle avait pour objet de discuter sérieusement la valeur des énonciations du prospectus ;

« Déclare Cabrol non recevable dans son appel ;

« Met les appellations d'Ashwell, Masterman et Wythes au néant ;

« Ordonne que le jugement sortira son plein et entier effet ;

« Condamne les appelants aux dépens de leurs appels respectifs. »

(Voir la *Gazette des Tribunaux* des 21 janvier et 26 juin, et le
Droit des 21 janvier et 2 juillet 1853.)

Novembre 1855.

TRIBUNAL CIVIL DE LA SEINE

PLAIDOYER

POUR

Monsieur DENNERY

PROPRIÉTÉ LITTÉRAIRE. — USURPATION DE TITRE.

PRÉSIDENCE DE M. DE BELLEYME.

Affaire DENNERY

Dans cette affaire, Paillet prononça sa dernière plaidoirie et laissa tomber à l'audience sa dernière parole.

Le débat s'engageait entre M. Hippolyte Castille, homme de lettres, qui avait publié un roman, les *Oiseaux de proie*, et M. Dennery, auteur d'une pièce de théâtre portant le même titre.

M. Henri Celliez, avocat de M. Castille, avait d'abord exposé en ces termes les faits de la cause :

M. Castille, mon client, est auteur d'un roman intitulé les *Oiseaux de proie*. Ce roman a été publié, en 1847, dans le *Courrier Français* et cette publication a duré dix mois. Il a été reproduit en 1851 dans l'*Estafette* et dans des journaux de province. Durant les années 1853 et 1854, le libraire Barba en a donné une édition populaire à 20 centimes, qui a été tirée à 15 ou 20,000 exemplaires.

Au mois d'octobre 1854, M. Castille apprend qu'on répète à la Gaîté un drame de M. Dennery, sous le titre des *Oiseaux de proie*. Il s'en émeut et charge l'agent de la Société des gens de lettres de voir M. Dennery et de faire auprès de lui une réclamation amiable. Il en reçoit la réponse suivante :

« Monsieur,

« J'habite la campagne et il m'est par conséquent impossible de
« me rendre chez vous.

« Je n'ai jamais lu les *Oiseaux de proie* de M. Castille ; ma pièce
« ne saurait donc ressembler à son roman. J'ignorais même que
« M. Castille eût fait un livre sous ce titre. Cette ignorance de ma
« part n'a rien de blessant pour lui. Ma mauvaise santé me tient
« tous les hivers en Italie, presque tout l'été aux eaux; j'étais
« absent sans doute lorsque ce roman a paru.

« M. Castille semble croire que je n'ai pas le droit de donner à
« ma pièce le titre des *Oiseaux de proie*. Qu'il me permette de pen-
« ser le contraire. Ce n'est pas là un titre de fantaisie, d'invention :
« ma pièce se nomme ainsi parce qu'elle ne peut s'appeler autre-
« ment. C'est une étude de mœurs contemporaines, une peinture
« de caractères, une reproduction de ce coin de notre société, de
« ces gens enfin que l'on nomme partout *Oiseaux de proie* et qu'il
« est impossible d'appeler d'un autre nom.

« Veuillez, je vous prie, faire part de ma réponse à M. Castille ;
« veuillez lui dire que si je lui avais emprunté ses idées, je n'aurais
« pas attendu jusqu'ici, soit pour lui demander son autorisation,
« soit pour faire avec lui des conventions que je n'aurais pu, sans
« une profonde indélicatesse, chercher à éluder.

« Recevez, Monsieur, mes salutations empressées.

« Signé : AD. DENNERY,
à Meulan (Seine-et-Oise).

Ainsi, d'après sa lettre, M. Dennery n'a pas lu le roman : il croit
pouvoir donner à sa pièce le titre des *Oiseaux de proie*, parce que
c'est là une qualification qui appartient à tout le monde. Eh
bien ! je demande, quand je vous aurai fait connaître le roman et
la pièce, que M. Dennery soit jugé sur cette lettre.

Le 16 octobre, l'affiche du théâtre indique la première représentation de la pièce. Jusqu'à ce jour, M. Castille n'avait pu agir;
mais il fait signifier au directeur, M. Hostein, une défense extraju-
diciaire de passer outre à la représentation. L'exploit est notifié le
même jour à M. Dennery; on ne tient aucun compte de cette défense: la pièce est jouée et elle a quelques représentations. Tels
sont les faits très-simples qui ont donné lieu au procès actuel.

La première question, et à vrai dire, la seule question sérieuse
dans ce procès, concerne le titre. Le titre donné par M. Castille à son
livre constitue-t-il à son profit un droit tel qu'il puisse s'opposer à

ce qu'on emploie ce même titre pour désigner une autre œuvre littéraire? La réponse est facile; il est bien évident que le titre est une partie de la propriété, une partie très-souvent essentielle, caractéristique de l'œuvre elle-même, c'est le nom, l'enseigne du livre.

Or, ici le titre est un des bonheurs du roman, c'est un élément considérable de succès. M. Dennery prétend qu'on désigne partout les hommes qu'il a voulu peindre sous le titre générique d'*Oiseaux de proie*. Si cela est, c'est à la publicité du roman que l'honneur doit en revenir. Il est bien vrai que cette expression a été employée quelquefois dans un sens figuré; mais ce n'est que depuis peu de temps, et ce n'est pas encore une expression consacrée; elle ne se trouve dans aucun dictionnaire. Dans tous les cas, M. Castille avait eu le premier la pensée de peindre sous ce titre plusieurs de ces bandits que recèle la société et qui font des hommes leur proie: il avait été le premier à formuler cette pensée dans une œuvre littéraire. Or, ce titre a paru heureux à M. Dennery, et non pas seulement à M. Dennery, mais à tous les journalistes qui ont parlé de la pièce. Je n'en citerai qu'un, M. Jules de Prémaray, qui, dans le feuilleton de la *Patrie*, s'exprimait ainsi : « Il y a quelques années, M. H. Castille a publié un roman qui s'appelait les *Oiseaux de proie*. Je n'ai pas lu le roman, mais vous m'avouerez que son titre était une heureuse trouvaille pour un éditeur et ressemble à une fortune sur l'affiche d'un théâtre. » M. Castille demande donc compte à M. Dennery de ce titre usurpé, de cette fortune qu'il se fait au moyen de l'heureuse trouvaille d'autrui, malgré les défenses formelles qui lui ont été signifiées.

L'avocat examine le droit en matière de propriété de titres; il invoque l'opinion exprimée par M. le conseiller Quénault dans son rapport à la Cour de cassation, lors du procès de la *Biographie universelle*; il cite l'opinion de M. Merlin, de M. Renouard, de M. Etienne Blanc, et plusieurs arrêts rendus, notamment dans l'affaire du *Dictionnaire de l'Académie*, du journal la *Mode* et d'un livre intitulé l'*Education familière*. Il ajoute que, dans l'espèce, le titre donné par M. Dennery à sa pièce a rappelé à tous le roman de M. Castille. Le critique de la *Revue de Paris* dit que M. Dennery a emprunté au roman de M. Castille « le nœud de l'action, la plupart de ses personnages et le titre, qui constitue à lui seul l'idée mère de l'ouvrage. »

L'avocat s'appuie sur cette opinion du critique pour expliquer la seconde partie de la réclamation de M. Castille. Il analyse ce qu'il y a de commun entre le roman et la pièce. Des deux côtés on voit trois bandits qui connaissent l'existence d'une jeune fille perdue par son père et qui s'associent dans le but de la rendre à sa famille et de la faire épouser à l'un d'eux pour partager sa fortune. De ces trois bandits, dans la pièce comme dans le livre, l'un est le chef, celui qui donne les idées, qui conduit l'intrigue ; l'autre est un usurier et le troisième un homme d'un caractère tout à fait original, dont la profession est d'être un faux réfugié politique, tantôt polonais, tantôt hongrois, italien ou mexicain, selon les sympathies des victimes qu'il s'agit de duper.

Les femmes, dans la pièce comme dans le livre, forment aussi le même groupe de trois personnages principaux : la jeune fille de naissance inconnue, une autre jeune fille sa compagne, qui est ici sa cousine et là sa sœur ; enfin une courtisane. Dans la pièce comme dans le livre, deux frères de naissance noble complètent les rôles essentiels : l'un, austère et vertueux, est le chasseur des oiseaux de proie ; l'autre, entraîné par la débauche dans le vice, est descendu jusqu'à l'ignoble métier de ces voleurs au jeu que, dans leur argot, ils appellent des *grecs*. La pièce se dénoue, comme le roman, au moyen d'une courtisane, qui, par un retour au bien, trahit ses complices. Tel est le sujet qui constitue une invention. Le hasard seul ne peut pas produire une telle similitude dans les combinaisons de l'esprit et les nombres mêmes dont on signale le rapprochement suffiraient pour accuser le défaut de mémoire de M. Dennery, quand il a affirmé n'avoir pas lu le livre de M. Castille.

Peu importe qu'après s'être emparé de l'invention, il en place le développement au milieu de circonstances qui diffèrent complètement des moyens employés par l'auteur du roman. Il n'est pas moins certain que, sans le livre, il n'aurait ni conçu, ni exécuté sa pièce telle qu'elle est. Sans doute la dissemblance dans la forme empêche que l'on puisse aller jusqu'à trouver dans l'imitation du fond les caractères assignés par la loi pénale au délit de contrefaçon ; mais on y rencontre assurément les éléments d'une action en réparation, pour le préjudice causé à M. Castille, qui chercherait en vain aujourd'hui à produire au théâtre, sous le titre des *Oiseaux de proie*, la combinaison fondamentale de son livre ; ce serait alors, comme l'a dit l'auteur d'un article du *Messager des Théâtres*, ce serait M. Dennery qui pourrait faire à M. Castille un procès en contrefaçon.

M. Castille conclut donc à ce que M. Dennery soit condamné à faire annoncer, tant sur les affiches que sur le titre de la brochure, que la pièce est tirée de son livre, ou faite en collaboration avec lui et, de plus, à partager avec lui le produit des représentations et de la publication.

M' Paillet, avocat, se lève et s'exprime ainsi :

MESSIEURS,

Le procès que M. Castille a jugé à propos d'intenter à
M. Dennery n'en est véritablement pas un et il est difficile en bonne conscience d'y voir autre chose qu'une
réclame pour un roman qui peut-être au gré de l'auteur
n'a pas suffisamment fixé l'attention publique.

Quel est — pour réduire à ses termes les plus simples la
question à résoudre — le droit de l'auteur d'une œuvre littéraire qui aurait à se plaindre d'un fait pareil à celui que vous
dénonce M. Castille ? C'est d'intenter une action en contrefaçon. Hors de là, pas de procès possible. Il peut y avoir un
plagiat, un acte qui appelle une critique plus ou moins
sévère, mais qui à coup sûr ne saurait servir de base à
une action en justice.

Voyons ce que veut M. Castille. Il demande que vous
le déclariez auteur d'une pièce à laquelle il est complètement étranger, dont il n'a pas écrit une ligne, d'une pièce
faite hors de lui, malgré lui ; que vous le déclariez collaborateur d'un homme qu'il n'a jamais vu et avec qui il entend partager cependant les droits d'auteur et l'honneur du
nom sur l'affiche. C'est là certainement quelque chose
d'insolite et je puis dire, sans crainte d'être démenti, que
c'est la première fois qu'une demande de ce genre est portée devant les tribunaux civils.

Permettez-moi d'adord de vous dire quelques mots de
mon client ; ce n'est pas indifférent pour l'appréciation du
fait dont se plaint M. Castille.

Qu'est-ce donc que M. Dennery ? Est-ce un plagiaire de
profession, un auteur vivant sur la pensée et les travaux
des autres ? M. Dennery est un auteur dramatique connu
par de nombreux succès qui n'ont jamais rien coûté à la
morale publique, et ne lui ont jamais attiré de démêlés avec

personne. L'éclat et la pureté de ses œuvres lui ont fait obtenir une distinction flatteuse ; il a été décoré, non sur sa demande, mais sur la présentation même de ses confrères. Vous savez, Messieurs, que l'Académie fut, il y a peu d'années, chargée par un pieux donateur de décerner une récompense à l'auteur de la pièce dont l'influence serait reconnue la plus utile pour les bonnes mœurs. M. Dennery parut alors un des plus dignes d'entrer dans la lice, et ce fut provoqué pour ainsi dire par la commission administrative, qu'il chercha un sujet pouvant répondre au désir qu'elle avait exprimé et mériter la récompense promise à une œuvre réunissant à la fois la moralité du but et la distinction dans l'exécution. Ce fut sous cette inspiration qu'il fit représenter à la Gaîté la pièce des *Oiseaux de proie*. La réussite fut heureuse et l'aréopage littéraire décerna à M. Dennery la médaille de 2,000 francs. Mais toute médaille a son revers : le revers de celle-ci devait être le mauvais procès intenté par M. Castille. (Sourires.)

Mᵉ H. Celliez. — Nous espérons bien que ce sera votre revers à vous.

Mᵉ Paillet. — Nous verrons bien !

Il s'est trouvé que M. Castille avait publié un roman intitulé *Les Oiseaux de proie* et M. Castille d'affirmer que M. Dennery a tout emprunté à ce roman : titre, caractères, situations..... A cela M. Dennery répond qu'il ne connaît pas le roman de M. Castille, qu'il ne l'a jamais lu ; il s'en excuse même, dans la lettre qu'on vous a lue, de la façon la plus courtoise, non pour faire une critique indirecte du roman, mais parce que c'est la vérité et vous en croirez facilement M. Dennery ; car il y a ceci de curieux que tous les critiques qui ont eu occasion, à propos de la pièce, de parler du roman de M. Castille, conviennent qu'eux-mêmes ne l'ont jamais lu.

En quoi consistent les reproches qui nous sont adressés par M. Castille ? Ils portent sur le titre d'abord, sur cette qualification d'*Oiseaux de proie* dont notre adversaire prétend avoir le monopole. Mais c'est là un titre qui appartient à tout le monde, qui est depuis longtemps dans le domaine public comme celui de *vampires*, de *loups-cerviers*. La désignation d'une certaine classe d'hommes par des noms d'animaux n'est pas une invention nouvelle : j'ai là un album intitulé la *Ménagerie parisienne* où figurent métaphoriquement des *lionnes*, des *lions*, des *rats*. Tout le monde sait quels caractères bien connus recouvrent ces dénominations ; puis viennent les *oiseaux de proie*, représentés par des dames fort bien mises, par des hommes barbus, vêtus de noir et gantés frais.

Ai-je besoin d'insister pour démontrer que ces sortes de titres n'appartiennent pas plus à tel auteur qu'à tel autre ? Faut-il des exemples ? Eh bien ! M. Dumanoir avait fait représenter une pièce intitulée : *Une fille d'Eve*. Plus tard, M. de Balzac a pris ce titre pour celui d'un de ses romans et M. Dumanoir n'a pas fait de procès à M. de Balzac. Il a compris que c'était là une dénomination générale. Toutes les femmes ne sont-elles pas des filles d'Eve ? M. Dennery lui-même a donné au théâtre de l'Ambigu-Comique une pièce devenue populaire, les *Bohémiens de Paris*. Un roman a été publié postérieurement sous le même titre, M. Dennery a laissé faire. *Fille d'Eve, Bohémiens, Oiseaux de proie*, ce sont là des qualifications employées journellement, employées partout, c'est le langage du dictionnaire.

Voilà pour le titre.

Mais, nous dit-on, la pièce est une imitation du roman, imitation dans les personnages, dans les caractères, dans les situations principales. J'ai là les deux ouvrages, on pourra les lire ; j'ai en outre sous mes yeux des analyses, une entre autres d'un feuilletoniste distingué, M. Théophile Gautier. Eh bien ! qu'on rapproche ces analyses et on verra que s'il existe quelques rapports entre les deux œuvres, ce sont des analogies résultant nécessairement du choix d'un même sujet. Mais si l'on trouve des ressemblances dans deux œuvres littéraires, ce n'est pas à dire que l'une ait copié l'autre. On l'a dit il y a longtemps, *nil sub sole novi* et un proverbe populaire ajoute que les beaux esprits se rencontrent. Les analogies qu'on trouve à grand'peine dans les deux ouvrages, qu'est-ce autre chose que la rencontre de deux beaux esprits attachés au même sujet et poursuivant la même pensée?

Au surplus, qu'avons-nous à considérer pour l'appréciation du fait? Les personnages et le but de chaque œuvre. Sur ces deux points, les différences sont telles qu'une accusation de plagiat ne saurait se soutenir. Remarquons d'abord la différence des genres. M. Castille a fait un roman, il s'adresse aux lecteurs. M. Dennery a fait une pièce de théâtre destinée à la représentation. Quant aux personnages, ceux du roman sont pris dans le monde des bagnes ; c'est l'écume des bas-fonds de la société. Leurs noms seuls suffisent pour indiquer le caractère du livre ; les hommes s'appellent : *Chauve-Souris, Poil-de-Chien;* les femmes : *La Gaufre, Main-Froide, Etrangle-Diable, l'Ascalante.* M. Castille a voulu que personne ne s'y trompât et il a fait passer sous les yeux de ses lecteurs une société hideuse, repoussante par l'extérieur, par le costume, par le nom seul. Ai-je besoin de dire qu'il n'y a rien de tout cela dans la pièce de M. Dennery ; que ses personnages sont simples, naturels ; que leur allure, leur nom, leur costume n'appartiennent en aucune façon au monde sombre et fantastique créé par M. Castille? Et le but du roman, quel est-il? C'est uniquement d'amuser le spectateur par des aventures qu'il présente, par le spectacle des ruses, par les ressources, par les inventions plus ou moins habiles des criminels qui y figurent. Le drame a un but différent : c'est essentiellement de rendre la perversité odieuse et de montrer le châtiment qui l'attend. C'est là ce qui a valu à M. Dennery la rémunération honorable dont je parlais en commençant.

Le reproche d'imitation, d'usurpation littéraire n'est donc pas fondé. En tout cas, où serait le préjudice? M. Dennery, dit-on, aurait, par la représentation des *Oiseaux de proie*, mis M. Castille dans l'impossibilité de tirer à son tour de son roman une pièce de théâtre. C'est là un grief imaginaire et il me suffit pour lever tout scrupule à cet égard de produire une lettre de M. le directeur de la Gaîté, qui offre de représenter sur son théâtre la pièce que M. Dennery.... M. Castille pourrait composer sur.... avec les personnages de son drame.... du roman qu'il a fait représenter.... qu'il a publié....

Ici, l'articulation de Paillet, qui depuis quelques instants n'avait plus sa fermeté, sa netteté ordinaires, devient de plus en plus embarrassée. M. le président Debelleyme, s'apercevant de son état de souffrance, lui fait signe de la main et l'engage à s'asseoir.

Paillet, continuant avec effort :

Telles sont, Messieurs, les considérations que j'avais à présenter dans l'intérêt de monsieur..... de... monsieur.... Dennery. (Ce dernier mot est prononcé d'une façon presque inintelligible.)

Paillet s'affaisse sur son banc, en disant : Comme il fait chaud ici ! M. le substitut Pinard prend la parole et commence à donner ses conclusions. Plusieurs avocats entourent Paillet, qui cherche d'une main tremblante à réunir ses pièces et l'engagent à quitter l'audience, mais c'est en vain qu'il essaie de se lever de son banc. M. le président interrompt alors M. l'avocat impérial et déclare l'audience suspendue. Paillet, qui a entièrement perdu connaissance, est emporté par ses confrères dans une salle voisine.

On cherche des médecins, on n'en trouve aucun dans le Palais. Il faut en mander à la préfecture de police. Au bruit de cet événement qui se répand aussitôt, on accourt de toutes parts. Les autres audiences sont interrompues... L'émotion est générale. — L'évanouissement continue. — On apporte un brancard. Paillet, recouvert de sa robe, est transporté à son domicile, où bientôt il expire.

Le 23 novembre, le tribunal rendit le jugement suivant :

« Attendu que Castille a publié en 1847, un roman intitulé les *Oiseaux de proie*;

« Que depuis, le 16 octobre 1854, Dennery a fait représenter un drame en cinq actes ayant aussi pour titre les *Oiseaux de proie* ;

« Que la demande soumet au Tribunal les questions suivantes :

« 1° Dennery a-t-il usurpé un titre qui fût la propriété exclusive de Castille ?

« 2° A-t-il par voie d'imitation ou d'emprunt reproduit dans son drame la pensée, les combinaisons et les personnages du roman ?

« En ce qui touche le titre :

« Attendu que depuis longtemps les mots *Oiseaux de proie* sont employés métaphoriquement pour désigner certains hommes ; que ces hommes offrent des types si variés qu'ils peuvent être l'objet d'observations, d'études et de peintures diverses à chacune desquelles le titre *Oiseaux de proie* convient tout aussi bien et aussi nécessairement qu'au roman de Castille ;

« Qu'il suit de là qu'il n'y a pas invention dans le titre et que ce titre ne pouvant s'appliquer d'une manière privative et exclusive à l'ouvrage du demandeur, celui-ci n'est pas fondé à revendiquer contre Dennery le privilège résultant de la priorité.

« Attendu, en outre, que l'œuvre de Dennery diffère essentiellement par la forme et le genre de celle de Castille et qu'il ne peut s'établir entre elles ni confusion, ni concurrence;

« En ce qui touche la reproduction ou l'imitation ;

« Attendu que s'il existe quelques points de ressemblance entre le roman et le drame, les dissemblances sont nombreuses et tranchées, notamment dans le cadre et le but, dans la position et les caractères des divers personnages, dans le développement de l'action et enfin dans le dénouement ;

« Que le roman renferme les éléments d'un drame émouvant et tragique, tandis qu'à l'exception d'une scène, la pièce de Dennery est une comédie;

« Attendu donc que rien n'autorise à penser que Dennery se soit inspiré de l'œuvre antérieurement publiée par Castille;

« Déclare Castille mal fondé dans sa demande, l'en déboute et le condamne aux dépens. »

(Voir la *Gazette des tribunaux* du 16 novembre et le *Droit* du 24 novembre 1855.)

19 Novembre 1855.

FUNÉRAILLES

DE PAILLET

DISCOURS DE BETHMONT

PRONONCÉ

SUR LA TOMBE DE PAILLET

Nous empruntons à la *Gazette des Tribunaux* le récit qu'elle donnait, le 20 novembre 1855, des funérailles de Paillet :

Les obsèques de M. Paillet ont eu lieu hier au milieu d'une affluence considérable.

Le chef de la Cour avait voulu, par une exception unique dans les fastes du Barreau, que les audiences fussent fermées et que le jour tout entier restât consacré à ce grand deuil judiciaire.

Dès dix heures du matin, on se pressait dans les appartements de l'illustre défunt, dans les cours et aux abords de sa demeure.

Bientôt sont arrivées les nombreuses députations qui devaient assister à cette douloureuse solennité.

A onze heures, le cortége funèbre s'est mis en marche.

Les coins du drap mortuaire étaient tenus par M. le garde des sceaux, ministre de la justice ; MM. Baroche, président du Conseil d'Etat, ancien bâtonnier de l'Ordre ; Delangle, premier président de la Cour impériale, ancien bâtonnier de l'Ordre ; et Bethmont, bâtonnier.

Derrière le char funèbre marchaient la famille (1), les anciens bâtonniers, le conseil de l'Ordre des avocats à la Cour impériale, le conseil de discipline des avocats à la Cour de cassation, la chambre des notaires de Paris, la chambre des avoués près la Cour impériale, la chambre des avoués près le tribunal de première instance.

Toutes ces députations étaient en costume.

Suivait ensuite l'Ordre des avocats à la Cour impériale, représenté par plus de quatre cents avocats en robe.

Puis se pressait une affluence considérable de magistrats, de fonctionnaires, d'amis, parmi lesquels on remarquait M. Billault, ministre de l'intérieur; M. de Royer, procureur général à la Cour de cassation; M. Roulland, procureur général à la Cour impériale; M. Boinvilliers, président de section au Conseil d'Etat, ancien bâtionner; M. Duvergier, conseiller d'Etat, ancien bâtonnier; M. Suin, conseiller d'Etat; M. Villemain, membre de l'Institut; des membres de la Cour de cassation, de la Cour impériale, du tribunal de première instance et du tribunal de commerce, presque tous les juges de paix de Paris et du département de la Seine, etc., etc.

Après le service divin, qui a été célébré dans l'église de Saint-Roch, dont la nef n'a pas suffi à contenir tous ceux qui venaient rendre un dernier devoir au défunt, le cortège tout entier à suivi à pied la rue de Rivoli et la rue Saint-Antoine pour se rendre au cimetière de l'Est.

Partout, sur le passage du cortège funèbre, la foule s'inclinait comprenant tout ce qu'elle devait elle-même de respect à celui qui avait pu mériter tant d'hommages et de regrets.

Après les dernières prières dites sur le cercueil, qui a été déposé dans un caveau de famille, M. Marie, ancien bâtonnier, ayant à ses côtés MM. Baroche et Delangle qui avaient voulu accompagner jusqu'au dernier moment leur ancien confrère, a lu d'une voix entrecoupée par des sanglots un discours que M. Bethmont devait prononcer. M. Bethmont, qui malgré son état de souffrance avait voulu venir se placer à la tête de l'Ordre, avait dû se retirer sur l'insistance de ses amis. Voici ce discours :

« Celui dont la mort soudaine nous a frappés d'un saisissement si cruel et répand sur la cité entière un profond sentiment de deuil, était un simple citoyen.

----

(1) Le deuil était conduit par M. Eugène Paillet, fils du défunt, aujourd'hui conseiller à la Cour d'appel de Paris, et par M. Poyet, son gendre et son ancien secrétaire, alors avocat, actuellement juge au Tribunal de la Seine.

« Avocat, il a exercé trente ans son ministère devant la justice. C'est parce que nous avons partagé les travaux de sa vie, parce que nous l'avons compté entre nos chefs les plus éminents, que m'est échu, au nom de mon Ordre, l'honneur bien douloureux, hélas! de lui dire un suprême adieu.

« Au moment où sa tombe se ferme, où la terre nous reprend ce qu'il y eut en lui de périssable, je viens vous entretenir de son intelligence, de son âme, qui ne périssent pas; puisse ma parole vraie, quoique pieusement amie, vous peindre fidèlement, pour la consolation de la famille qui pleure, pour l'édification de tous, cette vie qui fut une lutte sans repos et sans trève pour le devoir, cette vie simple et grande, comme est la vertu.

« Alphonse Paillet est né le 17 novembre 1796; il est mort cette année le 16 novembre, quand l'amour des siens se proposait à fêter l'anniversaire de sa naissance.

« Son père était notaire à Soissons, homme de bien et le fils, dans ses causeries familières, aimait à raconter les enseignements de probité rigide qu'il avait reçus de lui.

« Il fut envoyé à Paris pour faire ses études au lycée Charlemagne, qui lui a donné bien des couronnes.

« Cependant, après qu'il eut conquis tous les grades et consacré ses premières années à la cléricature, il revint à Soissons et y fit ses débuts d'avocat.

« Un vieux praticien, dont il a gardé toujours un souvenir reconnaissant, devina dans ses débuts son brillant avenir et l'encouragea à rechercher un plus vaste champ d'épreuves.

« Il s'était marié; il était père; son patrimoine était léger. — Il vint courageusement à Paris. — Il était modeste; mais la modestie est une pudeur qui n'ôte pas au talent la conscience de sa force.

« Paillet fut inscrit au Barreau de Paris en décembre 1824.

« Dans ce même temps, un acte abominable, ou de fureur ou de démence, venait de terrifier la ville. Un homme avait égorgé deux jeunes enfants; cet homme était livré à la jus-

tice criminelle et la famille vint confier à Paillet cette difficile défense.

« L'attention publique était vivement excitée; les magistrats les plus élevés suivaient l'audience. Paillet, qu'animait
une conviction profonde, voulait arracher le monomane à
l'échafaud. — Son talent se révéla dès lors avec tous ses
germes de logique puissante, de raison élevée, de langage
pur et correct, qui, plus tard, devaient lui donner le premier
rang.

« Mais, dans cette carrière, la pente est rude et longue à
gravir. — Paillet, malgré l'éclat de sa première plaidoirie,
resta huit ou dix ans à se faire connaître, à se faire accepter.
— Le patrimoine du jeune avocat s'était peu à peu dépensé ;
les épreuves avaient été cruelles : son courage fut infatigable. Nous le vîmes marcher d'un pas ferme sur cette route
péniblement frayée. — C'était en 1834. — La clientèle s'attachait à lui, pour ne l'abandonner plus. On avait jugé le maître : sa famille du Barreau lui tendait la main pour le porter
à son faîte.

« Il fut élu bâtonnier en 1839.

« Depuis cette époque, on l'a vu toujours au premier rang,
— au criminel comme au civil. — Les plus grandes causes
sont venues à lui, et il n'a été inférieur à aucune.

« Dois-je ici vous parler des richesses merveilleuses de
son intelligence? Que vous dirai-je? Exposait-il la cause : il
n'y avait plus de complications, de ténèbres : il trouvait un fil
dans tous les dédales, une clarté pour toutes les ombres. Et,
quand il discutait, quelle solidité dans le savoir, quelle sa-
gacité dans le jugement, quelle dialectique puissante, inévitable dans la lutte !

« Mais je ne songe qu'aux beautés de son intelligence :
— vous me reprochez d'oublier celles de son cœur.

« Que pouvez-vous apprendre ? — Son cœur n'est-il pas,
depuis trente ans, un livre ouvert devant les magistrats, devant ses rivaux, devant tous, pour tous ?...

« Oui, l'orateur qui tous les jours, à la barre, dans les luttes les plus diverses sur les intérêts qui divisent les hommes,

sur les devoirs sacrés de la famille, sur les lois éternelles de
la morale, fait sans cesse l'émission de sa pensée, l'expan-
sion de ses sentiments, celui-là réalise le vœu du philosophe : il vit dans une maison de verre ; chacun peut lire dans
son âme ; et, je vous atteste, qu'avez-vous lu dans la sienne,
sinon l'amour du bon et du beau ; une sainte ardeur pour la
justice ; des sentiments élevés , généreux et l'inépuisable
bienveillance dont sa vie est si empreinte que, quand on oublie ses autres vertus, elle semble à elle seule définir et constituer son caractère.

« Paillet prit part aux mouvements de notre vie politique.
Il fut élu en 1846 par deux collèges ; il fut rappelé dans
l'Assemblée législative en 1849. La droiture, l'unité, la
modération d'un tel caractère , garantissaient d'avance
qu'il apporterait dans ces grandes assemblées l'amour
élevé des idées libérales auxquelles il est resté toujours
fidèle.

« Les travaux des Chambres ne sont pas éloignés de ceux
du Palais. — Sa puissante organisation , son infatigable ardeur au travail suffisaient à tout.

« Mais, en 1849, sa santé avait reçu de graves atteintes. Il
les combattit avec succès et bientôt nous l'avons revu plus
actif, plus chargé d'affaires et, chose qui nous confondait,
avec un talent qui grandissait toujours.

« C'était, hélas ! le dernier triomphe de l'énergie morale
sur une constitution épuisée.

« Il a eu, toute cette année, l'intuition de sa mort : il nous
disait avec un mélancolique pressentiment : « Je mourrai à la
barre. » Et pourtant, souffrances cruelles , pressentiments
funestes, rien n'a pu vaincre l'ardeur fiévreuse qui l'entraînait au travail.

« Il est mort à deux heures, au milieu d'une plaidoirie
commencée avec un esprit plein de grâce. Tout d'un coup, un
nuage de mort a passé sur cette belle intelligence; cette
voix, si ferme toujours, a balbutié et il s'est affaissé sur lui-
même.

« La justice s'est arrêtée. Le chef de la magistrature s'est précipité de son siége pour tendre la main au soldat judiciaire qui défaillait. Inutile secours! Il tombait mort, et, suivant ses prophétiques paroles, sa robe était son linceul.

« Ainsi s'est brisée dans le combat sa noble vie.

« Et maintenant, repose, lutteur infatigable, qui n'as voulu le repos que dans la tombe ; tu as été parmi nous le type du talent, de la probité, des mœurs confraternelles : tu fus l'objet de notre culte, tu resteras celui de nos éternels regrets. »

Après ce discours, qui a vivement impressionné tous les assistants, la foule s'est retirée émue et recueillie, s'entretenant encore du confrère, de l'ami à qui elle venait de donner un dernier adieu.

Sur la tombe, on admire un bas-relief du sculpteur Doublemard : c'est le médaillon de Paillet soutenu par des figures allégoriques. On y lit ces distiques de M. Elie Paillet, neveu du défunt :

Inclitus occubuit medio certamine miles,
Inque togam stratus, sicut in arma jacet;
Defluxere simul certæ virtutis imago,
Ingeniumque potens, præsidiumque domùs !

1863

SOISSONS

INAUGURATION DE LA STATUE

DE

PAILLET

Imp. A. Beillet, Paris.

LA STATUE DE PAILLET

A peine le Barreau de Paris venait-il de rendre à Paillet les derniers devoirs, que sa ville natale songeait à consacrer à sa mémoire un souvenir durable. Dès le 23 novembre 1855, le conseil municipal de Soissons décidait qu'un monument lui serait élevé aux frais de la ville. Aussitôt, de toutes parts, arrivèrent des souscriptions que le conseil n'avait point sollicitées, mais qu'il crut devoir accepter comme un témoignage spontané des sympathies qui entouraient l'illustre avocat. Le 1er février 1856, pour répondre à cette manifestation de l'opinion publique, le Conseil déclarait que la souscription était ouverte à tous ceux qui voudraient y prendre part. Elle dépassa toutes les prévisions. Le Barreau de Paris fut le premier à s'inscrire; puis, vinrent les barreaux de province, la Chambre des avoués à la Cour d'appel de Paris, celle des avoués près le tribunal de la Seine, la Chambre des notaires, le syndicat des agents de change. Enfin, des adhésions individuelles se produisirent en si grand nombre qu'on peut dire que le pays tout entier voulait concourir à l'érection du monument.

Le 14 août 1856, le conseil municipal se réunissait de nouveau. En présence des résultats de la souscription, il décidait que le monument consisterait en une statue en bronze, et que l'exécution en serait confiée à M. Francisque Duret, membre de l'Institut. Il désignait en même temps M. Constant Dufeux pour les travaux d'architecture. L'emplacement choisi était la cour d'honneur de l'Hôtel de Ville, ancien palais de l'intendance. Un décret autorisait l'érection du monument.

La belle statue de Duret, après avoir figuré à l'exposition du Palais-de-l'Industrie, était dirigée sur la ville de Soissons, où elle fut inaugurée le 26 juillet 1863, au milieu d'un concours immense. M. Dufaure, bâtonnier de l'Ordre des avocats, et plusieurs membres du conseil : MM. Grévy, Allou, Rousse, Desmarest, Lachaud et Colmet-d'Aage représentaient à cette cérémonie le barreau de Paris. M. Roquebert, président de la Chambre des notaires, de Paris, y était délégué par sa compagnie. MM. Berryer, Marie, Duvergier, Chaix-d'Est-Ange, Gaudry, Plocque, Jules Favre, anciens bâtonniers, et MM. Baroche, garde des sceaux, Delangle, Boudet, ministre de l'intérieur, de Thorigny, premier président de la Cour d'Amiens, qui n'avaient pu y assister, avaient écrit pour excuser leur absence.

A deux heures de l'après-midi , M. De Violaine, maire de la ville, qui présidait la solennité, descendit du salon de l'hôtel de ville, donnant le bras à la veuve du grand avocat, suivie de son fils, M. Eugène Paillet, de son gendre M. Poyet, de sa fille, de sa belle-fille, de ses petits-enfants et de plusieurs membres de la famille (1). Puis suivaient Mgr Christophe , évêque de Soissons et de Laon, les délégations et le conseil municipal. Le cortége se rendit au pied du monument et prit place sur des siéges réservés. A un signal, le voile qui recouvrait le monument tombait et laissait voir la statue dans toute sa beauté. Son apparition était saluée à plusieurs reprises des applaudissement de la foule.

Bientôt M. Boujot, membre du conseil municipal, sur l'invitation du maire, montait à la tribune disposée au pied du monument et s'exprimait en ces termes :

(1) Paillet avait épousé Mlle Parroisse, fille du médecin du roi Joseph.

MESSIEURS,

Je me féliciterais de l'honneur imprévu qui me permet de saluer le premier cette statue, si je ne le devais à un malheur de famille qui, en affligeant notre premier magistrat, l'oblige à s'effacer au milieu du mouvement et du bruit de cette solennité.

Il a dû, dans les préoccupations de sa tristesse, résigner à l'un des membres de la commission de ce monument le soin d'élever ici une voix qui, je le regrette, aura moins d'autorité que la sienne. Cette mission, si redoutable qu'elle soit en un tel jour et devant de tels auditeurs, je ne l'ai point déclinée, espérant trouver mon excuse dans ma témérité même et surtout dans l'étroite amitié qui m'unissait à celui dont nous avons tous si vivement déploré la perte.

Après six années d'impatience, nous la possédons enfin cette statue qui doit perpétuer parmi nous le souvenir de l'avocat illustre auquel Soissons s'honore d'avoir donné le jour.

C'est bien lui, ce sont ses traits; c'est Paillet, le compatriote, l'ami dont nous étions si fiers :

Salut et honneur à Paillet!

Sa place semblait marquée d'avance dans cette enceinte, au milieu de ce palais qui est notre maison à tous, au cœur même de la cité, près de ces archives où fut inscrit un jour son entrée dans la vie, qu'il a su depuis se faire si glorieuse. Rendons grâce à l'Empereur de la lui avoir consacrée par son décret.

C'est ici que désormais il nous sera donné de le voir se survivre dans ce bronze, si bien fait à son image. Sous cette forme indestructible qui peut défier les siècles, il ira lui-même, soutenant et confirmant la tradition par sa seule présence, apprendre à nos arrière-neveux que, de nos jours, il nous est né en lui un de ces hommes rares et privilégiés pour lesquels la nature épuise ses faveurs; qu'elle avait doué des qualités les plus solides et les plus brillantes de l'esprit, du cœur le plus noble et le plus généreux. D'âge en âge on se redira sa vie, plus heureux en cela que le grand Louis de Héricourt, dont les œuvres sont si estimées, mais dont le nom est à peine descendu jusqu'à nous et auquel il ne manque pour être aussi l'une des illustrations de notre ville qu'un monument qui rappelle que, le 20 août 1687, il y a pris naissance.

Nous savons tous, et les générations futures le sauront comme nous, que c'est à Soissons que Paillet a préludé, à la barre d'un modeste tribunal, aux éclatants succès qui l'attendaient sur une scène plus vaste. C'est ici, en effet, qu'après avoir mesuré ses forces, compris sa valeur, deviné son avenir, il s'est senti digne d'aborder le barreau de Paris, cette terre promise, cette patrie adoptive du talent. Il se rassurait d'ailleurs sur l'accueil qu'il y recevrait et la position qui lui était réservée par cette certitude acquise que, dans l'exercice de cette noble profession d'avocat, par une exception des plus rares, la seule peut-être qui soit au monde, malgré les luttes animées de chaque jour d'où il sort toujours un vaincu, on ne rencontre que des émules et pas un envieux, que des rivaux et pas un ennemi, — il espérait y être le bienvenu et il le fut.

Ce que fut alors sa vie, ce que furent ses succès, la renommée s'est chargée de l'apprendre à tous et en tous lieux.

Il nous avait quittés obscur encore et ignoré, il nous revient aujourd'hui immortalisé. Comment s'en étonner? Son premier pas dans la carrière fut un pas de géant qui, dans la suite, devait s'agrandir encore. Dès son début il attachait son nom à l'un des procès les plus graves et les plus retentissants dont les annales criminelles puissent offrir l'exemple ; il en rendait le souvenir impérissable par l'éclat subit d'un immense talent et méritait que l'un des plus grands orateurs du barreau et de la tribune moderne se jetât dans ses bras à la barre même et embrassât, avec toute l'effusion de l'admiration et de la joie, ce jeune défenseur, encore inconnu, dans lequel venait de se révéler un grand avocat. Quel moment de bonheur et d'avenir pour Paillet et de légitime orgueil pour cette femme chérie qui assistait à ces mémorables débats et à cette scène touchante! Qu'elles furent douces les émotions qu'elle dut alors éprouver et combien aujourd'hui elle doit être fière encore en assistant, entourée de son fils et de sa famille, à ce triomphe suprême dont les honneurs sont décernés à son illustre époux!

C'est à vous, Messieurs les avocats du barreau de Paris, que nous devons reporter la reconnaissance de ces résultats glorieux; à vous qui fidèles à vos traditions généreuses, avez tendu la main et ouvert vos rangs à ce jeune avocat de Soissons qui se montrait digne de vous. Loin de prendre ombrage de ce talent naissant et rival et de l'étouffer ou de l'amoindrir, vous en avez encouragé l'essor et en avez, en toute occasion, proclamé les succès. C'est par vous que Paillet a pu grandir et s'élever au plus haut point d'estime qui se puisse ambitionner. C'est de vous qu'il a reçu ce titre de bâtonnier, la plus haute dignite de votre Ordre, la première et la plus douce des récompenses pour ceux qui l'obtiennent, beaucoup moins parce qu'elle atteste invinciblement la supériorité de leur talent que parce qu'elle est la preuve de l'affection et de l'estime vivement senties de leurs confrères, de ceux-là même qui peuvent le mieux les apprécier et les juger. Mais ce n'était point assez pour vous d'avoir ainsi honoré sa vie; à peine eut-il été frappé par la mort, cette mort que, dans une inspiration sublime, Bethmont, qui, bientôt devait le suivre dans la tombe, a si éloquemment dépeinte, à peine sa ville natale eut-elle résolu de glorifier sa mémoire par un monument, qu'aussitôt vous vous êtes associés à sa pensée, et, dépassant dans votre générosité les espérances fondées sur votre concours, vous l'avez aidée à réaliser, pour la plus grande gloire de Paillet, cette statue que nous voyons aujourd'hui se dresser triomphalement à la face du soleil.

Comme nous et avec nous, vous avez pensé que ceux-là rendent un véritable service et le plus durable de tous à leur pays qui l'illustrent par leur propre gloire et que Paillet était un de ces hommes que leur ville natale pouvait avec orgueil offrir aux regards de ses contemporains et recommander aux respects de la postérité.

Contemplez maintenant votre ouvrage et jouissez avec nous de votre bienfait.

Je m'arrête, Messieurs, je ne veux pas oublier que ceux qui m'écoutent sont aussi impatients de vous entendre, qu'ils sont heureux de vous voir. C'est à vous qu'il appartient de dire, avec cette élévation de pensée et cette richesse de langage qui vous sont propres, les titres de notre Paillet, qui était aussi le vôtre, à cette grande manifestation à laquelle vous avez bien voulu, par votre concours, donner plus d'intérêt et d'éclat.

Un mot, cependant, un dernier mot pour exprimer le sentiment de l'honorable magistrat qui m'a délégué sa parole, et celui du pays : lorsque bientôt vous quitterez nos murs, emportez l'assurance que vous laissez derrière vous une ville affectionnée et reconnaissante qui jamais n'oubliera le Barreau de Paris.

A l'orateur succédait M. Dufaure, bâtonnier de l'Ordre des avocats, qui, au nom du Barreau de Paris, prononçait le discours suivant :

Monsieur le Maire et Messieurs,

Le barreau de Paris devait s'unir à vous pour rendre cet hommage suprême à l'homme éminent qui a honoré à la fois la ville où il est né et la profession qu'il a exercée. Huit ans bientôt écoulés depuis le jour où nous l'avons perdu, n'ont emporté aucun des sentiments qu'il nous inspirait et nous saisissons avec empressement toute occasion d'exprimer les regrets qu'il nous a laissés.

Permettez-moi de le dire, sans éveiller entre nous aucun sentiment de rivalité : le Barreau de Paris revendique une part de cette gloire si pure que nous honorons ensemble.

M. Paillet a reçu dans vos murs, au sein d'une famille

respectée, ces premières impressions d'enfance, fruits de
bons exemples et de sages conseils, qui exercent une si
grande influence sur la conduite de la vie. Il a essayé ses
forces dans les luttes modestes de votre barreau ; il s'y for-
mait pour des combats plus importants et plus difficiles ; mais
il avait besoin du barreau de Paris pour devenir aussi grand
que nous l'avons connu, par le talent et par le caractère.

Son intelligence vive et toute disposée à se développer,
fut merveilleusement secondée en effet par le prodigieux
mouvement des esprits au milieu desquels il venait se jeter.
Quoi de plus favorable à ses progrès, que le contact journa-
lier des avocats célèbres de ce temps dont il ne connaissait
encore que les noms, dont il allait tous les jours entendre la
voix, admirer l'éloquence, recevoir les conseils ! et auprès
d'eux s'élevaient, digne sujet d'émulation ! de jeunes confrères de son âge, devenus plus tard ses rivaux de gloire,
quelques-uns tombés avant lui ou depuis sa mort et d'autres qui lui survivent, pleins des mêmes souvenirs et animés
des mêmes regrets que nous.

Pour un caractère bien préparé, quoi de plus sain et de
plus fortifiant que la discipline ferme et bienveillante de
notre Ordre, à laquelle il lui était si doux de se soumettre ?
l'émulation sans envie, comme on le disait si bien tout à
l'heure, le sentiment de confraternité dominant les luttes les
plus vives ; la déférence pour les anciens dont l'âge peut
trahir les forces sans diminuer la renommée ; les égards et
l'estime pour des égaux dignes de lui, avec lesquels il avait,
tous les jours, à compter ; enfin, l'amour de son état, cette
vertu pratique qu'il a lui-même si bien définie et appréciée
dans le discours de rentrée qu'il a prononcé comme bâtonnier.

C'est dans cette atmosphère intellectuelle et morale que
Paillet a grandi. Je n'exagère pas, il ne me désavouerait pas
lorsque je dis qu'il a dû beaucoup au barreau de Paris, mais
je m'empresse d'ajouter qu'il lui a rendu autant qu'il lui devait.

Si parmi les anciens de son époque, il avait trouvé des

modèles, il est devenu modèle à son tour. S'il avait été aidé
de leurs bienveillants conseils, à combien de jeunes confrères n'a-t-il pas à son tour servi de guide ! Nous trouvons
partout dans les rangs de la magistrature et du barreau,
ceux qui s'honorent et que nous félicitons d'avoir été à son
école. Je ne sais s'il était une étude plus salutaire que celle
de le suivre dans l'exercice de sa profession. On admire les
mouvements emportés d'une éloquence pleine de feu, on ne
les imite pas, mais on n'écoute pas sans profit une conversation pleine d'urbanité, de grâce et, s'il le faut, de vigueur ;
les développements faciles d'une pensée toujours maîtresse
d'elle-même ; une discussion forte, bien nourrie, convaincante.
Enfin c'est un spectacle hautement instructif que de voir un
avocat écouté par ses juges, d'une parole si correcte, si at-
trayante et si claire qu'il est toujours compris, d'un cœur si
loyal qu'il est toujours cru, d'une émotion si contenue et si
vraie, que lorsqu'elle vient à éclater, il est sûr de la faire
partager.

La gloire du barreau aurait suffi aux désirs de notre regretté
confrère ; peut-être était-il appelé à en recueillir une autre.
Un arrondissement voisin en 1846, votre département tout
entier en 1849, lui ont donné une place dans nos chambres
législatives.

Il y est entré avec discrétion, sondant le terrain sur lequel
il allait s'engager ; sentant bien que les travaux les plus assidus et les succès les plus éclatants du barreau ne sont
pas une préparation suffisante pour exercer une grande influence politique ; étudiant, observant, se formant en silence pour son jour et pour son heure. Vous savez quels
événements suivis de sa mort prématurée ont empêché que
ce jour et cette heure n'arrivassent. Nul ne peut dire ce
qu'aurait été sa carrière politique , mais ce que doivent dire
bien haut ses amis, ceux qui étaient alors les confidents
journaliers de sa pensée, c'est que les grands côtés du caractère de l'homme public ne lui ont pas manqué : modéré
dans ses principes, il leur a été parfaitement fidèle. Il était
assez clairvoyant pour découvrir les ruses des hommes

d'Etat, sous le masque dont ils les couvraient. Il était du commerce le plus sûr avec ses compagnons politiques, sensible aux grandes scènes parlementaires, ferme et serein au milieu des crises ; il savait, quand il y avait lieu, se glorifier d'une défaite, s'estimer au-dessus de ses vainqueurs et rester invariablement fidèle au droit, au malheur et à ses amis.

Je voudrais qu'autour de ce monument qui rappellera aux enfants de cette cité le nom de Paillet, il se formât une sorte de légende qui leur transmît fidèlement le portrait que l'on a fait de lui avant moi et les quelques traits que j'ai pu y ajouter, pour qu'avec sa statue ils puissent avoir l'image de sa belle âme. Rien, ce me semble, ne les encouragerait autant à bien faire que de trouver réunis dans vos murs le toit qui a vu naître votre illustre concitoyen et les témoignages conservés par l'art ou par la tradition de tout ce qu'il fut pendant sa vie, et les hommages que l'admiration et l'amitié lui ont décernés après sa mort.

M. Cuvilliez, bâtonnier de l'Ordre des avocats de Soissons, s'est exprimé en ces termes :

Messieurs,

La ville de Soissons en décernant à Alphonse Paillet des honneurs publics, a voulu montrer qu'elle le considérait comme le plus illustre de ses enfants.

Le barreau de Soissons, qui l'a compté autrefois parmi ses membres et qui se souvient encore des magnifiques promesses de ses débuts, réalisées plus tard au-delà de toutes les espérances, sur un grand théâtre, est heureux et fier des hommages rendus aujourd'hui à sa mémoire.

C'est au nom de ce barreau, et comme son bâtonnier, que je viens aujourd'hui m'associer à ces hommages.

Et c'est là, croyez-le bien, un honneur dont je sens vivement le fardeau et le prix.

Je n'entreprendrai pas de refaire ici la biographie d'Alphonse Paillet ; je ne pourrais que répéter en moins bons termes, ce que vous avez déjà entendu. Tout a été dit d'ailleurs sur sa belle et vaste intelligence. Paillet, comme l'écrivait quelques jours après sa mort un éminent magistrat, était élégant avec discrétion, railleur avec mesure, poli avec autorité. Plus il avançait dans sa carrière, plus son magnifique talent de parole prenait d'ampleur et d'élévation. Ceux qui l'ont entendu dans les dernières années de sa vie peuvent affirmer que jamais son esprit ne fut aussi étendu, sa raison aussi haute, sa voix (cette voix qui allait s'éteindre) aussi émue, aussi animée, aussi éloquente (1).

La nature lui avait donné en partage d'autres qualités moins brillantes sans doute mais non moins essentielles ni non moins utiles ; je veux parler de son désintéressement, de sa générosité, de sa bienfaisance, et ce sont là les traits particuliers de son caractère, sur lesquels je vous demande la permission d'arrêter un instant votre attention.

Essayer de démontrer le désintéressement de Paillet devant ses confrères du barreau de Paris, serait vouloir prouver l'évidence même. Il existe à cet égard une notoriété qui peut défier toutes les critiques. Au dire de tous, jamais la noble profession d'avocat n'a été exercée d'une manière plus désintéressée et plus digne. Tous ceux qui voulaient recourir à son patronage étaient indistinctement admis, qu'ils fussent riches ou pauvres, faibles ou puissants, pourvu qu'il y eût une bonne cause à défendre ou des intérêts légitimes à sauvegarder : et s'il était permis d'entrer ici dans des détails intimes et particuliers, je pourrais citer un grand nombre d'affaires auxquelles il a prêté l'appui de sa puissante parole, sans autre mobile que la satisfaction intérieure de faire triompher la vérité et la justice.

En parlant du désintéressement de Paillet, je ne saurais oublier que c'est là la vertu par excellence de cet admirable barreau de Paris si dignement représenté aujourd'hui dans

(1) M. Pinard, conseiller à la Cour de Paris. (*Journal des Débats* du 27 décembre 1855.)

cette enceinte. Peut-être même y a-t-il quelque témérité de
ma part à lui faire un mérite particulier d'une des meilleures traditions de son ordre à laquelle chacun de ses membres se fait toujours gloire de rester fidèle.

La bienfaisance et la générosité de Paillet n'étaient ni
moins remarquables ni moins notoires que son désintéressement, et sur ce point encore, s'il en était besoin, le témoignage unanime de ses confrères me viendrait en aide. Il
dépensait noblement l'argent qu'il ne devait qu'à son infatigable ardeur pour le travail, à son heureuse nature, à son
organisation d'élite. Jamais une infortune ne lui tendit la
main sans être immédiatement secourue. Jamais un artiste
ne vint réclamer son aide ou son patronage, sans recevoir à
l'instant même des marques de sa générosité et de sa muni-
ficence. Il accueillait et il encourageait ses jeunes confrères
qui l'aimaient comme un père et en faveur desquels il a fait
dans les dernières années de sa vie des dispositions si tou-
chantes. Il protégeait les arts et il secourait de sa bourse
ses vieux camarades de collége moins favorisés que lui par
la fortune : et s'il m'était permis d'apporter ici mon témoignage personnel, je dirais qu'ayant vécu avec lui dans les
liens de l'amitié la plus étroite pendant plus de trente années et le plus souvent le confident ou l'intermédiaire de
ses aumônes, je l'ai vu en maintes circonstances aller bien
au-delà des bornes que sa qualité de père de famille lui aurait peut-être fait un devoir de ne pas dépasser.

Mais quelque admirables qu'aient été sous ce rapport les
élans vers lesquels l'entraînait sa généreuse nature, ils n'auraient pu suffire pour motiver les honneurs exceptionnels
qu'on lui rend aujourd'hui, s'il n'y avait joint un talent
d'orateur qui l'a placé sans contredit au premier rang
des grands avocats de l'époque. Si je voulais citer quelques-unes des improvisations dans lesquelles il a développé ses vastes facultés oratoires, je n'aurais pour ainsi
dire que l'embarras du choix ; mais je ne puis résister au
désir de rappeler cet admirable plaidoyer *Quenisset*, prononcé devant la Cour de Paris, et dont la péroraison surtout,

peut être comparée sans désavantage à tout ce que l'éloquence ancienne et moderne a produit de plus noble et de plus élevé. Qui ne se souvient encore aujourd'hui de ces conseils que, dans son ardent amour pour son pays, il adressait alors dans le plus magnifique langage à tous sans exception, *aux gouvernants comme aux gouvernés, aux ministres comme aux simples ouvriers*, conseils dont la haute sagesse suffirait au besoin pour attester son patriotisme éclairé et sa vive sollicitude pour les classes souffrantes et laborieuses.

Aussi est-ce surtout le grand orateur que la ville natale de Paillet a voulu honorer en lui élevant, de concert avec ses confrères du barreau de Paris, ce magnifique monument. Grâces en soient rendues à nos administrateurs qui ont compris que les hommes de la valeur de Paillet ne sont pas si communs de nos jours qu'on ne doive tenir à honneur de glorifier leur mémoire et de les offrir pour modèles aux générations futures. Quelques Soissonnais peut-être, parmi ceux qui nous succèderont, viendront chercher aux pieds de cette statue des leçons d'éloquence, de désintéressement, de bienfaisance et de patriotisme. Ils apprendront par l'exemple de Paillet les heureux résultats que peut produire un travail assidu uni à une belle intelligence ; et si quelque jours, à la suite de la contemplation de cette image chère et vénérée, il sortait encore de nos murs un grand orateur, un grand citoyen, soyez bien convaincus, Messieurs, que cette grande et solennelle manifestation n'y sera pas restée étrangère.

Un des anciens secrétaires de Paillet, et son compatriote, M. Alfred Levesque, avocat du Barreau de Paris (1), fils du président honoraire du tribunal de Soissons, a pris ensuite la parole :

Messieurs,

Je suis un enfant de Soissons, et, si je puis le dire, un enfant de Paillet ; je n'ai pas d'autre titre pour vous de-

______

(1) M. Alfred Levesque est aujourd'hui juge au Tribunal de la Seine.

mander à mon tour quelques minutes d'indulgente attention.
Mais c'est assez peut-être pour que, dans une solennité dont
Soissons est le théâtre et Paillet le héros, ma voix ne fasse
pas dissonance.

Certes beaucoup pourraient dire avec plus d'éloquence,
nul avec plus de certitude, à quel point Paillet fut l'homme
de notre cher pays, et comment s'étaient incarnés en lui les
aptitudes, les sentiments, les tendances de cette vieille Pi-
cardie, terre profondément gauloise, c'est-à-dire éminemment française.

S'il fallait seulement parler de ce qui, pour avóir été immense, ne fut pas Paillet tout entier, du talent, Paillet n'a-t-il
pas réalisé l'avocat d'une région dont les poètes s'appellent
Racine et La Fontaine? Il est sinon de la même branche,
du moins de la même famille intellectuelle et l'on sent bien
en lui la sève du même sol. Cette pureté classique dans l'entraînement, cet ordre merveilleux dans la passion, cette
sobriété dans la force et ce fin sourire encore qui vient luire
sur les aspérités juridiques comme un rayon de soleil sur
une cîme nue, tout cela, dans un ordre spécial d'idées, ne
réflète-t-il pas tour à tour le voisinage de nos deux gloires du
dix-septième siècle? et n'y a-t-il pas là les signes d'une
illustre parenté.

Parenté au surplus chèrement cultivée! Et ceux-là pourraient vous le dire qui ont vu Paillet préluder par des triomphes universitaires à la gloire qu'aujourd'hui ils viennent
lui décerner avec nous. Ils savent, ces condisciples au souvenir fidèle, dans quelles fréquentations classiques a vécu
leur émule bien-aimé et comment il a demandé aux grands
siècles littéraires le secret d'honorer le sien. Travail fécond,
qui polit sans effacer et développe sans dénaturer, qui vivi-
fie le germe natif et fait saillir, en le rendant plus brillant,
le cachet originel.

La raison aiguisée par la finesse, le bon sens relevé par
le style, l'énergie tempérée par la sagesse, voilà dans leur
plus haute expression, dans leur accomplissement suprême,
les caractères de notre génie provincial et voilà les caractè-

res du talent de Paillet. Chez lui, rien de livré au caprice ni à l'aventure ; jamais de nuage ni d'à-peu-près ; pas de sable mouvant : il fonde sur le roc. Je voudrais pouvoir raconter, non le Paillet de l'audience, que la France a connu, mais le Paillet du cabinet ; je voudrais savoir évoquer ce travail familier dont son amical patronage m'a tant de fois rendu témoin, où, devant l'esprit le plus net qui fut jamais, chaque question venait poser sous toutes ses faces, où les arguments des deux causes se rangeaient comme d'eux-mêmes, chacun à sa place de bataille et, avant de lutter au grand jour, comparaissaient au tribunal intérieur de l'avocat. Jamais Paillet n'a rencontré à la barre d'adversaire aussi redoutable que son contradicteur intime ; jamais avocat ne fut plus sévère pour sa cause ni plus ingénieux à la combattre ; il n'a jamais plaidé un procès qu'il ne l'eût loyalement gagné devant lui-même : c'était la probité de l'esprit à sa plus haute puissance. Puis, sur le sol de la plaidoirie, ainsi fouillé par la réflexion et par la conscience, comme venaient s'épanouir d'elles-mêmes les fleurs les plus brillantes ou les plus délicates de la parole ! comme la statue s'animait ! comme l'esquisse se colorait ! comme l'austère préméditation du cabinet se drapait à l'audience de vive spontanéité ! Mais Paillet eût rejeté toutes ces richesses, si ces richesses n'eussent pas su rendre raison d'elles-mêmes et ses *notes*, à la fois si concises et si fortement liées, charpente solide et cachée de ses élégants édifices, me rappellent les simples et admirables préfaces où Racine analyse et dissèque ses « pompeuses merveilles », fait consciencieusement les preuves de ses chefs-d'œuvre et rassemble pour les splendeurs de Phèdre et d'Athalie des pièces justificatives.

Si c'était encore la mode des *dialogues des morts*, j'aimerais à me représenter l'illustre enfant de Soissons assis aux « Champs-Elyséens » entre le cygne de la Ferté-Milon et le poète de Château-Thierry. Il se ferait relire Tacite dans la langue de *Britannicus* et ne refuserait pas un sourire au plaidoyer de l'*Intimé* ; il trouverait « un plaisir extrême » aux *Animaux malades de la peste* et ne « prendrait pas aux che-

veux » l'auteur de *Joconde*. Et chez ses interlocuteurs d'ou-
tre-tombe, il ne chercherait pas seulement de beaux vers,
mais des maximes : comme Burrhus, il souhaiterait « César
tout-puissant » mais dans « Rome libre. »

Car si la raison, qui est la droiture de l'esprit, fut l'inspiratrice de son talent, la droiture, qui est la raison du cœur,
fut l'inspiratrice de sa vie. C'est elle qui fit l'unité de cette
simple et noble existence, poursuivie sous la robe, ensevelie
dans la robe comme dans un drapeau, c'est elle qui donna à
Paillet l'indépendance, non pas celle qui résiste , mais celle
qui avertit ; cette liberté de l'âme, née avec elle, dit le
poète :

> Le jour où le plus juste a bravé le plus fort ;

liberté qui s'incline devant toute légalité, mais qui juge la
légalité même, quand la « légalité » ne lui apparaît pas comme
l'expression « du droit. »

Voilà la liberté comme la comprend un pays qui, pendant
quarante ans, a député à tous les pouvoirs des contrôleurs,
jamais d'insulteurs ; des conseillers, point de tribuns. Aussi
comme Paillet aimait ce pays avec lequel il se sentait dans
une étroite communion morale! Je me vois encore descendant à ses côtés la pente qui, du plateau de Villers-Cotterêts,
s'abaisse vers notre vallée (s'il n'y avait ici que des Soissonnais, j'aurais dit la *Montagne de Paris*). La vue qui, de ses
hauteurs se déroule , lui semblait une échappée sur le para-
dis ; la plaine qui s'étendait devant nous, la ville avec ses flè-
ches antiques dont l'ombre avait presque abrité sa naissance,
étaient pour lui « les royaumes de la terre. » Servir le droit
à la barre du tribunal de Soissons, il n'avait pas rêvé d'abord
de plus enviable destinée ; et, quand le piédestal se trouva
trop étroit pour la statue, quand, renonçant à remplir le
barreau natal, il dut se contenter de l'illustrer, quand il eut
cessé d'être avocat à Soissons, il demeura *l'avocat de Soissons*. Le titre de Soissonnais fut toujours à ses yeux la re-

commandation suprême, un droit acquis à son accueil, à son hospitalité, à son patronage.

Et par où, si ce n'est par ce titre, eussé-je mérité cette bienveillance qui restera l'un des bonheurs et l'un des honneurs de ma vie? Si Paillet a consenti à m'accepter pour disciple, si (j'ose à peine le dire) il a bien voulu quelquefois m'appeler son ami, c'est que j'appartenais à cette cité privilégiée dont tout lui était cher.

Je l'en remercie du fond du cœur et j'en remercie cette commune patrie que j'aime comme lui, si je ne puis comme lui l'honorer. Elle a inspiré les sympathies comme les efforts de Paillet; c'est pour elle qu'il avait conçu la plus chère ambition de sa vie, celle de faire parler Soissons à la tribune par la bouche d'un de ses enfants?

Faut-il regretter que Soissons ne se soit pas associé à cette ambition, qu'il ait été trop modeste pour se glorifier lui-même dans le plus éminent de ses fils? Oui, regrettons-le pour nous-mêmes; pour Paillet, ne regrettons rien : les suffrages qui s'adressent à l'homme en pleine possession de son action, de sa puissance, de ses séductions personnelles, peuvent être suspects d'amitié, de complaisance, d'arrière-pensées intéressées; mais elle ne saurait être soupçonnée, la couronne qui se pose sur un tombeau. Qu'importe que Paillet n'ait pas été le député de Soissons, s'il en devient aujourd'hui le héros et comme le patron, si les adversaires du candidat d'autrefois se sont faits les initiateurs de l'hommage d'aujourd'hui? Paillet peut se consoler de n'avoir pas trouvé dans ces murs une élection quand il y rencontre une apothéose. Il reçoit en ce jour la meilleure part, qui ne lui sera point enlevée.

Enfin, M. Dubail, condisciple de Paillet à l'institution Favart (qui suivait le lycée Charlemagne), a rendu hommage à sa mémoire au nom des anciens élèves de cette institution :

Messieurs,

L'association des anciens élèves de l'institution qui a élevé Paillet, et préparé en lui l'honnête homme et l'homme de talent, vient aussi, sur l'appel de sa ville natale, saluer le bronze destiné à immortaliser les traits de son illustre camarade. Cette mission eût dû appartenir à celui d'entre nous que place seul à sa hauteur son propre mérite, à notre président honoraire (M. Dufaure), mais vous venez de l'entendre dans l'éminent bâtonnier du barreau de Paris et, si j'ose élever ma faible voix après la sienne, c'est pour que nul hommage ne manque ici aux triomphes par lesquels fut marquée dès l'enfance la carrière du grand avocat, qui débuta par être un brillant écolier.

Glorieuse coïncidence pour sa mémoire, Messieurs ! Dans quelques jours, notre institution va exposer en lettres d'or aux yeux de ses élèves, comme une leçon éloquente, les noms qui l'ont honorée et c'est le nom de Paillet qui ouvre cette liste de réputations naissantes. Ah ! si toute cette jeunesse, encore sur les bancs du Lycée, pouvait voir quels honneurs sont rendus à l'un de ses devanciers, pouvait entendre son éloge de la bouche d'un autre de ses anciens, digne entre tous de louer ce qu'il a si bien pratiqué lui-même, quel enseignement pour elle que cette double vie de travail, de probité et de loyaux succès ! Et que ne pourrait aussi la présence des sommités de ce barreau, le premier du monde, gardien fidèle et l'honneur des études libérales ! Que ne pourrait enfin l'exemple de cette Cité généreuse, qui, non contente de couronner comme elle le fait par la pompe de cette fête le mérite de ses enfants, sait le susciter en eux par de patriotiques encouragements et après le lauréat de 1812 nous donne celui de 1862 (1).

Merci donc à la ville de Soissons au nom des vieux camarades de Paillet, au milieu desquels il a préludé par ses

---

(1) Le jeune Edmond Maréchal, ancien élève du Collége de Soissons, élève de l'institution Favard, et qui, depuis trois ans, a obtenu de très-grands succès au Concours général.

premiers succès à sa gloire future ; merci, au nom de cette association, qu'il appelait de ses vœux, qu'il avait voulu former, et qui, réalisée après lui, ressent un vrai bonheur et quelque orgueil à déposer parmi tant d'hommages au pied de sa statue, celui d'un fraternel et impérissable attachement.

En 1824, Paillet quittait Soissons, ignoré de tous, si ce n'est du petit cercle de ses compatriotes. En 1863, une statue était érigée au grand avocat que cette ville avait vu naître et qu'elle léguait au barreau français. Mais les trente années de sa carrière avaient été trente années de travail, de dévouement à la cause du droit, de loyal concours à l'œuvre de la justice. Voilà ce que chacun se disait en assistant à cette admirable cérémonie, la plus admirable qu'il soit réservé à un pays de consacrer à la mémoire d'un homme de bien.

En rendant compte de cette solennité dans son numéro du 28 juillet 1863, la *Gazette des Tribunaux* ajoutait les détails suivants :

La cérémonie de l'inauguration étant terminée, chacun a pu s'approcher de la statue et l'examiner à loisir. L'effet a paru des plus satisfaisants. M. Paillet est représenté debout, revêtu de sa robe d'avocat, la tête nue, la main gauche appuyée sur la barre, le bras droit étendu en avant, deux doigts de la main droite repliés et les autres développés, avec le geste et l'attitude de l'orateur. Sur la plinthe, on a gravé dans le bronze cette inscription latine : « *Vir probus, dicendi peritus.* » Le piédestal, assez élevé, est d'un dessin élégant et simple. Sur la face antérieure on lit :

A

A.-G.-V. PAILLET,

NÉ A SOISSONS,

Le 17 novembre 1796,

mort à Paris le 16 novembre 1855.

SES CONCITOYENS

ET SES CONFRÈRES.

Sur les faces latérales de ce piédestal doivent être inscrits divers fragments du remarquable discours composé par Bethmont en 1855 lors des obsèques de Paillet.

Après la cérémonie, M. Dufaure, les membres du conseil de l'Ordre et beaucoup d'autres invités sont allés visiter la maison où Paillet est né.

Cette belle et spacieuse maison, autrefois le couvent des Minimes, et où fut déposé le cœur du fameux duc de Mayenne, avait été achetée en 1795 par le père de Paillet, ancien avocat au Parlement de Paris, qui était venu se fixer à Soissons et y avait traité, en 1788, d'une étude de notaire. Depuis ce temps, cette maison n'est pas sortie de sa famille et, aujourd'hui encore elle appartient à M. Charles Paillet, frère aîné de l'ancien bâtonnier du Barreau de Paris. Ce dernier y est né il y a soixante-six ans. C'est ce que rappelle une inscription que M. Charles Paillet, ancien notaire, a fait graver tout récemment au-dessus de la porte de sa maison, sur une table de marbre et en lettres d'or. Cette inscription est ainsi conçue :

ICI EST NÉ EN 1796, ALPHONSE PAILLET,
DÉCÉDÉ A PARIS EN 1855.

En sortant de cette maison où ils avaient visité avec intérêt la chambre natale de Paillet, le héros de la fête, le beau jardin où enfant il avait joué si souvent, tous les lieux témoins de ses études et de ses premiers travaux, M. le bâtonnier, les membres du conseil et les autres invités sont revenus à la mairie ....

Cette fête laissera de vifs et durables souvenirs dans le cœur de tous ceux qui y ont assisté. On peut dire que c'était la fête de l'honneur et du talent. C'est un spectacle à la fois touchant et exemplaire que celui d'une ville décernant ainsi à l'un de ses enfants une de ces récompenses suprêmes dont la rareté rehausse encore le prix. L'homme qui l'a méritée et obtenue a consacré sa vie tout entière à l'étude, au travail, au devoir, à la défense courageuse et infatigable des droits et des intérêts d'autrui. Il est mort glorieusement à la peine sans avoir pu même soupçonner l'immensité de la récompense qui lui était réservée. En dépassant ainsi tous les vœux du grand et modeste avocat, ses concitoyens et ses confrères ont voulu montrer ce que vaut à leurs yeux l'art de bien dire, étroitement et constamment uni à l'art de bien faire. L'érection de cette statue est à la fois un acte de gratitude et un enseignement.

E. GALLIEN.

TABLE DES MATIÈRES

CONTENUES

DANS LA DEUXIÈME PARTIE

CHAUMONT. — TYPOGRAPHIE CAVANIOL.